漢家天下

千秋霸業

疆場鏖兵，朝堂風雨！
大漢千秋終成還是崩？

清秋子 著

本書所載，起於紛紜亂世，終於一統功成

當最後一頁翻過
鋤犁、鞍馬、筆硯、帷幄
皆被輕輕掩過，化為塵煙

目 錄

衛青首戰，奇謀顯露驚四方　　005

寵臣失勢，榮華轉瞬化飛灰　　041

舅甥並力，勇襲匈奴雙出塞　　081

淮南宮中，叛亂突起禍滅族　　117

瀚海交鋒，胡運衰敗顯劫數　　159

張湯驕恃，寵極而衰命途絕　　201

漢皇問道，仙山求術意難平　　249

貳師出征，收復輪臺拓疆土　　291

李陵兵敗，悲歌千載訴忠憤　　335

長安動盪，亂局成誡警後人　　377

目錄

衛青首戰，奇謀顯露驚四方

話說元光初年（西元前134年）時，韓嫣因在宮內太過浪蕩，與宮女有染，終被王太后嚴旨賜死。

武帝不料居然驟失密友，一連數月，為之鬱鬱寡歡。想自己貴為天子，卻不能保得近身人，這皇位坐得也實在無趣。一夕之間，竟生出了念頭，也想隨韓嫣而去。然掂了又掂，覺此生尚有可為，又不忍棄了好運而去，數月糾結中，竟是幾番生不如死。

韓嫣死後，歸葬於祖籍陽翟（今河南省禹州市）。武帝便偷偷遣了使者去，吩咐縣令，務要好生厚葬。

時至今日，事已過去數年，武帝心頭仍不能平。這日，武帝喚來侍郎枚皋，先誇讚道：「君能馬上成文，朕早已領教。入侍以來，指事為賦，朕讀了已有數十篇，雖文辭稍欠工穩，然已深得乃父家傳。」

枚皋嘻嘻一笑，應道：「臣不通經術，故而文也欠佳。」

武帝揚了揚眉道：「哪裡！如此文賦，已屬不易！今日召你來，不為談文，朕有一事欲相托。」

枚皋見武帝神情嚴肅，不似說笑，連忙斂容道：「臣願聽命！」

武帝負手，在室內踱了幾步，才推心置腹道：「朕少年登大位，獨在深宮，所賴無重臣。如今更是喜怒無人可訴，甚是無趣。」

枚皋驚異道：「陛下，如今朝中重臣，文有張湯，武有韓安國，怎可謂無人？」

衛青首戰，奇謀顯露驚四方

武帝仰頭嘆了一聲：「君有所不知。上大夫韓嫣殞命，迄今已有五年，朕只是久不能釋懷……」

枚皋心頭一震，急忙應道：「陛下心內之苦，臣已知。韓大夫冤死，朝中諸新晉無不憤懣。陛下召小臣來，是否要寫追思文？」

「正是。」

「小臣不才，然飛書馳檄，是看家本領。這便請涓人來研墨，陛下片刻可待。」

武帝一笑：「又自誇！你何時方知謙遜？」便喚了宦者進來，備好了案頭筆墨。

枚皋移膝至案前，提起筆來，注目庭前樹影，凝神不語。稍後，以舌吮筆尖三次，蘸了蘸墨，便走筆如飛。不過一刻工夫，在那簡牘上，即寫出了一篇大賦來。

武帝接過簡牘，才讀了三五句，忽便淚如泉湧：「枚君，真是好文筆……朕心悲，實不忍讀。」

枚皋面露惶悚之色，連忙叩首道：「臣有罪。」

武帝以袖拭淚，眼望窗外黃葉，嘆息道：「葉落五秋，只在不覺間啊！」

枚皋勸道：「陛下請寬心。韓大夫在世時，得陛下恩寵，並無一日辛苦。命雖夭，卻也強於做一世庸徒，免卻了勞心勞力。」

武帝又嘆了口氣：「我倒寧願他……辛苦而長壽。」

「陛下大可放心，韓大夫早亡，也定然早已成仙去了。」

「罷罷！普天之下，只你最會說話！你父若有你這一張嘴，當不至憤而棄官了……好了，閒話休提，著你攜帶此賦，前往陽翟韓大夫墳上，

006

誦罷燒掉。」

枚皋怔了一怔，當下領悟，拱手受命道：「臣片刻不誤！今日即出京，趕往陽翟，定不負君命。」

「朕授你符節，此行何往，也無須告知他人。」

「陛下，臣已謹記。」

如此兩月過去，枚皋辦妥覆命，武帝這才心有所安。

這日，武帝正在宣室殿廊上閒坐，湊近炭盆烤火，雙手翻動，眼望欲雪未雪的天。忽見廊下有一隊小廝，躡手躡腳，魚貫而過，心下便覺好奇。

武帝坐直身，喚住管事宦者：「這班少年，是何許人也？」

宦者停住步，恭謹答道：「回陛下，奉少府孟賁之命，裁汰年邁宦者三十名，另從民間選些少年來頂替。」

「哦？老年宦者放歸，又如何謀生？」

「遣送歸鄉，任由親養。若無親，則由郡縣接濟。」

武帝就一笑：「宮女年長，當放歸；宦者年老，又有何妨？」

那宦者答不出來，一時啞然。

此時，有宦者令從後面趕來，聞武帝發問，連忙回道：「陛下，臣略知詳情。日前，太中大夫張湯，有急事入朝，於金馬門下車疾行，不留神撞倒一名老宦者。老宦當即倒地不起，竟至殞命。」

「哦？」

「事發偶然，張湯大夫並無過失，然也吃了一驚，隔日便去見孟少府，指宮中宦者年邁，便不該再留，留之誤事。故而少府有令，從民間挑選去勢少年，換下老宦者。今少年已集齊，臣下帶他們各處看看。」

衛青首戰，奇謀顯露驚四方

　　武帝聽明白原委，不禁一笑：「這個張湯，管事管到宮裡來了！」便揮手讓宦者令自去忙碌。

　　那隊少年宦者，看罷後面的椒房殿，又從宣室殿一側魚貫而出，往前殿走去。

　　武帝目視諸少年，但覺個個眉清目秀，倒也伶俐，全無老年宦者的庸碌氣，心下就覺稱意。

　　倏忽之間，看見隊中有一青衣小廝，相貌酷似韓嫣，心中便一驚。

　　待那小廝略一偏頭，武帝就更驚：那不是韓嫣又是誰？當下就站起，一指那小廝，口中竟說不出話來：「你……你……」

　　管事宦者以為小廝有何冒犯，一把扯住，便令他跪下。武帝這才緩了一口氣，招手令那小廝近前。

　　宦者見小廝惶悚不知所措，連忙提了他衣領，拉到階前跪下。小廝額頭冒汗，似已魂出七竅，只伏地不敢抬頭。

　　武帝便道：「你莫怕，頭抬起來，朕要問你話。」

　　那小廝抬起頭，武帝便看得更清，其眉眼神態，竟無一處不似韓嫣，暗自就驚呼：上天憐我！

　　看了片刻，見那小廝似是在發抖，武帝這才醒悟，連忙溫言勸道：「莫要慌，孩兒是哪裡人？名喚什麼？」

　　那小廝顫聲答道：「回陛下，小人姓左，名喚依倚，乃壽春（今安徽省壽縣）人氏。」

　　「哦，依倚？」武帝覺此名甚耳熟，卻又一時想不起來由，便笑道，「你故里淮南，乃是豐饒之鄉，然小小年紀，卻為何要進宮來？」

　　「吾鄉雖富，人命卻有百樣。家中赤貧，無以為生，家父不忍小人被

餓斃，才為我去勢。男兒去勢，入宮便有飯吃，或可有條生路。」

武帝嘆了口氣，微微搖頭：「盛世似今日，怎會有餓斃之人？」

左依倚稍作遲疑，遂答道：「……鄉里人，若阿翁無能，家無三日糧，小童餓斃也是有的。」

武帝皺皺眉，揮一揮袖，轉了話頭又問：「你可曾識字？讀過書未？」

「小人五齡時，即下田勞作，跟從老父識得幾個字，書卻未曾讀過。」

「也罷也罷！今日起，你便隨朕左右好了，飯有得吃，書也須通讀幾卷。」

左依倚未解此話之意，伏地未動。管事宦者連忙按下他頭，催促道：「陛下是要你隨侍！真是天上掉了金子下來，還不謝恩？」

左依倚這才恍然大悟，慌忙叩首。

武帝又端詳左依倚片刻，忍不住笑道：「你這小子，如何取名像女子，長得也像女子？」便對那宦者道，「帶他去沐浴更衣，並告知宦者令，朕留了他，用為左右。」

那管事宦者領命，諂笑道：「陛下好眼力，好眼力！」一面就扶起左依倚來，自去少府衙署辦理了。

入冬初雪時，便是元光六年（西元前129年）新年。這年，武帝年滿二十七歲，問政已有十一年，已全無少年青澀之態。漢之國勢，也如日中天，既富且強，八荒無可匹敵。

自這一年起，內外都有些大事發生，註定要將武帝推至巔峰，並將漢家運勢推向絕頂。

在此後數十年間，一個因漢水曲流而得的「漢」字，便永繫天下禮教，無可取代。外人並不知武帝心思，只見他常往石渠閣去，一流連就

衛青首戰，奇謀顯露驚四方

是半日，只道他比前代數帝更喜讀書；卻不知武帝此時，心中想的只是一個匈奴。──邊患連綿，總要在自己手中有個了結。

這日，武帝召集薛澤、公孫弘、汲黯、張湯等人，商議軍備事宜。武帝先開口道：「北邊數年未有大患，諸君可放心否？」

公孫弘應道：「那匈奴斥候，無孔不入，在長安恐也有數十不止，早已探得陛下絕非無為之君。如今老太后已升遐，更無人掣肘，想必那匈奴也是怕了，故而多年不敢入寇。」

武帝便笑著搖頭：「兵家之道，攻無備，出不意，也不可太過疏忽。朕只是不膽小罷了，如何就能嚇退匈奴？」

汲黯也道：「臣以為，邊患無事，或即是將有大事！」

公孫弘辯駁道：「老臣也知，風起於青之末；然則須有風來，此理才通。漢匈兩家，自景帝元年和親至今，兩不相犯，如何他便無緣無故啟釁？」

武帝道：「匈奴，非常敵也。他食不足時，便是啟釁由頭，我豈能不防？孔子曰：『足食，足兵，民信之矣。』我漢家今日食足，自是無疑，然兵仍不足。」而後，又轉向汲黯道，「主爵都尉最知兵，你便來說說。」

汲黯連忙一揖：「陛下明見。前朝晁錯有言，漢兵一，抵得匈奴兵五，乃是說我軍兒郎氣壯，而非軍備足也。陛下若立志攘匈奴，則漢家兵馬之盛，當與胡騎相等……」

武帝便猛地揮袖，截住汲黯話頭：「卿所言，正為朕之所思！然添兵養馬，錢從何來？」

眾臣一時怔住，只將目光望向丞相薛澤。

薛澤略作猶豫，方緩緩答道：「先帝徵賦，三十稅一，普天之下莫不

感激；今若令民間加賦，則臣不敢想。」

武帝便一笑：「莫說你不敢，朕也是不敢！難道，你我君臣，尚未伐匈奴，便被這錢絆倒了嗎？」

見東方朔、司馬相如、枚皋等也在側，並未作聲，武帝便掉頭問道：「文士有何主張？」

眾侍臣互相望望，東方朔便移膝向前道：「日前臣家中來客，謂張儀當年，事萬乘之主，位列卿相；而謂臣雖能誦百家之言，以事聖帝，曠日持久，卻官不過侍郎、位不過執戟，實是無智。」

武帝心裡忍不住笑，卻故意板起臉，凝視東方朔半晌，才道：「先生前襟，如今倒是乾淨多了，然心思仍不乾淨。莫非是嫌待詔金馬門，仍不足以逞才？」

「臣不敢。彼一時也，此一時也。蘇秦、張儀之時，諸侯爭權，故而得士者強、失士者亡，他二人自然可扶搖直上；如今陛下聖德，諸侯賓服，天下平均，合為一家。陛下若想舉事，猶如反掌，我等小臣賢與不賢，又有何差異？」

武帝這才笑出來：「說來說去，你還是不服！如今強兵要用錢，該如何加賦？這難題，朕偏就要聽你講。」

東方朔伏地，輕輕一叩首道：「小臣素來不治財貨，囊中空空。陛下賜肉，臣割下一塊，都須帶回家中，交予渾家，哪裡可妄言財賦事？臣只知，割肉，也須找肥豬來割。」

武帝聞言，忽就收住笑意，一拍案道：「著啊！文士哪裡就無智？」於是轉向諸臣道，「先生高智，說到了切要處！三十稅一，賦不能加；欲伐匈奴，賦又不能不加，還是東方先生看明白了。」

衛青首戰，奇謀顯露驚四方

公孫弘眼中精光一閃，脫口道：「老臣也看明白了。」武帝便抬手道：「公孫先生請講。」

公孫弘應道：「此理即是：天下以農為本，故而農不可加賦；以商為末，則商可以加賦。我朝定天下，休養生息六十年，豬早已養肥，今日不妨……就割些肉下來。」

薛澤仍有疑慮，連忙進言道：「舊年高祖抑商，定為國策，令商人不得衣絲乘車，重租稅以困辱之。呂太后、文帝以來，稍為寬縱，商民無不稱頌。而今若驟然加賦，商民或將起恐慌。」

武帝輕聲冷笑道：「諸君上朝，皆乘車，可見過當今豪商之車，是何等模樣？」

張湯挺直身答道：「此事臣留意過。長安富豪之車，駟馬雕鞍，富麗堂皇，與鑾駕相比，就差一頂黃蓋了。」

武帝道：「朕所見亦是！此等商民，雖也是民，卻又不是民。恃財驕橫，武斷鄉曲，輿服、居室僭於上，那就是豪強了。國家有難，與他無干；國家有亂，他必擾之。國初時臧荼謀叛，先帝時吳楚之亂，無不有商人踴躍從之。此等民，乃不安之民，丞相不必憐惜。」

薛澤囁嚅道：「君與民，猶如父與子也，當憐還是要憐。」張湯憤然反駁道：「子若是豪強，便是逆子！」

武帝仰頭笑了笑：「如今父已有父模樣，子卻失了子模樣，奈何？」眾人聽罷，心中便一驚，都各自在品味武帝之意。

公孫弘此時忽然插言道：「張湯君說起豪強，老臣有所感。前日，有富商宴請老臣，席間唯見猩猩之唇、獾獾之掌、肥燕之尾、犛象之腰……直教人眼花！不獨老臣平生所未見，便是御廚老役，怕也聞所未聞。」

012

武帝便對薛澤道：「薛丞相，此等豪民，飽食之後，尚能憐惜蒼生嗎？絃歌之餘，可望他念及國家嗎？」

公孫弘又道：「漢初貧弱，呂太后開恩，與他們行了方便。六十年來，已有三代養尊處優，不知民間所苦。漢家既不負商人，商人亦不能負漢家。商民既已可緇衣乘車，陛下也無須禁他乘車，只須每車徵繳賦稅，收上一緡[01]便是一緡，用於造弓弩、治甲兵，也是好。」

武帝頷首道：「韓非子稱商人為『五蠹』，或也有理。賦稅徵不到商人頭上，總還是個弊端，恐是人心難服。抑豪強，如今便自朕始吧。昔年秦始皇重富商，一個巴寡婦，竟至聞名天下；然秦亡，卻不見巴寡婦來助，可見寬待商富，未必能以心換心。而今我漢家城鄉，豪強遍地，可左右訴訟，小民不堪其霸蠻。此等惡政，堪堪要甚於暴秦了，這哪裡能成？」

薛澤道：「臣以為，自呂太后起，寬待商民，已歷時三朝，上下習以為常。今日不宜驟變，當徐圖緩行才是。」

武帝橫瞥薛澤一眼道：「呵呵，丞相迂腐了！世道若變，我即應變；若世道已變，不變則是迂腐了。《鬼谷子》言：『善變者，審知地勢，乃通於天，以化四時、使鬼神，合於陰陽，而牧人民。』如此牧民之道，丞相當熟知。」

薛澤輕嘆口氣，拱手遵命道：「也罷！臣已知，其事不容再緩了。容老臣與僚屬商議，看如何計算商車所值。今緡錢一百二十文，為一算，每車可徵二算。由上計司擬出律條，布告天下，今年徵賦，就可以開算商車了。」

武帝面露喜色道：「如此，朕之憂，便也減了幾分！」

---

[01]　緡，指一千文錢。

衛青首戰，奇謀顯露驚四方

君臣議至正午，武帝把手一擺：「今日不議了。想來諸君都不貧，各個食不厭精，朕就請諸位嘗嘗御廚滋味。」

隨後，宦者為各人擺上食案。武帝環視眾臣，問道：「諸君多為公卿，一日三餐想必不愁，還有一日食兩餐的嗎？」

東方朔拜了一拜道：「託陛下的福，待詔之後，多有親朋相助，臣也可一日食三餐了。」

武帝便笑：「東方先生多智，總餓不到你！」

待小宦者端上飯菜來，眾人見不過是尋常黃粱飯，飯中還有麻籽摻入；菜餚也不過是些菽葉、秋葵之類，平淡無奇。

見眾人木然，武帝就道：「我等君臣，雖不至吃猩猩唇、氂象腰，卻也是食不精不食。今日請諸君嘗嘗粗陋之食，平民即是常年如此，實為不易！彼輩披星月、戴寒霜，廟堂之人多不知其苦。早年我往長陵邑尋找長姐，見閭里人家所食，便是今日這等餐飯。」

眾人仍是默然進食，唯獨公孫弘笑了笑，舉箸道：「陛下，臣年壯時，曾在海島牧豬，一日兩餐，倒是吃過些苦的。陛下賜宴，令老臣不由得憶起當年……」

「呵呵，先生閱歷多，昔日懂得牧豬，今日便知，當如何治人。」

「陛下高明！貧寒人家，朝廷當然要憐憫；然鐘鼎美食之家，算他一道，拔幾根毛，又有何痛哉？」

眾人聞言皆掩口笑，張湯忍不住，連連向公孫弘作揖。

就連薛澤也漲紅臉道：「公孫大夫所言，容老臣細思。孔子曰：『有國有家者，不患寡而患不均，不患貧而患不安。』為久安計，割富豪之肉，或也不妨。」

一席素餐罷，君臣對「算商車」再無異議。武帝喜上眉梢，對眾臣道：「我漢家自高祖起，數朝天子都有窮親。做天子的，若無一門半門窮親，便治不好國。先惠帝便是這樣，一門富貴，哪裡知道小民之苦？行事不荒唐才怪。」

眾臣一怔，不由得想起王太后的身世，心中都一動，紛紛稱是。一場非常賜宴，就此圓滿告罷。

也算是武帝有過人之處，料事如神，「初算商車」的當年春，北地積雪剛融盡，即有軍書飛馳入京，乃是上谷（今河北省懷來縣一帶）太守急報：有大股胡騎竄入塞內，殺掠吏民，無所不搶，地方兵備不能敵，郡城已危矣！

武帝得報，倒吸一口涼氣：「說他要來，他便真的來了！」便急召主爵都尉汲黯、衛尉韓安國來商議。

兩人看罷軍書，都有些疑惑。汲黯道：「景帝前元以來，匈奴賓服，有二十七年未曾入寇。如今我兵強糧足，他為何卻要來犯？」

韓安國道：「或因塞外有雪災，熬不過春荒了？」

武帝微微搖頭：「春荒或許有，年年如此，為何偏是今年入寇？」

二人一時答不上，韓安國便道：「那上谷太守，是否有輕啟邊釁之事，折辱了人家？」

武帝一笑，擺手道：「你我在朝堂上亂猜，終究無用！匈奴他要來，藉口總是有。以朕之見，匈奴是看和親以後，漢家近三十年不曾用兵；加之周亞夫之後，他看漢家似無名將，因此敢來襲擾。從今以後，北邊怕是要事多了。」

汲黯猛然想起一事，便提醒道：「建元初年（西元前140年），張騫

衛青首戰，奇謀顯露驚四方

率百人西出狄道，去尋大月氏，一去便無消息。或許他已得手，方惹得匈奴前來犯我？」

提起張騫來，武帝不禁就一嘆：「好一個壯士，不知還回得來否？」隨後又道，「匈奴是何心思，我君臣也無須猜了。他看我無大將，我這裡，不是還有李廣？」

韓安國便一拍掌道：「正是。」

武帝看看二人，又道：「李廣之外，更有新晉，恰好趁此一試。朕今日不妨就點將了，擇日即發兵。」

汲黯俯首一拜，贊同道：「陛下果決！有竊兒來偷，便要打痛他，日後方得安寧。陛下既發兵，臣以為，不應只是上谷一處。」

武帝霍然起身，朗聲道：「正是。你我三人，便來看輿圖吧。」

如此，君臣三人費時半日，將發兵之事商議妥當。武帝鬆口氣，望望韓安國道：「長孺君，日前你若不是倒楣，摔跛了腳，今日便是你在做丞相，朕哪裡用如此操心？」

韓安國一驚，拱手道：「臣不敢當！平棘侯素來穩健，丞相也做得好。臣性情急躁，萬不能及。」

武帝卻搖頭：「非也。臣看臣，與君看臣全然不同。朕所看重，不在穩健。有那不做事的，最喜自稱穩健，然天下諸事，卻是等不及了！」

次日，武帝便擬了詔，以告天下。詔令任命四將，分統四路馬軍迎擊匈奴，即：衛青為車騎將軍，率騎士萬人，直出上谷，務求驅走襲擾之敵。

公孫敖為騎將軍，出代郡（今河北省蔚縣一帶），與衛青一路互為呼應。

公孫賀為輕車將軍，出雲中（今內蒙古托克托縣一帶）。此路在西，出擊塞外，旨在擾敵。

李廣為驍騎將軍，出雁門，此路為中堅。李廣久在雁門為太守，率軍出這一路，是熟門熟路。此軍一出，料定匈奴會上下震恐，或不戰而退也未可知。

各路馬軍、兵卒一律為萬人，大張聲勢，分頭並進。武帝還特許各將可權宜行止，自逞其才，只尋機破敵就是。

四將入朝聽命時，皆束甲受命，威風凜凜，大殿上一派英武氣。除李廣年紀稍長外，其餘三將，皆為少壯。武帝見了，不由雄心大起，暗想那掃滅匈奴大計，這便是開始了。

用此四人為將，武帝頗費了一番心思。其中有三人，究起來，都是他的舊屬。

那公孫敖，原為武帝隨身騎郎，因營救摯友衛青，而獲武帝寵信。那公孫賀，在武帝為太子時，便是太子舍人；後經武帝做媒，娶了衛子夫之姐為妻，與武帝又成了連襟，當屬貨真價實的外戚。

至於衛青，更是武帝寵姬衛子夫的同母異父弟，如今算是武帝的舅子，本為太中大夫，如今又獲統兵之權。昔日枚皋曾有建言，說朝中無大將，拜將不妨就用外戚，今日就正好放手了。

眾將領命之後，便在渭北分設大營，調集兵馬。霸上立時鼙鼓大作，旌旗獵獵，自周亞夫駐軍細柳營以來，民間從未目睹軍威有如此之盛。

近畿一帶父老，紛紛攜羊載酒，來送別子弟。出征將士皆戴紅纓、著紅衣，營中遍插紅旗，望之如火，漫山遍野。

衛青首戰，奇謀顯露驚四方

有耄耋父老見此，想起文帝時匈奴入塞，烽火連百里，竟至甘泉宮戒嚴，都不禁淚流，直嘆總算見到漢家反手了。

此次集結堪稱神速，旬日不到，各路即先後拔營，分赴塞上。甘泉宮外大路上，但見紅潮滾滾、甲光耀目，前隊至天際，後隊仍在渭水邊未發。長安有數萬百姓出城，湧至灞橋邊，爭看漢家郎出征。

半月後，各部疾行至北邊，即馳出塞外，尋機滅敵。漢家立朝以來，此役分路之多，氣勢之壯，為前所未有。待衛青一路進至上谷，入寇胡騎早聞風而遁，全不見一個蹤影。

漢家上自武帝，下至吏民，都認定此戰必勝，只盼各路捷報早些傳回。卻不料，未及兩月，各路陸續有戰報傳回，卻令人大出意外。

原來，漢家發大軍出塞，匈奴斥候早已探知，軍臣單于及各王不敢輕敵，便將上谷胡騎盡數撤回。

那匈奴各王皆知漢將之中，唯李廣資歷最老，在北邊七郡做遍了太守，一張弓似長了眼，箭無虛發，無人敢敵。這次得知李廣一路出雁門，便命原入上谷的精銳胡騎，西奔雁門，在雁門關外重兵設伏，發狠要擒住李廣。

偏偏李廣這一路，多為常年邊兵，仗打得多了，並不以胡騎為意。李廣率了此等驕兵，信心足得很，料想雁門一帶，所有山川瞭如指掌，不怕他胡騎能躲到哪裡去。

漢軍出關行了才兩日，便見有老弱胡騎，在遠處逡巡。漢軍猶如飢獸，不待令下，便爭先撲出，挺起長矛短刀，呼嘯擊敵。胡騎見漢軍勢大，不能抵擋，便一路敗退，不分晝夜逃了四日。

李廣所率之部，已多年未逞雄威，便也一鼓作氣，直追了四個晝

夜，來至一處陌生草原。

　　此時塞北尚未返綠，滿目荒草，如深秋般蕭瑟。李廣手搭遮陽，四處望望，正欲下令遣斥候四出，不料驟然間，東西南北四面，皆響起了胡笳聲。

　　漢軍中有健卒，聞聲便站上馬背去看，頓時就是一驚——原來在茂草中，早埋伏著彪悍胡騎，此時從四面湧出，不知有幾萬之眾，頃刻間，便將漢軍團團圍住！

　　漢軍見此，方知數天前那些老弱胡騎，全是誘餌。彼輩故作狼狽相，且戰且逃，卻不是膽怯，是只怕漢軍不來追。

　　李廣也知中了計，當此際，唯有搖頭苦笑：「胡人亦能詐乎！」隨後傳令全軍，「我軍一弩，勝得胡騎十箭。兒郎都莫要慌，以戰車圍攏成團，只管放箭。」

　　話音剛落，胡騎便如潮水般湧來，萬箭齊發。眾胡騎早瞄住李廣所在，千騎並進，輪番衝殺。

　　李廣左右的護衛，縱是百戰士卒，也難當這殺不退的狂飆。放眼看去，紅纓漢軍與白翎匈奴兵，一處處捉對廝殺，刀劈入骨。風傳來陣陣嘶吼，聞之有說不出的蒼涼。

　　漢軍終究是人少，苦撐了一個多時辰，漸漸不支，落馬者不計其數。其中尤以中軍搏殺最為酷烈，幾乎死傷殆盡，最終胡騎只圍住了李廣一人。

　　但見那李廣，身被箭創無數，血浸戰袍，仍在做困獸之鬥，左衝右突，箭無虛發。奈何箭支終究有限，待最後一箭射出，一敵酋落馬，李廣低頭看看箭壺，卻是再也尋不出一支箭了。

衛青首戰，奇謀顯露驚四方

眾胡騎看得清楚，發一聲喊，一齊擁上，徒手便將李廣拽下馬來。可憐一代神將，到此勢窮，竟然被幾個無名小卒擒住。

眾胡騎見生擒了漢軍主將，都欣喜若狂。見李廣全身有傷，氣息奄奄，一名匈奴千長便下令，將李廣兩手縛住，拋在兩馬之間一個網籃中，馱回王庭去請功。

李廣臥於網籃中，抬眼望去，見漢軍已被殺散，都四面逃去了。散落的紅旗黑甲，棄置一地。漢軍中有校尉數人，見事不可為，哀嘆道：「見不到爺娘事小，丟了命，才是枉然！」便都跳下馬來，棄劍於地，一齊降了敵。

此次出征，四將所率之師，原都不是常年舊部。故而主將與校尉之間，皆為新識，連名字都叫不熟。出關數日以來，行止散漫無章，李廣雖有令下，眾軍也多有不聽。

李廣治軍，素以寬厚著稱，這次雖不成樣子，但也未做深究。此時在陣上被擒，才嘗到治軍不嚴的苦頭，悔之莫及。

再看草原之上，有胡騎漫野，料想此次鬼門關是闖不過了。李廣無計可施，只得閉了眼裝死，另圖脫身之法。

眾胡騎眼見名震塞外的李廣，竟是這般死豬模樣，都不禁得意，全隊齊唱凱歌，緩緩北行。

行至天將暮，李廣睜開眼一看，見一少年胡兒，騎著匹好馬正走在身旁。那胡兒初上戰陣，不知厲害，只道是如同遊戲般，便擒得了漢軍主將，一路上好不快活。

李廣臥在網籃中，顛簸了幾十里路，雙目雖然緊閉，手上卻在用力，早將腕上草繩磨斷。

前面過一小丘時，看看前隊已翻過，後隊尚未跟上，左近只有這一胡兒。如此好時機，哪裡能容錯過！

　　好一個李廣，窺得個空子，全身發力，一個彈跳起來，躍上了胡兒馬背，一掌將胡兒擊落於地，奪得他弓箭，撥馬便走。

　　這一掌，用力實在太大，胡兒幾乎要被擊死，哪裡還喊得出聲來！

　　待眾胡騎發現時，李廣早已策馬狂奔，跑出了百步之遠，彎弓搭箭，回頭即射。眨眼之間，只聞弓弦作響，卻看不清箭飛何處，唯見胡騎一個接一個跌落。

　　眾胡騎見已到手的獵物逃脫，頓時大起喧譁，一窩蜂地策馬來追。

　　只見李廣在前，穩住氣，左邊一箭，右邊一箭，總有跑在前面的胡騎應聲落馬。

　　如此射倒七八人，胡騎都為這神箭所嚇住，勒住馬，不敢再追。蒼茫暮色中，眼睜睜看著李廣單人匹馬，向南逃去了。

　　數日後，李廣奔至雁門關前，叩關而入。關吏開門迎了，才知李廣所部萬人，或死或降，盡都失於草原深處。

　　四路征討大軍中，雁門距長安最近。越兩日，武帝收到雁門太守傳來的敗報，既驚且怒，在宣室殿坐臥不寧。

　　餘怒未消中，又得代郡太守急報，稱公孫敖率軍出代郡，年少氣盛，也是陷入重圍。經一場惡戰，所部萬人，竟折損七千。混戰中，公孫敖由親隨掩護，方得脫敵，率了三千殘卒狼狽逃回。

　　武帝看罷敗報，猛擊案几，當下絕食一日，不進顆粒。正在憤懣中，雲中郡又有急報至，皇親公孫賀奏稱，出雲中數十里，連胡騎馬鬃也未見一縷，便疑心前有設伏，不敢再進，令所部紮營。卻不料駐留數

衛青首戰，奇謀顯露驚四方

日，仍不見匈奴一人一騎，忽又聞雁門、代郡兩路兵敗，越發不知匈奴大軍藏在何處。為免遭不測，趁人馬無損，已連夜馳還雲中。

武帝得公孫賀奏報，已從震怒轉為麻木，只喃喃自語道：「不信衛青也要逃回⋯⋯」

此時，有御廚小宦者進了東書房，端來一碗甘豆羹。左依倚便上前，接過碗，轉身勸慰武帝，好歹也要進一些食。

武帝瞥了左依倚一眼，怒道：「朕只想吃黃連！」隨即喝退左右，只留左依倚一個，陪他悶悶呆坐。

如此等了半月，一日黃昏，終有上谷郡驛遞馳入，將衛青的奏報傳來。

武帝兩手顫抖，惶急中，竟然拆不開漆封。左依倚連忙遞上一柄短匕，武帝接過，苦笑道：「若衛青也無功，此次出塞，便成千古笑柄，朕當自刎才是。」

左依倚急忙勸道：「小的日前隨侍，聽陛下誦習兵法，是說『將能，而君不御者勝』[02]。依小的看，打勝打敗，只關乎將能不能，陛下氣的什麼？」

武帝一怔，隨口哂笑道：「你個小廝，貌近女流，也配談兵法嗎？」

「小的不是女流。」

「那麼⋯⋯」武帝將奏報往案上一擲，「這四將，也絕非能將！」

左依倚卻毫不驚惶，趁武帝不備，柔指一挑，轉瞬就拿回了短匕，割開漆封，將奏報呈上：「陛下，看了這個再說。」

武帝正要喝斥，無意中瞥了一眼奏報，雙眼就一亮，立即低頭去讀。

---

[02] 見《孫子兵法・謀攻篇》。

原來那奏報中寫道，衛青率兵出上谷郡，走了五百里，未見一個胡騎。僚屬皆言可以回軍了，衛青卻膽大，下令驅兵北上，不去理會有人無人。

這一走，竟北上了兩千里，一路無阻。這日行軍，有斥候奔來報信，稱前頭就是匈奴的祭祖之地——龍城（今蒙古國烏蘭巴托以西）。

龍城，為匈奴社稷地。匈奴部眾，習慣逐水草而居，遊走不定，故而單于所在之處便是王庭，時常變動，唯有祭祖之地不變。

衛青聞之狂喜，問明守軍不多，便下令進兵，從四面圍住龍城，務求一戰而下。

這龍城方圓不大，有兩道城牆環繞，中間有一水池，即是匈奴祭祖壇。守軍僅有兩千，其餘官民等約有萬人。

衛青探得清楚，一聲令下，各軍即從四面一齊撲城。那匈奴守軍饒是勇悍，也招抵不上。不及一個時辰，城便攻破，擄得酋首七百人。

衛青騎馬進城，四處看了，見內中也有婦孺老弱，都面有飢色，唯七百個酋首紅光滿面，不禁就嘆：「春荒時節，龍城竟也無食！倒是這酋首吃得肥，通通押回去處置。」

有校尉問道，所俘胡騎及老幼，不知如何處置好，不如一殺了之，也算為邊民雪恨。

衛青道：「那倒不必，龍城離我邊地兩千里，擄掠也輪不到此輩。此處匈奴部眾，尚有不少老弱，不過看護他自家社稷而已，赦了便是。」

如此，衛青下令將龍城一火焚之。這一路漢軍未作勾留，當即班師，押著七百個酋首緩緩而歸。所部已入上谷郡，歇息待命，俘酋也已安頓好。

衛青首戰，奇謀顯露驚四方

　　武帝邊看奏報，眉梢便一點點翹起，末後拍膝大喜道：「衛青這騎奴，竟也做得了大事！」

　　左依倚在旁，雖不知奏報詳情，看武帝的眉眼，也知衛青顯是報了大捷，便道：「吾鄉有《鴻烈》一書，言『嘗一臠之肉，知一鑊之味』。陛下若不加國舅為將軍，何以知他會用兵？」

　　武帝便盯住左依倚，疑惑道：「你個鄉里小子，居然也知《鴻烈》？怕不是從未讀過書！」

　　左依倚連忙叩首道：「吾鄉父老，皆敬淮南王，小的也是道聽塗說。」

　　「唔？你鄉百姓，倒是敬淮南王什麼？」

　　「回陛下，都敬他無為少事，不增賦役，故此小民在淮南易謀生。」

　　武帝面色便一沉：「嗯，朕的這位叔父，倒是深諳安撫之道。」隨即打住話頭，吩咐道，「你這便去問御廚，有無昨日釀成的春酒。若有，攜一樽來，朕要痛飲。」

　　左依倚領命，行至門邊，忽然轉身道：「《鴻烈》中，還有一句：『上煩擾則下不定，上多求則下交爭。』陛下飲酒，也不宜痛飲；否則，天下醉鬼，就不知要有多少了！」

　　武帝又氣又覺好笑，佯怒道：「你須記得，再說《鴻烈》，朕便要掌你嘴！」

　　「遵命，小的不提就是。」

　　「還有，你自入侍以來，如何日日著這青衣？那永巷司坊，不發你衣物的嗎？」

　　左依倚略作思忖道：「小的在淮南，便終日著青衣；今日不改，是為免思鄉之苦。」

武帝遂一笑了之：「怪哉！一身青黑，倒像個刺客。」

當夜，武帝飲罷酒，沉思良久，一面是懊惱不散，一面又心有竊喜。惱的是，素所看重的李廣與兩公孫，此次出師竟顏面掃地。喜的是，衛青居然立了奇功；掌軍者中，總算有了自家人。

燈下，武帝將衛青奏報看了又看，又踱至輿圖前，仰望良久，到底忍不住，笑出了聲來：「這個舅子，運氣如何恁地好！」

原本衛青去救上谷，是身履險地，勝負未可知。卻不想那匈奴上下，早被李廣嚇破了膽，聞李廣軍出雁門，將精銳盡都移向雁門，致使龍城空虛，這才讓衛青得了手。

龍城大捷，為蒙恬北逐匈奴之後所僅見。論獎賞，衛青之功，可謂當世絕無。時過夜半，武帝心中懊惱漸消，自語了一句：「我得衛青，終可雪恥矣！」

當下就取過筆墨，親自擬詔，封衛青為關內侯[03]，雖無封邑，卻也屬顯貴。只想到衛青出身寒苦，至賤為奴，如今有這一大功，當令他躋身顯貴才好。

此時夜闌人靜，近侍已多去睡了，唯有左依倚在側，默然伺候，看到武帝草詔出來，忍不住讚道：「衛青將軍爭氣，打了勝仗！其實打來打去，還不就是爭個臉面？」

武帝猛地轉頭怒視，少頃，又忍不住笑：「小兒，又胡說！」

次日晨起，有謁者來報：「公孫敖、李廣兩將軍，正待罪端門外，求謁陛下。」

武帝怒從中來，頭也不抬，揮袖道：「不見！令二人徑去廷尉府說

---

[03] 關內侯，戰國時秦置，漢沿置，為二十等爵之第十九級，位在列侯之下。僅有封號而無封土，居京師，有封戶，可享租稅之利。

衛青首戰，奇謀顯露驚四方

話。敗軍之將，哪還有臉面入見！」

又過了半月，衛青班師回到長安，百姓為之轟動，都出門來看得勝之師，夾道焚香，歡聲動地。另外兩路軍中，那一萬七千不得歸的男兒，卻全似被人遺忘，唯有家人暗自傷悲不提。

召見衛青之日，君臣兩人都面帶喜氣。衛青本以為武帝要詳詢，卻不料，武帝於戰況並不在意，只讚道：「衛大夫做得大事，也為阿姐爭了臉面。往日只用你做文臣，是可惜了！於今之後，你只管掌兵就好。」

隔日，即有詔論賞罰。此役衛青雖獲大勝，武帝還是不敢太得意，將那兩路如何失利究責的話，講了許多：

「古來出師，一向推重治兵；然此次敵虜驟入，將吏相互不熟，未能理順。代郡將軍公孫敖、雁門將軍李廣，實不稱職；屬下校尉不義，棄軍投北；行軍途中，小吏亦多有犯禁者。

「古來用兵之法，不教不勤，乃將帥之過；既有明令，而不能盡力，為士卒之罪。今敗軍之將，已下廷尉府問罪，若再加罪於違法士卒，便不是仁聖之心。朕憫庶民之子，尚知刷恥，心向大義，故赦免雁門、代郡不循法之軍卒。」

頒詔之後，闔朝文武無不心服，都知今上與前代不同，並不文過飾非，問責時，懲上而不懲下，連李廣、公孫敖都能打入詔獄問罪，便都多了幾分忧惕。

當其時，廷尉翟公受命，究治李廣、公孫敖喪師之罪。先就探得口風，知武帝並不想令二人死，便到詔獄提了李廣、公孫敖，草草審結，擬了「失律當斬」奏上。其擬罪之辭雖激切，卻又附了一句，說是事出倉促，兩人兵敗情有可憫，可令他二人出錢贖罪。

武帝於此事，要的就是個臉面。各軍南歸以後，當說的話，也已說給天下人聽了，於是照准所請，允李廣、公孫敖出錢買命。然二人兵敗，終究難恕，便將其免為庶人，以息朝野之議。

　　四將之中，只便宜了一個公孫賀。這位皇親，是景帝時太守公孫渾邪之子，其父因平吳楚之亂有功，得以封侯。按說老鼠之子，焉能不會打洞？然他此次出征，卻好似個屌頭，不戰而退，毫無擔當。武帝倒是存了私心，只說他是「無功無過」，放過了這位連襟。

　　再說那衛青得勝封侯，心知恩寵不是憑空而來，最先想到的，自然是要去拜見三姐。這日散朝後，通報了後宮求見，謁者卻出來回絕道：「衛夫人近日產子，將軍可稍後探望。」

　　衛青聞之大喜，先前阿姐連生三女，故而遲遲不能扶正，如今終得生男，入主中宮當是指顧間事。又猛然想起，早年在甘泉宮獄，有囚犯曾給自己看過相，稱自己將來可以封侯。當時只道那人是妄言，不想今日竟能應驗，借阿姐的光，幾步便封了侯，真真恍如做夢！

　　若阿姐做了皇后，太子便是外甥。這等尊崇，又豈止封侯可比？今後數十年間，只要有漢家在，便有富貴享用不盡。

　　換作別人，中了這頭彩，早不知是何等模樣了。然衛青為騎奴時，讀過些書，知曉「智者之慮，必雜於利害」[04]之理，只想著驟貴亦有害。為避害之故，便時常告誡自己：須愛惜士卒，善待同僚，多立戰功，也好為阿姐多爭些面子。

　　此時的未央宮中，早已是一派喜慶。武帝二十九歲得子，此事之喜，不亞於大敗匈奴。

　　有了這個長男，萬事都有依憑了，恰如《左氏春秋》所言「神必據

---

[04]　見《孫子兵法・九變篇》。

衛青首戰，奇謀顯露驚四方

我」。於是，武帝躊躇滿志，為此兒取名為「據」。

國之大事，生男也是其中一樁，當然不能忘記昭示天下。武帝隨後就有詔，在前殿開筵三日，召百官來賀，並告宗廟。

席上，武帝見東方朔、枚皋等人都來陪飯，越發看出他們乖覺，便笑著囑道：「你等文臣，要好好寫些祝文，帶到高廟去讀，不可再諧謔了。」

東方朔遵命道：「臣等知輕重，當此時，不敢放肆。」

武帝又轉向枚皋道：「枚郎作賦，勝於東方大夫，此次更要好好作。」

枚皋回道：「臣不過陪飯倡優，哪裡敢與曼倩先生比？」武帝便顯出微怒：「此時是何時？你又來這個！」

東方朔連忙搶過話頭，岔開道：「陛下今年生子，明年便年屆而立，有這等大好事，明年也當改元了！」

如此提議，武帝當然樂得允准。宴罷，便召了太常來商議，改明年為元朔元年（西元前128年）。「朔」字有初始之意，武帝甚是滿意。這個年號改得好──譬如昨日一切，盡皆略過，漢家真正大業，當從這新一年啟始。

元旦這夜，武帝耳聞更鼓之聲，難以入眠。想起登極已有十二年，初問政時的委屈、痛失韓嫣的哀思，想起來就心酸。

如今內外大事，得衛氏一門相助，全域性翻新，掣肘的事再無一樁，早年未成之憾事，如今可放手做了。想當初，聽了董仲舒之言，倡禮教為「一統」，盼各郡都能薦些堪用的人上來。然事過多年，此番苦心，竟是政令出不了宮門──上不發詔，下就不舉才。各郡的二千石

官長,或是存了嫉賢之心,所薦人才甚少,竟有多年也不薦一個人上來的。

前朝有賈誼,輪到我這裡,卻連公孫弘之才都難找一個。這世間人才,豈是天子過問就有,天子不問就沒有的?

我這裡勸善懲暴,褒德用賢,要把五帝三王之道延續下去,各郡官長卻只知敷衍,那麼,天下這個家,究竟是誰在當?我之日夜所思,豈非是在做夢?

想到這一層,武帝便心不能安。新年這頭一月裡,飲食不思,每日都往石渠閣去,翻閱典籍。回到東書房,便沉思獨坐,在心裡打腹稿。

到了冬十一月,一道「薦賢詔」便擬好,下發九卿及各郡。詔曰:

「公卿大夫所本總方略,乃是倡一統、廣教化、美風俗。朕素與海內之士,探究此路,今已臻完備。緣此之故,朕才誠心誠意,尊耆老、倡孝敬、選俊傑、講文學,邀有識之士參預政事,詔各地執事推舉孝廉,幾近成風。

「朕以為,十室之邑,必有忠信;三人並行,則有我師。如今竟有闔郡不薦一人的,是教化未下沉,還是確有君子被遮蔽?朕試問:二千石官長綱紀若此,將何以佐朕察弊端、勸黎民?

「朕所聞知,舉賢者受上賞,蔽賢者得嚴懲,乃古之道也。今後凡二千石、禮官、博士等,終日群議而不舉賢才的,當治罪!」

九卿看了此詔,知是武帝發怒了,無不震駭,趕忙聯名回奏稱:

「古時,諸侯向天子薦士,一者謂之好德,二者謂之重賢,三者謂之有功。天子得士,乃為諸侯加九錫[05]。

---

[05] 錫,在古代通「賜」。九錫指天子給諸侯、大臣的九種特賜,即車馬、衣服、樂則、朱戶、納陛、虎賁、斧鉞、弓矢、秬鬯。見於《禮記》。

衛青首戰，奇謀顯露驚四方

「諸侯若不薦士，一則削爵，二則削地，三則爵地盡奪。與聞國政而無益於民者罷斥，在上位而不能舉賢者黜退，以此勸善黜惡。今有詔書，令二千石舉孝廉，以此教化黎民，移風易俗。今後，各郡若不舉孝不奉詔，當以不敬論；若不察廉不勝任，當罷免。」

武帝看過有司回奏，微微一笑，批了一個大大的「可」字，心中暗想：「我若不怒，你輩怎知厲害？知道便好！」

到了春三月，薰風南來，遍野桃李花開，長安城一派祥和。武帝也知人心俱服了，這才冊立衛子夫為皇后。

衛氏終究是小戶人家出身，若想母儀天下，還須天下人心都順。武帝為免非議，用足了力，精心擬了立皇后詔，詔曰：

「朕聞天地若不變，則不成造化；陰陽若不變，則萬物都不暢。朕問政，便不懼求變。堯舜殷周，朕心儀之，是為舊禮；朕所施，是為新政。今後，當據舊以圖新，變而不棄本也。今冊立皇后，赦天下，與民更始。民間各欠債訴訟，景帝後元三年以前所有債務，概不追究了。欽此。」

民間欠債者，不是小戶就是赤貧，新皇后是誰，他們原本無心留意；但立了新皇后衛子夫，而千萬人得免債務，平民便覺衛子夫好。

皇帝家事，便是天下最大事。這年春上，宮中典儀頻繁，忙個不停。文臣們交章稱賀，稱頌衛皇后正位。連布衣遊士主父偃，也有奏書入闕，極力擁護。眾人都鄭重其事，偏就是枚皋寫得別出心裁，居然勸諷衛皇后須「戒終」。

武帝看了一笑：「這個枚郎，又作驚人語！善始如何能不善終，還戒個什麼？」便隨手擱下，不以為意。

這年深秋，匈奴不甘心，又發數千騎來盜邊，致漁陽數度告急。武帝召來韓安國，與之商議道：「匈奴之性，不來盜就心癢，我不能為他所牽拘，年年發兵。韓大夫善戰威名，中外皆知，邊事既如此，還是你去鎮北邊的好。」便遣韓安國為材官將軍，徵發農家丁壯數千，屯戍漁陽郡（今北京市密雲區西南），以震懾北疆。

　　韓安國從故梁王麾下起家，兩朝為臣，對天子馭下之道看得清楚。本來「三公」做得好好的，不想衛青立了大功，自家無緣無故就被遠放，心中便不快。

　　至漁陽，時已入冬，部下擄來幾個竄入的胡騎，供稱匈奴畏懼韓將軍，大隊已遠去，不敢來犯。

　　韓安國早想重返京師，聞此言，便動了些心思。立刻上奏，稱匈奴既已遠遁，又正逢開春農事多，不如罷屯兵，令農夫歸家，免得誤了農時。

　　武帝接報，覺得韓安國說得有理，便允准裁撤屯軍，並命韓安國暫留邊地。豈料韓安國半生老成，此次卻中了匈奴詭計。罷屯方及一月，至元朔元年春，有二萬胡騎復又來襲，竟攻破了遼西郡（今遼寧省義縣一帶），擊殺太守，接著向西奔襲，要取漁陽。

　　韓安國在營中聞聽胡笳聲，連忙登高去望，但見胡騎漫野，心中便不禁叫苦。此時營中兵卒，僅得千餘人，哪裡是匈奴敵手？沒奈何，只得硬著頭皮出戰。

　　那匈奴雖畏懼韓安國，然看見漢兵僅有區區一小隊，都戟指大笑。韓安國血脈僨張，領軍殺了一陣，自是難以破敵，反倒身被數創，不得已退回營中。

衛青首戰，奇謀顯露驚四方

胡騎困住了韓安國，全隊振奮，都躍躍欲試，搖旗吶喊，要重演生擒李廣一幕。韓安國在營中聽到，知是大勢已去，遂提劍在手，夜不解甲，只待營陷之時，一死了之。幸虧有燕王劉定國，聞訊急忙發燕兵來救。

胡騎正在氣盛，忽見平地塵頭大起，不知來了多少人馬，忙遣了斥候去窺探，方知韓安國有了援軍。胡騎不敢造次，全隊稍退，放過了韓安國，轉向鄉邑大掠，擄得千餘名吏民及畜財，又轉道去攻雁門了。

武帝得報，大為震怒：「韓長孺，老臣，如何昏瞶若此！」當下就遣使者前去韓營責問。

韓安國既遭疏遠，兵將又多有折損，深感自愧。見了使者也是無語，只謝罪道：「臣非廉頗，願受罰！」

時有胡騎俘虜稱，匈奴不久將從東邊殺入。武帝便下令，命韓安國東移，駐屯右北平郡（今內蒙古寧城縣），以防意外。

韓安國奉命到了右北平，但見荒草連天，天寒地瘠，就更嘆時運不濟。想自家堂堂一位「三公」，為給新壯讓路，竟一遷再遷，幾與戍卒類同了。如此，悶悶不樂數月，終在元朔二年中大病不起，嘔血而死。

訃聞傳回京中，公卿只覺兔死狐悲，都不免唏噓。幾日裡，左依倚在旁伺候武帝，拿眼瞄了又瞄，卻不見武帝有何憂戚，只是沉思不止。

這日，武帝久立輿圖前，凝視漁陽所在。左依倚端上一碗麥粥，佐以五香驢肉脯，勸武帝稍歇，忍不住嘆道：「不想韓大夫赴北邊，一年即病亡，連宮中涓人都為之哀。」

武帝「唔」了一聲，良久才道：「……也算死得其所。」回頭瞥了一眼麥粥，搖頭道，「右北平無守將，如網破一面，朕哪還有心飲食？且隨

我來，去看看南軍操練。」

那南軍軍營，就在未央宮西南角樓下。士卒皆由各郡調來，一年一輪換，專守宮禁。因未央宮在長安城南，故此部就稱「南軍」。

眾將士見武帝駕臨，都停住操練，三呼萬歲。武帝揮揮手，示意眾軍照常。

見校場上有一弓箭手，搭箭之後並不瞄準，彎弓便射，卻是箭無虛發，武帝不由得就拍掌：「好射手！是樓煩人嗎？」

小卒恭謹答道：「正是。」

「這本領，可做得養由基[06]了。」

「不敢。唯願做李將軍。」

「哦？哪個李將軍？」

「回陛下，乃是故將軍李廣。胡騎聞他名，便都膽寒。」

「好！好！」武帝大笑，拍了拍小卒肩膀，「技高，遲早有得將軍做！」

返回宣室殿，武帝主意已定，取來筆墨，擬了詔書一道，命李廣不要在家閒居了，速赴北邊，出任右北平太守，以補缺。

卻說李廣先前因兵敗被免，心中不忿，卻又無處發火，不免就鬱悶。他歷任七郡太守，前後四十餘年，人緣頗好，凡得賞賜必分與部下，有飲食則與士卒共用。如今跌落成庶民，部下多有來安慰的，問起在雁門如何失利，他卻訥訥地說不清。

來客既多，李廣反倒不耐煩起來，以為舊部登門，存心是要來看他窘相的，於是拒絕見客。唯有潁陰侯，亦即灌嬰之孫灌強，一向敬重李

---

[06] 養由基，生卒年不詳，春秋時楚國將領，善射，能百步穿楊。

衛青首戰，奇謀顯露驚四方

廣，李廣也視灌強如小姪。二人交往如故，後索性一同奔入藍田南山[07]中，隱居謝客。

晴好日子裡，一老一少即相偕射獵，馳騁自娛。這夜，二人帶了一名騎士出遊，跑到農家田間，席地暢飲。三人劃拳行令，不知不覺到夜半，意猶未盡，方醉醺醺返歸。

路過霸陵亭，正巧霸陵尉也飲了酒，夜巡至此，見有人從亭下路過，似要返長安，當即就喝止：「何人大膽？看是什麼時辰了，還敢夜行！」

李廣未料有人敢不敬，一時氣急，未能作答。隨從騎士見此，連忙代答道：「此乃故李將軍。」

哪知不提還好，那霸陵尉酒遮上臉，全不認達官貴戚，咆哮道：「呔！即便是今將軍，尚不得夜行，何況是故的？」

灌強與那從騎大怒，都欲拔劍。李廣自忖信心不足，如今到底是個庶民，霸陵尉雖小，卻不能與之較量，千般羞辱也須忍下。於是喚住灌強，留宿亭驛，待天明方歸家。

不想如此蟄居沒過幾日，忽有詔命下，拜李廣為右北平太守。這九天九地的起落，倒令李廣哭笑不得。

陛見之日，武帝笑對李廣道：「北邊無你做太守，終還是麻煩多多。此去殊不易，將軍有何所求，不妨講來。」

「臣別無所請，唯願調霸陵尉同往。」

「哦——霸陵尉？此人……有何本事？莫非將軍得識奇才？」「無他故，相熟而已。」

「那也好。李將軍此去，莫要學韓長孺，弄得那般古怪！」

---

[07] 南山，即終南山，包括盛產美玉的藍田山。

再說那霸陵尉，忽奉調令，不知底細，想起了那夜喝斥過李廣，心中就不免忐忑。但王命難違，只得卸了職，乘驛車赴李廣帳下聽命。

哪知一到右北平軍中，李廣一見此人，勾起舊恨，當場喝令左右，將霸陵尉推出帳外斬首！

霸陵尉被無端拿下，如雷轟頂，拚命掙扎道：「我執公法，並未徇私，將軍氣度竟似小人乎？」

李廣一笑：「我就是要令你知：小人切莫倡狂！」

霸陵尉氣得大叫：「如此肚腸，無怪乎百戰不得封侯！」

「哼！不得封侯，卻殺得了一個霸陵尉。死到臨頭，你尚不知嗎？此處可還是霸陵？」

可憐那霸陵尉，七嚷八嚷，還是被拉去砍了頭。

李廣由庶民之身起復，當地眾吏皆知他聖眷正隆，也都盼李廣來救命，故無一人願為霸陵尉說情。

報得此仇，李廣也心知唐突，便立即上書一道，陳說情由，稱明日要免冠赤足，返京去謝罪。

武帝接到謝罪書，頗覺意外，搖頭嘆道：「武夫，奈何奈何！」當即提筆，回書予以勸勉。書曰：「將軍者，國之爪牙也。邊關有患，能報仇去害、力阻殘殺，乃是朕所圖於將軍也。若你免冠赤足、稽首請罪，豈是朕所望！將軍可率師東行，駐節白檀（今河北省灤平縣），以護衛右北平盛秋無失。」

李廣雖木訥不善言，卻知天子當此時，絕不敢有負武將。收到武帝回書，自是振奮，使出了渾身解數，嚴防匈奴，率軍所到之處，凌厲無比。

衛青首戰，奇謀顯露驚四方

　　匈奴遭了李廣數度襲擊，人人膽裂，送了他一個名號「漢飛將軍」，數年裡避之不及，不敢入界一步。

　　當時的右北平，荒僻無比，林中多虎患。李廣在任，除巡邊之外，也樂於射虎。以往在北邊七郡做太守時，聞聽城外有虎，他便獨自從馬出城，逐而射之，樂此不疲。

　　此次來右北平，虎勢甚凶猛。一次遇虎，平地騰起猛撲李廣，李廣不備，竟被傷之。憤極，以強弓連射，當場殺斃。

　　一日出獵，遠遠望見草中有一物，蹲踞不動。李廣心中詈罵：「又來撲我乎？」搭箭便射，弓弦響過，又是一箭中的！

　　從騎紛紛歡呼，前去察看，見虎受傷而不動，眾人就納罕。走近前察看，才知是一大石。只見箭桿深沒石中，僅餘箭羽在外，以手拔之，卻拔它不起。

　　這是何等力道！眾兵卒驚詫不已，連忙回報李廣。李廣也覺詫異，下馬來看，以手試拔之，果然拔不起。不由喃喃自語道：「奇了！我又沒用長梢弓，如何能有這等力道？」

　　過了幾日，又巡邊至大石處，李廣興起，使足勁拉開弓，連朝大石射了幾箭，只見箭桿斷了一地，卻是再也不能入石了。

　　李廣無奈收起弓箭，仰天嘆道：「無心之舉，反倒能成，奈何？」眾從騎也是驚異，都以為當時是有神助。

　　李廣「箭能入石」的盛名傳開，匈奴更是心慌，無人敢當其鋒。在右北平為太守五年，吏民安居，烽燧不舉，自幽州以東，竟成了一片祥和地。五年之後，郎中令石建病歿，武帝恐宮禁有失，想想再無他人可用，這才將李廣調回接任，此乃後話了。

且說元朔初年時，武帝原指望諸事重啟，未料卻是漢匈兩家重開戰端，從此邊患頻生。匈奴入寇時，先在雁門一帶大舉突進，欲動搖近畿之地。雁門都尉倉促迎敵，連遭敗績，被胡騎擄去吏民上千。

雁門離長安不遠，烽燧一起，關中震動。朝中老臣一片譁亂，屢次提起當年甘泉宮有警的事，武帝聽得心驚，急忙遣了兩將軍前去迎敵。

兩將率十餘萬人馬，分路北上。赴雁門一路，主帥為車騎將軍衛青，統兵三萬騎；赴代郡一路，主帥為材官將軍李息，統丁壯七萬餘。

衛青善戰自不必說，那李息也很了得，少年即從軍，多有歷練，曾隨侍景帝，此次與衛青並肩而出，終成一代名將。兩人不負重託，分頭進擊，一戰功成，將胡騎全部驅走，共斬首俘獲數千人。

轉至元朔二年（西元前 127 年）春，匈奴仍是心有不甘，在西面得不了手，便又從上谷、漁陽突入，前面已說過，就是這次險些將韓安國擒住。

武帝見韓安國不中用，便又遣衛青、李息領軍出雲中，行「圍魏救趙」之計。

二將受命，率大隊精騎出長安，一路北上，直撲高闕塞（今內蒙古巴彥淖爾市烏拉特後旗）。此塞原為戰國時趙國所築，乃趙長城的最西端。陰山在此有一缺口，狀如門闕，故此得名。在此衝出山口，即可直搗匈奴腹地。

此次衛青、李息北上，漢家旌旗還是頭一回在此揚威。河南地一帶，匈奴各部不能抵擋，紛紛潰散。

二將率軍馳至陰山下，北望千里大漠，如在夢寐中。衛青勒馬慨嘆道：「我竟能步蒙恬之踵乎？」

衛青首戰，奇謀顯露驚四方

李息以劍指向陰山，仰頭大笑道：「然也！」

「退匈奴兵，可還用謀臣獻計乎？」

「哈哈，無須再用！」

衛青悵望陰山良久，按劍恨恨道：「或是明年，或是他年，我總要馬踏陰山！」

兩人在高闕徘徊多日，幾欲衝過陰山去。武帝得報，喜憂參半，生怕二將挾勝而履險，便急令二將轉向西，攻取符離，以擾亂匈奴。

二將得令，心中都暗暗叫好，立率大軍銜枚疾進，西奔千里，直搗符離。沿路河套之南地面，匈奴樓煩王、白羊王的部眾，只道漢軍必東去救上谷，今忽見漢軍從陰山而來，只疑是神兵天降，全無抵擋之力。

漢軍一路克敵，待拿下符離，已斬俘數千人、擄得羊百餘萬隻。僅一月之內，匈奴西翼便全失，精銳潰逃，老弱被棄，敗局不可收拾。

至此，河套之南全為漢軍收復。

此時的軍臣單于，年已老邁，全不知漢家天子是何路數，諸王也惶急不安。衛青、李息一番騰挪，終於牽動全域性，塞外胡騎稍作猶豫，便大部北移，遠遠遁去了。

如此，漁陽以東的危局，便告解脫。雖韓安國在任上病歿，卻有李廣及時補上，東路匈奴已明顯勢弱，全不敢再犯。

至秋深，萬里北邊，再無一個胡騎竄入，邊關狼煙遂告熄滅。各處平安奏報迭次送入，武帝在東書房閱畢，竟癱坐於倚几，只顧喘息。

左依倚見武帝面色倦怠，就去端來一個食案。案上有兩碗，一碗是鹿膾，一碗為雁羹，均是熱氣騰騰。

武帝便苦笑：「你貌似韓嫣，卻少了些貴氣，實是小家戶出來的，如何只知道吃？」

　　左依倚並無羞愧，只顧向武帝呈上匕箸，低首道：「小家戶曾忍飢受餓，故知食為天，即便貴如天子，也不可一日無飲食。」

　　武帝瞥了美饌一眼：「哦？倒也是。」便接過食具，嘗起鹿肉來。

　　左依倚趁機勸道：「匈奴去年秋犯以來，陛下就未曾安枕，今日也當好好滋補。用兵之事，有衛青、李廣等將軍，小的以為，陛下不必似這般苦。」

　　「你哪裡知道？上兵伐謀，無關乎將軍是何人。」「陛下獨自苦思，便是在伐謀了嗎？」

　　「正是！我軍與匈奴交戰，尚無力強攻。朕獨坐苦思，便是想何處可以戰，何處不可以戰。匈奴兵厚處，我當避之；匈奴力薄處，便可以戰。」

　　左依倚扭頭看看輿圖，恍然大悟道：「原來如此！令衛青將軍西擊，原是揀了匈奴的軟肋處。」

　　此時有謁者進來，遞上幾冊奏書。武帝接過，一面笑對左依倚道：「你言之有理！呵呵，天子豈是容易做的？你常聽常看，再隨侍數年，或許也可充個護軍了。」

衛青首戰，奇謀顯露驚四方

寵臣失勢，榮華轉瞬化飛灰

經數度力挫匈奴，衛青在朝中名聲大振，群臣都不再僅以國戚視之，而真心敬他用兵如神。

出入朝途中，百官偶遇衛青，無論少長，皆駐足讓路，心悅誠服地向他施禮。每逢此情，衛青總覺有些惶恐，不免要恭敬回禮，方才安心。

李息有時與他一路，隨他施禮多了，不由就抱怨：「與君同行片刻，行禮也行得累了！」

衛青笑笑，輕嘲道：「你我上陣一日，殺敵百數十，如何便不覺累？昔年我充騎奴時，有閒讀書，記下了《論語》所言：『子溫而厲，威而不猛，恭而安。』我這般做，便是恭而安。」

李息便笑：「嘿嘿，皇親國戚，還有何不安？」衛青慨嘆一聲：「此中奧妙，你如何能知啊！」

李息卻大不以為然：「大臣敬你，是看在聖上的面上，有幾多誠心倒難說，兄可不必當真。」

衛青道：「此理我也懂。然朝臣之中，到底還是庸常人多，如汲黯般直道無曲者，百無一二，你豈能強求？」

這日散朝後，二人相約同乘車，往東市酒肆去飲酒，行至途中，忽見有一人攔在前路。

衛青定睛看去，原是辯士主父偃，連忙下車整衣，躬身施禮。

寵臣失勢，榮華轉瞬化飛灰

李息見狀，也跟著下了車，見主父偃面黃肌瘦、衣冠不整，便悄聲問道：「這老儒是何人？」

衛青施禮畢，上前寒暄了幾句，才回首對李息道：「此乃長者主父偃，你也來拜過。」

李息聞聽主父偃之名，心中一驚，雖不情願，也還是躬身拜了一拜。

見主父偃神情不振，衣衫舊敝，潦倒一如往日，衛青心中不忍，伸手去懷中掏摸，欲摸出些錢來相助。不想因上朝時走得急，身上竟分文未帶。

李息看出尷尬來，連忙從袖中拿出些錢來。衛青接過，以袖遮住，強塞到主父偃袖中，笑勸道：「先生年紀大了，須好好將養。」

主父偃嘆息一聲：「老朽命當如此！因心直口快，在齊地不容於眾儒，彼輩只恨不能食我肉。不得已北遊燕趙，也未蒙諸王見用，沒個落腳處，幸有將軍肯禮賢下士。」

衛青聞言，不禁面有愧色：「先生折煞我也！在下不才，前次為董仲舒事，曾引薦先生入謁。這一向，也曾數度向聖上舉薦，稱先生可當大任，奈何聖上並無回音。」

主父偃連忙稱謝道：「老朽久困，已惹得諸侯賓客甚厭。將軍身為貴冑，名動天下，仍能為老朽發一語，真不知該如何報答！」

「先生困窘，在下也是知道的，容改日奉上厚儀。」

「哪裡？我生性愚魯，中年後苦讀典籍，已為時過晚，故難以上進，亦不為怪。得將軍垂顧，更有何求？萬不能再為將軍添累。將軍從前也是吃過苦的，想必也知，所謂布衣蔬食，於我這等野老，有何難哉？」說罷，向衛青深深一躬，便告辭而去。

這情景，李息看得瞠目，忍不住道：「弟一向習武，以為只有武人有骨，不料儒生也有氣硬的！」

衛青便苦笑：「主父偃此翁，才幹倒是有的，只可惜鋒芒太過。」

李息仍有不解，問衛青道：「主父偃固然名大，然終究不過一布衣，兄待此老，竟似面對公卿，有誠惶誠恐之意，又是何故？」

衛青不答，只扯著李息之袖，向前一指道：「你隨我入小巷一看。」

二人步入巷內，只見前面有兩家商舖，一家門前人群熙攘，另一家則門庭冷落。

衛青笑指兩家店鋪道：「如何一家門前有人，一家卻無人？買客來此，只為買貨，何以竟有冷熱之別？」

李息便撓頭，茫然不能作答：「弟一向不理家事，實不知何為？」

「你少年從軍，果然不知油鹽柴米事！這兩家鋪子，一為醋坊，一為糖鋪。客人滿屋者，是醋坊；無人問津者，乃糖鋪也。」

「哦？同是佐料，生意怎的相差如同冰炭？」

衛青一笑，又拉著李息迴轉身，一同登車，才說道：「實是兩家手藝難易，有所不同。做糖者，不易做甜，故這家生意便不好；做醋者，隨手便可做得酸，故而買客盈門。」

李息仍是不解：「唔，這賣糖賣醋，與兄善待主父偃，又有何相干？」

「主父偃善辯，語極苛刻，所言皆中他人之短，這便是做醋。我待他，如孟子所言『愛無差等』，實是怕他⋯⋯醋做得酸。」

李息聞言，不禁哈哈大笑：「兄比我書讀得多些，到底是有城府，怪不得闔朝都敬你！」

再說那主父偃，自在市中遇見衛青，知衛青屢薦，而天子卻不用，

寵臣失勢，榮華轉瞬化飛灰

不免就心生絕望。

想自己北遊無果以來，羈旅京師日久，吃喝用度，近於乞討。近日求告無門，堪堪囊中又要見底了，一家老小留在家中嗷嗷待哺，真是枉為大丈夫！想想所學典籍，也有千百冊了，欲換飯吃，卻是百無一用，心中惱恨就不止一端。

在旅舍睜眼想了一夜，竟是連打家劫舍的本事也沒有，這半生，究竟是如何活的？

到日出時分，窗外有晨曦透入，隔牆的富豪之家，又有炙烤香氣飄來，飢腸轆轆就越發難耐。

如此又懶臥了多時，門外有店夥前來灑掃，敲門喚道：「日上三竿了，先生還不起來做文章？」

主父偃這才坐起，猛地閃過一念：「我這讀書，讀成了廢材！往昔所讀所知，若不寫成文章來換前程，又有何用？」

想著便振作起來，頭也不梳，面也不洗，意欲以決死之心，寫出一篇好文章來，遞入北闕，求得君王矚目。不然活了半生，商不成，官亦不成，若文再不成，哪還有臉皮再賴在京師？

事到絕處，狐兔也有虎狼之猛。一念之下，主父偃以冷水泡飯充飢，埋頭寫了兩日，終於寫成了數千言。第三日一早，就親赴城南，遞入了北闕去。

司馬門謁者接過奏書，囑主父偃留下住址。趁主父偃正在簿冊上留名，謁者打開奏書，瞥了一眼，雙目就不禁放光：「此類建言，聖上次復快，幾可立等。召見垂詢，也是常有的事。」

主父偃喜出望外，便道：「老夫可以等。」

自武帝問政以來，督政甚嚴，內朝的公文流轉，已堪稱神速。未及兩刻，此書便到了左依倚手中，置於東書房案頭。

　　數月以來，因奏書不多，武帝正在嘆天下無才，見左依倚送上主父偃進奏，言及九事，心中便一激，自語道：「此老還會寫文章？」連忙打開來細看。

　　主父偃所言九事，有八事涉及律法，一事為伐匈奴諫言，所言都甚詳。起首一句即云：「臣聞，明主不惡切諫以博觀，忠臣不避重誅以直諫。是故，事無遺策，而功流萬世。」

　　武帝抬頭看看左依倚，笑道：「江湖上人，懂得如何作文，開篇就勾得人想看。直諫，正是朕之所求也，哪裡就會遭重誅？朕所欲，正是功垂萬世，焉能不細看？」

　　主父偃在上書中，極言伐匈奴之不可，原與武帝開邊之謀相悖；然武帝已歷練多年，早知順耳之言不足珍，逆耳之言方可啟智，故也不生氣，反倒細細品起來。

　　其諫言大意是：

　　《司馬法》[08]曰：「國雖大，好戰必亡。天下雖平，忘戰必危。」古之天下既平，天子諸侯都不忘治兵，是為不忘戰。

　　然兵者，終為凶器也。君王一怒，必伏屍流血，故而聖王皆慎戰。若每戰必求勝，欲窮盡武事，則未有不悔者。

　　昔日秦始皇逞戰勝之威，蠶食天下，併吞六國，海內為一。然求勝之心未足，欲攻匈奴，李斯諫曰：「不可。匈奴無城郭之居，遷徙若飛鳥，難以制之。若輕兵深入，糧食必絕。況乎得其地，不足以為利；得

---

[08] 《司馬法》，春秋時期的重要軍事著作之一。相傳由姜太公所撰，後又有數人相繼重新編撰而成。

寵臣失勢，榮華轉瞬化飛灰

其民，則不可用也，勝亦必棄之。如此疲敝中國，欲謀匈奴，絕非好計！」

秦始皇卻不聽，使蒙恬領兵攻匈奴，闢地千里，以河為國境。然後，發天下丁男以守北河，暴兵露師十年有餘，死者不可勝數，終不能過河向北。是人眾不足、兵革不備嗎？否，其勢不可也。

北河之地多鹽滷，不生五穀。天下糧草，竟自琅琊等濱海之郡轉輸。運六石，抵北河時僅餘一石。如此靡費，男子力耕，而不足以供兵餉。百姓疲敝，孤寡老弱不能養，死於道路者相望不絕，故而天下始叛！

讀到此，武帝不由汗流浹背，驚呼道：「原來如此！主父偃此人，眼光果然毒辣。」便喚過左依倚，囑道，「你取來筆墨，記下：伐匈奴只宜屯戍，就地取糧，萬不可遠途轉輸，勞民傷財，致天下覆亡。」

言畢，又低頭專心去看。其後，主父偃又寫了如下之意：

及至高皇帝定天下，聞匈奴聚於代地之外，欲擊之。有御史諫曰：「不可。匈奴之蹤，聚散如鳥獸，追之如捕影，今陛下攻匈奴，臣竊以為危之！」高皇帝不聽，發兵塞上，遂有平城之圍。高皇帝悔之，方與匈奴和親，然後天下再無干戈之事。

兵法曰：「興師十萬，日費千金。」秦曾聚兵數十萬人，征伐匈奴，雖有斬將亡軍之勝，然結怨甚深，不足以償天下之費。且兵久則生變，事苦則難忠。邊境之民疲敝愁苦，將吏相疑而生外心，秦末趙佗、章邯，竟趁機自立。此中得失，臣思之不能不恐！故《周書》曰：「安危在出令，存亡在所用。」願陛下熟慮而詳察。

武帝讀罷全文，一迭連聲地讚道：「說得好！好一個『安危在出令，存亡在所用』。主父偃此人，若不用，朕還談什麼興亡？」當即就傳諭召見。

謁者聞令，微笑回道：「陛下，主父偃呈文之後，並未歸家，只在北闕外等候。」

武帝便一臉驚愕：「他怎知朕要召見？果然是異才！」略一思忖後，便又道，「算了！朕如何竟不如一個老儒聰明？令他回去等吧，改日再說。」

雖是如此，主父偃上書蒙聖眷的事，還是傳了出去。不數日間，又有人聞風上書，交章勸諫。先後有前丞相長史嚴安、無終（今河北省玉田縣）人徐樂等，上書言事，都勸武帝勿蹈秦始皇覆轍，免得天下土崩瓦解。

先說那嚴安，乃是齊地臨菑人，與主父偃是同鄉。其人學富五車，最擅辭賦，有一篇〈哀時命〉是專悼屈原的，想來也是個孤憤之人。

聞聽主父偃阻諫伐匈奴，蒙獲恩寵，嚴安便知武帝正志得意滿，不怕聽敗興的話，於是巧思數日，也寫了一道奏書[09]，遞了上去。

嚴安論及周秦兩代施政，以為周失之弱，秦失之強，皆惹來禍患，全不足取。當今收服夜郎，深入匈奴，朝臣都以為是美政，其實不過是臣子眼中之利，而非治天下之長策。

他勸諫武帝，切不可「行無窮之慾，甘心快欲，結怨於匈奴」。此等貪功之心，於安邊毫無好處。

至於徐樂上書[10]，講的也是以秦為戒。他以為秦有三過，即「民困而主不恤，下怨而上不知，俗已亂而政不修」。陳勝便是憑藉這三弊，而終成大事。陳勝此人，既無千乘之尊，又非望族之後，不賢不富，卻從裡巷起，袒臂大呼，天下即風從，竟致強秦一朝土崩，無可收拾！

---

[09]　即嚴安《上書言世務》。
[10]　即徐樂《言世務書》。

寵臣失勢，榮華轉瞬化飛灰

至於吳楚之亂，各諸侯雖然帶甲數十萬，卻不能西進尺寸之土，則是因小民多安居樂業，豈能附逆為亂？故諸侯之亂，譬如瓦解，尚不足懼；而小民不安，正似土崩，才是君主之大患。

徐樂論及當今，直言也並非無憂。尤以近年關東，五穀不登，民多窮困，故邊境之事不宜過重，否則民感不安，不安則易動。易動者，即是土崩之勢也。

三人之議，互相呼應，其雄辯之辭不可駁。武帝讀罷，搓搓手道：「奈何奈何！兵早就用了，賦也加了，難道要還錢給百姓嗎？」

此時，武帝正是心雄萬夫，肚量就大，覺這三人不屑諂諛，反倒敢觸逆鱗，實是少見的骨鯁之士，便傳諭一起召見。

一見三人上殿，不等禮儀畢，武帝便起身，開顏笑道：「主父偃，還道你是個好讒詆之人，故未睬衛青所薦，豈料你文章做得竟是這般好！」又指了指嚴安、徐樂道，「還有你們二位，俱是不世之才！往時公等在何處，何以相見如此之晚？」

三人受寵若驚，不由面面相覷。那主父偃到底是機智，略一遲疑，便答道：「文士之文，費的只是筆墨；將士征伐，卻是要抵命，故而我輩不喜戰。」

「正是！文士喜好大言，卻不知征戰之苦。公等諫言殷切，朕當深思。」

入座之後，三人見武帝確有誠心，便爭先恐後，歷數伐匈奴之不當。武帝平日聽慣了近侍文臣的巧言，今日聞聽激憤之語，倍覺新鮮，竟耐著性子從頭聽完。

三人說罷，武帝拊掌讚嘆道：「原來文士也有各樣，不獨是陪飯之

輩！天下有才若此，朕便不能聽憑你等為遺賢，都拜為郎中好了。那伯夷叔齊之隱，終不是公等宿命，且來朝堂上，也為蒼生說幾句話。」

君臣歡談畢，武帝送三人到前殿口，忽就責備左依倚道：「主父公年齒，做得你祖父了！還不快來，攙扶先生至司馬門，命謁者以安車送還。」

左依倚遵令，連忙跑上前去，攙起了主父偃。

主父偃目力不好，把左依倚看成是宮女，連忙擺手謝絕道：「我乃儒生，非禮勿動！」

武帝就笑：「此乃小宦者，生得清秀而已，公可勿慮。」

左依倚撇嘴道：「主父先生，女子又怎麼了？動都不能動，莫非是有刺嗎？」眾人聞言，就是一片譁笑。

應召當晚回到客舍，主父偃整夜無眠。想到自己蹭蹬半生，未料竟以一篇千字文而蒙起用，端的是夢有多奇，遭遇就有多奇。既然天子喜聽逆耳之言，不妨就以諫為諛，教天下人都看不懂此中名堂。於是，到任後又接連上書，篇篇都是貶斥之言。

正值武帝看厭了近臣的堂皇大賦，猛見到主父偃文辭犀利，自然格外讚賞。不久，便拔他為謁者，繼而又為中郎、中大夫。每職不過數月，一歲之內，竟連升四階。一起授了郎中的嚴安、徐樂，卻瞠乎其後，全未蒙此等寵信。

此時朝臣對主父偃，又恨又羨，多有私下腹誹的：「天道怕是已歪了，如今詔諛，也須改作罵髒話才行！」

當此時，武帝正嫌丞相薛澤無用，辦事遲緩，空坐百官之首；便召集眾近侍，設立「內朝」，按詔旨直接辦事，省卻了許多麻煩。主父偃會

寵臣失勢，榮華轉瞬化飛灰

當其時，等同做了內朝之首，奉詔行事，權勢不輸於丞相。

他所言所行，貌似與眾不同，只不過，別人皆以逢迎為上，他卻專以刺時弊為要，都是投上所好。也合該他命好，官拜中大夫不久，便有梁王劉襄、城陽王劉延，先後上書，願將封邑分些給自家諸弟。

主父偃嗜書如命，對前代事也多有熟知，早已讀透賈誼文章，知賈誼、晁錯之成敗，全繫於削藩。此時見有諸侯王自請分其地，立覺這是天賜良機，可以建功。於是上書曰：

古者諸侯，地不過百里，強弱之形易制。今諸侯或連城數十、地方千里，緩則驕奢易為淫亂，急則阻其強而合從以逆京師。今以法割削，則逆節萌起，前日晁錯是也。今諸侯子弟或十數，而嫡嗣代立，余雖骨肉，無尺地之封，則仁孝之道不宣。願陛下令諸侯得推恩分子弟，以地侯之。彼人人喜得所願，上以德施，實分其國，必稍自銷弱矣。[11]

主父偃到底與司馬相如不同，虛浮詞一個也無，句句簡明，如庖丁解牛。

以往諸侯坐大，令高祖以來數代君主頭痛，景帝時削藩還惹出了大禍。如今諸侯勢力漸小，又有這貪小利的，要分地與諸弟。

天子何不做這順水人情，既施了恩，又奪了地，直把那封邑分成如鄉亭一般大小，來日諸侯即便想反，也反不成了。諸侯子弟往往有十幾人，人人都願封侯得食邑，哪裡還會想到長遠？

往日只說「削藩」，實是晁錯太過直道，必激起諸侯反逆之心；如今卻說是「推恩」，一把蜜糖抹在了諸侯嘴上，教你有口難言。

武帝只略掃一眼，便知主父偃用心，當即採納，回覆了梁王、城陽王：「你輩有多少子弟，盡在國中分得封邑。分到一個鄉，便是鄉侯；分

---

[11] 見《漢書》卷六十四上。

到一個亭，便是亭侯。」

偌大的梁國、城陽國，就這般，各分為十數封邑，子弟皆稱列侯。

准了兩王所奏，武帝趁勢又下了「推恩令」，令天下諸侯王，一律照此來做。

此時的諸侯王，除淮南王還有些野心之外，多為孱弱之輩，見這分家產的詔令下來，都無膽量抗命，只得照辦。漢初以來的一個大患，就此煙消雲散。

如此，主父偃一篇百字文，點醒了武帝，將賈、晁搭了性命也未成的大業，於一夜間告成，堪稱曠代之奇。

主父偃建了這個奇功，武帝對他更是寵信，從此成了朝中炙手可熱的人物，人皆敬畏。便是衛青見了，也是誠惶誠恐，不敢再虛與周旋了。

最懊惱的，是各諸侯王的賓客。當初全沒料到，這乞丐居然能翻身，譏嘲過他不知有多少回。如今主父偃一飛沖天，反手報復，就是勸聖上分諸王之地。賓客們看得清楚，卻懼於天威，不敢點破玄機，只能在心裡叫苦。

主父偃發跡之時，正是元朔二年春，衛青、李息率軍出雲中，端了匈奴龍城老巢。衛青因此得封長平侯，屬下有兩個校尉蘇建、張次公，也一步登天，得以封侯。蘇建封為平陵侯，張次公為岸頭侯。

漢匈相爭八十年，此為漢家初次獲勝，舉國都一片歡顏。主父偃不甘置身事外，也跟著獻策，說是衛青奪回的河套之地，土地肥饒，有大河為阻。秦時蒙恬逐走匈奴，築城設塞，今日既然失而復得，便可修舊塞、設郡縣，為朔方屏障。如此，內可省卻轉輸，外可拓邊，以廣中國，此為滅胡之本也。

寵臣失勢，榮華轉瞬化飛灰

　　武帝看罷，召主父偃來問：「此前，公曾力諫伐匈奴之不當，如何才過了數日，便又勸朕要拓邊滅胡？」

　　主父偃早知有這一問，當下從容答道：「非臣下朝三暮四也，乃因衛青昨日尚未勝，而今卻獲大勝。勝或不勝，計有所不同；臣非神仙，故不能預知。」

　　武帝悟了悟，明白了其中奧妙，開顏笑道：「公所言，實獲我心。在朔方設郡，朕已想了多時。然此計甚大，可先交公卿會議，看眾人如何說。」

　　待公卿齊集，武帝說起，今河南地既已復，可設朔方、五原兩郡以做屏障，免得雁門、代郡屢遭荼毒。不料話音方落，眾臣卻一起喧譁起來，皆言不便。

　　內中有御史大夫公孫弘，持異議最力，當庭疾言道：「不可！秦時曾發三十萬眾，赴北河築城，終不可成，不得已棄之。前人之失，我何效之？秦末喪亂，也因築城北河所致，臣不忍再見天下有役夫累死於途！」

　　武帝聞聽此言，臉色便不好，勉強笑了一笑：「哦？公孫大夫今日，忽然就有了主見，不以朕的聖裁為是了？」

　　公孫弘知武帝這是在譏他，往日議事時總是模稜兩可，於是便答：「明君治民，以安為上。萬里轉輸丁糧，終是不便，故西南夷可棄，北河亦可棄，臣一向持此議。」

　　話說到此，列中主爵都尉汲黯，終覺聽不下去。汲黯一向鄙夷公孫弘，以為他善承上意，太過工於機巧，於是跨步出列，駁斥公孫弘道：「不然！築城北河，設郡朔方，正是為天下萬代之安。有匈奴一日在，便如斧鉞在頭上，子孫不得一日安寧。今漢家有朔方，便是有了金城湯

池，他縱有十世單于，也奈何不得我。不知公孫大夫，怕的是什麼？」

「老臣並不懼匈奴，只是惜民而已。」

「不以刀劍拒敵，你又如何惜民？」

公孫弘年邁思鈍，一時竟被說得啞然。

武帝見機，抬臂制止道：「兩愛卿可不必再爭。此議，非朕忽發奇想，乃是主父偃多年熟慮所成，故有此建言。」

眾人皆感意外，一齊望向主父偃，便不再說話。

武帝見此，心中暗喜，當場點將道：「平陵侯蘇建，你隨衛青出雲中，有大功。今匈奴聞你名，皆有瑟縮之意。便命你為遊擊將軍，督造朔方、五原兩郡，所有調集丁夫、築城修塞等事，一併統領。」

蘇建大步出列，朗聲應道：「臣願往，定不辱使命！」

「你今日，便是我漢家蒙恬。北依高闕塞，西憑雞鹿塞，以河為據，屏障河南，不許那胡馬過陰山半步！」

「臣遵命。有臣在，邊民自可安心。後輩小兒，將不識胡馬為何物！」蘇建應聲後，滿殿竟是鴉雀無聲，一派肅然。

領命之後，蘇建果然顯出大將之才。數月間，在各地強令豪強遷徙，又募了一些貧戶，約有十萬口之眾，陸續集於京畿，再分隊發往朔方（今內蒙古河套西北部）。人馬雜遝中，卻是一派井然有序。

築城所用磚石圓木，亦由車載馬馱，絡繹不絕。不單是關中一地，崤山以東每一郡縣，皆可見人去屋空，官衙還須供應糧秣，一時役夫滿途。

這年秋，遼東報來一個好消息，說有東夷穢貊族之君，名喚南閭，率部眾二十八萬口，叩遼東之門求內屬。

寵臣失勢，榮華轉瞬化飛灰

　　武帝聞之大喜──原就擔心匈奴南下未遑，或要東與朝鮮勾連，將大不利於遼東。今有南閭獻地內附，豈不是天助？於是下詔，在穢君南閭故地，設蒼海郡（今朝鮮江原道以北）。由此，漢家在遼東之外，平添了好大一塊飛地。

　　如此一來，元朔初年間，即有朔方、蒼海及西南夷三處，一齊大動土木。燕齊、巴蜀之民，皆疲於轉輸，叫苦不迭。

　　為幾處築城之事，府庫的錢也是花得如流水。待到兩郡稍有模樣時，薛澤只在丞相府中坐嘆，痛惜文景兩代所積的錢糧，堪堪就要耗盡了。

　　公孫弘不忍見大勢敗壞，深恐秦始皇勞民舊事將要再演，於是數次提醒薛澤。

　　薛澤哪裡能挽回大勢，只是嘆道：「聖上用我，只看在一把年紀上，白首登殿，勉強可壓得住群臣。」

　　公孫弘憤然道：「看今日四處開疆，唯恐中國不大，卻不知，那每起一城，皆是百姓背負肩扛而成。田間的稼穡之事，又教何人去弄？那主父偃，究竟是何處鄙夫？

　　慫恿聖上，疲敝中國，到底是何居心？」薛澤亦覺痛心，擺擺手只是無語。

　　公孫弘望一眼薛澤臉上愁容，搖頭道：「丞相老了⋯⋯」

　　「唉！我今耄耋，這相位，遲早是要閣下來坐。何時你為相了，再冒死上諫吧。」公孫弘知事不可為，也只能無語告辭。

　　在朝中，每遇見主父偃，公孫弘便是面沉如水，總忍不住要喝斥：「你由布衣登堂，靠的是阻諫伐匈奴，而今又反口，勸聖上築城河南，鬧得雞犬不寧。漢家府庫，分文不是由你積下，如此靡費，好好的天下，

便要敗在你這主意上。」

主父偃正值躊躇滿志，遭叱也不為所動，只冷冷回道：「公此番高論，不如當面去說給聖上聽。我不過窮叟一個，上進無門，若不出言狂悖，奪人眼目，如何能令聖上垂顧？」

見主父偃無賴如此，公孫弘更是憤懣，恨恨道：「公之德行，正似《淮南鴻烈》所言，『驕主而像其意，亂人以成其事』。竟不知趙高死後，世間還有你這等邪人！」

主父偃聞言一怔，略微斂容，拱手道：「不知御史大夫素來飽學，竟也讀淮南王之書。公請放心，我到了公的年紀，定去淮南王門下鍊金，不在這裡惹人心煩了。」

言畢，即昂頭負手而去，氣得公孫弘面色鐵青，僵立原地良久，終是一頓足，決意再去面諫。

武帝聽罷公孫弘諫言，微微一笑，溫語道：「數年間，朕聞先生多次言及棄邊，本不欲再議，然卿如此執著，卻容不得朕不加理會了。拓邊一事，究竟有用無用，你我這一世，怕還看不清楚，或召集眾人來議，方得周全。」

公孫弘見武帝口氣鬆動，臉色才緩下來，委婉說道：「農人稼穡苦，勞役又多，民間怨語已遍地。臣不忍見秦末之亂，又至眼前。」

武帝連忙岔開話頭道：「好好，即日便會議此事。公孫大夫於國事，上心得很，幾年了，如何只見你著布衣上朝？老來，可儘管享樂，莫要委屈自己。」

公孫弘便一揖，語氣淡淡道：「臣少壯做得鄙事，老來便也無意奢華。」

寵臣失勢，榮華轉瞬化飛灰

　　武帝連連頷首讚許：「儒生執事，風氣到底是不同！今日朕倒是有一事，要請教大夫。故內史寧成，以往治民太過殘苛，公卿怨恨，百口交詆，免官治罪之後遇赦，已在家多年。朕欲起復他為郡守，不知大夫有何指教？」

　　聞寧成之名，公孫弘臉色就一變：「不可！臣居齊地時，為小吏。當時寧成為濟南都尉，治民如狼，今若為郡守，那更無異於虎豹了！」

　　「有這般厲害？」

　　「臣聞寧成歸家，自知永不得起復，於是放言：『官不至二千石，商不至千萬，安可比人乎？』」

　　「哦？他倒是志大。」

　　「此人家有田千餘頃，遇赦後，便租田放貸，不數年間，即累積家產千萬。因手中握有郡吏短處，故而官府也不敢禁，出入從騎，竟有數十人。役使百姓千餘家，威風更要過於郡守呢！」

　　「也是！這世上，難有完人。昔日他為內史，京畿肅靜，盜賊不敢入室。宗室豪傑，哪個不怕他？有詆毀也是難免。如此，朕便不教他做二千石，就遣他去守函谷關，做個關都尉，盡他的本分。」

　　公孫弘便苦笑：「他也只配守門。然今後各地往來長安小吏，怕是要苦了！」武帝只微笑道：「小吏慣於狐假虎威，受些刁難，也不妨。」

　　隔日，武帝召了主爵都尉朱買臣來，密囑了一番，便下令群臣會議，再議朔方築城得失。

　　會議這日，前殿之上冠蓋雲集，眾人都知所議非同小可。其間，公孫弘力主棄邊，振振有詞。

　　正言說之際，朱買臣忽然步出列來，貿然打斷，躬身一揖道：「御史

大夫所言，數年來，眾人早已耳熟，總之是朔方不宜築城。」

公孫弘瞥他一眼道：「然也。勞民傷財，築之何益？」

「公乃長者，閱歷甚廣，便是那牧豬之事，百官中也絕無第二人能通。小臣只是不知，昔年公執鞭牧豬時，須防狼乎？要設柵乎？無柵，狼可知禮節而退乎？小臣以為，朔方置郡，便如牧豬設柵，如何便不好？我這裡，倒有十問，要問御史大夫。」

「請便。」

原來，那朱買臣受武帝密囑，早花費心思，打好了腹稿。當此際，便從李牧、蒙恬說起，滔滔不絕，一連十問，直問得公孫弘啞口無言。

公孫弘瞠目道：「翁子，今日你做了塾師嗎？老臣根基淺，不過齊地邊鄙之人，實不知築城好處竟有如此之多。也罷，臣是孤陋寡聞了！朔方城儘管築，然西南夷與蒼海郡，既無漢軍，亦無漢民，修路築城，又不知為的是何人？臣以為，朔方築城，為防匈奴，築也就築了，當集天下人力物力於此。然夜郎、朝鮮，一東一西，荒天僻地，無非朝使二三人可至，又何必興師動眾？」

武帝笑道：「今日殿上，公孫先生竟被考倒，也是千古奇事呢。好了！朕已明白，西南夷、蒼海郡，均非當務之急，過一年半載，停了就是。朔方郡，才是我命脈，守住便是牽牢了牛鼻。」

眾人嘩地一笑，此議遂成定論。

再說那主父偃，見築城之議得了武帝賞識，精神便大振，復又上書，請將各地豪強徙往茂陵。其書云：「茂陵係萬年吉地，依附長安，雖已新置園邑，然居民不密，地廣人稀，頗不如人意。臣以為，以茂陵之雄，不當為荒園，可移山東各郡國豪強，前往居住。一可內實京師，二

寵臣失勢，榮華轉瞬化飛灰

可外消奸邪，收一舉兩得之功。」

武帝見了主父偃上書，又是言聽計從。當下就有詔，著令各地官府，派員下至閭里，將所有地方富豪登記在冊，徙至茂陵。若有豪猾大戶抗命，則鎖拿問罪，資財沒入官府，人丁發為奴，不假寬恕。

此令一下，各郡國不敢怠慢。每一縣衙，皆由主吏親率皁隸，登門查問，富戶一個不留，通通驅往茂陵。

旬日之間，關外大戶一派雞飛狗走、哀泣連連。然詔令在上，又怎敢違抗，富豪們只得清點細軟，悽惶上路。閭里貧戶見之，稱快者多於憐惜者，都來撿拾所棄財物。故而，遷徙令所到之處，無不是狂歡之象。

誰也料不到，主父偃這一邀寵之議，就此引出來一位天下聞名的大俠。此人，就是江湖上大名鼎鼎的郭解。

郭解，字翁伯，河內郡軹縣（今河南省濟源市東南）人，其身世大有來歷。他的外祖母許負，是漢初少有的女列侯。

許負這奇女子，是河內郡溫縣（今屬河南省）人，生於縣令之家。

據傳，許負生時，手握玉玦，玉上隱約有文王八卦圖。出生僅百日，便能說話。此等異象，當地不敢隱瞞，遂上報朝廷。秦始皇聞之，亦被驚動，以為是吉瑞之兆，特賜了許家黃金百鎰[12]，囑許父善養其女。

許負自幼從父，學得了相面功夫。當年，劉邦率沛公軍過溫縣，許負尚是幼女，於城堞上望見，一眼認定劉邦必成大事，便力勸其父投軍。此事為劉邦所知，大為賞識。

待劉邦定鼎天下後，論功行賞，也封了許負為鳴雌侯，位列公卿，得享終身富貴。

---

[12] 鎰，秦始皇時通用貨幣，亦為古之重量單位，合二十兩（一說為二十四兩）。

許負後來還為薄太后、周亞夫相過面，所言無不中。此後，許負年愈老，聲望愈高，頗為長壽，至建元三年才去世，享年八十四歲。

　　郭解身世如此，自然有恃無恐。其父便是郡內一遊俠，素來放誕，在文帝時，即犯法被誅死。少年郭解，不學外祖母建功封侯，偏就隨了乃父秉性，提劍橫行，任俠傲世。

　　說起郭解，江湖鄉邑，無人不知他大名。其人卻是生得五短身材，相貌平常。少年時即有匪氣，稍不如意，便拔劍殺人，所殺者無算。為朋友報仇能捨命，又願藏匿亡命歹徒。作奸犯科，無所不為，譬如私鑄錢幣、掘人墳墓等違禁事，不可勝計。

　　作惡雖如此，卻彷彿有天佑。遇見仇家，被追到窘急處，往往能逃脫；或被官府擒住，偏又能遇大赦。

　　及至年長，他忽就悔悟了，折節自律，儉樸異常。與人相處，能以德報怨，只管厚施恩惠，不圖名望。見有不平事，總要出手相助，救了人家命，又從不誇功。唯其心中狠毒，著實除不掉，於猝然之際，還是要睚眥必報。

　　郡中有一班少年，心慕郭解高義，不勞他出手，常看準郭解仇家，暗中替他報仇，事後也不告知。弄得郭解時常疑惑：為何自己的仇家，非死即傷，命都如此不好？

　　郭解之姐，有個不成器的兒子，仗著郭解之勢，時常欺善凌弱。一日與人豪飲，只顧勸酒，那人酒力不勝，小子卻非要強灌。逼得那人急了，拔出刀來，刺死了郭解這外甥，而後逃之夭夭。

　　郭解尋了一番，哪裡還能尋得到？郭姐便生了氣，怒叱道：「以你郭解之義，人殺我子，賊卻逮不到！還有何話可說？甥兒雖親，到底不如親子。」便將小子的屍體棄於街道，偏就不下葬，以此來羞辱郭解。

見阿姐這般,郭解甚是歉疚,於是遣人用心去探訪。探到那人的藏身處,凶手知是無可再逃,便索性橫了心,自己找上門來,將齟齬緣何而起,對郭解如實相告。

郭解聽罷,方知事情原委,一揮手道:「公殺他沒錯,吾甥兒確是無理!」便放了那凶手自去,聲言罪在其甥,出面把無賴小子收葬了。

邑中諸公聞聽此事,都感佩郭解之義,依附者反而更眾。

郭解平素出入,人皆敬畏,遠遠望見就趨避。偏有一人心中不服,當街箕踞而坐,見了郭解來,非但不讓路,反以傲慢之色凝視之。

郭解心中疑惑,遣人去打聽,此係何等人物?

有門客去問清楚了,不過就是無賴一個。門客覆命畢,便作勢要去殺那人。郭解連忙抓住門客手腕,笑道:「我與此人,同在一邑中,卻不為他所敬,此乃我德行不及,你可萬萬不能殺他!」便私下找了郡中都尉及文吏,囑道:「箕踞那人,我將有所求。若有勞役,請為之解脫就好。」

在河內郡地面,郭解吩咐的事,豈有不肯照辦的?於是數年間,所有勞役,都未派到那人頭上。那人好生奇怪,找到衙門打聽,才知是郭解暗中疏通,當即愧悔不已,袒露胸背,至郭解府上謝罪。城中少年聞說此事,更是敬慕郭解,都視他為楷模。

洛陽有兩家人,曾因事結仇,打殺不止,遷延有數年,鬧得鄰里不安。有城中賢者、豪強多人,居間調解了十數回,終不見效。有人便來見郭解,請大俠出面,來了結這樁煩心事。

郭解笑而允之:「私仇又何必執著?」於是趁夜潛入洛陽,穿房越脊,竄入閭里,招來兩家人為之調解。

兩仇家各有頭面，誰不知郭解大名？見大俠竟然「犯夜」來勸，俱是大驚。惶恐猶疑中，都還算聽了勸：「夜禁森嚴，難得大俠犯險而來，我等唯有從命。」

　　郭解便道：「難得你們買我面子，君子一言，便不要再生悔！我聽聞，洛陽諸公曾勸和在前，你們偏是不聽；今日你輩聽了我勸，我豈可奪了他人的面子？此事，你們也不必聲張，待我離去，再請洛陽豪強來，到時講和也不為遲。」說罷，便幾步攀躍上牆，趁夜離去。洛陽城內百姓，竟都不知兩家為何就和好了。

　　郭解成年之後，為人知收斂，出入從不騎馬炫耀，更不敢乘車直入縣衙。至近旁郡國為人辦事，若能辦到，便盡力去辦；若事不可為，也能巧計令人滿意，而後才受人酒食之謝。

　　緣此之故，邑中諸公對他都極為推重，爭相為他所用。郭家常收留亡命徒，人數眾多，難以供養，邑中少年及鄰縣豪強，就常有大膽「犯夜」的，十餘輛車一齊來至郭府門前，請求郭解應允，接到自家去供養。便是巡卒瞧見，也不敢阻攔。

　　如此，郭解雖以遊俠之名行世，卻早已是良民了，照此下去，定可在家頤養天年。不料主父偃一個遷徙之議，竟為郭解惹來一場滅門之禍。

　　且說有個軹縣人楊季主，有一子在縣衙為掾[13]吏，平素嫉恨郭解名氣大，見遷徙令下，便向縣令舉發，要將郭解遷走。

　　那郭解名頭雖大，卻是豪而不富，家貧無力遷徙。縣主吏問明了郭家資財，便犯了難——若論家財，郭家哪裡夠得上富豪？然名冊上寫有郭解，又怕上頭怪罪，只得催促郭解盡快搬遷。

---

[13]　掾（ㄩㄢˋ），原為佐助之意，後為副官佐或官署屬員的通稱。

寵臣失勢，榮華轉瞬化飛灰

邑中諸公聞聽消息，自是不平，都慷慨解囊，一時竟湊了千萬緡，送給郭解以助搬遷。

此事傳至京中，連衛青也為之動容，便面謁武帝，為之求情：「郭解之名，海內盡知，豪紳無不敬服。他家貧無力遷徙，陛下不妨施恩寬免。」

聞聽衛青此言，武帝眉毛就一動，沉吟半晌才道：「一介布衣，其力能使將軍來說情，他哪裡就家貧？」

衛青聽武帝如此說，便知武帝除豪強之心不可勸，嘆了一聲，也無心再辯白。

見衛青神色怏怏，武帝又道：「所謂豪強，富便富了，偏又要逞強。前朝秦二世之亂，只見有豪強殺縣令的，不見有豪強助縣令的。此等人多了，你我總是坐不安穩。再說主父偃此人，不是你薦來的嗎？他能上遷徙之議，朕以為，比將軍還要看得遠些。」

武帝言畢，衛青更是無語，只得無奈退下。

此事在軹縣傳開，人都知是楊季主之子從中作祟，皆憤憤不平。楊、郭兩家，於此也就結仇。

郭解得衛青家人傳信，知轉圜無用，也不敢抗命，遂收拾好行裝，挈婦將雛，別了眾鄉鄰啟程。告別那天，闔城老幼相送，依依不捨，自不必提。

甫一入關，關中有一班豪傑，不論識與不識的，都聞聲前來，爭相設宴接風，把酒言歡。

過不多久，軹縣有一少年，恨極了楊家，竟把那楊季主一刀刺死，取去了首級。

闔城百姓聞說，無不稱快。

楊家主人被殺，家屬們自不肯隱忍，遣人赴京上書，要追查凶手。哪知道，所遣之人走到京城，又為人所殺，首級亦不翼而飛。

數日之內，為郭解搬遷事，接連出了兩樁無頭案，官府著實吃驚。衙役在翻檢死者衣物時，發現楊家的訴冤狀子，指郭解為主謀。太守聞之，連忙上報武帝。

武帝此前見衛青求情，心中便不快，此時見郭解徒眾猖獗至此，更是震怒，詔令廷尉府鎖拿郭解。

郭解聽到風聲，連忙將老母安置在陽夏（今河南省太康縣），自己往北逃亡。過臨晉關（在今陝西省大荔縣東北）時，有關吏名喚籍少翁，原本並不識郭解，卻早聞其大名。攔住郭解後，見他不似尋常客商，心中便起疑，當即詳加盤查。

郭解卻坦然報出姓名來：「在下便是郭解，天子有令緝捕也。」如此一說，反倒令籍少翁吃了一驚：「大俠如何到了此地？」

郭解也如實相告：「在下為仇家所陷，今有詔令追迫，走投無路，貿然來求出關。」

那籍少翁也是性情中人，脫口便道：「緝捕令日前已到關，然兄長可放心，弟權作沒見過，兄自可往太原去隱身。」

郭解一喜，免不了想要叩頭稱謝。

籍少翁卻攔住，恭恭敬敬拱手道：「我區區一關吏，生不能建功，死不能留名。今日私放大俠一條路，或可留名千古，倒是要謝大俠成全！」言畢，便令關卒抬起關閘，放了郭解出去。遂又登上城樓，揮手與郭解作別。

寵臣失勢，榮華轉瞬化飛灰

　　郭解回望關上，見籍少翁孤身挺立，知他這一私放，觸犯王法，只怕是凶多吉少，不由心中就酸楚。抹了一把男兒淚，只能強打起精神，往叢山峻嶺中去了。

　　果不其然，郭解過關未及幾日，便有內史府的偵吏，沿路察問了過來。追到籍少翁處，問不出郭解行蹤，就猜疑是被籍少翁私放走了。

　　那少翁也是條好漢，料定受不過大刑，又不願吐露郭解行蹤，趁人不備，竟拔劍自殺了！

　　次日清晨，偵吏們找上門來，擬逮回籍少翁拷問，卻只見到少翁屍身，都目瞪口呆。內中有一老吏嘆道：「大俠千里行，得道多助，我輩哪裡能追得上！」眾吏聞聽，也為之氣短，便以行蹤斷絕為藉口，返回覆命去了。

　　郭解由此，得以在太原郡安身，躲了幾年。恰好又逢大赦，便堂而皇之回到軹縣，來看望家眷。

　　大俠還鄉，軹縣自是闔城轟動，口耳相傳。縣令尹軌早便想捉郭解，聽到風聲，喜出望外，立遣皂隸將郭解逮回。

　　尹軌升堂喝問道：「逃亡之徒，何以有膽歸鄉？」

　　郭解只冷笑一聲：「縣令威風！可惜，你可滅他人之門，卻是奈何不得我郭某。」

　　一語激得尹軌大怒：「哼，好漢，好漢！不知大俠手上，還有多少條人命？也罷，我今不滅你門，便是個昏官。」

　　哪曉得，尹軌查了一番，郭解殺人之事，卻都在大赦之前，按律應赦免。尹軌無奈，只得如實上報廷尉府。

　　此時的廷尉，已是張湯。張湯接到軹縣來文，也是頗費躊躇，儘管

他治獄狠辣，卻也不敢公然枉法，想了又想，便遣一曹掾為使者，赴軹縣探訪，務求探得郭解近來有無作奸。

使者到縣，便廣邀諸賢達來問。座中諸人，得知使者來意，都交口讚譽郭解為人，願以身家擔保。

使者正在為難間，座中忽有一儒生站起，戟指諸公怒斥道：「本邑為郡縣，封建不存久矣，你輩卻只把郡縣當作諸侯地！長安遠，而縣衙近，你等勾結官府之事，我就不屑說了。只說那郭解，一貫作奸，觸犯公法，縣民哪個不知？諸公與郭解交好，便左一個『賢士』、右一個『義俠』，只不怕冤死鬼暗夜來叩門？」

此語一出，滿座訝異，都不知該如何辯駁。那使者也是明事理的，見狀連忙打圓場：「公作如此激憤語，當是有實據。今日天已晚，明日再說不遲。」便起身送客，意欲另尋時機，再聽儒生訴說。

此事當晚即為郭解門客所知，門客們哪能容得儒生尋釁，未至夜半，便有一人潛入其家，將儒生活活刺死，割去其舌。

次日晨起，閭里便哄傳殺人了。縣令尹軌聞報，認定是郭解指使門客所為，當下傳郭解到衙，當面責問。

郭解宿醉未醒，被傳到縣衙，竟是一頭霧水，哪裡說得出凶手是誰。尹軌只是不信，恨恨道：「你門下諸客，大字不識一個，非偷即盜。如此替你張目，是要惹下大禍了！」

殺人者聞聽驚動了官府，心知不妙，連忙逃出城去，遠遁他鄉，更無人知曉是何人所為了。

此等凶案，須上報廷尉府。那尹軌還算公允，只如實報稱：係匿名者所殺，郭解本無罪。

寵臣失勢，榮華轉瞬化飛灰

　　張湯接了此報，權衡再三，終還是照尹軌所言，寫成定讞書，呈了上去。

　　朝會時，武帝提及此事，對眾臣感嘆道：「一個郭解，便鬧出這麼多的命案來！主父偃所議，正是要害：豪強若不徙，必成地方奸蠹。然這郭解，終究不知情，且饒他一回也不妨。」

　　不料，公孫弘卻出列，高聲道：「不可！人主縱容奸賊，小民便爭相作惡，而不懼律法。那郭解一向任俠，視漢律為竹篾，說踐踏便踐踏。一布衣之徒，竟可左右官府，陛下還望能治天下嗎？郭解因睚眥小事，動輒殺人，舊罪尚未除，門客又猖獗至此。此事，郭解雖不知，其罪更甚於親手殺之。當擬大逆無道之罪，交有司懲辦。」

　　武帝聽了，一時不能斷，便揮手令諸臣散朝。

　　回到宣室殿，見草木已有秋意，室內也有了寒氣，便裹緊衣服，長坐於案後沉思。

　　此時，左依倚端了一碗羊羹進來，見武帝神情恍惚，就笑問：「天下難辦之事，每日不下數十件，陛下緣何為一事所困？」

　　武帝便講了郭解犯禁之事，躊躇道：「郭解此人，亦正亦邪；故而殺或不殺，朕都是要背惡名的。」

　　左依倚聽了，嫣然一笑：「天子竟為一布衣之事所困，這個皇位，卻也不好坐呢。」

　　「唉，正是。朕幼年上學，太傅最愛說起『董狐直筆』，說得人膽子越發小了。我之所為，件件要載於史，哪裡就能隨意？」

　　「我看諸先帝，殺起藩王來，卻是心硬得很。」

　　「藩王作亂，亂易於成，哪裡是遊俠可比？」

「小的可不那麼看。」

武帝便轉頭，盯住左依倚道：「哦？你倒說說。」

左依倚將羊羹吹涼，置於案頭，方道：「藩王就算是旁支，也是骨肉，輕易不會反目。那班遊俠，卻是無一個不夢著做皇帝的。」

武帝便感驚奇：「如此說來，像是你也做過遊俠一般！」

左依倚便笑：「我這不男不女之人，做到趙高，也是沒什麼名分。不像是藩王，既已是王了，又何必多攬天下事？」

「嗯，你來自淮南，我那淮南王叔父，可是個有雄心之人？」

「這個……陛下不必疑了，有雄心者，哪裡會弄文？我看鄉間裡巷，凡弄文者，皆是不擅俗務之人。玩弄幾個字詞，或許可以，要他理政，是斷乎理不清的。」

「那《鴻烈》之中，論及治亂的篇章，也是不少哩。」

左依倚便朝地上啐了幾口：「呸呸，那都是門客寫的，文人的夢話罷了。」

武帝不由笑起來：「你在淮南王封邑生長，倒很護主呢！也罷，朕便不學先帝，也不疑藩王了。這個郭解，雖是布衣，卻不容放過。」於是拿過硃筆來，在張湯所呈的定讞書上，批了「族誅」二字。

張湯接到批覆，便提了郭解上堂，告知聖意已決，將以「大逆罪」定案。

見郭解面不改色，張湯就嘆息：「你個郭解，貌不及中人，談吐無甚文采，又何苦博那些虛名，直鬧到命不可保？」

郭解佇立不動，昂然答道：「誅就誅了，廷尉又何必善感？在下為布衣一生，從未媚上，死了也可留名千年。廷尉你坐於堂上，還不是日日

寵臣失勢，榮華轉瞬化飛灰

須猜上意，稍有疏忽，頭顱恐也難保。我之所求，無他，就在於坦蕩，與你多說又何益？」

這一番話，聽得張湯色變，猛拍案道：「死到臨頭，你竟還嘴硬！有何後事須交代，自去寫好，無須替本官費神了。」

不久，郭解滿門被押至長安，綁縛西市斬首。沿路有少年追看，爭相送上酒水，要聽大俠唱一曲。

郭解回首一笑：「人生苦短，唱不唱，都是別過。諸君年少有為，只不要學我才好。」

武帝誅殺郭解，本意要壓抑遊俠之風。卻不料，長安少年目睹郭解風采，都感佩至極，一時竟相為俠，蔚然成風。

更有郭解之友，不惜冒殺頭之險，走動官府，軟硬兼施，瞞下了郭解孫輩一二人，方不至滿門盡歿。

後至東漢時，有名臣郭伋，歷經王莽、綠林、劉秀三朝為太守，最終官至太中大夫，便是郭解的玄孫，此乃後話不提。

郭解死後，長安官民議論洶洶，都嘆大俠一世英名，卻死在主父偃一道奏書上。有小戶人家，便督促子弟勤學讀書，以為世道已大不同，會寫幾個字，便要強於勇冠天下。

主父偃入仕至此，也覺得恍似做夢，只道是貧寒者出頭，必賴奇險之術，萬萬文雅不得！

偏巧在這時，有一藩王不守禮法，正落在了主父偃手中。

此人前面剛剛說過，就是發兵救了韓安國的燕王。這燕王劉定國，乃是故燕王劉澤之孫。劉澤係高祖遠房兄弟，才具平庸，至高祖三年才做到郎中。後隨軍攻叛將陳豨有功，方得了個營陵侯做。

呂后專制時，劉澤因血脈較遠，僥倖未受屠戮，反而沾光，與呂祿、呂產同時封王。

王位傳至嫡孫劉定國，家風敗壞下來，不成個樣子。父王死了沒幾日，劉定國便按捺不住，與父王姬妾通姦，又強娶弟媳為妾。這也就罷了，到底是外姓女子，苟合也還可忍。他之淫慾卻不止於此，連自家的三個女兒也不放過，令其輪流陪寢。這等禽獸，全把國家當成了私家，走路可以橫行。

且說那燕國，有個肥如縣（今河北省盧龍縣西北），縣令郢人實在看不過去，幾次上書燕王切諫。

燕王卻容不得下屬如此揭短，想了幾日，便想誅殺郢人，求個耳根清淨。風聲傳到肥如縣，郢人豈肯束手就擒，立即上書廷尉府，告了燕王一狀。

此事被燕王劉定國偵知，不等廷尉府有回音，他立遣一謁者，手持劾捕文書，趕往肥如，隨便捏了個藉口，將郢人殺死以滅口。

劉定國敢如此驕橫，蓋因其妹為故丞相田蚡之妻。田蚡在世時權勢熏天，故而燕王這等旁支，才有膽作惡。

到了元朔元年，田蚡早已死多年，就連王太后也概不問事。靠山一去，苦主家屬便心不能平。郢人之弟欲為兄報仇，見機寫好了訴狀，找到主父偃，請他代為申冤。

主父偃看罷訴狀，陰陰一笑：「好個燕王，竟有這等醜事！」遂想起北遊燕地時，為燕王所拒，又遭燕王賓客厭棄，便生出報復之心來，密囑郢人之弟赴北闕投書，自己可為內應。

郢人之弟遵囑，掉頭便往司馬門去，遞上訴狀。待此狀一入朝中，

寵臣失勢，榮華轉瞬化飛灰

燕王陰事立時大白於天下，滿朝一片譁然。就連武帝看了訴狀，也覺滿心羞愧，恨得咬牙切齒，當即下詔，命公卿就此議罪。

燕王家醜事，本就激起公憤。主父偃在朝議中，更是言辭激切，聲言道：「定國惡行，無異於禽獸！亂人倫，逆天理，如若不誅，何以塞天下之口？」

有那一二公卿，以為亂倫終究是燕王家事，若用極刑，則燕國必除，劉澤一脈將淪為庶民，不免太過寡情，便欲為燕王說情。

不料甫一出言，卻遭主父偃痛詆：「為禽獸者辯，則異於禽獸者幾希？諸君也想與子女成奸嗎？」此語一出，滿堂皆感震驚。

薛澤見說得不成樣子，便舉手制止：「主父偃，朝議不得放肆！」

主父偃正說到激憤處，聽得薛丞相申斥，立將笏板擲於地，高聲道：「諸侯後宮濁亂，公卿似未生雙眼一般，各個不語。如此不遵直道，還有何臉面做官？天下若有法不能制者，我輩又何必在此裝模作樣？」

這一番叱責，疾言厲色，欲辯白者只得噤口。武帝聽主父偃如此說，也覺此事不可敷衍，即認定燕王有罪，下詔賜死。

劉定國在燕都薊城，聽聞頒下賜死詔，知事已不可挽回，唏噓了半夜，到底是自盡了。

他這一死，正中武帝下懷。那燕國所轄廣大，計有涿郡、渤海、代郡、上谷等十餘郡。燕國除後，轄地盡數收歸朝廷。

於此，眾臣見主父偃一言能誅死燕王，皆畏其口。只怕是有哪一天，自家陰事也被他舉發，於是爭相逢迎，賄賂餽贈，毫不吝惜，只圖能夠免禍。主父偃也不客氣，來者不拒，盡笑納囊中，不數月間已累至千金。

張湯於主父偃，素有惺惺相惜之心，見面時，偶爾也提醒：「公太橫矣。」

主父偃笑答：「張公有所不知。臣結髮遊學四十餘年，年屆六十，尚不得遂我大志。子不願認我為父，弟不願收容我數日，諸王拒我，賓客棄我，我蹉跎日久矣！丈夫生不能五鼎食，死便是五鼎烹，又有何懼哉？我想來也活不多久，日暮途窮，便是倒行逆施又怎樣？」

聞聽主父偃搬出伍子胥語，張湯便知他心思，是恨極了世態炎涼，只得敷衍道：「公之鬥志，下臣愧不如。」

果如張湯所料，主父偃才將燕王弄翻，不久又與齊王起了齟齬。當今這齊王，名喚劉次景，是景帝時齊王劉將閭之孫，乃翩翩一少年。

其母姓紀，國中皆稱為紀太后。元光五年，劉次景繼立為王，紀太后不免就存了私心，將本家姪女，許配給次景為妻，以求母家也得富貴。

豈料劉次景生性好色，只嫌紀氏女相貌平平，毫無意趣，不拿正眼相看，久之，竟如陌路一般。

那紀氏女，原本做著王妃夢，眼見自己還不如一民家女，便常往紀太后面前哭訴。

紀太后見不是事，便將自己長女紀翁主喚來，囑其住進齊王宮，為齊王夫婦勸和。一面再嚴加防範，約束齊後宮其他姬妾，不許親近次景。

那翁主是紀太后所生，本是劉次景同胞長姐，按例稱為紀翁主，其時早已嫁人。受母后之命，來管束次景，倒也很賣力。一時間，次景身邊，便少了許多鶯鶯燕燕，唯留紀氏女一人。

寵臣失勢，榮華轉瞬化飛灰

　　饒是如此，次景仍不以紀氏女為意。反倒是阿姐住進宮來後，一來二去，竟然違背人倫，與阿姐有了私情，重演了《春秋》中齊襄公與文姜的故事。

　　宮中涓人見了，心中雖驚駭，卻也無人願多事，只是各個閉口，瞞住了紀太后、紀氏女兩人。

　　這一段醜聞，若不是後來主父偃插手，應屬深宮祕事，外人無從得知。偏巧事情兜來兜去，又沾上了主父偃的邊，直鬧得天翻地覆。

　　話要從頭說起。原來，在齊地有一人，名喚徐甲，因犯罪受了閹刑，只得去長安做宦者。也該他命好，被長樂宮執事相中，選去伺候武帝之母王太后。

　　徐甲為人伶俐，時間不長，便蒙太后寵信，私事全交給他去辦。

　　王太后入宮之前，曾嫁過金家，生有一女，算是武帝的長姐。此女在民間，後被武帝尋訪到，接進了宮來，封為修成君。

　　王太后憐惜修成君，平日裡便百般照護。修成君有一女名喚金娥，芳年荳蔻，尚未婚配，王太后就惦記著，若能許配給諸侯王最好。

　　徐甲在王太後身邊，聽到太后有此意，便自告奮勇，說願意親自做媒，回家鄉說動齊王，包得齊王上書，求娶娥女。

　　王太后聞言大喜，當下就允准徐甲還鄉。那徐甲小人得志，只道自己是太後身邊紅人，赴齊做說客，齊王焉能不給面子。他哪裡知道，齊王不僅已娶了紀氏女為妻，還正與親姐有不倫之情。

　　主父偃與徐甲為同鄉，聞知此事，也動了心思，便對徐甲道：「事若能成，我亦有一女，願得充齊王後宮。」

　　徐甲知主父偃為天子寵臣，豈有不應之理，當下就應諾：「主父大夫

相托,小人豈敢怠慢。閣下想趁便嫁女的事,諒也不難。」

徐甲興沖沖來至臨菑,面謁紀太后。紀太后見是王太后身邊來人,倒還客氣,略寒暄了幾句。

見紀太后給了面子,徐甲這才小心翼翼,透出口風來,說此行是為修成君之女做媒。另又將主父偃嫁女之意,一併轉述。

徐甲想不到,紀太后雖只是藩王的太后,卻是正宗的金枝玉葉,哪裡會把修成君放在眼裡。知徐甲來意後,不禁大怒,霍然起身,指著徐甲道:「吾兒齊王,已有王后,後宮亦俱備,姬妾一個不少。且你徐甲,是何許人也?齊國一個貧人,窮極乃為宦者,入事漢廷,未給齊國半分好處,便欲亂我齊王家嗎?那主父偃,又是做甚的,還想以女來充我後宮?」

徐甲當下大窘,頓悟自己不過一閹人,哪裡配插手宮闈事,連忙伏地謝罪,訕訕而退。

這一番牛皮吹破,返京後,當如何交差?徐甲在客舍中,想來想去,一夜未眠。天明後,即撒了些錢財,四處打探,得知齊王與長姐姦情事,心中就有了主意。

返京後,徐甲無精打采,去見王太后。太后好生奇怪,問他為何返回得這般快。

徐甲故意含糊道:「齊王倒是明事理,願娶修成君女,唯是一事有礙。」王太后更覺詫異:「天子甥女嫁人,在齊國能有何礙?」

徐甲便伏地叩首十數下,方答道:「恐如燕王事⋯⋯小的不敢講。」私心裡,便等著王太后發怒,定當痛責齊王。

不料王太后聽了,心中立即明白,只淡淡吩咐道:「既知此情,修成

寵臣失勢，榮華轉瞬化飛灰

君嫁女的事，就不必再提。」

王太后出自民間，入宮多年，深諳貴戚間的禮法，知修成君早年身世貧寒，遠不能與宗室相比，因而受了紀太后蔑視，亦無話可說，只不許徐甲聲張。

那徐甲弄巧成拙，鬱悶不已，至主父偃處，不免就大發牢騷。主父偃聽了，也是沒奈何，苦笑一聲了事。

此事雖然作罷，卻為涓人所知，漸漸傳開了去。不單是徐甲，就連主父偃，也成了貴戚議論的笑柄。久之，連武帝也風聞此事，連連搖頭。

主父偃丟了顏面，心中大恨，從此視齊王為仇寇，只欲尋機報復。

稍後數月，主父偃見聖上恩寵更隆，言無不納，就起意要扳倒齊王。這日，直接入朝，與武帝閒聊時，故意提起話頭：「齊臨菑有民七萬戶，王廷所收市租，每月有千金。商民殷富，甚於長安。這等好地方，若非天子嫡親，哪裡能在此為王？」

武帝頷首道：「正是。前朝即有人說，關中與齊，便成天下。今日齊王一脈，倒還曉事，未聞有何悖逆。」

主父偃便冷冷一笑：「然齊地遙遠，天子即便有心轄制，也是鞭長莫及。昔日呂太后時，故齊王劉襄就險些反了。先帝時吳楚作亂，故齊王劉將閭也幾欲為亂。臣今日又聞，齊王與其姐亂倫，已不成體統了！」

武帝聞言大驚：「才除了一個燕國，如何齊國又有這事？」

「臣只是風聞而已，想來這醜聞，其源有自。民間所傳，諒也不敢枉誣宗室。」

「燕為大國，只因宮闈事而國除，天下為之震動。齊也是大國，萬不

可再生變了。」武帝言畢，起身踱至窗前，看戶外瑞雪飄飄，沉思良久方道：「世間事，本不清白。人君治國，便是要教人看起來清白。」

「這個嗎……陛下，可召齊王入朝嚴斥。」

武帝搖頭道：「言教如何能及身教？朕之意，你久在掖庭，不免局促，今遣你往齊國，充任丞相，就近監督，匡正齊宮風習。燕之國除，實令人痛心；齊宮弊端，只需緩急相濟，以勸諷為上。你老來歸齊，也算是衣錦還鄉，豈不是兩全嗎？」

主父偃想想，早年在齊，為眾儒生所排擠，醃臢氣受了不少。今日歸去，也恰好出一口氣，於是欣然領命。

到得齊國，所見者果然無不逢迎。以往羞辱過他的儒生，也都換了臉孔，前來巴結。

主父偃起先還按捺得住，不願睚眥必報。稍後，拜訪者無日無之，終惹得他惱了，與左右道：「今日我發跡，你等隨我歸鄉，所見皆和善。怎能想三十年前，面孔還是這些，卻都是惡面孔。人之善變，就在眨眼間，哪有一句奉承話為真？」

當下，便列了一份名錄，遣左右往臨菑城裡去尋，要召當年「故友」敘舊。

眾人聞召，來至丞相府聚齊，以為主父偃已捐棄前嫌，都爭相諂笑，刻意巴結。

主父偃只擺擺手，令眾人安靜，回首便使了個眼色。左右會意，即從屏風後搬出一個木箱。打開來看，竟是一大箱楚金版！眾人一片驚呼，隨即又鴉雀無聲。

主父偃面帶輕蔑，笑道：「諸君在齊，今生所見之金，怕也不滿這一

寵臣失勢，榮華轉瞬化飛灰

箱。昔年老夫窮迫，諸君待我之態，不知可還記得些個？老夫卻是未能忘。今日這箱裡，有五百金，贈與諸君以為謝意。各人請自報姓名，取走便可。」

眾人一陣驚愕，正要稱謝，主父偃忽又臉色一變，冷冷道：「我今為齊相，如何督責國事，自有謀劃，不勞眾人獻計。你們自管攜金歸家，從此，不必再入我門！」

眾人這才醒悟：此舉分明就是羞辱。然又不捨將到手的好處，扭捏片刻，終是受了一份金，訕訕而去。

主父偃報了當年受辱之仇，心下大快，便不顧武帝的叮囑，立時拘來齊後宮宦者，嚴刑逼供，要問出齊王與長姐究竟如何勾搭。授意被拘者只管作供，事事都牽扯到齊王就好。

這般追逼，只顧了快意，自是有風聲傳了出去。那劉次景到底是年少，聞訊後魂飛魄散。想想前有燕王覆轍，如今落入主父偃之手，焉有免罪之理？若擬了大罪，為法吏所捕誅，又如何受得？想來想去，想不出辦法來，悲戚之下，竟飲藥自殺了。

劉次景本無後，這一死，齊國便也斷了香火。死訊傳出，齊國上下皆感大駭。

人死不能復生。主父偃也知闖了大禍，一面埋怨次景膽小，一面慌忙上奏，全不知聖上該如何處置，只能聽天由命了。

奏報到京，武帝聞訊也是大驚：先前燕已滅，今又繼之以齊，世人豈不要指我為骨肉相殘？

此事，不過數日，即傳遍天下。宗室人人自危，都視主父偃為魔道，私下詈罵不止。

正當武帝疑慮時，趙王劉彭祖見主父偃猖獗至此，生怕後面要輪到自己，於是搶先告狀。趁主父偃不在宮掖，上書告訐，說他徇私受賄，以得金多少，而輕重其事。

早前主父偃得勢，全是小人驟貴做派，以為寵辱恆久不變，上寵既隆，便可以一直到死。故而做起事來，不留轉圜餘地，凡賄賂公行之事，路人皆知。

趙王門下賓客，未費什麼力氣，便打探到他受賄清單，筆筆有宗。都隨劾書一起呈上，字字如刀，令主父偃無可掙脫。

武帝本就惱恨主父偃僭越，一連逼死了兩王；也顧忌眾論，正要找個替罪的來。見主父偃劣跡斑斑，不由大怒，當即命張湯遣使往臨菑，褫奪主父偃官爵，解回長安來下獄。

主父偃被拘，眾公卿一派歡踴。數日裡，各官邸全不顧禁酒令，豪飲竟至通宵達旦。

此案重大，張湯受命問案，心中到底存了些憐惜，讞詞便寫得模稜兩可，或誅或不誅，皆有道理。

有公卿見主父偃危在旦夕，解恨之餘，忽又生出兔死狐悲之感來。覺此人固然可厭，總還只厭他咄咄逼人，他所逼死的兩王，說到底也不是善類。若主父偃因此而罹殺頭之罪，此後諸王怕是更要放肆。緣此之故，隔了數日，竟有公卿二三人，陸續為主父偃辯白。

此時，武帝心中惱恨也漸平息，便遲疑著未復張湯。一日朝會，與諸大臣議起主父偃，慨嘆道：「布衣登堂，固是鋒芒可貴，然也不該失了分寸。」

眾臣正要附和，欲為主父偃稍作解脫，卻見公孫弘疾步出列，慨然

寵臣失勢，榮華轉瞬化飛灰

道：「齊王以憂懼而死，無後，國除為郡，地入於朝廷。此事中外猜疑，人人不平，令陛下百口莫辯。故不誅主父偃，無以止天下之怨！」

這番話，恰又激起武帝惱恨，當即怒容滿面，重重一拍案，似是將大怒，然又止住。

眾臣一驚，滿堂立時靜肅無聲，只待武帝決斷。

不料，武帝抬眼望望殿外雪景，卻又徐徐說道：「此事毋庸再議，朕當獨斷。」便命眾人散朝。

返回東書房內，武帝神情還是恍惚。左依倚這日正當值，早聞聽得人議論，得知主父偃生死莫測，便故意道：「陛下喜讀賈太傅之書，常置於案頭，惹得小的近日也愛讀了。」

武帝這才回過神來，略帶哂笑道：「小子太心急，你能讀《倉頡篇》[14] 就好；賈太傅文章，能讀出個甚來？」

「能。」

「好，你便說來！朕今日心情好，不然，你若說不通，要教你吃鞭子！」

「小的只知：那賈太傅，乃千古忠臣，事事是為先帝憂。」

「這個自然。」

「朝廷為幹，諸侯為枝，又說得妙。」

「嗯。」

「小的唯是不解：幹弱枝強，固然不好；然若全無枝節，豈不又成了禿木？那靠得住的旁枝，還是要保留一二。」

武帝一怔，眼睛死盯住左依倚：「小子，你果真是通了！淮南小兒，怎的有這般聰明？入宮之前，莫不是淮南王的門徒？」

---

[14] 《倉頡篇》，秦李斯所著童蒙識字課本。

左依倚臉色一白，連忙辯解道：「讀賈太傅，若讀不通此理，豈不是全未通？我也是費了半月工夫呢。」

　　說話間，武帝似未聽左依倚所言，只顧望著窗外發呆，半晌才回首，伸手道：「拿筆來！」

　　當日，武帝便有詔下：主父偃公然受賄，擅權滋事，立誅，並及全家。

　　詔令一出，原有門客千人，一哄而散。朝中素有攀附者，瞬息變臉，紛紛劾奏主父偃，以示撇清。

　　主父偃旋起旋滅，京中公卿各個都覺驚懼。行刑之日，天愁地慘，內外親朋竟無一個來收屍的。獨有洨侯國（治所在垓下）人孔車，感佩主父偃能直言刺世，出頭使了錢，替他一門收葬。

　　長安內史聞知，入朝報予武帝知。武帝聽罷，問明是一布衣老叟，不由感喟道：「世上狡徒多，終還有忠厚長者！」於是也未加怪罪，任由他去了。

　　看左依倚數日在身邊，似有欣悅意，武帝忍不住，喚他到近前，笑道：「小子讀書，終有長進！你所言削枝事，有道理。先帝操之過急，朕卻不能急。」

寵臣失勢，榮華轉瞬化飛灰

舅甥並力，勇襲匈奴雙出塞

　　且說主父偃被誅後，朝中重臣，無出公孫弘之上，外廷聲勢重振。百官都領教了公孫弘的手段，無不敬畏。

　　獨有主爵都尉汲黯不服，左看右看，公孫弘的所謂君子相，不過是個偽君子。此前，為築朔方城一事，汲黯早看透了公孫弘，此時便欲拆穿他。

　　聞聽眾人誇公孫弘節儉，家中竟不用錦褥，只用布被，汲黯便冷笑：「丞相家中事，如何鬧得人盡皆知？」於是入見武帝，指斥公孫弘偽詐。

　　武帝便覺奇怪：「朕有所不明：常年用布被，這有何偽詐？即便是偽，常年在用，也就不是偽了。」

　　汲黯只是固執道：「臣以為，不然！公孫弘位列三公，俸祿甚多，卻用布被，於常理不合。旁人俸祿多，無不錦衣玉食，他卻偏示以儉，這便是詐。」

　　「那麼，如何才不是詐呢？」

　　「有多少錢，便用多少，老老實實就好。用錢的事竟要作假，人還能誠嗎？」

　　「哦？也是。」

　　武帝聽汲黯這樣說，心中便不踏實，召了公孫弘來問：「有一事，朕只想私下問你。汲黯有言，說你俸祿多，家中卻用布被，此乃偽詐，你如何看？」

舅甥並力，勇襲匈奴雙出塞

　　公孫弘聽了，神色似笑非笑，從容答道：「此事是有。九卿之中，與臣相交者，無過於汲黯。此前因築朔方城之事，當庭詰問老臣，也是切中臣之要害。」「哦？既然如此，他為何要出言毀你？」

　　「無非是怕老臣沽名釣譽。」

　　「如他所說，你豈不正是沽名？」

　　公孫弘一笑，坦然道：「臣子言事，多只講一面。歷代輔宰者，或奢華，或儉樸，所好不同而已，與德能毫不相干。古有管仲為齊相，采邑即有三處，奢華擬比君王，幾近僭越，然齊卻賴他而稱霸。後又有晏嬰為齊相，食不重肉，妾不衣絲，衣食粗劣堪比小民，然齊國亦治。」

　　「倒也是。」

　　「今臣為御史大夫，卻用布被，與小吏無別，汲黯倒也並非詆毀。然則，他若不說，陛下又怎知？這等私家微末事，又何必擾亂聖聽？」

　　武帝想了想，便一笑：「有道理。先生真是個賢者，難得。」

　　「賢者，臣尚不及也。然臣以為：人主之病，在於心胸不廣大；人臣之病，在於用度不節儉。君臣處世，應各循其道。」

　　武帝聽罷，不覺肅然起敬：「與先生談，又恍似與董仲舒徹夜相談。唉！董公到底不如先生沉穩，近年閒居在家，也不知怎樣了？」

　　「陛下誇我沉穩，老臣愧受了，然董仲舒卻不如此看。」「他怎樣看？」

　　「他只說臣這是『阿諛取容』呢。」

　　武帝聽了一怔：「這是從何說起？這個董仲舒！便由他閒居好了。」於是擺擺手不再提起。

此後，汲黯等左右近臣，再說起公孫弘偽詐，武帝便不願聽：「御史大夫是賢士。這等人才，世間唯恨其少，你輩不知，自去領悟便罷。」

且說築朔方城之後，公孫弘等所預言北邊事，卻屢屢應驗。自從築城之後，匈奴芒刺在背。其時，軍臣單于屢敗於衛青，心情懊惱，終是在悲憤中病亡。軍臣單于之弟左谷蠡王伊稚斜，倚仗勢大，趁機自立為單于。

匈奴太子見王位被奪，哪裡肯服，率本部徒眾與之相爭。怎奈兵弱將寡，被叔父攻破，一氣之下，歸順了漢家。

那伊稚斜坐穩了王庭，自然氣盛，頗有先祖冒頓之概，命右賢王連年襲擾漢境，志在拿下朔方城。於是，漢家邊警一年數驚，長安諸耆老，時隔多年，又重見驪山騰起狼煙。

武帝也知，築城是走了一步險棋，卻不肯退讓，每有邊境敗報呈來，都硬起心腸不看。時常北望長空，憤而指狼煙道：「伊稚斜，你為少壯，我亦不屬老朽。既撕破面皮，我便要與你爭至百年後！」

至元朔三年（西元前126年）春上，隴西郡忽有急報遞至，說是多年前張騫出使，欲打通西域，被匈奴所擄，今已攜胡婦歸來。另有隨從甘父，也一同還朝。

武帝聞報，頓覺熱血上頭。屈指一算，張騫西去無音訊，堪堪已有十三年了，遂放下奏報嘆道：「少年之志，壯年尚未遂，這教人如何受得！」便下令，遣光祿大夫吾丘壽王，赴隴西迎張騫入都。

張騫東歸，得享迎諸侯之禮，路上便轟動各郡縣。回程途中，沿路有父老尚記得舊事，都來挽住車駕，贈以酒肉，寒暄間不勝唏噓。

當年出關，張騫隨從有百餘人，歷經磨難，如今只有一人跟隨返

舅甥並力，勇襲匈奴雙出塞

歸。別長安時，尚是而立之年，歸來時已生華髮，怎能不教人感傷？張騫接過父老餽贈，想起在匈奴時飲食無著，呼天不應，唯賴甘父善射，打來些野兔、大雁為食，不禁淚流。

吾丘壽王見了，也是不忍，勸慰張騫道：「足下持節出西域，得全身而還，當是遂了心願。在下雖為文臣，然建功之心半生未泯，曾上書求守塞，出擊匈奴，聖上皆不准，如今羨慕足下還來不及呢。」

張騫這才頓了頓節杖，振作起精神道：「生入陽關，得見漢家土，小臣自是不該傷悲！」

到得長安，全城又是一番轟動。武帝召見那日，張騫換上漢服，手持舊敝漢節，上殿拜謁。

武帝一見，禁不住熱淚滾落，忙上前扶起，賜座詳問經過。

張騫也幾欲哽咽，強忍住悲情，稟報了十三年出使所遇：「陛下，臣無能，身陷匈奴十餘載，單于強令我娶胡妻，且生子，然臣心屬漢，至今持漢節不失。」說罷，雙手奉上漢節。

武帝接過犛尾脫盡的節杖，愴然不能出聲。

張騫接著稟道：「淹留日久，胡人看管得鬆了，臣伺機攜眷屬西逃，欲再尋大月氏，後跋涉至大宛[15]。那大宛王，早已聞漢家多財富，欲通而不得，見臣之後大喜，問臣欲往何處。臣答曰：『臣為漢使，欲往大月氏，然為匈奴所阻。若大王肯遣人送我，得入大月氏，返漢之後，漢贈與大王資財，當不可勝數。』大宛王欣然允諾，遣譯官護送臣，抵達康居[16]。」

---

[15] 大宛（ㄩㄢ），中亞古國，位於帕米爾高原西麓，即今烏茲別克斯坦的費爾干納盆地一帶。
[16] 康居，中亞古國，東接烏孫，西接奄蔡，南接大月氏，東南接大宛，約在今巴爾喀什湖與鹹海之間。

武帝聽得入神，拊掌慨嘆道：「君跋涉之遠，已遠過穆天子了！生為炎黃裔，有幾人得如君之豪壯？只未料這個大月氏，竟如此難尋！」

「那康居王，待臣也極好。因恐匈奴阻撓，勸說臣暫居，遣人將臣之意轉致大月氏。」

「哦？那大月氏怎樣說？」

「世事多變，實是天不佑我。康居使者還報說，那大月氏王，已為匈奴所殺，目下此國是立了夫人為王，因懼怕匈奴，轉而歸附於大夏[17]。而今的大月氏，土地肥饒，素少敵寇，志趣安樂。又以其地遠漢，已無復仇之心。臣聞之，心有不甘，親入其國，奔走於大月氏、大夏之間，反覆陳說，然終不能得其要領。」

武帝聞罷，連聲嘆息道：「奈何奈何？這十三年寒暑，只苦了你一人呀！」

張騫也搖頭嘆道：「天意如此，或是在試臣之誠意。臣居留大夏年餘，眼看無望，只得返歸。歸途為避匈奴，改走了南山（今祁連山與阿爾金山）……」

武帝聽到此，連忙打斷，急問道：「南山，莫不是古之崑崙？可曾見有西王母蹤跡？」

張騫回道：「未曾見，途中遇土著稱，南山上有西王母石室，然已人去室空。」武帝略顯失望道：「哦……回程如何，你再道來。」

「臣過南山，本欲取道羌中（今甘肅省臨洮縣以西），然仍為匈奴俘獲。如此又滯留年餘，後軍臣單于死，匈奴內亂，臣方得攜胡妻及甘父逃出，輾轉歸漢，今以無功而請罪。」

---

[17] 大夏，巴克特里亞王國，係希臘殖民者在現今帕米爾高原以西的阿富汗一帶建立的奴隸制國家。漢代稱之為大夏。

舅甥並力，勇襲匈奴雙出塞

武帝聽罷，不禁動容，向張騫稱謝道：「君哪裡是無功？此番西行，乃是鑿空[18]之舉，或可造福我漢家萬世。你一路風霜，辛苦已甚，且先去歇息，所有應得恩賞，朕當絕無遺漏。」

果不其然，數日後即有詔下，拜張騫為太中大夫，官居顯要。其隨從甘父，亦得了「奉使君」爵號。

晉爵畢，武帝又賜宴張騫，與之詳談，欲問清西域山川形勢。

張騫自懷中取出一幅輿圖來，指點其中，說與武帝聽：「臣所至各國，今已畫成圖，陛下可看。所謂西域，有大宛、大月氏、大夏、康居四大國。其百姓傳聞，近旁還有大國……」

「還有大國？」

「然。大夏之民皆言：安息[19]，在大宛以西數千里，城邑數百，為最大國；條支[20]，在安息以西數千里，臨西海（即地中海），其國之民擅幻術。」

武帝驚愕異常，脫口道：「原來西荒之外，更有西極？君可聽聞西王母下落？」

「臣曾見一安息長老，稱條支國有弱水[21]，西王母便在此處，然他未曾親見。」

「唉，未料西王母竟去了西極！崑崙難逾，弱水難渡。看來，朕今生做不成穆天子了。」

「西王母蹤跡，臣已盡力訪之，所得僅此。」

---

[18] 鑿空，此處為「打開通道」之意。
[19] 安息，伊朗高原古代國家，阿爾撒息王朝的漢語音譯。
[20] 條支，西亞古國名，在今伊拉克境內底格裡斯河和幼發拉底河之間。
[21] 弱水，《山海經》載：「昆侖之北有水，其力不能勝芥，故名弱水。」後泛指遙遠險惡的江河湖海。

武帝聽張騫一番解說，遂將西域大國逐個記住，感慨道：「往日，朕只道蔥嶺為極邊之地，或只有西王母可住。不意天下之大，竟是無止境！大夏之北，若再有大國數個，豈不是另有一個天下了？」

　　張騫一驚，不知如何作答。抬眼看去，方知武帝只是自語，才鬆了一口氣：「西域之人，或多好大言。」

　　「非也，空穴來風，其源有自。朕既知有大夏，便不至做盲目人，不知此行還有何趣聞？」

　　「臣在大夏時，曾往集市，見到有邛竹杖、蜀布，便問彼輩是何處得來此物。大夏國人曰：『吾國有商賈，常往身毒國做生意。身毒在大夏東南數千里，其民俗與大夏國相同。卑溼暑熱，常年可以赤膊。其民乘象而戰，如匈奴騎馬，是為象陣。』據大夏之民稱，身毒其國，乃是臨大水而建。」

　　武帝眼睛便睜大：「身毒……竟有如此神奇！不知我使者可否入身毒？」

　　「以臣揣度，大夏離漢有一萬二千里，在我西南。而身毒又在大夏東南，有蜀物，豈非離蜀地不遠？若漢使能到大夏，又何愁不可到身毒？今若出使大夏，從羌中出，其地太險；往北，則易於為匈奴所俘。不如從蜀地西出，路近而無寇。」

　　「聽君之言，朕已明瞭。大宛、大夏、安息三國，皆為西域大國，兵弱而奇物多，風俗與漢近，以漢物為貴。其北大月氏、康居等國，兵強，我可多予餽贈，以利我朝。」

　　「陛下聖明。我若以大義曉之，收為屬國，則漢家可以地廣萬里，教化異域，威德遍於西極。」

「不錯,此正為朕多年謀之。今蜀地有犍為郡(今四川省犍為縣),可遣使從該郡啟程,四道並出,各行一二千里,以謀通大夏。」

賜宴過後數日,朝廷果然就遣使,從犍為郡絡繹而出,欲打通西南之路。此前通西南夷之事,因耗費過多而罷,此時復又重啟。

張騫開通外國道路,終獲尊貴,名動天下。各郡士人聞知,無不歆羨,紛紛上書言外國奇聞怪事,以求出使。數月之間,「外國」二字,不絕於奏書及臣僚言談間,竟成了時尚。

武帝想那外國,地絕路遠,非一般人所樂於跋涉,故凡有言外國事者,不問出身,一概給予節杖出使,以廣開道路,溝融四方。

蜀中道上,自此便日日有漢使馳過,旗幟紛飛,人馬喧闐。漢家氣象,驟然間就闊大起來。

西域之事如此,朝政亦有更新。至元朔五年(西元前124年),王太后崩逝已有一年,內外諸事,再無掣肘,武帝便又起了更新朝政之心。

他見薛澤年老多病,實是無所作為,便將薛澤罷免,令公孫弘繼任。如此,公孫弘便成了漢家無爵而拜相的第一人。

為合於常例,武帝特封公孫弘為平津侯,賜六百五十戶為封邑。又下詔告知天下:「朕遵先聖之道,廣開門路,招四方之才,量能而授官。今後不獨武功顯貴,有厚德者,亦可獲爵。」

天下文士聞詔,無不欣悅,都奔相走告:「我輩別無長技,只善弄文,素來進身無門。今後,縱是手無挽弓之力,亦有望封侯拜相了!」

公孫弘以賢良被徵召,平地起步,數年間,便封侯拜相,確屬極一時之盛。他知自己無功而封侯,只因武帝愛才,便在府內大起館閣,廣納賢士,令諸生參與國事。又開列招納條例,每日召見賓客,忙個不

停。每見一人，無論其賢愚，都謙恭有禮。

其時，有一位故人名喚高賀，聞聽老友公孫弘招賢，便也從齊地前來投奔。公孫弘見了故人，親熱如昔，噓寒問暖一番，便留高賀在館食宿，以待選用。

高賀心裡歡喜，以為從此定是大有前程，不想才住了幾日，便發覺有異。原來那館中飲食，每餐不過一肉，飯食為粗米，睡臥只有布衾，如同僕人一般。

忍了幾日，高賀便火起，以為公孫弘虛驕，與主父偃無異，故意簡慢故人，不過是為炫耀今日尊貴。這日，有僕役前來伺候，他便佯作無心問起。僕役據實相告，他才知其餘賓客所食所用，也是一般無二。

僕役怕他不信，特意說道：「我家主公，所招賓客甚多，皆以自己俸祿供給，家無所餘。若不食粗米飯，怕就要斷糧了呢。」

高賀甚感意外，眨了眨眼，忍不住譏嘲：「以列侯之貴，反不如布衣寬裕，我高某還是頭一回領教哩！」便不再問僕役，只管自己去留意。府中人見他是丞相故舊，也就任由他各處遊走，凡事皆不隱瞞。

如此又住了幾日，高賀探得明白內情，遂以家事為由，辭別公孫弘，回了臨菑老家。

返家後，友人問他為何辭歸，高賀憤然道：「那公孫丞相，內服貂裘，華麗無比，外面卻披麻袍；內廚有五鼎，牛羊雞魚無不有，上菜時卻只有一肉。如此矯飾，我怎能信他？」

友人哂笑道：「丞相矯飾不矯飾，你何必理會？只管在他府中住著，享福就是。」高賀雙目圓睜道：「粗米布被，我家也有！又何必屈居他門下？」

> 舅甥並力，勇襲匈奴雙出塞

京城眾官原以為公孫弘儉樸自守，有人所不及之處。經高賀說破，方知他有兩面，僅以好看的一面示人。只是礙於武帝面子，眾人都不說破就是。

唯有汲黯一人，每見武帝，必揭公孫弘之短。公孫弘聞之，心中恨極，從此日思報復不提。

向時張湯為太中大夫，在內朝權勢亦甚大，與公孫弘一內一外，頗為默契。公孫弘讚張湯有才，張湯便恭維公孫弘博學，兩人相互推重，引得公卿矚目。武帝見之，也心喜臣僚中終於有了高才，遂拔張湯為廷尉，以用其長。

張湯到職後，知天子恩典的分量，每有疑案不決時，便去探聽上意。若武帝有從輕之意，便從輕發落；若武帝意在嚴懲，則立即嚴刑逼供。凡懲治豪強，概不留情面，必巧言羅織罪名；遇到羸弱小戶，則曲為開脫，留待武帝「上裁」。如此，每次寫好讞詞呈上，總能令武帝稱意。

後一日，有一篇讞詞呈了上去，未料卻遭駁回。張湯把這讞詞拿回，卻看不出破綻在何處，只得召集屬吏來議。

眾人七嘴八舌，張湯聽罷，改了讞詞再上呈，仍不合武帝旨意。萬般無奈，只得將讞詞擱置，延宕多時，仍是一籌莫展。

這日會議，眾人又提起此事，忽有一掾史[22]，拿出一卷草稿來。同僚看了，都讚賞不止，以為必合上意。廷尉史看過，忙拿去給張湯看。張湯讀了，也嘖嘖稱奇，命書佐謄寫好，奏報了上去。果然沒過幾日，武帝便批覆下來，甚是讚許。

這個操刀的小吏，名喚倪寬，張湯以前略有耳聞，並不識得是哪一個。

---

[22]　掾史，官職名。漢以後朝廷及各州縣皆置，分曹治事，多由長官自行辟舉。

倪寬的來歷，其實頗為不凡。他原是千乘縣（今山東省高青縣）人，少年時即學《尚書》，師從同邑人歐陽生。歐陽生乃是大儒伏生的弟子，精通《尚書》，此時早已是當朝博士了。

倪寬得了伏生一脈真傳，根底雄厚自不必說。公孫弘為丞相後，為五經博士增設了「博士弟子」員額，令郡國選送學子入京，以備任用。倪寬便是候選的學子，有幸入選，得以徵入京城。

倪寬家境貧寒，出不起錢上路，只得一路上為同行學子煮飯，以換得路費。

到得京師，倪寬仍覺囊中羞澀，便趁空為他人幫傭，賺幾個小錢度日。無論寒暑，常攜經書一部，往田間去鋤地，歇氣時，便埋頭苦讀。

如此耕讀生涯，熬了兩年，終在策試時被選中。漢家策試，種類有二，一是「對策」，即如董仲舒當年所應試，由皇帝出題，學子據以作文；一是「射策」，由考官出題若干，應試學子拈選，拈到了哪個便寫哪個。

倪寬的射策文章做得好，被選為官，補了太常署掌故一職。未幾，又調往廷尉府，任文學卒史[23]。

誰想那廷尉府中，原有一班老吏對新晉心懷嫉妒，只說是倪寬新來，未諳刀筆，不知文書如何寫。以此為藉口，打發倪寬去了北地牧馬苑，看管官署牲畜。

嫉妒之心，古今皆是一樣，佼佼者無計可逃。倪寬是個貧寒子弟，沒有奧援，只得孤零零往北地去管馬，形同賤役。

這日倪寬因公返京，呈繳牲畜簿冊，恰遇見一班老吏，正為文案被

---

[23] 卒史，秦漢官署中的屬吏，地位略高於書佐，秩一百石。文學卒史，為專事文祕的屬吏。

舅甥並力，勇襲匈奴雙出塞

駁回一事焦頭爛額。

倪寬好奇，問明了來龍去脈，脫口就道：「下官不才，或可代為擬稿。」

一眾老吏都大驚，眼珠險些沒掉出來，紛紛笑道：「小子膽大，廷尉尚不知如何應付，你又有何能？」

也有人說道：「小子看管馬匹久了，也著實可憐，便由他寫吧。」

豈料倪寬草稿一出，有典有據，奇峰突起。眾吏縱是再嫉妒，見此稿能解燃眉之急，竟都忘了先前事，連忙交了上去。倪寬文筆，便由此直達天尊。

武帝於文字上面，向來擅辨優劣，讀過之後，便不能忘，即召來張湯問道：「此前所奏，不是凡俗老吏文筆，究竟是何人所為？」

張湯知武帝天賦異常，遂不敢隱瞞，照實答道：「是倪寬。」

武帝便笑道：「朕也知道他，素有好學之名。你署中那班老吏，怎的遣他去了北地？」

張湯略顯尷尬道：「凡庸之吏，哪裡懂得愛惜人才？」

武帝笑道：「這便是了！你身為九卿，不經棘手事，又怎知分辨良吏庸吏？」

張湯雖是自負，此時也不敢強辯，只能唯唯退下。

回到官署中，張湯即招來倪寬，溫言安撫道：「倪君來我署中，實是委屈得久了，本官有疏忽，定要改過。今後，你便任署中奏讞吏，專為我寫奏書，莫再埋沒了。」

倪寬也不計較過往，自那以後，只顧埋頭從公。他筆下所出判詞，引經據典，要言不煩，任是誰人看了，都不由讚嘆。

張湯見了，也忍不住誇道：「我往日，只道迂夫子只能做空文章，務不得實。今日方知，文人之中，也有了得的！」

從此，張湯對文人禮敬有加。廣招賓客，供給飲食，一面暗中觀察，親朋及貧家子弟中，凡有一技之長者，立即推薦。又不避寒暑，頻頻造訪公卿，為貧寒子弟求門路。如此一來，他雖有殘苛之名在外，其禮賢之名，也隨之遠播，令京中士人既愛且恨。

張湯蒙寵甚隆，也知聖上為何器重自己，便放手做去，頻更法令，將原先那寬容之法盡都改得嚴苛。滿朝文武知他所以敢如此，只因背後有個聖上，便都不敢作聲。

唯有汲黯一人，看不過眼去。一日入朝，在殿前見了張湯，便注目直視，喚出聲來：「張公，張廷尉！」

張湯雖然狂傲，也知汲黯為武帝舊屬，性又耿直，遂不敢怠慢，躬身應道：「不敢當，下臣願聽指教。」

汲黯便趁勢逼問：「公如今位列九卿，已不是長安吏了，你是如何做的？」「下臣在職，無一日不誠惶誠恐。」

「你便去哄鬼！身為正卿，你上不能揚先帝功業，下不能遏天下邪心，徒然將高帝所定律法輕易變更，究竟是何意？」

張湯不知汲黯氣從何來，只得忍了，拱手賠笑道：「主爵都尉是長者，說得無不對，在下聽著就是。」

「上天造出生民，便是要教他們活，你可放手令他們去活。草野小民，無非是謀個飯食，隨他去就好。一個廷尉府，只管捉你的盜賊，便是盡職，為何要今日一法、明日一令，處處設障？直不許小民行路吃飯了！民不吃飯，你俸祿從何來？府庫錢糧，又從何處搜刮？莫非想教天子治個空空的天下？」

舅甥並力，勇襲匈奴雙出塞

「汲公，你不在廷尉職上，實不知我難處。我看市井之民，貌似弱兔，內心實為凶豺。若不設障，他便化身為賊，縱容日久，必出陳勝之輩。」

「笑談！以老臣看，你這等酷吏，再有一二個，漢家倒要成了暴秦。苛政峻法，是想逼出遍地陳勝來嗎？」

張湯聞言，臉色一變，深深鞠躬道：「足下與我，皆為公卿，言語當謹慎。」

汲黯遂怒道：「官逼民反，罪莫大焉，我還當你是不明白此理！」言畢，便拂袖而去。

次日，逢到九卿會議政務，丞相公孫弘先寒暄了幾句，張湯便接過話頭，力主嚴刑峻法。不獨要使草民知敬畏，便是對官吏也須嚴劾，吹毛求疵，務必令他們戰戰兢兢。

張湯只顧振振有詞，汲黯卻聽不下去，起身向公孫弘一揖，便怒視張湯道：「世人皆曰：刀筆吏不可做公卿！臣初聞此言，以為是苛求；今日聞張公高論，方知是至理。」

公孫弘見話頭不對，連忙打圓場道：「汲公，聖上讚你為『社稷之臣』，當有大度，不妨聽張公說完。」

汲黯回首怒道：「放任他說完，天下臣民便萬難有活路，必是人人重足而立，側目而視，舉手投足皆觸法，這如何能是盛世？如此倒行逆施，我漢家先帝，又何必幾十年休養生息？」

公孫弘連忙賠笑道：「汲公言重了！社稷之法，是為安社稷。張公本意，也是為天下生民計。」

「哼！生民何辜，遇到此等虎狼廷尉？酷如商鞅，苛如李斯，只欠開

墓迎來始皇帝了。堂堂漢家，本是以寬民治天下，如何用了一個張湯，便欲使長安翻作咸陽？」

眾人聞聽這番激憤語，都瞠目不知所對。公孫弘瞥了張湯一眼，也是一臉無奈。

汲黯見此，向諸臣略一施禮，說了一句：「諸公能忍得，在下卻是忍不得了，恕我告辭！」說罷，便大踏步下堂去了。

未過幾日，汲黯入朝求見。其時，武帝正在東書房看書，聞左依倚來報，一摸頭頂，慌忙道：「如何又沒戴冠？你去阻住汲黯，請他稍候，容我正好衣冠。」

左依倚便笑：「陛下，怕是來不及了，汲黯都尉此刻已在房門外。」「這如何是好？且將遮陽的簾幕放下，擋他一擋，朕於簾後見他。」

「小的不懂，便是丞相來，陛下也有不冠時；都尉遠不及丞相之尊，為何陛下反而迴避？」

「你就是不懂，照做便是。」

左依倚連忙出去，攙扶了汲黯，強忍住笑道：「先生莫怪，聖上今日繁忙，未及戴冠，只能垂簾聽你說話。」

汲黯微微一怔，連忙道：「聖上有心了。」左依倚便小聲問道：「聖上像是很怕你？」

汲黯瞥一眼左依倚道：「今上為太子時，老臣是太子洗馬，曾教授他文理。」左依倚才恍然大悟：「哦！怪不得。」

進門之後，汲黯恭敬立定，朝簾幕拜了一拜：「謝陛下！其實垂簾大可不必，凡事都可從權。」

武帝在簾後道：「汲公請坐。公素好黃老，不拘禮節；朕卻是崇儒

的,豈可在尊師面前不戴冠?」

汲黯緩緩落了座,又朝簾幕道:「陛下重儒學,就應以文勝武。臣以為,大可不必屢伐匈奴。前代既和親,漢匈相安已有四代,我輩也不妨就和親。北邊安寧不久,百姓尚疲敝,多事不如少事的好。」

武帝笑道:「想汲公以往,在東海做得好太守,百事不問,境內卻晏然。然國事不比郡事,你若無為,敵便來犯,朕也是年年擔憂得夠了。」

「老臣只覺得,築起那朔方城,是在鄰家門前舞劍,人家焉得不惱?」

「我已囑蘇建,不舞劍就是。哦,汲公今日求見,怕不是為諫言息戰而來?」「正是。臣有一事不明,欲請陛下點撥。」

「請講。」

「我初為主爵都尉時,公孫弘僅是閒居,張湯也不過長安一小吏。此二人,一個阿主取容,一個深文周納,皆為虛浮之徒,而今反居堂堂要職。臣只想問陛下:陛下用群臣,何以似積薪,後來者居上?」

武帝聞言,臉色驟變,旋即勉強穩住,只不作答。

左依倚聞簾幕後久久無聲,忍不住脫口道:「陛下莫不是睡了?」武帝叱道:「亂說。青天白日,朕哪裡就睡了?」

左依倚連忙道:「都尉方才問:公孫丞相、張廷尉,都出身低微,為何能後來居上?」

武帝便笑答:「汲公也可以居上,請稍待時日。」

汲黯見武帝一味敷衍,便覺無趣,拱拱手道:「老臣無為,早沒了競逐之心,今日一問,只為討個公道。」

「汲公,料你也知,天下之大,諸事紛紜,欲使處處都公道,實屬

不能。公之大德，朝野皆有口碑，所謂社稷之臣，也非我一人稱譽。想來，也還算是有公道的吧？」

見武帝不肯納諫，汲黯只得嘆一口氣：「然天下之大，非正道者，亦多矣。」言畢，怏怏告退而下。

見汲黯走遠，武帝這才撩開簾幕，走了出來，對左依倚道：「人果然不可無學識，無學識，便是愚直。聞汲黯今日之言，竟是愚得更甚了呢！」

左依倚未答話，只默默伺候武帝，一番擦汗驅熱後，才開口道：「小的隨侍以來，公卿見過數十人，如汲黯都尉這般倨傲的，也就一個。」

「你說得對。汲黯此翁，學黃老，學得痴迷了。傲慢少禮，最喜面折他人，從不留情面。以往田蚡丞相在時，朕尚且畏懼三分，他也敢不拜田蚡。如此做人臣，如何能做得安穩？」

「不知為何，小的倒是愛聽他罵，每每罵人，都是入骨入髓。」

「唉！脾氣耿直，倒不是錯。然不能容人之過，合己者善待之，不合己者不能忍見，這哪裡能行？」

「都尉這牛脾氣，也有合己者嗎？」

武帝想想便笑了：「有啊。他仰慕袁盎，交結灌夫。」

左依倚聽了一笑：「怪不得。」

如此未過數日，武帝聽聞汲黯抱病從公，難以支撐，便召來公孫弘道：「汲黯為我太子時舊屬，人雖有過，實不忍心見他病重，可准他告假休養。」

汲黯告假之後，左依倚見武帝漸有釋然之色，不禁打趣道：「小的隨侍駕前，難得見陛下有今日這般喜色。」

舅甥並力，勇襲匈奴雙出塞

「你倒是眼尖！朕也知忠言逆耳，然天天聞逆耳之言，也是不快。」

「陛下，無論天子百姓，開心便好。日前弱水國[24]有使臣來，進了異香，小的這便點起來，請陛下開心。」

「那弱水國使臣，怕也是大言，他那個地方怎能有異香？」

左依倚將博山爐點好，回稟道：「弱水異香，可以驅疫。近來長安有時疫，瘟倒了不少百姓，宮中涓人也有不能免的。若再倒下一兩個涓人，宦者令就不准小的來伺候了。」

武帝聞之，面露驚異：「時疫厲害到這般地步了嗎？」

「當然。公孫丞相與郎中令李廣將軍議過，怕驚動聖駕，知會了眾人不得妄奏。」

「這是要害死朕！」

「也不是。弱水國使臣連夜叩丞相之門，稱異香可治疫，有奇效。長安勳戚富戶，現已爭相購買，點燃燻一燻，時疫果然便消退。宮中人聞知，早已是各殿都點起異香來了。」

武帝便大笑：「難怪幾日來異香撲鼻！我這做天子的，只被大臣們矇在鼓裡。」

隔日，武帝召見公孫弘，議起汲黯之事，甚是感慨：「登極以來，掣肘人物，未有過於此翁者！今日一諫，明日一駁，只當朕是小兒。」

公孫弘斟酌片刻，回道：「汲黯終究是聖上舊屬，倚老賣老，也在情理之中。」

武帝拿起唾壺來，唾了一口，忽就發怒道：「老兒！不如尋個過錯誅了，方得清淨。」

---

[24] 弱水國，漢代典籍中的國名，或為今瀾滄江畔的藏區。

「臣以為不妥。陛下曾譽汲黯為『社稷之臣』，與古人相近；驟然誅他，只恐對朝議不好交代。」

武帝想想也是無法，只能重重嘆一口氣。

公孫弘便建言道：「臣看右內史所轄界中，多貴戚宗室，一向難治，非重臣不能勝任。不如就徙汲黯為右內史，看他如何料理那班人。」

武帝倒吸了一口冷氣：「好倒是好，然汲黯多病，若為右內史，可還能活得幾日？」

公孫弘眨了眨眼，拱手回道：「臣駑鈍，也只能有此一計。」

武帝這才大悟，連連拊掌道：「老儒，老儒！先生到底是老辣。」

未及數日，武帝果然便有詔下，調汲黯為右內史。眾臣聞聽詔令，也都知是汲黯屢觸逆鱗所致，這個調任，是欲置他於死地。以往汲黯府上，時常賓客盈門，多有來相求者；改任之後，一時竟門可羅雀。

豈料汲黯到任後，一做就是數年，所有政事，從未荒廢，京畿一派晏然。武帝得知，也在心裡稱奇，好在汲黯不在身邊，耳根清淨，也就隨他去了不提。

汲黯雖離要樞，他所預言北邊事，卻屢屢應驗。自從築起朔方城，匈奴芒刺在背，右賢王所部，連年襲擾，輪番侵掠代郡、定襄（今山西省定襄縣）、上郡，志在奪回河南地。邊警一年數驚，朔方吏民被匈奴殺掠甚眾。

至元朔五年（西元前 124 年）春，武帝終不能忍右賢王猖獗，特遣車騎將軍衛青，率六將軍出高闕塞，決意痛擊匈奴。

此次出兵，武帝發狠投下血本。除衛青親率本部騎士三萬之外，另還有蘇建為遊擊將軍、李沮為強弩將軍、公孫賀為騎將軍、李蔡為輕車

舅甥並力，勇襲匈奴雙出塞

將軍，各率一部，俱歸衛青節制。

東面還有一路，則由李息、張次公為將軍，出右北平以為應援。

誓師之日，武帝喚衛青至近前，執手囑道：「將軍之任，非比從前了，國事便是你家事。」

衛青聽得懂此話分量，慨然道：「非陛下錯愛，小臣不過就是一罪囚。今日報恩，直搗右賢王大營，非臣莫屬。」

誓師既罷，各部人馬，聚起有十萬餘眾，分隊先後北上。朔方郡內，頓時處處旌旗蔽日，金戈耀目。

自朔方築城之始，邊民就提心吊膽，一日也不得安生。今見朝廷大軍開來，浩蕩不見首尾，眾百姓皆喜極而泣，焚香以迎。

漢家大軍雲集朔方郡，匈奴斥候也早已探知，飛馬報與右賢王知。

此時右賢王掠漢境不久，得了些人財，退回塞外，已紮營草原中。得了探報，思忖遠離漢境已有七百里，諒衛青也不敢貿然深入，便未在意。只令哨探不得怠慢，有何動靜，速來報就是。

右賢王此次出動，營中攜了愛妾，荒原草莽，無以為樂，便夜夜擁了美姬，在帳中豪飲。見主帥如此，一眾胡騎便更無擔憂，各自尋樂，幾如郊遊。

豈料衛青一到高闕塞，便召集麾下諸將，登上城頭，手指陰山道：「匈奴猖獗，有百年之久，致我漢家如夢魘壓身，難得安穩。聖上看重我輩，七將同出，我輩便不可怠惰。我軍北行至此，雖是疲累，卻不可遲疑。我意趁右賢王不備，今夜即拔營北上，務要擊破這個賊王。」

諸將多是立功心切，對此全無異議。唯公孫賀略有疑惑：「右賢王入漢境擄掠不久，或提防我報復，豈能無備？」

蘇建昔日曾在朔方駐守，深諳胡俗，此時便道：「胡騎之長，在於疾行。他退回塞外，離我已有六七百里，便以為可保無事。我軍若突襲，必有所獲。」

衛青遂道：「好！古來征戰，將帥不可無謀。若無謀，累煞軍士也是無用。今我輩既有謀斷，諸君便自去布置，明日決勝，就在於神速。」

當夜高闕塞下，只聞一聲笛哨破空而起，即有漢馬軍數萬，掩旗銜枚，魚貫而出，翻過陰山口，直衝入茫茫草海中去了。

數日間，漢軍晝夜馳騁，唯恐遲緩，每夜只小憩一二時辰。如此疾行三日後，前有探馬來報，說有兩萬匈奴部眾在前，營帳散亂，男女皆有，外圍更有牲畜數十萬，鋪天蓋地。

衛青拍掌大喜道：「這便是右賢王部了，敢如此坐大！」便回首吩咐諸將道，「你等率隊隱伏，不得驚動匈奴人，待入夜，聞胡笳三聲而動。」

那右賢王夢中亦難想到，漢軍已近在咫尺，反倒覺長夜難熬，照例又左擁右抱，豪飲起來。漢軍伏在草叢中，聽得胡營中隱隱有嬉鬧聲，都忍不住掩口暗笑。

至夜半，匈奴營中篝火漸熄，聲息消隱，眼見得人都睡下了。一片唧唧蟲聲中，忽地就響起了胡笳聲，一連三聲，詭異萬分。

有那放哨的三五胡騎，聞聲都一臉懵懂，不知是何人在吹角，又不知發的是什麼號令。正在惶惑間，忽見四周草叢中，躍起不知多少個黑影，喊殺聲隨之爆出。這才猛醒，原來是漢軍已潛近，早把營地圍了個水洩不通。

有近侍見勢頭不對，奔入帳中，急報與右賢王。右賢王此時酒也嚇

舅甥並力，勇襲匈奴雙出塞

醒，一骨碌爬起，急令各部奮力突圍。

那匈奴部眾，素來攜家小而行，男女混居，猛然間哪裡摸得到兵器，都裸了身子奔出，各自逃命。右賢王有精銳胡騎數千，為中軍拱衛，夜夜裹甲而睡，此時也驚起，慌忙殺了出去。

右賢王聞聽營前喊殺聲急，忙喚了數百名親兵，拽起姬妾，躍馬從營後遁逃。

此時漢軍從營前踏入，趁著微月朦朧，只朝那未穿衣服的白條猛砍。營後為匈奴輜重，僅有公孫賀帶了數千漢軍隱伏，以備堵截。

正埋伏間，營後有幾個男女倉皇奔出，校尉郭成見了，請命截擊。公孫賀道：「幾個眷屬，不足為慮，你領百騎去追。我在此，待他大隊精銳衝出，再行截殺。」

待右賢王一行跑遠，數千精銳胡騎仍在拚死抵擋，發覺主帥已遁，頓時便無心廝殺，都勒轉馬頭，往營後奔逃。

公孫賀這才急令所部躍起，奮力截殺。夜色中，唯聞兩軍兵戈交錯，殺聲不斷。混戰了半夜，至黎明方才看清楚，此一戰，漢軍斬殺無算，另又俘獲匈奴一萬五千餘人，內中還有小王十餘人。

衛青查問右賢王蹤跡，方知甫一接戰，右賢王便先行遁逃，早已不知所蹤。校尉郭成率兵追至天明，只是追之不及。公孫賀聞知，跌足嘆道：「這匈奴，真是一代不如一代！做王的豈能先走？」

衛青看看所俘匈奴部眾，多半來不及穿衣，幾近半裸，不由想起幼時情形，心腸一軟，吩咐諸將道：「到底是春寒，令他們穿好衣裳，也是不妨。彼輩既知我漢軍天威，亦須令他知我不殺之恩。」

此番塞北大捷，消息傳入塞內，邊地吏民拍掌相賀。捷報傳入長安

之日，武帝也喜出望外，急命吾丘壽王為使臣，攜新頒印綬，赴塞上慰勞衛青。

吾丘壽王攜旨赴軍前，宣讀了封賞：擢升衛青為大將軍，加封食邑八千七百戶。衛青有三子，最小的尚在繈褓，皆封為列侯。

眾將聞詔，都一片歡呼。唯有衛青心神不寧，連忙上表，託吾丘壽王帶回，力辭幼子封侯。只說是大捷乃陛下神靈、將校有功，小兒怎敢受封。

幾日後，武帝在長安接了衛青辭表，一笑置之：「朕何嘗忘了諸將校？」便又下詔，封公孫賀、李蔡為侯。其餘裨將公孫敖、韓說等六七人，因有擒小王之功，也一併封侯，各有印綬。

待衛青還軍朔方塞上，安頓好俘虜，大軍才浩蕩還朝。那十數名匈奴小王，也一同解回，至長樂宮受降。

還朝這一日，滿朝文武，列隊於端門前，向衛青伏地拜謁。拜畢，衛青偕同六將，騎馬入端門，眾臣簇擁其後，緩緩步入，風光不可一世。

武帝盛裝冕服，在殿上親候，見到衛青上殿，忙起座相迎。即命謁者端上托盤，賜酒三杯，看衛青當場飲下，是為洗塵，又親執其手，賜座慰諭。未央前殿上下，頓起一片「萬歲」之聲。

卻說衛青得聖上專寵，竟然驚動了一位故人，即是他的舊主——平陽公主。

平陽公主是武帝二姐，曾為平陽侯曹壽之妻。雖是金枝玉葉，命卻不太好，前夫中年病歿，又改嫁。前夫曹壽，是曹參曾孫；後嫁的夏侯頗，是夏侯嬰曾孫，皆為元勛後裔。可惜夏侯頗也是個短命郎，婚後不

舅甥並力，勇襲匈奴雙出塞

久，便因觸法畏罪自殺。

一連死了兩位侯門之夫，平陽公主不過才年近四十，寡居在家，一時倒不好再找夫家了。

這日在閨中坐得寂寞，竟又起了再醮之心，便隨口對家僕道：「如此老去，太無趣。不知朝中百官，還有何人可嫁？」

未料，左右家僕竟異口同聲道：「衛大將軍！」

此時衛青的大名，傳至遠鄉僻壤。家僕們如此推崇，倒也不怪。

平陽公主聽了，不由臉就一紅，拂袖道：「不妥不妥！衛大將軍雖屬人傑，然他在我家，不過就是一騎奴，鞍前馬後隨我出入，尊卑早已定下，我怎可下嫁給親隨？」

眾家僕便都笑起來：「公主錯了！昨日之事，哪個還能記得？如今衛大將軍，還了得嗎！其姐做了皇后，連幼子也要封侯，一門顯貴，當世無雙，分明就是頭牌國戚。四海之內，除了聖上，可還有哪個男子如他？」

平陽公主聽了，心中便一動，嘴上卻還在囁嚅：「這個這個……叫他夫君，也呼不出口呀！」

家僕便勸道：「公主顯貴，丈夫亦須偉岸。衛大將軍正值壯年，儀表堂堂，如何就配不上公主？便是兩個平陽侯，怕也不及他呢。」

平陽公主掩不住害羞，卻佯怒道：「下人就是嘴巧，是怕我嫁不出去嗎？」

當下就在暗中思忖：衛青確是不二之選，然央求何人為媒，此事方得如願？想來想去，只想到了衛皇后。衛青的三姐衛子夫，能有做皇后的命，還不是自己一手促成。送衛子夫進宮的那日，曾與之相約「富貴

勿相忘」，今日若去求衛皇后做媒，斷無不允之理。

平陽公主打定主意，想著夫喪、母喪皆已滿一年，不怕他人議論，便濃妝豔抹、華服著身，前去謁見衛皇后。

衛皇后此時，雖享有母儀天下之尊，見到舊主來，仍是忙不迭地屈尊相迎。

平陽公主有自知之明，不敢露出一絲驕橫來，恭恭敬敬拜過衛皇后，只作姐妹般，一番笑語寒暄。

衛皇后起初並未留意，與平陽公主敘了些舊。平陽公主便故意談起喪夫之事，雙淚直流，大嘆命苦。

衛皇后連忙勸慰道：「哪裡話！長公主妳若命苦，天下就再無命好的女子了。」

平陽公主窺個空子，猛地就說：「皇后……唉，我還是願喚妳子夫。想當日，送妳出侯邸，竟像是昨日一般。」

衛皇后連忙起身，施了個禮，謝道：「阿姐，不消妳說，阿娣我也是一樣，不曾有一日能忘。」

「妳這一走，可是嫁得好夫君！」

「正是呢，我昨日還在想，如何就與阿姐做了一家人？」

「哪裡！皇后，妳一家人，其樂融融，阿姐比不了。」

衛皇后聞聽此言，不由得一驚，抬眼看了看平陽公主的妝容，忽就醒悟了：「阿姐，妳這是……哦，妾身明白了。我雖愚鈍，近日也想到過幾回，只不知阿姐看那百僚中，可有一二人能入得眼的？」

平陽公主見話已說破，便點了點頭，答道：「自然是有。」衛皇后遂掩口笑道：「哦？是哪一位？」

舅甥並力，勇襲匈奴雙出塞

「便是皇后之弟。」

「衛青？」

平陽公主索性把心一橫，不顧臉面，伏地拜道：「正是。此事若無皇后成全，妾身便是痴想。」

衛皇后先是驚愕，隨即大喜，連忙扶起公主道：「阿姐如何不早說！」

「我怎知衛青心思？」

「阿姐，我多年心中有愧，只不知如何報妳大恩。這番好事，我不做誰還能做？衛青有何意，妳不必擔心，聖上那裡才是要緊，我自然會去說。」

接著數日，衛皇后向武帝進了言，又召見衛青，將事情說明。武帝思前想後，覺這二人聯姻，親上加親倒是甚好，便也勸衛青應下。

如此，你來我往數次，各方將此事說妥。到最後，武帝撫額想想，對衛皇后道：「衛青位居大將軍，天下人不敢小覷；然平陽公主家中舊事，或仍有人議論。朕還是頒個詔，堂而皇之，令那些好事者無話可說。」

隨即，便頒下詔旨：恩准大將軍衛青，得尚平陽公主，以示榮寵。

滿朝文武聞詔，又是一番轟動。民間百姓，羨慕衛子夫一步登天，都恨不能一家生有十女八女。

此後便是納彩、問聘等禮儀，將那繁文縟節種種，都操辦一遍，自是極盡風光，鬧得像過年一般。

自此，衛青權勢如日中天。諸臣無論在何處，見了衛青，都一概下拜，前後逢迎。

唯有汲黯一人，仍是抗禮如故，見了衛青，也只一揖了事。公孫弘見汲黯執拗如故，忍了又忍，終看不過眼去，勸道：「汲公高潔，世人盡知之，又何必作態？今上恩寵大將軍，欲使群臣皆服於下，天日昭然的事，公如何不見？眾人皆跪拜，何以獨你作揖了事？」

汲黯橫瞥公孫弘一眼，回駁道：「我何嘗不知，丞相所言所行，處處都是作態？奈何下臣無學，連聖上也知，偏就不善作態。臣只是不明：大將軍功高，眾人皆拜，若我一人不拜，他功便不高了嗎？」

公孫弘討個沒趣，只好拱手笑笑，自嘲道：「公請自便。老朽是學《公羊傳》學愚了，不知多嘴無益。」

衛青待同僚一向寬和，並不以汲黯不拜為忤。見汲黯不逢迎，心中反倒更加敬佩，逢有大事不決，必登門求教，敬汲黯遠過其餘諸臣。

話說漢軍凱旋不及半年，至秋季，那伊稚斜嚥不下戰敗之辱，竟又發兵萬騎，攻入代郡。代郡都尉朱央，出城迎敵，因寡不敵眾被殺，吏民亦被擄走千餘人。

衛青得知，心下大怒，裝束好一身鎧甲，入朝去向武帝請戰。

武帝卻擺擺手道：「將軍莫急。伊稚斜新登大位，不免氣浮，你擄了他一萬五千人，折損他臉面，他自是要報復。你若急著反手，則連環相繼，一時不可了。那一千餘吏民，可任由他擄去，他臉面上既挽回，這一冬便不致再來。待到明春，雪融之後利於戰，我再發大軍擊之。」

衛青忿忿道：「賊兒偷了又來偷，便是未打痛他。」

「正是。那右賢王未被擒住，伊稚斜便不覺痛。今冬養肥馬匹，軍士也休息好，明春再痛打他也不遲。」

果然，至元朔六年（西元前123年）春，塞上雪融後，武帝便又令

舅甥並力，勇襲匈奴雙出塞

衛青進襲匈奴。命他率公孫敖、公孫賀、趙信、蘇建、李廣、李沮等六將，統兵十萬，號為「六師」，從定襄出塞北上。

出征之前，有衛青之甥霍去病，入朝去懇求武帝，意欲隨軍出征。

霍去病是衛青二姐之子，自幼便習武，精通騎射。此時年方十八，得衛子夫裙帶之便，已然官拜侍中[25]。

武帝見他勇氣可嘉，便允了，下詔給衛青，收霍去病在帳下，為嫖姚校尉，轄八百名「勇騎」。

此次出征，大軍涉過滹沱河，出定襄還不足百里，就撞見胡騎約有萬人，正在四野遊動，伺機犯境。

衛青得了探報，揣度片刻，認定仍是右賢王所部，便冷笑一聲：「敗軍之將，今日還逃得掉嗎？」隨即下令出擊。

十萬漢軍本就氣盛，此時見胡騎人少，也顧不得佇列了，個個爭先，縱馬飛馳。

那右賢王所部，去年慘遭劫營，聞聽漢軍殺聲便已膽怯，未及接戰，紛紛撥馬回竄。霍去病大喝一聲，一馬當先，率八百勇士直衝敵陣腹心。

見胡騎佇列中，人人頭插白翎，霍去病心中就厭，命通譯官大呼道：「戴帽者死，除帽者生！」

胡騎兵卒聽到，一時便紛紛摘帽，棄之於地，遍野便是一片光光頭顱。人雖摘了帽，卻不肯下馬投降，只顧催馬奔逃。

霍去病笑指胡騎道：「此乃滿地滾瓜乎！」便又命通譯大呼，「騎馬者死，下馬者生！」

---

[25] 侍中，官職名，為正規官職外的加官之一，可入宮禁內受事。

呼聲方落，便有不少胡騎下馬求降，餘者仍死命奔逃。漢軍所到之處，如風捲殘雲，一陣廝殺下來，檢點斬首，竟有數千級之多。

　　霍去病勒馬大笑道：「什麼匈奴？瓜棚耳，不堪一擊！」

　　衛青見斬獲頗多，胡騎大隊已逃散，便下令收兵，率大軍返回定襄，休養待戰。

　　如此休養一月之後，定襄城下，又有鼓角聲起。漢軍六師再次出擊，如六道火流竄出，一齊向草原燎去。一路上，遇敵則殺，遇壘則拔，皆是所向披靡。

　　大軍殺出百里之遠，紮營過夜。衛青趁空喚來霍去病，問計道：「明日如何戰，甥兒可曾想過？」

　　霍去病答道：「阿舅，殺到此時，還使什麼計？明日接著砍瓜便是！」

　　衛青略有擔憂道：「我軍已入匈奴縱深，胡騎在前路，不要有埋伏才好。」

　　霍去病道：「絕無此虞！胡騎今日敗走，若只為誘我上鉤，則他誘餌失得太多，故而定是真敗，已無計可施。以甥兒之見，胡騎多年偷襲得手，驕橫慣了，未防我有十萬大軍急出，故而慘敗。我軍休整既罷，阿舅可命六將分進，尋到右賢王，再作圍攻。」

　　衛青沉吟片刻道：「也好。塞外平闊，無險阻，非兵法所言『伏奸之所處』，可放膽而進。今右賢王部一觸即潰，顯見得兵少且弱。明早，可分六路而出，依照定計，只管北上。」

　　北地春遲，到此時，塞外方有新草泛綠。次日晨，各軍出營，列好隊伍。衛青駐馬看去，但見六師旌旗飄飄，壯觀如六龍欲飛。一眾漢軍

109

舅甥並力，勇襲匈奴雙出塞

騎士，兜鍪上均有紅纓一簇，望之如花滿草野。此番景象，正合人意，心中便覺踏實許多。

衛青遂與諸將約好，令各人率精騎千餘，前行兩百里既罷，無論遇敵與否，一日之後回師，再行定奪。

軍令傳下後，有前將軍趙信，原為匈奴小王，降漢後封侯，此時便倚仗路熟，輕兵疾進，衝到了前頭。

右將軍蘇建見趙信如此，也有心搶功，急令所部跟進，遂將兩軍並作一處，共有三千餘騎，率先向草海深處殺去。

衛青在大帳等候捷音，等到第三日，便陸續有四將返歸，斬獲頗多。營前首級，漸漸已堆成小山數座。

眼見連戰皆捷，漢營內，便整日有笙歌嬉笑不絕，將士俱有歡顏。然候至日落，仍不見趙信、蘇建所部歸來，另有霍去病及八百壯士亦無音訊。

衛青耳聞歡笑聲，心中只是不寧，隱約有不祥之感，立遣公孫敖率部兩千騎，連夜北上接應。入夜後，公孫賀、李廣等將聚飲，持酒來勸衛青，衛青只是擺手：「兩將未歸，不知吉凶，我哪裡有心飲酒？」

李廣則笑道：「兩將皆為匈奴通，絕無陷沒之虞，將軍先飲了再說。」

衛青勉強飲了兩杯，便勸退諸將，獨坐於大帳之中，秉燭夜讀兵書，等候消息。

如此又等了一夜一日，仍不見兩將歸來。衛青數度出帳，手搭涼棚遠望，漸漸就惶惑起來。諸將見此，也知事情不妙，都來大帳默坐，陪衛青一道等候。

沉默良久，公孫賀耐不住，欲說笑話解悶。衛青抬手制止，嘆氣道：「諸君看日影，若日落時，兩將仍未歸，或是戰歿了也未可知。去傳令眾兒郎，不得再譁笑了。」

　　一番話，說得諸將喪氣，都走出帳外，直直盯著日影不動。

　　帳內漏壺一刻刻漏下，那滴水之聲，聽來竟如雷鳴。衛青只是端坐不動，手捧《太公兵法》細讀，目不轉睛。

　　諸將在帳外，眼見得紅日落入草莽，正忐忑間，營前士卒忽地騷動起來，紛紛呼道：「蘇將軍歸來了！」

　　衛青聞聲，拋了兵書，疾步跨出大帳來看。只見轅門外，公孫敖所部人馬歸來，有一騎違例未下馬，疾馳入門，至帳前，才一骨碌滾下馬來。

　　原是右將軍蘇建奔入，只見他戰袍撕裂，滿身血汗，伏地便涕泣道：「大將軍，下臣與趙信為前鋒，深入敵境，不意驟遇單于大軍數萬，將我兩軍團團圍住。下臣奮力殺敵，各有死傷，力戰一日有餘，方勉強突圍出來。回頭再尋趙信，已無蹤跡，原是他見突圍無望，帶了八九百人，降了匈奴，只得下臣一人逃歸。」

　　衛青不禁大怒，戟指蘇建，喝問道：「三千人馬何在？」

　　「三千人戰死千餘，叛去八九百，所餘千騎，隨下臣南走，又被胡騎追趕，一路死傷殆盡。幸得大將軍遣公孫敖接應，下臣才保得一命。」

　　衛青聽罷，仰天長嘆一聲，不再問了，擺擺手道：「將軍自去歇息吧，餘事明日再說。」

　　待蘇建退下，衛青便招來幕府文吏張閎、王安、周霸，問三人道：「蘇建喪師而還，該當何罪？」

舅甥並力，勇襲匈奴雙出塞

周霸進言道：「自大將軍出征以來，未曾斬裨將一名。今蘇建棄軍而還，可斬，以顯大將軍之威。」

豈料這個「斬」字一出口，張閎、王安臉色就驟變。

張閎急諫道：「不可不可！今蘇建以數千之卒，當單于大軍數萬，力戰一日餘，士卒皆不敢有二心，至全軍盡沒，僅他單騎而還。若將蘇建斬了，則後來者難免心寒，今後哪個還敢力戰而還？故不當斬！」

衛青低頭想想，嘆了口氣：「如何他這一支，獨獨就遭逢單于大軍？」

王安也勸諫道：「《尉繚子》有言：『賞如日月，信如四時，令如斧鉞，制如幹將。』是說軍中有令出，一絲也含混不得。大將軍務請慎斷，不要寒了將士之心。」

衛青這才抬起頭道：「二位說得對。我以待罪囚徒而蒙聖恩，得號令三軍，不患無威也，無須殺人而立威。周霸勸我立威，乃失了我本意，自是不可！大將軍之職，固是可以斬將，然則，即便尊榮如此，亦不敢擅殺部將於境外。當還朝，請天子自裁之，以示人臣不敢專權。」

三位軍吏聞此言，齊聲稱善，深為衛青所折服。

在帳中議罷，衛青便下令，將蘇建押入檻車，先行解回長安，聽候聖裁。

至此，全軍已還，唯有霍去病及八百勇士不知去向。衛青饒是天性沉穩，也不由焦急起來，頻頻派出斥候尋覓。

又過了一日，正疑心甥兒定是戰歿，忽聞帳外軍士歡聲四起：「霍嫖姚歸來了！」

衛青搶步出帳去看，見霍去病面頰有傷，血污戰袍，手提著一個首級，大步走來。身後，有軍卒押解著俘虜數人。

衛青大喜，揚臂呼道：「甥兒，如何遲歸？真急煞我也！」

霍去病舉起血淋淋的首級，猛擲於地，向衛青稟道：「大將軍，末將多行了三百里，踏破虜營一座，故而遲歸。」

「這首級是何人？」

「伊稚斜單于祖輩之人，藉若侯產是也。」

此時，身後士卒又推出三人，皆以繩索捆綁。霍去病手指三人，逐一報出：「此乃單于叔父羅姑比，還有一個相國，一個當戶[26]，皆為我生擒。另有首級二千餘，部兵正在轅門外堆放。」

衛青一把拉住霍去病，大讚道：「你這校尉，斬獲已勝過了將軍！且去換了衣袍，來我帳中詳述。」

稍後，霍去病洗淨了臉，換了潔淨衣衫，來到大帳，向衛青稟道：「甥兒領八百勇騎，北上二百里，一路不見胡騎。遂又晝夜兼程，再向北三百里，終覓得匈奴一營壘。我軍掩殺過去，胡騎無備，當即四下潰散。甥兒手刃渠首一名，擒住頭目兩名。所部八百勇士，在胡營中往來突馳，著實砍了一回好瓜。」

衛青喜道：「你這甥兒，初戰即神勇若此，將來怕更要勝於阿舅。」便喚過左右，以大碗斟酒來，禮敬甥兒。

戰事到此，衛青心知各部已人困馬乏，不宜再戰；且斬獲已足，不若就此罷兵，遂下令還朝覆命。

半月後，還朝之日，衛青、霍去病舅甥二人，一時風頭無兩。長安小民夾道爭睹風采，滿街都是「霍嫖姚」的歡呼聲。

這日，武帝登殿召見歸來諸將，先喚了霍去病出列，宣諭道：「嫖姚

---

[26] 當戶，匈奴官職名。位在都尉之下，有大、小當戶之分。

舅甥並力，勇裂匈奴雙出塞

校尉去病，斬獲二千二十八級，擒相國、當戶，斬單于祖輩之人，捕單于叔父，迭次立功，勇冠三軍。漢家有此勇士，從此不懼匈奴，為示天下後人計，特封為冠軍侯，食邑二千五百戶。」

話音方落，殿上便是一片喝采聲，百官都爭向霍去病恭賀。

武帝又道：「另有校尉張騫，為大軍嚮導，知水草豐茂處，使將卒無飢渴之憂。連帶此前出使絕域之功，封為博望侯。」

殿上諸臣聞此，又是一片讚嘆。

末後，武帝才望了望衛青，字斟句酌道：「大將軍今歲出征，喪師兩軍，逃亡一侯，雖斬首一萬七千級，功亦不多，僅抵過而已。故不再加封，但賜千金而已。」

衛青早已料到有此處置，便也不覺尷尬，只是高聲謝恩。

「至於敗將蘇建……」武帝環顧殿中，不見蘇建，這才猛然想起，「哦，還在有司待罪。朕之意，蘇建棄軍之罪，雖可誅，然亦有可諒之情，故而不誅，贖為庶人，繳夠贖金便可歸家思過。」

丞相公孫弘見機，跨步出列道：「陛下賞罰分明，如日月之光，眾將必有感於心，誓死用命。臣以為，大將軍此征，到底是入襲匈奴之境，踏破陰山，斬首萬級，算是雪洗了平城之辱，為漢家七十年來所無。漢匈之勢，從此易矣，臣等衷心為陛下賀！」

武帝望了望公孫弘，釋顏一笑：「丞相，衛青之功，朕並非不知。你既然如此說，朕也就不必再說了。」

公孫弘心領神會，深深一躬道：「陛下聖明。只不知伊稚斜遭此大敗，是否尚存報復之心？」

武帝便轉頭望望衛青，笑道：「這個……大將軍或是心中有數。此次

北伐,料是打痛了他,數年之內,他必不敢傾國再來。」

果然,降將趙信投匈奴後,伊稚斜甚是器重,當即召見,封為「自次王」,賜給人畜,還將自家阿姐嫁給了趙信。

趙信受此榮寵,感激涕零,也知單于此舉,是為籠絡他獻計謀漢。他原本就是匈奴人,於漢匈兩邊韜略,都了然於心,遂獻計道:「目下漢兵勢強,不宜屢入漢境,徒遭折損。不如移大軍往漠北絕地,勿近漢邊塞,以誘漢軍往來征伐。待他穿行大漠,人困馬乏之際,方伺機取之,無有不勝之理。」

伊稚斜單于大喜道:「到底是做過漢家侯的,一言即勝萬言!我便移軍漠北就是。」

匈奴依趙信之計,將王庭移至漠北後,邊塵便不再起,千里不見一縷烽煙。漢家君臣,這才大大鬆了一口氣。

公孫弘見外患絕跡,海內承平,便趁機進言:「漢家立朝之初,秦亂方息,民間不禁弓弩,人人可得而持之。自高祖遭白登之圍後,上思復仇,下便好習武,民間成風,弓弩更是須臾不可離身。」

武帝面露詫異:「民間尚武,有何可懼?假使不尚武,不出三十年,男子盡成弱女子之輩,如何還能抗匈奴?」

「不然。陛下可知,遇有捕盜事發,十賊張弓,百吏便不敢趨前。賊既不能捕,逃脫者便甚眾,這即是盜賊不止的根由。若禁百姓攜弓弩,則盜賊亦無弓弩,只得用短兵。短兵相接者,人多者勝。以眾多皂隸,捕區區盜賊,有何難哉?賊勢日促,便不敢貿然觸法,此即為止刑之道。」

武帝聽罷,半信半疑,便將此議發下,交眾臣議論。

舅甥並力，勇襲匈奴雙出塞

　　光祿大夫吾丘壽王，聞之不以為然，率先上書曰：「古人做兵器，是為防守，而不為止暴；可止暴者，禮也，故而聖王皆重教化。小民自保，則須恃弓弩；若無弓弩，遇盜賊，又何以自保？」

　　武帝閱過吾丘奏書，頗為稱意，讚道：「此議，方為深明大義。」便將奏書交予公孫弘看。

　　公孫弘看罷，將奏書交還，微微一笑，拱手答道：「克己復禮，千古事也。老臣克己功夫尚不夠，慚愧！吾丘壽王之議，果然是所見不凡，臣不可及。」

　　武帝望望公孫弘，輕嘆一聲：「丞相，你遇事唯知退讓，如何便不爭上一回？」公孫弘答道：「老臣不爭，故而白首尚能效力；若爭，或早已歸家閒居了。」

　　武帝聽了，忍不住笑：「罷了，老臣心計，總是這般多！」便拿過筆來，准了吾丘壽王所議，詔令百姓仍可攜弓弩，習武如常，定不教那匈奴猖獗。

淮南宮中，叛亂突起禍滅族

　　北征罷兵後，時已入夏，未央宮內，凌沼池中，荷花盛放。武帝心情悠閒，或與衛皇后泛舟池上，或與詞臣近侍把酒賞荷，好不快活。

　　這日天氣好，武帝召公孫弘至池畔亭榭，問詢錢糧事。武帝望池水粼粼，垂柳如絲，心情就大好，指凌沼道：「這一池水，可解多少憂！宮內尚有空地，這池水，未免狹小，來日不妨拓開些，也好恣情泛舟。」

　　公孫弘望望池景，也頗覺愜意：「未央宮內，唯是此地好！臣年前出使巴蜀，撫西南夷事，聞彼處之民皆曰：『滇國有大澤，號為滇池，方圓二百里，景色如仙境。澤畔有山，高矗入雲，奇險不輸於巴蜀之山。』臣思之，所謂崑崙瑤池，也不過如此。」

　　「哦？」提及西南夷，武帝便目光炯炯，興致頓起，忙問道，「那澤畔，是何部落所在？」

　　「臣聞之，名為『昆明』。該部無論男女，皆編髮紋身，人隨畜徙，居無常所，亦無君長。」

　　「倒是個逍遙國，甚好甚好！來日若開掘凌沼，索性就叫個『昆明池』。不妨就撥些錢糧，令少府動工，今生不得到瑤池，總還到得了昆明池。此舉，也並非靡費，遊玩之外，還可以訓練水軍。」

　　公孫弘聞言，面露躊躇之色，未予答話。

　　武帝便怪：「愛卿，如何面有難色？」

　　「回陛下，府庫怕是撥不出此項錢糧了。」

淮南宮中，叛亂突起禍滅族

「焉有此理？數年前，還說是府庫滿溢，穀粟陳陳相因，吃也吃不完，如何轉眼就空了？」

「陛下，自元光二年馬邑設伏起，連年征伐，軍需浩繁。想那人馬一動，哪裡不是用錢？至今年，已是府庫空虛、寅吃卯糧了。大司農[27]那裡，叫苦已不止一日兩日。」

武帝便倒吸一口涼氣：「這如何是好？開邊征伐，沒有錢糧，怎得如願？」「唯有加賦。」

「加賦萬萬不可！暴斂，便是苛政，丞相莫要勸我做秦始皇。」

「老臣也是想了數月，髮已全白，直是無計可施。自古『民唯邦本』，孔夫子尚不敢忘，為臣哪裡還敢搜刮？」

武帝不由得起身，徘徊於亭中，愁眉不展：「難矣！所謂大鵬之志，未及展翼，便要先折翼了不成？」

公孫弘也起身侍立，少頃，忽然躬身道：「臣倒有一計。」

「你講。」

「民有窮民、富民，若加賦，則窮民難耐，富民卻是不怕。秦王政四年，蝗蟲蔽天，四方大疫，秦廷就曾賣爵，百姓只需納粟千石，便拜爵一級。我朝惠帝時，也曾賣爵。如今軍需急用錢，也不妨令吏民買爵，名為武功，實為出錢。」

武帝搖頭道：「不妥不妥，天下可有幾人願買爵的？」

公孫弘詭譎一笑：「陛下，廟堂之上，臣子所言都是冠冕堂皇，究其實，哪個不是為做官而來？裡巷小民，愈是白衣，愈有官癮。試想，買爵可免徭役，也可免罪，誰人能不眼紅？朝廷若賣爵，只怕不要擠破司馬門！」

---

[27] 大司農，官職名，掌國家財政。秦及漢初設治粟內使，漢景帝改為大農令，漢武帝又改為大司農。

武帝望望公孫弘，不禁大笑：「先生自民間起，牧過豬，到底是見識不同！民間義利之辨，確與朝堂有別。也罷，今日你我都得閒，便將此事議妥。」當下，就喚了謁者，去召大司農鄭當時，來此一起商議。

　　且說漢襲秦制，王爵之外，共有二十等爵。從最小爵「公士」起，至最高的「通侯」，共有二十等。每人每晉一等，是為一級。

　　君臣三人在池畔議來議去，算出吏民若買一級，約出錢兩千，僅公士這一等，便可得十七萬錢。

　　公士以上，每級還有遞加。粗粗算來，或能賣出十七萬級，值三十餘萬金。年年如此，還愁軍需無錢可用嗎？

　　君臣三人在池畔議罷，都覺心中大石落地。卻說那皇家亦如大戶，有錢即是喜事，至於賣爵是否敗壞世風，哪裡還能顧得？

　　武帝笑對公孫弘道：「朕貴為天子，聞府庫錢少，亦是心虛。今日既生財有道，轉瞬間就覺膽壯。來日開掘昆明池，也有著落了。」

　　公孫弘道：「人之常情，並無不同。臣早年在海島牧豬，也是見豬多即喜。」

　　武帝忽然想起一事，隨口便提起：「近來邊事繁多，河南郡有小民，名喚卜式，勤於勞作，入山牧羊千餘頭，廣有田宅。近日上書，願出家產一半，助朝廷邊事。」

　　公孫弘問道：「他所為者何？」

　　「朕也是如是想，遣使去問他，是否願為官。那卜式答說：『自小牧羊，不願為官。』使者又問他：『莫非家有冤情乎？』那卜式又答：『臣生來與人無爭，見同邑人家貧，願予借貸；有不善者，則循循教誨。邑人皆與我善，我豈能有冤情？』」

淮南宮中，叛亂突起禍滅族

「那就怪了！」

「使者也是奇怪，問他究竟有何事，那卜式說：『天子誅匈奴，賢者應死節，富戶應輸財，如此匈奴方可滅。』先生以為如何，可以收他捐助嗎？」

公孫弘想了想，搖頭道：「不可，此非人之常情！變通之事，亦不可亂法，如此捐獻，若都仿效起來，便無法可循。一人如此，看似無妨；然天下人見了，便易生不軌之心。陛下不要允他。」

武帝略微一怔，旋即頷首道：「先生到底看得遠。朕本想用他為官，如此便罷，不回覆他就是！一個小民，還是本本分分牧羊的好。」

想想邊患已消，內帑又足，諸事無可再慮，武帝便覺是上天照顧。這年入冬，正是「三年一郊」之時，便率了公卿近侍，親往雍郊（今陝西省鳳翔縣境內）五畤，行祭五帝之禮。

出得長安，沿渭水西行，足有三百里遠。沿途葉已紅黃，千溝萬壑如染了鐵鏽一般。武帝撩起車簾張望，看得興起，索性下了車，與隨行諸臣一道，也乘馬而行。

過岐山之後，山勢漸陡，土呈紅色，越發似鐵鑄的一般。武帝揚起鞭，對諸侍臣道：「如此河山，到今日，已似鐵打成的，當是知我心願。文士們到此，也當文思如湧才是。」

東方朔騎馬隨侍，手搭涼棚遠望，故作莊嚴道：「聖上文韜武略，已近三皇五帝，便是這無知無覺的山河，又敢不聽話嗎？」

武帝瞥一眼東方朔，微怒道：「先生此話，是笑我還是讚我？還當朕只有十六歲年紀？」

東方朔連忙道：「不敢！臣乃肺腑之語。」

武帝便嗤之以鼻：「你那肺腑，路人也看得穿，無非是灌迷魂湯，然今日灌得甚拙，甚拙！」

　　隨行諸臣聽了，都一齊鬨笑起來。

　　君臣說話之間，大隊已入雍縣境內，見田疇整齊、炊煙裊裊，武帝便道：「這雍縣，為右內史汲黯所轄地，幾年不來，倒真是河清海晏。自汲黯赴任以來，朕無暇過問，想不到，此公治理近畿，竟是這般有條理。」

　　東方朔便道：「汲公性直，如刺蝟，不可近身，近身便被他所刺。臣等文士，則如貍貓，近身撫之，如絲如緞，故我等只配隨侍聖上。」

　　武帝哂笑道：「貍貓？搶食之際，也不溫順哩！」隨後仰頭想想，對身旁公孫弘道，「確也是！自汲黯調任近畿，他覺自在，朕也自在得多了。」

　　愈近雍郊，山路愈陡，兩旁叢林漸密，天際隱約有雷聲。入冬聞雷，為稀見天象，眾臣不知是禍是福，都有些不安。

　　大隊鹵簿緩緩前行之際，忽見前路上，有一白鹿模樣的小獸，當路而立。眾騎郎見此異獸，頓起警覺，隨即一擁而上，將小獸擒住。

　　眾臣上前圍觀，見是一獨角白獸，頗不似尋常物。再看腹下，竟生有五蹄，眾人皆不識是何物，便紛紛稱奇。武帝也打馬上前，騎郎遂將小獸抱起，呈給武帝看。

　　武帝打量了片刻，也不知是何物，忽然想起，便問眾近侍道：「可是麒麟？」

　　侍臣們這才恍然大悟，紛紛附和：「是麒麟，是麒麟！」武帝見東方朔未語，便望住東方朔，也默然不語。

淮南宮中，叛亂突起禍滅族

東方朔見武帝神色，連忙下馬，繞著小獸看了三圈，方答道：「回陛下，是麒麟。」武帝便覺奇怪：「今日祭五帝，如何有白麒麟現世？」

「陛下發微探幽，正風俗，明禮教，都是有口皆碑的事。上天報享，故有神獸之賜。」

「唔！東方先生好學問，你如此說，朕便信。既然天降神獸，當送往五時，好生供養起來。」

如此收了神獸，又前行數里，忽見路旁有一奇木，有無數枝椏伸出，而後繞回，纏住主幹。

眾臣圍住這枝纏古木仰望，連聲稱奇。武帝打馬至近前，望了望，心中也詫異，遂對東方朔道：「朕從來只道：人君與人臣，命不同而已。唯董夫子以為『君權神授』。朕登極以來，百事不得順遂，只不知何來的『神』，又何來的『授』？今日在半途，便數度見了神蹟，莫非朕之行事，果有神助？」

東方朔答道：「陛下勿疑。既有神在，所授之權，當不至濫施，必授予至尊。猶如雷殛，也是專揀高處的殛。今日祭五帝，想那五帝也高興，焉有不降祥瑞之理？」

武帝笑道：「你又咒我！朕至近年，方才不再受掣肘，哪裡就高了，尚不至遭雷殛吧？」

聽君臣二人鬥嘴，眾臣都鬨笑，一路竟不覺旅途之疲。

至雍郊，武帝因獲神獸，心情大好，祀禮時特命加一牛，以示虔敬。又頒詔，賜給諸侯王白金若干，以應祥瑞。

待雍郊祀畢，返回未央宮中，武帝仍念念不忘神蹟，又召近臣問詢道：「朕祭五帝，途中連見兩神蹟，其中究竟有何深意？你等不必顧忌東

方朔之說，為朕詳解。」

此時有一給事中，名喚終軍，朗聲上奏道：「有獸兩角並一角，意為『同本』；有木眾枝內附，是為『無外向』。皆為上天祥瑞，應了外夷服教化之象。陛下可無疑慮，只管垂袖而治就是。」

武帝聞之，不由大喜：「果然果然，正是此理！」便掉頭對枚皋等人道，「你等詞臣，當此際，不可無賦，便為朕作〈白麟歌〉好了。」

未及三日，詞臣果有〈白麟歌〉一篇獻上。武帝閱罷，大讚道：「此等手筆，正應了我漢家氣象，又是枚皋大作乎？」

枚皋恭謹答道：「不敢。臣終究才薄，此乃眾人集思而成。」

武帝拈鬚笑道：「是了！人多拾柴，粟飯也是香嘛。」遂有賞賜發下不提。

此時太常為繩侯周平，聞聽此事，連忙上奏，請應祥瑞而改元。

武帝便在東書房召見周平，問道：「元朔年號，已有六年，入冬恰是改元之時。公之意，改什麼年號為好？」

周平答道：「既獲神獸，不妨改元為『元狩』，以應天地。」

武帝感慨道：「年光易逝，登極竟已有十八年了。孔子曰：『人能弘道，非道弘人。』朕弘揚禮教，十八年不敢懈怠，終致海內昇平，四夷無事，上天也是看得到的。朕要改元麼，他便降了祥瑞下來。」

「正是。陛下明察，諸臣肯用命，天下事便無有不諧。」

「哦？你不說，朕倒還忘了。如今朝中，老臣漸已凋零，連這九卿要樞，也多為新晉之輩。新人學問甚大，然德亦甚薄。你任太常之前，已接連有兩任徇私被免，你不要步後塵就好。」

周平聞言，當下面露惶悚，斂手唯唯而退。

淮南宮中，叛亂突起禍滅族

當日，正逢左依倚當值。武帝目送周平退下，便笑對左依倚道：「外間民家，只道皇帝家事，吃喝遊玩而已。豈不知，坐了這大位，無一日晨不是於夢中驚醒。外事內事，總歸是有事。好在天降白麟，今後事或可少些。」

左依倚正在整理案頭，未及答話，拿起一卷奏書來，瞥了一眼，忽然就神色大變。

武帝看在眼中，心下奇怪，問道：「所奏何事，莫不是邊釁又起？」

左依倚只是不語，額頭眼見有熱汗冒出。

武帝更覺奇怪，便道：「有何事？拿來我看。」

左依倚將奏書遞上，武帝打開看，見是淮南王的一個庶孫，名喚劉建，遭好友莊芷上書，陰告淮南王劉安及太子劉遷，「日夜會集賓客，潛議謀逆」。

武帝略看了一眼，便將上書擱置，不以為意道：「你慌的什麼？貴鄉的這位王，善撫百姓，流譽天下，王后與太子卻苛刻，不知得罪了多少人，十餘年來，告他謀逆的，從未斷絕過，朕只是不信。此次，既是淮南王之孫上書變告，或有實證，朕發下廷尉察問就是。」

左依倚神色恍惚，似未聞武帝言語，理好了文牘，方道：「小的來自淮南，不便言淮南王事。向日在故里，曾略習《鴻烈》，內有一句說得好，即：『天下神器不可為也，為者敗之，執者失之。』陛下掌神器，乃天授，平地都可冒出一隻白麟來，旁人怕是沒有這福氣。」

武帝笑笑：「《鴻烈》中竟有此語？淮南王，真是攏得一批好門客。『執者失之』，說得好！朕可將此語當作案頭之銘。」

左依倚也勉強一笑，似面露悽楚之色，接下來便無語。

當夜無事。待次日晨，忽有宦者令葛咸軻，神色張皇，闖入宣室殿報稱：「隨侍宦者左依倚，昨夜下得班來，未歸永巷。今晨遍查各殿，皆無蹤跡。」

武帝渾身便是一震：「左依倚不見了蹤跡？」

葛咸軻道：「回陛下，昔日宮中，也有小宦者莫名失蹤，多為受責罰者一時氣結，投水自盡的。然小官遍尋宮苑池沼，並不見影蹤。」

「朕並未有所責罰呀，不會是翻牆逃了？」「牆頭也毫無痕跡。」

武帝便拈鬚沉吟：「淮南王喜好神仙之術，這淮南國小童，居然也弄得神神鬼鬼！再仔細尋尋，總不至羽化登仙吧？」遂遣人去傳令，命郎中令李廣查遍宮苑，務要找出下落來。

至日暮，李廣偕葛咸軻來報：「禁苑之內，所有可匿身處，均已查遍，獨不見小宦者蹤跡。」

武帝便問：「永巷住宿處，可曾查過？」

葛咸軻連忙呈上一卷書，回稟道：「住處僅有青衣數件、《淮南鴻烈》一卷。另還有些許女子飾物，不知作何用……」

武帝略一恍惚，接過書來苦笑道：「昨日才降白麟，今又有美少年飛仙。元狩開年，便是這等古怪嗎？」

李廣道：「陛下，事發甚怪。臣親率郎官，連各殿水井都查過。」

武帝一面翻書，一面說道：「那倒也不必。只是事近神妖，我總是不信。」

李廣、葛咸軻退下後，武帝翻閱那一卷《淮南鴻烈》，見有一句被人密密圈點，即是「樂作而喜，曲終而悲。悲喜轉而相生，精神亂營，不得須臾平」。看罷，不由就倒抽一口氣：「此語，是在說我嗎？」

淮南宮中，叛亂突起禍滅族

事情鬧了兩日，未有結果，也就無人再問了。

當此際，廷尉府受君命，發文至淮南相府，令其傳訊王孫劉建，密查淮南王劉安父子謀逆事。淮南相尚未有回音，丞相公孫弘忽又報稱，先朝審食其之孫審卿，密查淮南王劉安謀逆事，已有變告上書。

武帝也知，那呂太后寵臣審食其，在「誅呂」風波中，僥倖得活，卻被淮南厲王劉長手刃斃命。審卿此時密告，乃是為祖父報仇。私怨歸私怨，然所涉乃謀逆，便非同小可！

武帝忙問：「丞相接審卿密告，是如何處置的？」

公孫弘答道：「已發文至淮南有司，瞞住淮南王，密捕涉事人等，務必問出個究竟。」

「你我君相，迭有令下，淮南相府當不至颟頇。唔……風生於淮南之地，豈止起於青之末，直是要撼我長安之樹了！」

「陛下，臣於建元初年為博士，在朝中，便已風聞淮南王有不軌事。所謂青之末，恐非一二日之謀。」

武帝聞言，神色一變，立即吩咐道：「公孫先生請速往蘭臺，將歷年涉及淮南王奏章，盡行調來，朕將從頭梳理。」

「陛下，張湯曾言：淮南王之女劉陵，有色貌，工辯才，常年居長安，以省親為名，出入宮禁無人阻攔。又散財施惠，結交公卿官吏，恐為淮南王所指使，以圖不軌。」

「這個張湯，如何不早報！朕這個堂妹，幼年時還一道玩耍過，不意年長之後，竟利慾薰心至此。你且知會宗正府，權且以品行不端之名，將其軟禁，不許與外間交通。」

公孫弘領命退下後，武帝神思恍惚，只覺事有蹊蹺。忽而想起，便

急召宦者令葛咸軹來，發問道：「那小宦者左依倚，係何人選進宮來？」

葛咸軹知關係重大，惶然答道：「小臣就任時，左依倚已在宮中，係前任宦者令所選。」

「前任何在？」

「免官居家後，不數日即病歿。」

「什麼？」武帝立時火起，脫口問道，「這小宦者，竟是個查無來歷的嗎？」

「臣略有所知。他家中貧寒，無以謀生，係家人為他自宮，前來應選。來時連個名字也無，這『依倚』之名，還是他入選當日自取的。」

「是由何處送來應選？」

「當年那一輩小童，皆由淮南王宮選送。」

「他住處內，如何還有女子飾物？」

「這個……小官實不知為何。」

「這就是了！」武帝拍案而起，「亂了亂了。這還得了？左右，立召東方朔來。」未及一刻，東方朔聞召趕來，只見他衣冠顛倒，狀甚狼狽。

武帝縱是在震怒之中，亦忍不住笑：「日已近午，先生是大夢方醒嗎？」

「慚愧！臣在家中，正與『小君』因瑣事爭吵。」

「你那渾家，也須好好管教。大丈夫，如何被女子折辱？」

「這個……凡大丈夫，都難免呢。」

武帝一時語塞，便笑罵道：「又胡言！」而後，以手指蘸了筆洗中的清水，在案上寫了兩個字，問道，「先生博古通今，你來看，這『依倚』

淮南宮中，叛亂突起禍滅族

二字，有何來歷？朕素有所學，只覺得這兩字眼熟，卻記不得出處。」

東方朔看看案上字跡，抬頭望住武帝，滿臉都是疑惑：「陛下是要問『依倚』二字的典故？」

「正是。莫非還有典故不成？」

「有。上古軒轅黃帝，命屬官編〈白澤圖〉，錄有天下鬼怪神妖，計有萬餘種。所錄廁之精，名就喚作『依倚』，喜著青衣，係女流之輩。」

「著青衣？依倚竟是個女流？……」武帝驚得雙目圓睜，急切問道，「那民間所祭廁神，祭的不是紫姑嗎？」

「回陛下，那是民間流俗，小民感念戚夫人歿於廁，附會而成。紫者，戚也，一音之轉。然茅廁之神，自古以來，便是女精怪『依倚』。」

武帝聞此言，忽就癱坐下來，以手撫額，良久不語。

東方朔見此，不知天子出了何事，欲調侃幾句，又怕犯顏得罪，竟呆住在那裡。

過了半晌，武帝方抬起頭來，勉強一笑：「先生好學問！今日無事了，可請退下。」

東方朔茫然不知所以，拱一拱手，連忙退下。

武帝便又招呼葛咸軻道：「你近前來，朕有密語囑你。」葛咸軻連忙移膝向前，俯首恭聽。

武帝壓低嗓音道：「左依倚，或為女流也未可知，是如何混進宮的，已不可查。今既失蹤，除名就是，不得話與他人知。一旦外洩，朕便要你的頭！」言畢，揮手急令葛咸軻退下。

見左右無人，武帝這才仰起頭來，長出一口氣道：「淮南王，你好生厲害！」

次日,御史臺、廷尉府、中尉府等衙皆奉詔,各遣曹掾及遊士,赴淮南查案。一時之間,各路人馬如水底暗流,於無聲中湧向壽春。

　　同日,蘭臺調卷已置於武帝案頭,堆積如小山。就連淮南王昔日所未獻的《鴻烈》外書三十三篇,也由廷尉府遊士從民間搜得。

　　武帝翻覽案頭文牘,擺在上面的,是淮南王昔日所獻的《頌德》、《長安都國頌》,不由就嘆:「歌功頌德者,鮮有其誠!」便耐下性子,等候各路遊士密報。

　　半月之後,各衙均有密報奏上。武帝看過奏報,又清理文牘,總算將淮南十四年來的異動,大致理清。

　　據各路密報,淮南王劉安早年入朝,時田蚡正得勢,兩人訂有密約。田蚡曾密語劉安道:「大王乃高祖親孫,廣行仁義,天下莫不聞。今上無太子,一旦晏駕,嗣位非大王莫屬。」劉安利令智昏,為田蚡所惑,從此廣結豪士,萌生叛意。

　　年前,夜中有彗星現,橫貫天穹。門客向劉安進言,稱:「昔年吳楚軍起時,亦現彗星,光芒不過數尺,即血流千里;今彗星貫天,當是天下將有兵戈大起,事必順遂。」劉安深以為然,於是閉門打造兵器,積蓄錢財。又撒下無數錢財,賄贈各郡國奇才,專等起事。

　　另有前中大夫莊助,出使南越,歸途中赴淮南傳詔,在淮南王宮勾留幾日,遂與劉安私下訂交,以做內援。此係多年前之事,也一併挖出。

　　廷尉張湯特向武帝報稱:淮南王謀逆,確非一二日之念,乃是多年謀慮,潛心已久。其女劉陵,入居長安多年,以財色利誘,廣交賓朋,為其父打探消息,窺伺動靜。

淮南宮中，叛亂突起禍滅族

先有安平侯鄂千秋之孫，名喚鄂但，與劉陵年貌相當，竟被勾引，願做犬馬。又有岸頭侯張次公，原為天下聞名的盜賊，後從軍伐匈奴有功，壯年封侯，亦成劉陵膩友，通風報信，不遺餘力。

劉陵但凡探得一星半點消息，便以密書傳回淮南。多年來，劉安有此可靠耳目，朝中凡有大小事，無不瞭如指掌。

武帝閱捲至此，不由驚呼：「張次公亦落水乎？只可惜了猛士！」遂想到地遁般不見蹤影的左依倚，往日與之笑語狀，又至眼前來，不覺冷汗直冒。

淮南王用間，竟然已用到了皇帝貼身處，以一小女子喬裝刺探，且以廁神之名羞辱，如何可忍！

然又想到左依倚委婉心細，善解人意，於案頭文牘諸事，料理得當，可倚為左右手，日夕不能離，確乎唯有女子方能做到，便又一嘆，心中愛恨刹結，無可解脫。

稍後，淮南相府密報亦至，呈報此次淮南王謀反事洩的始末。原來，那王孫劉建，係淮南王庶孫，近日出頭告發祖父，乃因嫡庶之爭而起。

話須從頭說起。淮南王後宮中，有王后蓼荼，素為劉安所愛。蓼荼生有一男，名喚劉遷，理所當然立為淮南國太子。

劉遷弱冠之後，行大婚之禮，娶的就是武帝長姐之女。此女名喚金蛾，原想嫁與齊王，然未成。後嫁入淮南王府為太子妃，兩下裡也算登對。

淮南王這一邊，原是想攀上武帝之母王太后的裙帶，不料迎娶進門不久，王太后即駕崩，金蛾便頓失靠山。

劉安此時已謀逆多時，反形已具，唯恐太子妃察覺內情，便囑劉遷與這新婦反目，故意三月不同席。

劉安窺得準，便出面來做好人，假意怒責太子劉遷，將劉遷與金蛾幽閉於一室。如此又過三月，劉遷仍是不近金蛾身。金蛾雖不算金枝玉葉，但到底與武帝連著親，豈能受此醃臢氣？於是日夜吵鬧，賭氣求去。

劉安樂得順水推舟，遣人將金蛾護送回京，並附奏書一封，假惺惺自責教子無方。

武帝哪裡知道內情，只道是小夫妻不和，自是心疼甥女，便准了金蛾和離。

劉安父子略施巧計，便驅走金蛾，從此更無忌憚，只道是天下人耳目，都被他父子瞞遍了。

古來諸侯地，向無「治平天下」的這把尺子，最易無公理。此後，王后蓼荼、太子劉遷、郡主劉陵三人，更得劉安寵幸。三人倚仗淮南王威勢，操弄國柄，侵奪民宅，隨意捕人，直鬧得烏煙瘴氣。

有那一班讀書人，本該秉持大義，登高斥責，卻為淮南王金錢所誘，反而趨之若鶩。致天下這一隅之地，惡氛囂張，連鴉雀都不敢鳴一聲。山高皇帝遠之處，哪裡是散淡田園，分明是個城狐社鼠之窟。

偏巧這世上的事，水滿則溢。淮南王謀逆事洩，最先即是由太子劉遷惹起。劉遷生於諸侯家，又是嫡子，自視便甚高。他自幼習劍，以為天下無敵。適有淮南門客「八公」之一，名喚雷被（ㄆㄧ）的，亦精於劍術。劉遷自不能服，屢次上門要與之比試。

雷被推辭不過，只得應戰，兩人便當眾鬥了一回。劍光撩亂中，難

淮南宮中，叛亂突起禍滅族

解難分，然劉遷到底是略輸一籌，一個不留心，為雷被劍鋒所傷。

劉遷哪裡掛得住面子，當場就與雷被反目。其時雷被的職分，是淮南王宮的郎中，無端惹到了少主，心下就不安。恰於此時，朝廷有詔令，告知天下壯士願擊匈奴者，皆可赴京投軍。為避禍計，雷被便懇請淮南王劉安，放他去漢廷軍中效力。

豈料劉遷先告了惡狀，劉安見雷被已有去意，也心生惱恨，當下喚來郎中令，吩咐免去雷被官職，以殺雞儆猴。

如此一來，雷被便覺走投無路，只得逃亡長安。想想氣不過，為明心志，寫了一封變告信，告淮南太子劉遷有異志。

武帝得報，只道是主僕間有了齟齬，著令廷尉府會同河南郡審案，傳劉遷至洛陽聽審。

劉陵在京探到動靜，先一步將消息傳回壽春。劉安與王后蓼荼聞訊大驚，不願放劉遷去洛陽，當下就有發兵之意，然倉促之間，有十餘日舉棋不定。

當此之際，壽春縣衙按例應先將劉遷拘押，解送河南郡受審。未料那壽春縣丞受了淮南王恩惠，卻遲遲不動，任由劉遷逍遙法外。

淮南丞相劉若芳也屢受朝廷催促，見此不由惱怒，立即上書，彈劾壽春縣丞徇私枉法。

劉安見後院起火，慌了神，忙向劉若芳求情。劉若芳早看清風向，不肯通融，劉安一怒之下，便上書告發丞相劉若芳欲行不軌。

武帝接報，越發覺得淮南之事棘手，便通通交給廷尉張湯去辦。張湯受命，遣了得力曹掾往淮南查問，三問兩問，竟問出了劉安亦有謀逆之嫌！

此事在公卿中傳開，立有多人上奏，請武帝捕回淮南王問罪。

劉安探得消息，頓覺天塌地陷，惶惶不可終日。劉遷便獻計道：「若朝廷有使者來逮父王，可令心腹穿衛士衣，執戟立於庭中，事不諧，便刺殺使者。兒臣同時便去刺殺淮南中尉，即刻舉兵，謀未為晚。」

所幸武帝並未從公卿之請，只遣了中尉段宏，前往壽春問訊劉安。

那段宏是個機警之人，也知淮南王根深蒂固，到了壽春，並未興大獄，只詢問雷被免官之事。言語之間，態度甚謙和，全無奉詔問罪之意。

劉安看段宏顏色平和，自知無事，便拜託段宏，回朝後巧為轉圜。

段宏返京後，所有風聞之事，一概不提，只說變告由雷被、劉遷比劍而起。

武帝聽了，哭笑不得：「叔父學富五車，當有手段，如何連『八公』之輩都按壓不下？」便將此事交與公卿商議。

劉安常年養門客數千人，弄鬼弄神，又有著述數十萬言，流遍天下。公卿中，早有人看不過去，此時便建言：「北虜事急，淮南王對抗詔令，阻雷被入京效力，是為大逆，當棄市。」一時附和者甚眾，群言滔滔。

武帝到底是敬著叔父有學問，聞此言一笑：「事因爭強好勝而起，哪裡就談得上大逆？」於是不從。公卿又上書請廢淮南王，武帝還是不許。公卿又請削奪淮南國五縣，武帝只准了削二縣，以為懲戒，其餘赦罪不問。

如此處置，按說已盡到了骨肉之情。淮南相府卻探知，處分之後，劉安並不感恩，私下裡憤恨道：「我力行仁義，恩澤百姓，卻要落得削地

淮南宮中，叛亂突起禍滅族

嗎？實為大恥！」此後，便與「八公」之一的左吳，日夜在王府中，思索輿圖，謀劃用兵路線，以作起兵之備。

淮南相府密報中，還特意提及：左吳此人，年少貌美，人多疑為女子。常年服青衣一襲，號為「青衣左少」。謀劃畢，左吳便似隱身一般，全無蹤跡，疑是已潛入京中，為淮南王眼線，望朝廷密查。

武帝看到此，猛一拍案：「是了，我果然疑得沒錯！左吳……左依倚……」而後僵坐半晌，方苦笑道，「為小女子所戲，還要汙我為茅廁，奇恥啊！」

當下，召了現任中尉司馬安來，手書密詔一道，令他派幹員數名，急赴淮南，訪得「八公」之一左吳的下落，密解進京，途中不得慢待。

司馬安乃汲黯之甥，曾與汲黯同為太子洗馬，也屬武帝舊人，為人機警，領命後自是不事聲張去辦。

武帝核查多日，可坐實淮南王謀逆已久。然此等帷幄中陰謀，如何為他庶孫所舉發，則又是另一段公案了。

有廷尉府曹掾，自淮南發來密報稱：淮南王有庶子劉不害，按「推恩令」，可分得食邑，然劉安素不喜庶子，故意抗命不分地予他。劉不害之子劉建，見乃父無端受辱，便覺不平，陰結壯士十數人，欲刺殺太子劉遷，為其父爭儲君之位。

豈料事機不密，為太子劉遷所偵知，反將劉建擒住，施以笞刑。劉建謀事不成，反遭酷刑，氣不過，便遣了好友入京，告發祖父劉安、叔父劉遷。這一門骨肉，就因這嫡庶之爭，自相殘殺起來。

如此，淮南王多年謀劃，終於事洩。朝中暗流湧動，一觸即發。

就在武帝連連催辦之際，壽春城內，涉事的各方人物，明暗交錯，

又有好一場大戲！

卻說廷尉府奉詔，派員至淮南查辦，先傳了淮南王庶孫劉建來問。劉建也不客氣，將叔父劉遷多年運籌謀反的事，兜底說了個乾淨。

偏巧風聲有所走漏，劉安情知不妙，反將那謀反之事，加緊施行了起來。

此時，正有衡山王劉賜入朝覲見，路過淮南地面。這劉賜，乃是劉安的幼弟，兩人本來不和，互不通聞問。臨此際，劉安欲謀大事，便拋棄前嫌，將劉賜迎入宮中，好言好語招待。

兩人飲酒至酣時，劉安將謀反事和盤托出。那劉賜性直，也是日夕未曾忘父仇，經此一說，當下就贊同，算是入了夥。

此時壽春城內，已是煮水將沸之狀。見朝廷各衙屢有來人，淮南王門客多不自安。就連隱身多年的「青衣左少」，也自京城潛回，匿於王宮內。「八公」及眾門客之中，便多有人力勸劉安起兵。

唯「八公」之中有一人官居中郎，名喚伍被（ㄆㄧ），卻極諫不可妄動：「今上已寬赦大王，大王豈可再有亡國之舉？」

劉安哪裡聽得進去，聞言大怒，索性扣押伍被父母三月，以逼迫伍被就範。伍被見忠孝不能兩全，痛徹肺腑，卻仍是涕泣諫阻。

待王孫劉建被傳訊，數日也未放出來，反倒有劉安親隨多人，陸續被逮，劉安便覺慌張，欲立即起事，然想到伍被苦諫，又覺兩難。

這日，劉安召伍被於城外北山煉丹亭，摒去左右，再問計於伍被道：「今日無人，你我可暢言。我只問公：今日漢廷，是亂還是治？」

伍被斷然回道：「天下大治。」

劉安當即面露不悅：「公何以言天下治？」

淮南宮中，叛亂突起禍滅族

伍被當即回道：「臣觀朝廷之政，井然有序。今君臣之義、夫子之親、夫婦之別、長幼之序，皆得其理。上之舉措遵古之道，風俗綱紀未有所缺。」

劉安拂袖怒叱道：「孤王敬你明大義，不是教你來歌功頌德的。」

「臣可舉例項。今富商大賈，周流天下，道無不通，此即是交易之道已通。大王身為貴冑，不知小民所求；小民所求，便是這交易可通與否。漢家天下，一通百通，雖未及古太平時，仍可稱大治。」

劉安聽罷，不禁大怒：「公為淮南臣乎，為漢臣乎？如何只說人家的好？」

伍被不為所動，仍力諫道：「方今之時，四海昇平，諸侯無異心，百姓無怨氣。大王兵不足吳楚十分之一，天下安寧卻萬倍於秦末之時，不知大王為何要起事？若起事，還不及當初吳楚有勝算。以臣之見，大王事必不成，而語先洩；棄千乘之君，而自赴絕命。臣實為大王悲也。」

劉安頓足道：「孤王平素待你不薄，故問計於你，如今事急，不反已無生路了！」

伍被仰頭嘆一口氣，萬般無奈回道：「大王此時若刀已出鞘，收回就是，實不知難在何處？」

「那麼，當初吳王興兵，是耶非耶？」

「臣以為非！吳王位至富貴，舉事不當，終至橫死邊荒，身首異處。臣聞吳王於事敗後，悔之甚矣。我勸大王熟慮之，勿作吳王之悔。」

劉安遠眺山下淝水，沉默良久方道：「男子之所死者，一言耳！如這滔滔之水東流，豈可瞻前顧後？且吳王又怎知如何反？昔年漢將伐吳，皆從成皋東出，今我命人先奪成皋隘口，再發兵堵塞南北。如此，淮南

近旁，漢地僅餘洛陽一城，又何足憂？人皆言：『絕成皋之口，天下不通。』我占成皋，據三川之險，招山東之兵，如此舉事，公以為何如？」

伍被仍一口咬定：「臣只見其禍，而未見其福！」

「這就怪了！那左吳等數人，皆以為有福，認定十事九成；你獨以為有禍無福，是何緣故？」

「左吳小子，不過女流之見，大王如何能用？」

「公為男子否？如何氣短尚不如女流？想那陳勝、吳廣，下無立錐之地，聚刑徒千人，起於大澤，奮臂疾呼而天下響應，叩關時，已擁兵一百二十萬！今吾國雖小，募兵亦可得十餘萬，而非刑徒輩，公如何便說我不可成？」

「當時乃秦無道，政苛刑峻，天下若炙若焦，民皆悲號仰天，捶胸而怨上。千萬人引領而望，傾耳而聽，有何人來救？有何人振臂？故而陳勝大呼，天下便響應。而今，天子治天下，一統海內，泛愛庶民，布德施惠。口雖未言，聲如雷霆；令雖未出，化育如神。心有所念，威動萬里；小民應上，如影隨形。更有大將軍衛青，才遠過於章邯。大王以陳勝、吳廣自喻，臣以為過矣！」

劉安無言以對，癱坐於石凳上，嘆口氣道：「如公所言，孤王不可僥倖了？」

伍被只得拱手道：「愚計已窮，大王如欲強奪天下，唯有作偽了。」
「如何作偽？」

「可偽造丞相、御史大夫上書，請徙諸國豪傑往朔方，天下豪傑必生怨；又可偽造詔獄書[28]，謊稱逮捕各諸侯身邊倖臣，則諸侯必生疑。然

---

[28] 詔獄書，漢代逮捕文書。

淮南宮中，叛亂突起禍滅族

後，遣辯士四出遊說，或可僥倖十得其一。」

劉安便露喜色：「好主意！雖是作偽，當不至僅僅十得其一。」

伍被望一眼山下，見滿目夕陽，青山疊峙，水上有行舟點點，忽就熱淚橫流道：「臣之愚計，乃不得已而為之，能否僥倖得手，實未可知。大王，如此身家性命事，還望謹慎為好。來日欲再見這山間夕照，可得乎？」

劉安已無心聽諫，當即哂笑一聲：「公不必作小兒女之態！」便下山回城，召集親信，布置私鑄天子璽，以及丞相、御史大夫以下九等官爵印，以備發動。

眾門客說到起兵之事，皆以為衛青最難應付。於是劉安又暗遣心腹，詐稱在淮得罪，前去投奔衛青、公孫弘，待發兵之日，即行刺衛青，並說降公孫弘以下眾官。

布置妥貼後，劉安環視左右，志得意滿道：「漢廷今日，已無良才。唯汲黯正直，能做死節守義的事，其餘若公孫弘之輩，無非逢迎之徒，毫無節操。我興兵而起，除去彼等，如拂蒙塵，又如搖殘葉，有何懼哉？」

這邊廂，武帝在長安也不能安枕，一日三顧，只追問查案結果。這日，忽有廷尉張湯來報：壽春城內，近日丁壯驟多，王宮內人聲喧騰，似有異動。更有遊士查到，王府門客屢次往返銅鋪，鑄印數百枚，行事甚為詭祕。

武帝聞言，霍然起身，在室內踱了數步，方才微微一笑：「他終是不能穩坐了。」而後取出錯金虎符一枚，遞與張湯道，「你近前來，朕有密詔。」

張湯連忙上前俯身，武帝附耳囑了數語。張湯聽罷，神色便一凜：

「臣遵命！衙中廷尉左監今夜即出，前往捕人。」

當夜，廷尉左監橋寶陽，即攜了虎符，帶領一眾捕快，從霸城門東出，馬不停蹄趕往壽春去了。

兩相較量，刻不容緩。劉安心知箭在弦上，收不得了，便欲發淮南之兵。然又怕淮南丞相及各二千石官吏不聽號令，乃與伍被再次商議。

伍被道：「事已至此，還顧忌什麼淮南相、二千石？先殺之。」

劉安還是毫無主張：「彼等是木石乎，能坐等我殺？」

「可偽稱宮中失火，召丞相及各官來救火，來即殺之。」

劉安聽了，只是沉吟，半晌不能決斷。此時又有門客建言，可使人身著「求盜」[29]軍卒衣，持羽檄，佯從東來，進城便大呼：「有南越兵入界！」官民皆不可辨真偽。藉此謠言，立可發兵，上下必無阻礙。

劉安覺此計甚好，便遣人潛往廬江（今安徽省潛山縣）、會稽（今江蘇省蘇州市），假扮求盜卒。然此事行之不易，假扮者一時難歸，情勢卻越發火燎眉毛了。

一團亂麻之中，劉安只得又問計於伍被：「我若舉兵西向，而諸侯不響應，如之奈何？」

千鈞一髮之際，魁首張皇如此，伍被也是哭笑不得，當下再獻計道：「衡山王既已有約，可收衡山之兵，擊廬江，奪得潯陽戰船，結兵自守，以防北兵南下。而後東收會稽，南結番禺，稱雄江淮間，自可拖延些歲月。」

劉安這才轉憂為喜：「好好！你獻計千條，都不如此計好。若事急，我竄入南越就是。」

---

[29] 求盜，亭長屬下逐捕盜賊的亭卒。

淮南宮中，叛亂突起禍滅族

淮南王宮中，此時已亂如鼎沸，各路人等，你進我出，惶惶如天地將崩。

劉安與伍被密議未完，忽有太子劉遷倉皇奔入，連頭冠也跑掉，慌不擇言道：「不好，天要墮了！父王，你孽孫劉建，已將我舉發。廷尉左監橋寶陽今已入城，正在拜會淮南中尉，要來逮捕兒臣了！」

劉安驚起身，幾欲站立不穩，惶悚搓手道：「這如何是好？如何是好？」

劉遷急道：「所有詐稱，皆緩不濟急，今又能何如？臨此深淵，不跳也須跳了！父王請速下令，召丞相以下一應二千石來，一刀殺之，旋即起兵才是！」

劉安望望伍被，伍被只是無言，稽首伏地不起。劉安無法，只得喚來謁者，將召見令發出了宮去。

稍後，丞相劉若芳坦然入見，旋即被軟禁，拘於後殿。然其餘官吏卻不肯來，內史只推說已有公幹外出，中尉則抗命道：「臣受朝使傳詔，不得見大王。」

劉安來到後殿，看看被衛士拘住的劉若芳，嘆口氣道：「僅丞相一人來，殺之何益？放了吧。」

劉若芳知事變已起，仍是鎮靜自若，深深一揖道：「謝大王！鬼谷子曾言：『世無常貴，事無常師。』昔吳楚之事，不足為訓也，望大王自重。」言畢，便頭也不回出宮去了。

劉安返回前殿，茫然坐於案後，見左右親信，原先「八公」大多還在，便注目左吳問道：「你潛入漢宮，知今上素來所為。今之事發，我父子將何如？」

左吳此時,早不似未央宮中那般懵懂了,但見其雙目炯炯,毫無退意,挺身應答道:「臣本女流,蒙大王愛重,願隨大王進退。鬼谷子亦有言:『內修煉而知之,謂之聖人。』大王修煉年久,早已得道,來日無論是禍是福,均有聖名傳天下。臨此際,小臣有何悔之?」

　　劉安聞此言,頹意稍振,遂以目直視太子劉遷。

　　劉遷見父王猶豫,知事已不成,只長嘆一聲道:「兒臣先前,曾謀刺朝廷中尉段宏,今所有與謀者,均已滅口,必不牽連父王。今父王臣屬中,可用者均已被逮,其餘多不足以共舉大事。父王欲發兵,非時也,只恐是無功,還不如吳楚下場。罷罷!所有事,只兒臣一人擔了就好,任他逮去。」

　　聞劉遷如此說,劉安亦是萬念俱灰,只擺擺手,命劉遷退下。

　　劉遷也是剛烈之人,見父王如此,當即拔劍自刎。堂上諸人大驚,連忙上前施救。劉遷此時氣未絕,正倒地呻吟。劉安連忙命人抬下,並急喚醫官來救。王后蓼荼聞訊趕來,撲到劉遷身上,嚎啕大哭。

　　情勢紛亂如此,伍被心知萬事皆休,便趁亂逃出,往淮南中尉府自首,告發淮南王謀反,將所有前事,盡皆供出。

　　王宮暖閣中,太子劉遷臥於床上,頸上血流如注,醫官急忙敷藥止血。見流血多時,仍止不住,王后蓼荼大急,連忙命人備車,親自執鞭,送劉遷往城中百歲神醫家中求治。

　　豈料車駕出了王宮,方轉入閭巷,便有一夥黑衣人竄出,飛身登車,將蓼荼、劉遷母子按住。蓼荼怒喝一聲:「大膽!王宮車駕也敢劫?」正要呼救,便覺有一團布塞入口中,再出不得聲了。

　　隨行衛士驚愕萬分,正要拔劍,旋即為黑衣人所制伏,奪去刀劍。

淮南宮中，叛亂突起禍滅族

來人不由分說，驅散衛士，趕了車駕便走。

衛士急忙逃回宮，報與劉安知。劉安聽了稟報，大驚失色，正在焦灼間，忽有謁者自宮門奔入，淒聲呼道：「大事不好！外面有中尉領兵卒、皁隸數千，將王宮團團圍住，所有涓人已進出不得了。」

眾人驚呼一聲，便一齊望向劉安。

劉安此時，卻是呆如僵木，緘默無語。

「八公」之一的蘇非，怒目圓睜道：「大王，你一誤再誤，不可再誤了！」

劉安這才仰起頭來，嘆息一聲：「你等知曉什麼？淮南中尉怎敢調兵來圍王宮？廷尉左監此番來，定是攜了虎符的。」

眾人聞之，便是一片驚呼。

劉安又道：「事已至此，無須再多想了。今日情景，孤王也早已料到，諸君請勿慌亂，我自有解脫之計。」

眾人精神便是一振，都圍攏過來。

劉安看看左右，身邊尚有蘇飛、李尚、左吳、田由、毛周、晉昌等數人在，便示意眾人跟隨身後，出屋門，到得一別院庭中，斂衣圍坐好，方又道：「我召諸君來，寫成《鴻烈》，起首一句便是『天地之道，深不可測』。你我君臣，都未參透這個『道』。自從有賈誼起，天下便非屬一姓，而僅屬一人。我父厲王，高祖幼子也，尚不能保命，況乎我劉安父子？」

左吳星眸一閃，脆聲應道：「大王，不可灰頹！臣冒死潛入漢宮，不是為今日束手待斃的！」

劉安便搖搖手，止住左吳話頭，氣漸平緩道：「諸君著《鴻烈》十餘

年,孤王也不曾荒廢,苦讀之餘,率術士數百人,取日月之精華,終練得仙丹。若服之,或可飛昇,或遭暴斃,全看天意如何。今日事急,顧不得焚香沐浴了,我便喚人取來仙丹,你我君臣一同服下,共往天界。到那無私無慾之地,共飲食,無尊卑,豈不是好過在人間苦熬嗎?」

蘇飛、李尚等人聞此言,面面相覷,只面露悲意。唯有左吳一把扯下幅巾,任一頭秀髮散下,毅然道:「男子重諾,女子亦然。大王既有飛昇之意,妾身也絕無異志,甘願相從。自隨大王以來,為圖大事,喬裝男子多年,看夠了汙膩。唯願在天上,仿效嫦娥自清,永守潔白。」

劉安環視座中,見其餘人再無異議,便從懷中取出書一卷,眼中大放精光,對眾人道:「《鴻烈》有言:『萬物之生而各異類。』我輩諸人,從此便成異類,永不與俗世同。《鴻烈》之外,我尚有《淮南萬畢術》一卷,外人從不得窺。所有濟世祕術,盡在此卷。於今之後,人間縱有千萬世,也無非大俗;今我輩脫俗而去,又有何可悲?」

劉安言畢,拍掌兩聲,便有涓人托盤,魚貫而入,為眾人奉上仙丹、醇酒。

劉安吩咐涓人道:「你等且退下,勿來打擾,待圍困稍懈,自可離去,中尉必不會為難你們。」

眾涓人遵命,皆躡足退出,別院大門就此關上。此時春意正濃,枝頭鳥鳴啁啾,唯王宮這一隅,寂然無聲。別院中之事,便再無一人可知了。

此時長安這一面,亦是一日數驚。中尉司馬安入朝求見,面帶沮喪,向武帝稟道:「臣無能,所遣曹掾馳往壽春,遍尋左吳不見,後查出,他正藏身於王宮內。不料王宮為兵卒圍住,外人不得入。」

武帝便覺奇怪:「豈有此理!有朕密詔,如何不得入?」

淮南宮中，叛亂突起禍滅族

「主事者，乃廷尉左監也，持有陛下所授虎符。所有人等，概不得出入王宮。」

「你所遣之人，不是中尉府曹掾嗎？那廷尉左監，也不過就是曹掾，如何你府中的人卻不得入？」

「廷尉左監他……只認符，不認人。」

「王宮被圍，裡面人如何飲食？」

「本衙曹掾被阻宮門，也是如此問的。那左監答曰：『捕人為要，何論吃喝？』」武帝便猛一拍案，發怒道：「這等小吏，直無人心腸！」

司馬安慌忙道：「陛下，請授臣下符節，臣即親往壽春，帶回左吳。」

武帝頹然垂首，擺擺手道：「不必了。往返一趟，費時月餘，人餓也餓死幾回了，且等左監如何回報再說。」

隔日，果然有橋寶陽屬官返回，入朝奏稱：有門客伍被，供出淮南王、王后及太子謀反事。今已捕王后、太子及內外預謀者。因未持漢節，不便逮捕淮南王，僅圍住王宮，搜出物證，留淮南王及身邊「八公」諸人未捕，等候示下。另有伍被供詞千餘言、左吳上書數語，一併攜回。

武帝連忙取左吳上書來看，見是一幅縑帛，上有娟秀字跡：「妾身俠，懷利器。出淮南，伏丹陛。君有德，不忍刺。留數語，為君計。將飛昇，兩相離。天地隔，永為憶。」背面則錄有《淮南鴻烈》中一句：「樂作而喜，曲終而悲。悲喜轉而相生，精神亂營，不得須臾平。」

武帝看罷，坐實了左依倚即為左吳，且是女子充刺客，潛入宮中，頓時冒了一頭冷汗。震駭之餘，呆坐了一夜，恍惚失神。

天將明時，近侍見武帝仍僵坐，便連番來勸慰。武帝又坐了半晌，才動了一動，命近侍退下，隨後拿起縑帛手書，在燭火上燒掉，輕嘆了一聲：「豈能令你輕易走掉！」

次日晨，張湯聞訊入朝，武帝一見，即半真半假怒道：「張廷尉，你所遣左監，竟然權大於天子！」

張湯也已知橋寶陽圍住了王宮，不許出入，連忙辯白道：「諸侯之地，水潑不進，令行不止。為防淮南王脫逃，唯有圍禁，橋左監此舉也是無奈。」

武帝便道：「我已盡知其詳。圍住也罷，飯食總要送入，不然人皆餓斃，還圍他作甚？」

「正是，正是！下屬所慮不周，臣即遣人飛告。」

「這裡有伍被供狀一卷，所列甚詳。你拿去，交丞相及各公卿會議，看如何定罪？」

張湯接過案卷，又請命道：「衡山王為淮南王之弟，按律，當連坐收捕，也請陛下發令。」

武帝微微一怔，接著擺手道：「不必。各王以其國為本，不當連坐。衡山王可以放過。」

張湯辦案，唯恐牽連者少，聞之便感失落，拿了供詞，訕訕退下。

此時，公孫弘患病，一時無力視事。聞知淮南王果然謀反，便覺失職，心有愧疚，上書請辭丞相。武帝看了辭呈，一笑了之：「哪裡干丞相什麼事？」反倒賜了公孫弘牛酒布帛，令他專心養病。

得了武帝賞賜，公孫弘方覺釋然，時不久，便告康復。此後半月間，各諸侯、公卿讀了伍被供詞，都各有進言。趙王劉彭祖、列侯曹襄等

淮南宮中，叛亂突起禍滅族

四十三人上書曰：「淮南王劉安大逆無道，謀反事明白無誤，當伏誅。」

膠西王劉端，則單獨一人上書曰：「淮南王劉安廢法度，有邪行，懷詐偽之心，以亂天下。又蠱惑百姓，背叛宗廟，妄作妖言，其反行已定。臣見繳來有書籍、節杖、印圖等謀逆物，待查驗明白，當依法論處。舉淮南國中，凡官吏二千石以上者、宗室倖臣未預謀者，未能勸淮南王不反，皆應免官削爵，不得再為宦為吏。王府門客非官吏者，須繳贖死金二斤八兩。以此大彰淮南王之罪，使天下人皆知臣子之道，不敢復有背叛之心。」

公卿議罷，張湯、公孫弘將上書呈遞武帝，並呈上附逆列侯、二千石官吏、豪傑等三千人名單，請一律收斬。

武帝仔細看過，提筆寫了允准，擲筆憤然道：「皆言淮南王好學崇文，豈料多年間，其心卻用在謀亂，實是偽詐過甚！如何便能饒過？」

張湯道：「這一番誅殺，諒諸侯三十年不敢有反心。」

武帝想起，忙又囑道：「所有人犯，定讞務要實，也不可盡情殺開去。」

張湯心中只是冷笑，嘴上卻應道：「臣下審案，無有不實，必令彼等心服。」

繼之，武帝便召入宗正劉棄，命他持節馳往淮南，解淮南王劉安以下眾犯到京。又問張湯道：「在京預聞逆謀者，有幾人？」

張湯答道：「有淮南王之女劉陵，及莊助、鄂旦、張次公等四人。另有首告者雷被，原也為黨羽，已軟禁在衙，今日一併收捕。」

武帝扶案而起，吐一口氣道：「好！十四年癰疽，今日剜去，便了卻一樁大事。」

卻說宗正劉棄東去，未及一月，便將一干要犯先行解回。長安百姓遮道相望，都欲看淮南王落魄模樣。卻不料，望盡大隊戴枷者，卻獨獨不見淮南王及「八公」身影。

劉棄到京，囑下屬將要犯解往詔獄，便夤夜獨入司馬門，謁見武帝。

謁者引劉棄至東書房，見案上有一燈搖曳，武帝看書看得疲累，正伏案小憩。聞劉棄至，倏然驚醒，劈頭便問：「淮南王已然解到？」

劉棄面有驚恐之色，也不言語，交還漢節，又摸出密劄一道，惶惶然呈上，稟報導：「此乃臣在淮南王宮所見。」

武帝打開，看了數語，臉色便一變，驚問道：「你可曾親見？」

劉棄渾身一顫，回道：「臣率下屬至別院門前，破門裂鎖，所見⋯⋯便是如此。臣即命他人盡都迴避，只我一人進去，親手翻遍院中物什。所獲之物，連同宮中財寶，盡已解回。內中有一物，臣以為當屬至要。」說罷，便呈上丹藥葫蘆一個。

武帝接過，拔開木塞，見裡面已無丹藥，卻抽出一幅黃絹來，上寫有字跡：「大丈夫恬然無思，澹然無慮；以天為蓋，以地為輿；四時為馬，陰陽為御；乘雲凌霄，與造化者俱。」

武帝口中喃喃有聲，誦讀了兩遍，才放下黃絹，嘆了一聲：「他哪裡能飛昇？只可惜了那⋯⋯」說到此，忽就打住，面色一沉，叮囑道，「你當日所見，至死不得洩漏。如洩出一語，定誅不饒！」

劉棄臉色發白，戰慄道：「微臣不敢⋯⋯」

武帝將黃絹置於燈燭上，看其緩緩燒盡，而後仰天嘆道：「異人，異人也！淮南王有異人相助，我能奈其何？」

淮南宮中，叛亂突起禍滅族

　　此番密談之後，當日淮南王宮別院中，情景究竟如何，世上就再無第三人知了。次日，武帝即有詔下，稱淮南王劉安及「八公」中六人，已畏罪服毒自盡。王后、太子遷及涉逆案諸人，發下廷尉張湯審辦，剋期定讞，務求實證，不使一人誣服。

　　張湯辦案向來神速，不過兩旬，便有讞詞呈上，案牘堆積如小山。其中，王后荼、太子遷涉逆案，坐罪判梟首。劉安之女劉陵涉逆案，判死。莊助與劉安私下定交，議論朝政，判死。其餘牽引出的淮南官吏、門客、豪傑等三千人，悉數滅族。

　　武帝疑心牽連過濫，把讞詞看了又看，對張湯道：「莊助，上大夫也，且罪不重，或可准他赦免？」

　　張湯固執道：「不可！莊助出入宮禁，為陛下近侍，卻私交諸侯。若不誅，又何以儆後人？」

　　武帝略一遲疑，又道：「雷被、伍被二人皆為出首者，當有功，如何也一併誅滅？朕看伍被供詞，文雅有才，且多美言漢廷，似可赦宥。」

　　張湯仍是不從：「不可！雷被、伍被，皆屬黨羽『八公』，助淮南王坐大，淵源甚深。二人不能力諫淮南王，只坐看禍起，雖有出首，仍屬罪不可赦。尤以伍被為最，屢為淮南王謀反獻策。若赦，則人皆倚仗有才而不懼法，故不可取也。」

　　「可惜了！」武帝搖搖頭，只得准其議。遂又手指定讞書，問道：「鄂但、張次公，與劉陵有私，如何卻不誅？」

　　「雖有私，然只坐姦情。二人為列侯，因姦情而誅，則逾理太過，故允其贖死。」

　　武帝看問不出破綻，又抽出幾卷文牘來查驗，見讞詞工穩，件件是

實，都寫得滴水不漏，便落筆准了。

又過了月餘，三千名案犯連同族屬，均已解到，就在東西兩市同時開斬。首日提斬人犯時，廷尉府有曹掾進入詔獄，按名冊提人。

正點名間，忽有獄吏來報：「雷被、伍被二犯，於朝食前忽然屍解，三魂出竅，僅餘皮囊，已然全無氣息。」

曹掾大驚，疑是有詐，忙搶入監房去看，見二人遺體橫陳，果然頸上無傷，口邊亦無毒痕。於是草草看過，慌忙騎馬往西市刑場，報與張湯知。

張湯倒不驚慌，只問了一句：「你驗過，確無氣息了？」

曹掾答道：「看二人面容，雖死如生，卻是連游絲氣也無一縷。」

張湯略略一笑：「『八公』神通，非凡人可比。其術能鍊金，便也能三魂出竅。無須理會，權當已斬決了就是。你速返詔獄提人，不要誤了時辰。」

開斬這日，正逢端午，雖是炎暑時，城內卻有煞氣沖天，似雨似霧，寒意撲面。

兩市中，皆是觀者如堵，各個神情快活，都來看王侯貴戚受刑。正午時，日影方中，忽聞鑼聲驟響，人群中便一陣聳動，有陣陣喝采聲暴起。

一隊赤膊劊子手，魚貫下場，擺開半圓陣勢。張湯冠帶嚴整，立於高臺，厲聲喝道：「奉詔，開斬！」話音落，劊子手掄起刀，便是一派血流成河。圍觀百姓看得驚怖，呼聲四起。因案犯眾多，自當日起，竟一連殺了七日，方才斬盡殺絕。

見此狀，城內凡公卿、官吏、豪傑等，無不聞之膽喪，相互告誡

淮南宮中，叛亂突起禍滅族

曰：「窮通皆有命，認了就是。萬不可結交諸侯王！」

越日，武帝有詔下：淮南國除為九江郡，疆土盡歸朝廷。一場驚天大案，就此了結。唯有淮南百姓，久受淮南王之恩，雖不敢言，卻是心懷戚戚，難忘舊主。

朝使返京後，兵卒撤去王宮之圍，改由內史衙卑隸暫守，看管不嚴。城內百姓便三五成群，潛入舊王宮去偷窺。見別院中，地面猶有雜亂足跡在，石案上杯殘狼藉，眾人就都不勝唏噓。

無多日，壽春閭巷中，便有傳言：圍困當日，淮南王與「八公」自閉於別院，服下丹藥，旋即乘風而起，昇仙而去。仰望如白鶴凌空，漸飛漸遠。至半空，雲端上忽有數個仙人現身，迎了淮南王一行，舞之蹈之，一齊鑽入雲中去了。

時有院中雞犬，食了杯盞中殘餘丹藥，亦隨之騰空而去。宮內涓人，皆耳聞犬吠於天上，雞鳴於雲中。

眾口相傳，言之鑿鑿。官府聞報甚是驚愕，派了吏員四出探訪，也難查出流言緣何而起。這便是成語「一人得道，雞犬升天」的由來。

更有坊間父老偶語：那「八公」並非凡人，乃是前世隱居南山的異人，有七男一女，曾助高帝得天下，後又助淮南王善撫百姓。一朝得道，即成仙而去，越千年之後，方可重現人間，再惠眾生。

日久，淮上耆老婦孺，更念淮南王昔日恩德。凡有民間豆腐作坊，皆祀淮南王為先師，立位祭拜。因淮南王誕日為九月十五，故年年逢此日，業者都要齊聚公祭，相沿成習，又「八公」生前常遊於城外北山，此後，百姓便稱北山為「八公山」，相沿至後世。到得五百年後，這八公山，又因淝水之戰而聞名天下，化入成語，此乃後話了。

再說劉安之弟衡山王劉賜，此前雖與劉安有約同反，然事到臨頭，卻擔心為劉安所兼併，於是踟躕未發。僅這一念，躲過了一場大禍。

　　豈料，凡事皆有前定，正如孔夫子所嘆的「天喪予」一般，是躲也躲不過的。衡山王劉賜一家人，因後宮爭寵、子嗣爭嫡，在這之後，也鬧出一件大事來，與淮南王命運如出一轍。

　　且說衡山王劉賜的王后，名喚乘舒，生有二子一女。長子名爽，立為太子。其餘兩個，少子名孝，女兒名無采。

　　這一家人，原本和和睦睦，倘無變故，都是金枝玉葉的好命。

　　只可嘆，王后乘舒命薄，中年病歿。劉賜還有個寵姬，名喚徐來，此時便順理成章，繼立為王后。

　　這位徐來，子嗣更旺，生有子女四人。按說有衡山王寵愛，此後的運氣，亦是極好不過的。

　　然後宮爭寵之事，往往相似。徐來的旁側，還有一個厥姬，也頗為得寵。兩人暗中相妒，難免生出些事來。

　　見王后之位被徐來占住，厥姬心有不甘，隨即用起了心計，欲扳倒徐來。

　　深宮婦人用計，無非是挑撥離間。於是厥姬找到太子劉爽，進讒言道：「是徐來指使宮女，以巫蠱之道，殺了你母。」

　　太子爽聽了這話，不去辨真偽，便在心中恨極徐來。

　　一日，徐來之兄到衡山國探親，太子爽佯作親熱，與這位國舅同飲。飲至酣時，竟從袖中抽出匕首，出手便刺！也算這位國舅命大，中了一刀，卻未喪命。

　　此事引得徐來大怒，數度在劉賜面前詆毀太子爽。兩下裡就此結

淮南宮中，叛亂突起禍滅族

怨，直至不共戴天。

徐來既能坐上王后之位，自是有一番心計，此後，便瞄住了太子爽的一弟一妹。

太子爽之弟劉孝，失母時尚年幼，歸徐來撫養。徐來本心並不愛劉孝，此時為長遠計，便佯作慈愛，籠絡住了劉孝。

太子爽之妹無采，時已嫁人，因與夫不睦，棄婚歸了母家。無采當時正年少，耐不住守寡，先是與家奴私通，後又與門客私通。太子爽見阿娣鬧得太不像樣，曾屢加叱責。無采心生怨恨，便與太子爽形同陌路。徐來見此，故意厚待無采，直哄得無采願為自己助力。

如此一來，徐來便與劉孝、無采三人，沆瀣一氣。太子爽雖是嗣君，一人又怎能敵得過三人？衡山王劉賜，連番聽了三人進讒，看太子爽也就越發不入眼，屢加笞責，不留情面。

這一場恩怨，持續多年。太子爽本就落了下風，王后徐來卻仍不肯罷手。

至元朔四年中，有人刺傷徐來的乾娘，徐來疑心是太子爽指使，便在劉賜面前告了一狀。劉賜此時只信徐來，不問青紅皂白，又將太子爽笞責了一回。父子間怨隙，從此更深。

會逢此時，劉賜患病，太子爽無心探視，只假稱有病，不去床前伺候。徐來、劉孝、無采三人，便又在劉賜面前詆毀道：「太子實無病，自言有病而已。且面有喜色，一心欲謀嗣位。」

劉賜聞之大怒，遂起了廢太子爽之心，要立次子劉孝為太子。

徐來探知劉賜此意已決，怎肯令肥水流到外人田？便欲將劉孝也一併廢黜。此念一起，便不患無計。徐來身邊，有一侍女頗善舞，一向為

劉賜所寵。徐來的文章，便在此人身上做起，令這侍女與劉孝日夕為伴。俗語說，乾柴遇見烈火，可想而知，不過才數日，那劉孝就把持不住，與侍女亂了大防，睡在了一處。

姦情既成，徐來便在劉賜面前密告，欲使劉賜一併廢了劉爽、劉孝兄弟，好立自己兒子劉廣為太子。

此計之毒，防不勝防。太子爽探知內情，心生畏懼。想到王后的構陷無日無之，如何能夠擋得住？便想出一個愚主意：與徐來淫亂，以止住徐來之口。

愚人之愚，無過於此。古之禮教，淫父之妻妾，叫做「烝」，屬大逆不道。太子爽打定了主意，便入宮去見王后徐來，假意愧悔，自陳有錯。

徐來以為太子爽服了軟，心下大喜，忙取了酒來，與太子爽共飲，也假惺惺有一番慰勸。

藉著酒意上頭，太子爽手捧酒卮，躬身來至徐來膝前，佯作祝壽，索性坐於徐來腿上，欲向徐來求歡。

這是何等不堪！徐來萬沒想到，不由大怒。欲起座離去，又被太子爽牽住裙裾，只得大呼，方才嚇跑了太子爽。

此事告到劉賜那裡，劉賜焉能不怒，遣人將太子爽召來，欲綁縛笞之。

眼看又將受笞刑，太子爽不肯就範，對劉賜怒道：「你無須罵我！那劉孝是什麼好孝子？與你所愛的侍女通姦。那無采又是什麼好女子？竟與家奴通姦。父王，你且好自多餐，我這便上書朝廷，舉發這兩個男女。」言畢，就揚長而去。

淮南宮中，叛亂突起禍滅族

劉賜氣急，喝令左右將他攔住。然近侍對太子爽尚懷畏懼，哪裡能攔得住？

劉賜無奈，只得自己駕了車，追了出去，在路上將太子爽截住。

太子爽見脫不了身，索性口無遮攔，妄言父王及後宮各種惡事。劉賜氣得臉都歪了，急命左右將太子爽擒住，械繫於宮中，以作訓誡。

這一番鬧鬧之後，劉賜反倒越發看重幼子劉孝，不僅把王印交劉孝佩掛，又賜號「將軍」，還令劉孝居於宮外，厚賜錢財，囑他只管招攬賓客。

劉孝不負父王厚望，果然招到不少賓客。這些來投者，多少察知淮南王、衡山王有謀逆之意，便投劉賜之所好，日夜慫恿其速反。

劉賜被說動，視賓客枚赫、陳喜為心腹，指使其打造戰車、箭矢，刻天子璽及將相軍吏印。又不分晝夜召壯士入宮，密議謀反。

這番架勢，似是要仿效淮南王劉安奪天下，實則劉賜並無此膽，且唯恐劉安借起事之機，吞了衡山國。如此謀劃，不過是想趁劉安西進之時，發兵略定江淮，稱霸一方而已。

與劉安訂約之後，劉賜便上書稱病，實是預為謀亂。武帝倒也寬容，允他可以不入朝。恰在佯病之際，淮南事發，劉賜方得以僥倖逃過。

蟄伏了數月，劉賜見風頭已過，便遣使入都，上書請廢太子爽，改立劉孝為太子。

太子爽聞知此事，知前路已絕，須先發制人方能保全自己，便遣了心腹白贏，入都去告御狀，稱劉孝終日打造戰車、箭矢，不知意欲何為。又言劉孝與衡山王侍女有姦情，德行不堪。

此番告狀若成功，則劉孝勢必身敗名裂，再無奪嫡可能。豈料白嬴一入長安，還未及上書，就撞到長安吏巡街。長安吏見他可疑，當即逮住問訊，問出了劉孝招納逆徒之事。此事分量非同小可，長安吏不敢怠慢，便將白嬴囚繫，並上奏武帝。

衡山王劉賜聞聽此事，深恐白嬴供出衡山國種種陰事，旋即上書武帝，反告太子爽欲上烝王后，逆倫無道，罪當棄市。

武帝讀了衡山王、白嬴上書，見劉賜父子二人相互攻訐，只覺頭痛：「唉！鼎食之家，何以荒悖若此？亂麻一團，朕也理不清了！」便將此案發下沛郡太守，令太守去問。

此時已是元狩元年冬，廷尉府恰好也有行文，令沛郡太守去衡山國，搜捕漏網的淮南逆犯。

沛郡太守接連收到朝廷發文，心知事大，便親率差役，赴衡山國都六邑捕人。至六邑，搜捕淮南逃犯無所獲，卻在劉孝家中，逮住了正在造戰車的陳喜，當即上書彈劾，指劉孝窩藏陳喜，至為可疑。

劉孝心中駭怖，知陳喜屢向父王獻計謀逆，若一旦供出，則全家要被族滅。正在惶急間，忽想到：不若先自告發了，按律就可免罪。

此外又想到，白嬴上書或早已舉發謀逆，便覺事不宜遲。隨即，獨往長安自首，承認欲謀反，並供出了與謀者枚赫、陳喜。

武帝讀了劉孝自首狀，連連搖頭：「逆子，逆子！既如此，朕也迴護不得了。」想了想，狠下了心，將此案發下張湯去問。

劉孝落入張湯手中，哪裡還有僥倖？不過一日有半，衡山王父子所有謀逆事，便盡都供出了。

此案旋交公卿會議。公卿見逆案昭彰，也都聲稱絕不能容，請武帝

淮南宮中，叛亂突起禍滅族

逮捕衡山王治罪。

武帝此時，倒是頗費躊躇。想到文帝治淮南厲王罪，捕藩王入公堂，民間難免有些議論，便回駁公卿道：「不捕。」另喚來中尉司馬安、大行李息，授予虎符，命他們前往衡山國，先問清劉賜再說。

此二人，皆為九卿，奉天子之命至衡山國，劉賜哪裡還敢抵賴，當下把謀逆之事和盤供出。

兩欽差聽得冷汗直冒，即命衡山中尉、內史，調集兵卒皁隸，將衡山王宮團團圍住，不得出入。

二人返回長安覆命，公卿們又是大譁：這等悖逆諸侯，如何能放過？於是，請武帝遣宗正、大行與沛郡太守，同赴衡山審案。

武帝尚未答覆，衡山王劉賜卻先得了消息，知是死罪難逃，便且歌且哭，一根繩索自盡了事。

劉賜一死，武帝再無顧忌，即寫了一道手書與張湯：將衡山王后徐來、太子爽、次子劉孝，及一干謀反徒眾，解來長安審問。

張湯斷案，又是照舊不手軟。半月間，便有定讞呈上：王后徐來，坐罪以巫蠱謀殺前王后乘舒；太子爽為衡山王所告，坐罪不孝；劉孝雖因自首可免謀逆罪，然坐罪與父王侍女有奸，三人皆判斬首棄市。其餘所有參與衡山王謀反者，悉數滅族。

武帝看過卷宗，略有沉吟，問張湯：「如此，淮南、衡山兩案，株連共有多少？」

張湯答道：「計有三萬二千餘人。」

武帝稍感意外：「株連不亦太多乎？」

「不多。當今之世，遠非國初情形。宗室諸侯，只知甘肥厭瘦，卻不事拱衛，更有日夜謀亂者。彼輩既為亂源，必除盡，陛下方能高臥。賈誼、晁錯曾有心而無力，今日陛下再無牽絆，削枝除蔓，更待何時？」

　　「好吧，誅便誅了！兩王謀亂，無須多說了。只可嘆太平之民，飲食無憂，倉廩亦實，還謀的什麼亂？」

　　「機詐之民，不安於農商本業，讀雜書，難免就有如此妄悖者。」

　　武帝便笑：「話也不是如此說的！你是文法吏，不喜讀書人。然讀書求正解之人，較之狂徒還是要多些。」

　　越日，即有詔下，將衡山案諸犯押至兩市，按律正法。另還有詔，衡山國除為衡山郡。從此淮上一帶，全數歸了朝廷。

　　了結這一樁棘手事，武帝本該心定，然風波漸息後，卻總覺若有所失。憑几望窗外，扶桑花開得正盛，每每想起下落不明的左依倚，便心生惆悵。批閱奏摺時，總是心不在焉，又常提筆忘字，久久失神。

　　這日，翻出左依倚留下的《鴻烈》箴言，手抄了數十遍，抄至最後一遍，不由得棄筆哀嘆：「從今以後，我還能信何人？」

淮南宮中，叛亂突起禍滅族

瀚海交鋒，胡運衰敗顯劫數

　　且說元狩改元的當年，張騫為太中大夫，坐鎮蜀地，發四路使者並出，欲尋往身毒的通道。有使者行至昆明，為昆明部落阻攔，所攜財寶，亦多被土著搶去。不得已，漢使向北改道，棄了車，手足並用攀爬山嶺，方輾轉到了滇國。

　　這滇國，在昆明西北，依三百里滇池而建，因而得名。滇王名喚當羌，為楚將軍莊蹻（ㄑ一ㄠ）後裔。當年莊蹻領兵平定滇地，未及還軍，楚即為秦所滅，莊蹻只得留為滇王，其傳奇遭際，與南越王趙佗類似。

　　滇國地勢險要，境內有雪山激流。歷代滇王，為險山所阻，多年與中原不通聞問，傳了數世，早已不知中原情景了。

　　這一日，聞報有漢使至，滇王連忙迎入，賜座款待，問這問那，方知千山萬嶺外，有漢地物豐人稠，不禁就驚問：「我與漢孰大？」直如夜郎侯一般好笑。

　　漢使略述了漢家情形，滇王聽了，不由得神往，當下留住漢使，欲求往中原通道。漢使從命，在滇一住就是四年，百計探路，卻屢有昆明部作梗。萬般無奈，只得又攀爬過山，歷盡艱辛，返回犍為郡，還報張騫。

　　張騫將此事上稟，武帝聞之震怒：「何人能阻我通身毒？」便下令募近畿民夫，挖鑿靈沼，引灃水灌滿其間，號為「昆明池」。教士卒在池中練習水戰，以備平定昆明。

　　待昆明池鑿成，果然是汪洋一片，武帝又令在池邊廣拓其地，使之

瀚海交鋒，胡運衰敗顯劫數

彷彿滇池模樣。

竣工之日，武帝攜近臣，登上豫章郡所獻大船，泛舟湖上。見三百頃碧水連天，水軍健兒駕舟楫往來，疾馳如飛，不由得大喜。又見岸邊有石鯨長三丈，栩栩如生，因笑道：「如此活靈活現，夜深時分，不要嚇到了人！」

公孫弘亦笑道：「此石鯨，非但形似，怕是已獲神靈。每至雷雨，常鳴吼，鬣尾皆動，分明就是個活的。」

武帝便拈鬚大笑：「丞相莫要嚇我！如此，朕足不出長安，便可如秦始皇，親見海上大鯨了！」

至元狩二年（西元前 121 年）初春，風調雨順，海內全無災異。各諸侯王自淮南、衡山兩王覆滅後，都誠惶誠恐，再無一個敢踰矩的。武帝便對群臣道：「匈奴以地利之便，百年來壓我頭頂，如不除去，連南夷也不服中原。欲征南，還是先平北虜再說。」

眾臣聞此，知武帝又有北伐意，便爭相建言：「此事，非霍嫖姚不可！」

武帝頷首道：「朕也是此意。霍氏小兒挾得勝之威，可抵得雄兵十萬！」當即命霍去病為驃騎將軍，領萬騎，出擊匈奴。

霍去病出列領命道：「願再出上谷、漁陽，直搗漠北。」

武帝卻笑道：「非也。黃石公曰：『得機而動，則能成絕代之功。』往日匈奴來襲，我出擊，皆在上谷以東。今命你自隴西出，斷其右臂，若成，便是絕代之功。單于做夢也想不到，他右翼會有事。」

霍去病聞武帝之言甚重，自是領會，當即率馬軍萬人，急趨隴西，以奇兵而出，殺得匈奴人仰馬翻。

三月塞上，草尚未綠，茫茫枯草中，但見漢家旗幟，飄忽如火，自草深處燎原而起。胡騎見了，如見猛獸，策馬奔逃中，都只恨爺娘少生了兩條腿。

這一戰，霍去病復又威名大震。先是西出狄道（隴西郡治，今甘肅省臨洮縣），歷河西五小國，皆為匈奴臣屬，潰其軍，破其城，棄輜重不取，只顧輕兵疾進，直攪得匈奴右翼一片狼藉。適逢單于之子在此坐鎮，不但阻擋不住漢軍，反倒險些被擒住。

其後，漢軍又轉戰六日，過焉支山千里有餘，還至皋蘭山下，終見到大股胡騎。霍去病即令騎士下馬，僅執刀劍，與之鏖戰山下，擊殺匈奴折蘭王，擒斬盧侯王，俘獲渾邪王子及相國、都尉等多人，斬首共八千九百六十級，又收得休屠王祭天金人而歸。

自出塞之日起，霍去病悍勇如有神附，手持一桿長槊，槊頭似蛇狀，左揮右砍，當者非死即傷。

所部漢卒見主帥神勇，也都拚死搏殺，全無懼意。半月下來，人馬十損其七，僅得三千部卒還都。

武帝見這內甥不負眾望，自是分外器重，明詔諭揚，加封他食邑二千二百戶。

這一場縱深迂迴，直殺得匈奴膽顫心驚。武帝便雄心大起，不欲使強敵得喘息之機。入夏，又命霍去病與公孫敖率兵數萬，再出北地郡，分道進擊；另有張騫、李廣率軍萬餘，出右北平。遂令東西兩路，互相呼應，要教那單于顧此失彼。

此次漢軍兩路齊出，勝算本應大於春季，卻不料人算不如天算，東西兩路，勝負竟有如雲泥之別。

瀚海交鋒，胡運衰敗顯劫數

先說李廣、張騫一路，由李廣率四千騎為前鋒，張騫率萬騎跟進，甫一馳入匈奴境，即被左賢王偵知。聞聽漢家「飛將軍」領兵來犯，左賢王不敢大意，急引胡騎四萬，前來迎戰。

漢軍深入草原數百里，與匈奴軍相遇，即拉開陣勢對壘。可憐李廣四千人馬，怎敵得四萬胡騎漫山遍野！

荒野中，李廣軍被孤零零圍在核心。將士們見天際之下，盡是胡騎，白翎攢動如江海大潮，心中難免恐懼。

唯李廣在中軍，面不改色，令幼子李敢，前去衝陣。那李敢少年氣盛，率麾下數十騎，俯身疾馳放箭。待踏入匈奴陣中，又手持長槊，橫挑直刺，當者立時斷手殘足、哀聲連連。這一彪漢軍馬隊，就如火流捲過，眨眼就貫穿敵陣，又分兩隊從左右殺出，奔回本陣。

眾胡騎遇李敢馬隊，竟似見到青面獠牙鬼，只顧閃避，全無阻擋之力。

馬隊奔回時，才不過折損三五人。李敢縱馬至李廣面前，報稱：「匈奴易敗之，不足為奇！」

眾軍見此，心下始安。李廣見士氣可用，便令部卒列成圓陣，張弓向外，嚴陣以待。

兩軍僵持片刻，忽聞胡騎中笳聲大起。數萬胡騎聞聲，即張弓搭箭，從四面發起急擊。萬軍狂奔中，但見飛矢如雨，漢軍輕兵甲冑難當，片刻間即死傷過半。

李廣所部久歷戰陣，此時已知無生路，都奮力對射，箭無虛發。胡騎應聲栽下馬來的，數以千計。

兩軍士卒，皆陷於狂迷，只顧死命放箭。一人倒下，一人繼起，全

不知下一刻生死如何。

正在酣戰之際，裨將忽來稟報李廣：「箭矢將盡，奈何？」

李廣眺望敵陣，見胡騎氣已懈，不由冷笑：「奈何？箭矢將盡，智未盡就好。」便下令眾軍張弓，不得濫射。又命人抬出少府考工室造出的利器——大黃弩，與一健卒合力拉開，瞄準胡騎裨將，連射數箭。

那敵陣中，凡裨將皆體態肥碩，棲鷹冠上有雙翎，甚是顯眼。李廣每瞄準一將，必大呼一聲：「此箭為遼東！」「此箭為上谷！」「此箭為雲中！」聲落箭出，均是一擊必中。

那大黃弩，拉滿弓須用六百斤力，箭矢飛出可至一里之遠。李廣與健卒頻頻拉弓，略無喘息。

胡將中箭者，無不是前後貫通，一箭斃命。每落馬一人，敵陣中必是一陣大譁，軍心漸呈瓦解，都遠遠退後，卻又不死心，只不肯撤圍。

時至日暮，漢軍疲憊至極，各個面無人色，唯李廣意氣自如，頻發號令。其虬髯怒張，自斜陽中看去，如老樹勁枝一般。軍卒見了，無不服李廣之勇，士氣遂復振，都甘願用命。

是夜，兩軍都休戰，各自歇息。李廣不敢深眠，飲罷酒囊中所餘酒，守著篝火想事。

李敢挨近問道：「阿翁，我軍尚有不足三千人，明日惡戰，我等可得歸乎？」

李廣撥一撥篝火，望望孤月，不屑道：「若不得歸，你我父子好在未散，死也死在了一處！」

諸將士知李廣已有決死之心，亦不再希冀生還，倒頭睡了一夜，黎明即起，個個裝束整齊，準備赴死。

瀚海交鋒，胡運衰敗顯劫數

未及晨霧散去，李廣軍卒便都棄了馬，手執劍戟，朝敵陣摸過去。

待到匈奴軍察覺，漢軍已悄然近身，刀劍齊舉。糾纏中使不得弓弩，胡騎便也紛紛棄馬，持短刀與漢軍搏殺。

漢軍劍戟，本就長於胡騎短兵，加之漢卒絕地求生，士氣就更盛。一番廝殺下來，只見胡騎如穀捆般翻倒，眨眼便又折損千餘人。

無奈到底是敵眾我寡，漢軍縱是力戰，仍殺不退胡騎。前面一排倒下，後面又一排湧來，漫山遍野都是胡語疾呼，要生擒李廣。

李廣聽得胡騎呼自己名字，便冷笑一聲：「要取李廣，須萬人來填溝壑！」接著，又是騰躍如狂，把一桿長槊掄得渾圓。

草原之上，有野花點點，如今將士灑血，野花便似盡都變紅。胡騎生平未見過此等惡戰，都不禁驚懼，一派人馬雜亂。

李廣殺得也漸漸吃力，心中暗想，今日恐是見不到日落了，忽聞後隊有士卒大呼：「博望侯大軍來矣！」

眾軍回望南方，但見天際塵頭大起，隱隱有旗幟湧出，如一線火苗，便知是張騫一路前來接應，頓時軍心大振，一片狂呼震天。

胡騎於慌亂中，欲分兵抵擋，怎奈連戰兩日，氣懈兵疲，擋不住精銳漢軍如潮而來。不消片刻，便穩不住陣腳，都四散逃命去了。

張騫軍追殺了一程，便任由其逃去，接應了李廣軍殘部千餘人，紮住陣腳。

李廣見了張騫，無語拜了兩拜。張騫赧然道：「將軍吃苦了！在下偶爾失路，來得遲了。」

李廣笑一笑回道：「不遲！博望侯救命之恩，甚是及時。若再有半日，我力竭矢盡，便要勞你替我裹屍了。」

二人北望片刻，張騫便道：「大軍雖能戰，然已深入敵境數百里。胡騎人馬，數倍於我，且四散遁去，難以追及，你我不如罷兵。」

李廣以袖拭了拭汗，嘆氣道：「力戰無果，也只得如此了！」二人議罷，便引兵緩緩南歸。

再說霍去病這一路，運氣卻出奇地好。自出北地郡之後，便與公孫敖分道而進，相期在百里之外會合，共擊祁連山隘口。

不料，出塞之後，公孫敖所部走迷了路，遲遲未能合兵。

霍去病膽大，不等合兵，便輕兵疾進。一路不與裨將同行，只率壯士數十名為前鋒，縱馬飛馳，全不懼敵。如此，率大軍涉過鈞耆、居延二水，殺入小月氏，獨力攻破了祁連山。

此時霍去病善戰之名，已威震匈奴各部，漢軍所到之處，勢如破竹。胡騎聞霍去病至，無不膽寒，全無應戰之心。凡見漢軍有紅纓少年出陣，皆驚呼：「霍郎來了！」旋即潰散。祁連山下，頻見漢家旌旗漫捲，馬踏之處，無不城陷兵降。

霍去病這一路疾進，深入匈奴境內二千里，先後大敗單桓國單于與匈奴休屠王，收降相國、都尉以下部眾二千五百人。其時，單桓國地處西域（在今新疆烏魯木齊），休屠部在西河小月氏（在今內蒙古鄂爾多斯東南一帶），漢軍聲威，從此遠懾西域。

此後，霍去病又接連進擊，斬俘胡騎三萬零二百人。連俘五王，及王母、王妃、王子等五十九人，相國、將軍、都尉等六十三人。

霍氏帳下將卒，為漢軍中最精銳之部。雖是如此，一路苦戰之後，士卒仍十去其三，搏殺不可謂不慘烈。

一夏之間，匈奴境內焉支、祁連兩山，接連被霍去病踏破。河西之

地，盡歸入漢家版圖。匈奴部眾四散逃亡，流離於途者，不知凡幾。

胡營中，夜來常有胡曲悲鳴，聽來淒涼萬端。胡兒皆作歌謠云：

亡我祁連山，使我六畜不蕃息！

失我焉支山，使我婦女無顏色……

哀怨之意，盡在歌中。此謠曲傳入內地，連漢人婦孺也都會唱。北地數郡中，霍去病聲望達於極致。

東西兩路罷兵後，諸將還朝論賞罰。武帝有詔，稱李廣力戰二日，死者過半，殺敵之數亦相當，功罪相抵，僅得免罰。

霍去病連戰三捷，功蓋諸將，加封五千四百戶食邑。所部校尉，凡隨軍攻入小月氏者，皆賜爵左庶長。霍氏屬下，有司馬趙破奴、校尉高不識等人，因擒獲匈奴諸王及王子，皆得封侯。

另一路，張騫、公孫敖二將因誤期當斬，特予開恩，贖為庶人。

為褒揚之故，武帝特意召見霍去病，難掩激賞之色，笑道：「小將軍功高，幾逾衛青。閒暇時，不妨研習兵法，來日或可踰越韓信！」

霍去病年少不羈，心中自有主張，當即回道：「陛下過獎。為將者，當隨時用謀，又何必拘泥於古人？」

武帝一怔，隨即開懷大笑道：「天生霍郎，將河西一戰而下，了結我一樁心事。今日賞賜既多，當好好去營造田宅。」

「不然！匈奴未滅，何以家為？」

「呵呵，好好！有小將軍在，實為天幸，匈奴運數當不久矣。」

自此之後，官民皆知霍去病蒙寵，可比肩大將軍衛青，都不勝豔羨。

前文說過，霍去病身世異常坎坷，原是衛少兒與小吏霍仲孺私通所生。

衛少兒後又移情陳掌，霍仲孺則回了原籍平陽（今山西省臨汾市西南）。霍去病隨母改嫁，其情之不堪，可以想見。成年之後，他記掛生父，終不能忘，此次北征回朝，路過河東郡，便遣人去打探霍仲孺下落。一探之下，得知生父尚在人世，當即接來相見。

此時的霍仲孺，已另娶一女子，生子名光，就是後來大名鼎鼎的霍光。這霍光，眼下也已長成少年，為人多才智。霍去病看這異母弟十分靈巧，心中喜愛，便令他隨行左右。

霍去病替生父在故里置了田宅，買來奴婢，令老人家可頤養天年。遂帶著霍光返京，為霍光補了郎官，算是盡了孝悌。

大將軍衛青見霍去病立功，亦頗感欣慰。覺外甥雖依裙帶而起，卻並非敗絮，端的是勇冠天下，與自己不分軒輊了。

如是，衛氏這一門，父子舅甥共有五人為侯。一時萬民矚目，顯赫絕倫。

朝野議起此事，都嘆衛皇后勢大，一人得寵，竟福及一門。草民們垂涎之意，全不加掩飾，居然編成了歌謠來唱。那歌云：

生男無喜，生女無怒；
獨不見衛子夫霸天下？

衛青是謹慎之人，初聞此曲，頗覺心驚。然一想到阿姐親貴，已成不拔之勢，民間議論，盡可隨他去了。

然老子曰：「天地尚不能久，而況於人乎？」世上道理，就是如此。衛皇后集萬千寵愛於一身，不過才十餘載，便禁不起「花無百日紅」的命運。想想也是，美人固然是嬌羞百態，但天天看，也要看得膩了。武帝近身處，便漸次有了王夫人、李夫人先後得寵。二人早亡之後，又有尹

瀚海交鋒，胡運衰敗顯劫數

婕妤、鉤弋夫人相繼得幸。

幸而這一年，衛皇后所生皇子劉據，年方七歲，被冊立為太子，坐穩了儲位。天下人心大定，衛皇后也安下心來，不再憂懼年老色衰。

此時正得寵的王夫人，為趙地女子，色藝雙全。一入宮中，便得武帝寵愛，不久，產下一男，取名劉閎。自古宮廷中，母以子貴，王夫人緣此，便成了衛皇后的勁敵。

眼見衛皇后蒙寵不如前，衛氏諸人不免就起了憂心，生怕皇儲有變。

這時，有方士寧乘，正在宮中行走，耳聞此事，便乘間向衛青獻了一計。

這位寧乘，本是齊人。其時武帝為求仙，徵召了一些方士來，寧乘就在其中。入京待詔後，多日不蒙召見，漸漸衣食不濟，境況就窘迫起來。

這日，他正在司馬門前徘徊，正遇衛青退朝歸家。寧乘已是分文皆無，此時便靈機一動，立刻迎上前去，自報家門，稱有事求見。

衛青見有人攔路，不明所以，便命御者停車詢問。

寧乘自有草野人物的機敏，見有機可乘，便緩緩一揖，故作深沉道：「在下為大將軍計，事須密談，不宜坦陳。」

衛青連忙下車還禮，恭敬道：「君所言甚是，還請到敝府略坐，願洗耳恭聽。」

到得大將軍府，衛青引寧乘入密室，摒退左右，向寧乘拜道：「敝府清淨，隔牆已無耳，君不妨暢言。」

寧乘拿足了架子，才徐徐道來：「大將軍功高蓋世，食邑萬戶，三子俱封侯。上古以來，顯貴無如此者。」

衛青臉色一變：「哦，豈可如此說？」

「在下並未危言聳聽。大將軍位極人臣，中外矚目，史書上必有一筆。然古來之事，從來物極必反。大將軍讀書多，無須我點醒，位高益危至此，後路可有慮及？」

「平素偶有想過，卻苦無良策。君可有妙計教我？」

寧乘便微微一笑：「大將軍馳騁塞上，在下為你牽馬尚不及，然論及人事，武功便全無用處。我這裡有一問，請大將軍答。」

衛青已知寧乘絕非淺薄之輩，連忙低首下心道：「願聞。」

「大將軍一門五侯，可是全憑軍功爭得？」

「非……非也。」

「正是。軍功固是不假，若無裙帶，如何有五個侯落入衛家？衛氏發達，全賴皇后，連長安小兒也知此理。皇后之位，想來無恙，然王夫人如今大見幸，衛氏便如坐鐵鑊上，焉能高枕無憂？」

衛青聞言，臉色就一白，連忙斂衣揖禮道：「願聞閣下指教。」

寧乘環視左右，見屋內無他人，方壓低聲音道：「我聞王夫人有一母，居長安，並未有封號。大將軍何不登門拜訪，以千金相贈，結其歡心。如此，皇后在中宮，便不致被讒。王母若收了金，王夫人或可為皇后內援，這豈不是化敵為友？」

衛青聞言大悟，喜笑謝道：「閣下果然有韜略，一席話，如暗夜明燈。閣下在長安居不便，不如就來敝府長住，隨時點撥，衛某將不勝感激。」

寧乘聞言，正中下懷，便也不推辭，堂而皇之在大將軍府住了下來。

隔日，衛青依寧乘之計，取出五百金，遣人致送王夫人母。王母無

瀚海交鋒，胡運衰敗顯劫數

緣無故得了這金，當然高興，定是要告知王夫人。

王夫人得知，心中也喜，想不到連國舅也來巴結，於是欣然轉告武帝。

武帝聞之，心中倒是略略起疑。心想這個舅子，平素老實本分，如何能有這般玲瓏的心竅？

待衛青入朝，武帝便當面詢問。衛青臉一紅，老實答道：「臣本無此意，乃是方士寧乘進言，謂王夫人母在京，並未封賞，難免缺錢用。臣方起意，特送五百金救急，別無他意。」

武帝聽罷，便洞察寧乘之意，覺此人倒還乖巧，隨即問道：「寧乘何在？可召他來面謁。」

衛青遵命，隔日帶了寧乘上殿，一番問答下來，頗稱武帝之意。武帝心想，如此乖巧之人，萬不可放在中樞，就拜寧乘為東海郡都尉，令他去與盜賊鬥智。

如此數日之間，寧乘便以白衣潦倒之身，得獲高車駟馬之貴，得意揚揚，出京上任去了。

都中人看得瞠目，都嘆道：「一語得官，竟如此之易。平民生子，焉能不發憤讀書？」

自漢家出了衛、霍二將，塞上強弱之勢，幾於一夜間互易。匈奴日見式微，欲像早年冒頓逼迫高帝那般，已是萬難。

至秋，匈奴所部渾邪王，眼看大勢已去，便向正在築城的李息請降。此時的李息，在朝中任大行，正奉詔在河南地築城。

武帝接了李息奏報，半信半疑，便令霍去病領兵赴塞上，探得虛實，再行受降。

霍去病率兩萬人馬，到朔方城見過胡使，方打探出原委來。原來這渾邪王，世居漢家西北，為匈奴右翼，與休屠王相鄰。

竇太后駕崩後，武帝放膽擊匈奴，連番北伐。渾邪、休屠兩王地接漢境，首當其衝，連戰皆敗北，狼狽無以自處。

伊稚斜單于在王庭也覺臉面無光，遷怒於渾邪、休屠兩王，下嚴旨召見，實是起了誅殺之心。

渾邪王早前被霍去病追擊，痛失愛子，本就悲戚於懷，今又聞單于欲加罪，更是氣不能平，於是致信休屠王，相約一同降漢。可巧休屠王也正心灰意懶，兩下裡一拍即合。

霍去病探得實情，心中有了數，即邀渾邪、休屠兩王，率部一同入塞，轉至漢境安頓。

兩王欣然應邀，不久便率部啟程。豈料休屠王走到半途，忽生悔意，勒兵遲遲不前。渾邪王得知此情，怒從中來，連夜引兵突襲，擊殺休屠王，吞併了休屠部眾，將休屠王一家妻小拘禁，率部往黃河之畔迎漢軍。

兩軍隔河相望，渾邪王所部人馬雖多，氣勢上卻遠輸於漢軍。渾邪王屬下有裨將，見漢軍人強馬壯，軍器精良，心中便起了疑懼，怕漢軍要殺降卒，於是相約遁逃。

霍去病也知渾邪部人心不穩，便下令麾軍過河，來見渾邪王。

渾邪王迎出穹廬，伏地請罪道：「將軍在上，罪臣願棄王位，臣服漢家，永世不叛離。」

霍去病連忙扶起渾邪王，溫言道：「昨日交兵，乃各為其主。在下年少，也是用力過了些。今大王既歸漢，便是一家，不必以罪臣自居。」

瀚海交鋒，胡運衰敗顯劫數

「怎奈將士愚昧，仍有離心者。」

「此事不必愁，在下自有處分。」

於是，霍去病命人暗訪，查出胡營內離心將士，竟有八千人之多，即調大軍圍住胡營，不待生變，便悉數拿下，一併斬首。所餘四萬胡眾，見霍去病恩威並施，盡皆畏服，願隨霍去病南下歸漢。

霍去病見胡眾已被制服，知無大礙，便請渾邪王先乘驛入京，面聖請降。

長安士民，初次見胡酋來降，都歡天喜地，擁到街上來觀望。武帝見了渾邪王，也是大喜。厚賞之外，命將歸降胡人，分置於隴西、北地、上郡、朔方、雲中五郡，號為五屬國。

為示天恩，武帝還急下詔，命長安縣令徵發車馬兩萬乘，分送胡眾往各處安置。

長安令奉詔，急得一頭大汗，趕忙張羅。奈何縣衙無錢，無論租買，一時怎能湊得齊這麼多馬匹？無奈之下，只得豁出臉皮，向百姓借馬，費用待日後償還。

京畿富戶百姓，各個精明，不信長安令將來有錢支給，僅數日，便各自將馬匹藏匿。任由差役入門查看，馬廄中只是無馬。

如此一旬兩旬，渾邪降眾攜老幼，在邊郡等得心焦，長安縣卻連半數馬匹也湊不齊。

武帝查問下來，不由震怒，只疑長安令辦事不力，有意延宕。遂下了敕令，將長安令拉去西市斬首。眾臣聞之，一派震恐，都知長安令冤枉，卻無人敢為之說情。

汲黯此時仍為右內史，聞武帝有亂命下，憤然而起，入朝去勸諫：

「陛下北伐匈奴得手，越發嫌老臣迂腐，久不召見。然老臣為陛下計，還是要說。那長安令，哪裡就有罪？不要說長安縣，即便關中各處，一時之間，哪裡有馬匹可供兩萬乘？」

武帝臉色便不好看：「汲公，你是說朕全不察民情？長安縣固無兩萬乘馬，然富戶眾多，就出不起這馬錢嗎？」

「長安富戶，各恃公卿貴戚之力。小小縣令，如何能壓得住？陛下若斬了老朽我，富戶們或有所忌憚，方肯交出馬來。」

武帝聞此，正想喝斥，又覺汲黯言之有理，沉吟良久，方嘆口氣道：「罷罷，老吏看事，到底是不同。」

汲黯見武帝有所鬆動，便趁機又道：「渾邪王叛其主，存心降漢，可令邊郡出錢，傳驛至各處，何至令天下騷動？如此以中國之疲敝，討外人之歡心，豈非主次顛倒了嗎？」

汲黯一番話，說得武帝默然無語。次日，果然就有詔，令各郡縣交替傳驛，將降人分發各處安置，途中不得擾民。

再說那渾邪王入朝覲見，得封漯陰侯，食邑萬戶，風光不減在匈奴時。屬下小王四人，也都為列侯，不枉投奔一回。

此前，漢有律例，百姓不得賣鐵器與胡人，若違禁，責罰甚嚴。自渾邪王內附，親信也多跟隨入京，得賞賜往往數十百萬，與民間交易，出手極是大方。

長安百姓不通律法，不時就將些鐵器賣與歸降胡人。稍後廷尉府察訪出，京城胡人手中竟多有鐵器，頓起警覺，收捕了平民五百人，問出口供，坐罪當死。

一時長安市中，百姓皆呼冤：「如何國人賣鐵貨當死，胡人買鐵貨卻

瀚海交鋒，胡運衰敗顯劫數

無罪？生為中國人，竟不如胡人尊貴嗎？」

汲黯聞此荒唐事，又覺坐不住，便趁武帝有空閒，入朝求見，避開眾人諫道：「匈奴斷絕和親，屢攻邊塞，中國舉兵征討，死傷不可勝計，耗費以鉅萬。臣愚以為，陛下得胡人歸降，皆應罰為奴婢，賜給從軍戰死者之家。所虜獲財物，也應賞與兵民，以謝天下。」

武帝就覺好笑：「汲公，你該不至老得糊塗。那渾邪王部眾入塞，乃是歸降，而非俘虜。」

「陛下，臣雖愚，然尚未昏。縱不能視他們為俘虜，亦不應視為貴賓。渾邪王率數萬之眾來歸，我朝傾府庫所有而賞，奉若驕子，他功勞究竟在何處？外藩來歸，乃是我兵民鏖戰所致。百姓功高未賞，也就罷了，如何反倒低了降人一等？」

「放肆！你怎知曉朕之胸懷？」

「陛下胸懷，就當以吾民為上！那長安愚民，只知在城內賣鐵並不觸法，怎知文吏卻偏以邊關之法繩之？陛下縱不能以擄獲之財賞百姓，亦不應以小事而殺五百人！如此，吾民又何其賤，而胡兒之命又何其貴？」

武帝被說中痛處，不禁勃然變色：「汲公，我敬你為老臣，如何這般說話？自你外放後，久不聞你絮聒，今日又來妄發議論！」

汲黯遂拱手低頭，只是不語。

斥退汲黯之後，武帝心不能寧，糾結了幾日，終還是饒了那五百人性命。

且說眾降人分遣五屬國後，武帝又將渾邪王舊地，改置為武威、酒泉二郡。自此，漢家西陲胡塵盡消。出河西，過南山，直至鹽澤（今新

疆羅布泊），再也不見匈奴蹤跡。

西北各郡，凡隴西、北地、上郡等處，邊患皆有緩解，戍卒得減半數，天下民力也得寬解。

大勢澄清若此，少不了又要為霍去病敘功。武帝恩賞，再加封霍氏食邑一千七百戶，其門庭榮耀，一時無兩。

話說與霍去病發跡同時，漢家此間，又有一少年，也即將發跡。此人的身世，頗為奇特，乃是休屠王太子，名喚日磾（ㄉㄧ），此前為渾邪王俘獲，拘送漢軍，後判罰沒為官奴。

是時，日磾年方十四，遭此變故，卻能咬牙撐住，料理各類雜事，手腳頗勤快，遂被薦入黃門署養馬。

後有一日，武帝在宮中飲宴，起興要閱馬。適逢日磾當值，得與黃門郎數十人，結隊牽馬過殿下。諸郎皆是少年，忍不住要偷看後宮佳麗，唯日磾一人走過時，目不斜視。

武帝於座中見了，頗覺有異，遂注目打量。見那少年日磾，身長八尺餘，相貌堂堂，所牽馬匹亦肥壯，便喚住他詳加詢問。

日磾據實以對，不卑不亢。武帝得知他是休屠太子，就更覺得奇，當即令他湯沐潔身，賜給衣冠，拜為馬監。後不久，又接連擢為侍中、駙馬都尉、光祿大夫，並賜姓金氏。因前次霍去病北征時，曾獲休屠王祭天金人，故武帝特賜此姓。

所謂駙馬都尉，乃是專掌天子副車之職，金日磾是漢臣中獲此官的第一人，可見其蒙寵之厚。

金日磾既得親近，就更小心，未嘗有半分過失。日久，受賜累有千金，出則為驂乘，入則為左右。眾貴戚都看得眼熱，多有怨言，謂曰：

「陛下不知自何處拾得一胡兒，竟如此器重！」

武帝有所耳聞，然不為所動，只一笑嗤之：「此胡兒無甚奇，便是金不換而已！」反倒更加厚待。

且說北征連戰皆捷，朝中大臣奏事，就不免頌聲盈耳，齊稱盛世。武帝聽得順耳，心中甚是得意。這日，忽見公孫弘病容加劇，一派憂心忡忡模樣，便覺奇怪：「丞相，普天之下皆喜，如何你卻思慮重重？」

公孫弘嘆氣道：「普天之下，唯我一人知，哪裡有喜可賀？」武帝便警覺起來：「此話怎講？」

「陛下，北伐匈奴，老臣實有過廷爭，並非一味充和事佬。今日出兵，固然報了白登之仇，然南征北討，哪一處不是花錢？」

「人馬糧草，朕也知靡費甚多，府庫莫非已撐不住了？」

「十庫九空，豈止是撐不住啊！」

「唉，也罷！朕為天子，美饌佳餚用的也夠了。即日起，御膳盡量節用。朕少吃一口，牧馬苑也好多養幾匹馬。若再不夠，內府中私帑，也盡可撥出頂上。」

公孫弘聞言，連忙稽首道：「難得陛下誠心。饒是如此，怕也不敷支用。」武帝便感驚異：「軍費竟浩繁至此嗎？」

「天下事，鮮花繁盛時，亦正是焦頭爛額時。若僅軍費一項，倒還勉強。連年來，水旱災起，饑民東西號啼，官府豈能坐視不顧？然年年賑災，地方亦覺吃緊，各地倉廩也將空了。」

武帝忽就覺頭痛起來，擺擺手道：「此事我也略知，萬料不到，地方吃緊竟至如此。朝中大事，丞相獨立支撐，還須多多保重為好。錢不足用，用心籌措就是。」

不料，君臣這番對談後不久，公孫弘到底還是年邁，操勞數月，竟一病不起，撒手而去了。

武帝聞喪報，為之鬱悶良久。朝會時，對諸臣說道：「公孫先生為相六年，實屬不易。丞相病歿於任上，為漢家所僅見，撫卹之事不可隨意。」

當即與諸臣議定，諡號為「獻」，算是臣子中的頂級美諡了。其子公孫度，已任山陽（今山東省鉅野縣一帶）太守，如今便嗣封平津侯。

過了幾日，又命御史大夫李蔡，接任丞相；原御史大夫之職，則由廷尉張湯接任，將朝政接續了下來。

流年不利，偏又是雪上加霜。就在府庫虛空時，元狩三年（西元前120年）秋，中原洪災氾濫，漂沒民房數千間。各郡縣官府大急，發官倉賑濟，然杯水車薪，哪裡救得了遍地饑民。

武帝與丞相、公卿議來議去，欲向富民借錢買糧。然富戶財可敵國者，終究是少，民間募來的涓滴，又有何用？

萬般無奈之下，只能仿效高帝，移饑民至關中、巴蜀就食。各郡急如星火，造了簿冊呈上，須遷徙饑民，竟有七十萬之多！

武帝聞之，大驚失色：「這七十萬人，原地不動，食粟都難以籌集。何況一路西遷，車馬草料，無不由郡縣供給，這又如何得了？」

丞相李蔡提醒道：「饑民至關西，還須謀生，錢財又是仰賴官府貸給。國用本就匱乏，如此動用，無異於放血。各郡計吏，早已叫苦連天了！」

這位李蔡，係李廣的堂弟，與李廣同時從軍，景帝年間，就因戰功官秩二千石。元朔五年，衛青出擊匈奴右賢王時，李蔡為輕騎將軍，與

瀚海交鋒，胡運衰敗顯劫數

衛青同獲戰功，得封安樂侯。

武帝見他沉穩可靠，便任他為御史大夫，從此棄武從文，位列三公。

如今李蔡升了丞相，沉穩一如往時，只用心靜觀朝政，一時尚無主張。此時，早年被貶為詹事的鄭當時，已升任大農令。

景帝末年，將治粟內史改名為大農令，專司府庫及勸農事宜。鄭當時本是忠謹之人，早前因太過膽小而被貶，久思報效，此時見是進言之機，便草擬好數條新法呈上，意在補救前過。

鄭當時起自郡縣，深諳用度之道，也知聖上急用錢，欲開源籌錢。於是，上書建言計財新法六條，條條顯出他心機獨到——

一曰，凡商民所有舟車，一概課稅。府庫空，貧民倉廩更空，若搜刮過甚，必激成民變，故拔羊毛者須覓肥羊。

二曰，禁民間鑄鐵煮鹽，亦禁釀酒，凡有利可圖之業，皆設官營專賣。

三曰，以白鹿皮為幣，尺方之皮，折價四十萬錢，督令富戶認買，憑空生財。

四曰，令郡縣銷毀此前「半兩錢」，盡改鑄三銖錢，質輕而值重，便無須在用銅上靡費。

五曰，作「均輸法」，令各郡國以土產充作繳賦。朝廷得土產，再貴賣他處，從中得利，以濟國用。

六曰，在長安置「平準官」，眼觀四方貨物，賤時收進，貴時丟擲，盤剝獲利，不使利皆歸於民。

武帝閱後大喜，立召鄭當時來見，誇獎道：「君所諳熟，不只是農

桑,便是這買賣上的事,也通曉訣竅。所獻策劃,盡都可行。富商賈財,或累萬金,而不佐公家之急,今日就從彼輩身上搜刮!奈何你身為大農令,管好府庫已屬不易,如何能分身去搜錢?」

鄭當時對此早有預備,當即答道:「臣之才,確乎不在商賈。此事須仰賴商賈之家者三人,引入中樞,用為計吏,方可轉圜得通。」

「商賈之家中,竟還有這等人物?」

「有。臣留心實務多年,商賈之才,倒還識得幾個。」

「你說來我聽。」

「一為東郭咸陽,乃齊地鹽商;二為孔僅,乃南陽鐵商;三為桑弘羊,乃洛陽商人之子。三人各具奇才,為陛下計財,可滴水不漏。」

武帝眼睛便睜大:「桑弘羊?朕之故舊嘛!早年我為太子時,桑弘羊便是伴讀。他少時即精於心算,若需計數,隨口便能報出。」

「陛下說的是。桑弘羊工於心算,明析秋毫,有天縱之才。今為侍中,不過閒職而已,若能為中樞僚屬,則可建不世之功。」

武帝低頭看看鄭當時寫的奏書,屈指算道:「君之獻策,計有舟車算緡、鹽鐵官營、均輸、平準、改幣、酒榷這幾項,件件都牽動國本。如今朝中執宰,李蔡為武人,張湯只通律法,若無計財之人輔佐,府庫哪裡能打點清楚?明日,即可將這三人召入丞相府,用為計吏,經略天下財貨。」

三位商人就此上任,只瞄著天下膏脂,窮盡心思,敲骨吸髓。從此小民欲謀生計,凡利大者,竟都無從沾邊,緣此苦不堪言。

搜刮既重,民心便難免浮動,武帝也知其中利害,為撐大局,也顧不得那許多了,只倚賴張湯等人,重用酷吏,壓住民間蠢動。

瀚海交鋒，胡運衰敗顯劫數

此後數月，汲黯因小事犯法坐罪，恰又逢大赦，張湯未敢輕斷，呈請武帝上裁。

武帝笑言道：「料不到這忠直之臣，濃鬚大眼的，竟也能觸法！既逢赦，便由他歸隱去吧。」

汲黯免官之後，右內史出缺，便有南陽太守義縱，奉詔繼任此職。這右內史一職，本是執掌京畿治安的，然這位義縱，恰好就是個盜賊，少年時曾與張次公一道為惡，打家劫舍。

說起此人為官，可謂有一段奇緣。他家中有一位長姐，略通醫術，早年曾入侍王太后。王太后被其姐伺候得舒服，便問道：「妳可有子弟，是否為官？」

其姐倒是老實，直截了當回道：「有小弟，然為人無賴，哪裡能為官？」

王太后感激其姐，不肯信此言，遂將義縱薦於武帝，又美言了一番。武帝召見義縱，聽他的答對，倒還入情入理，便拜他為中郎，不久又補了上黨郡一個縣令。

世上事，不可思議者多。這閭巷無賴做了官，卻能處處稱上意，在縣中敢作敢為，不藏鋒芒，公事全無拖延，竟被舉為天下第一。後又遷為長安令，執法甚嚴，不避貴戚，即便是修成君之子犯法，也敢逮捕到案，武帝大讚他為能吏。

其後，又升至河內郡都尉，族滅郡內豪族穰（ㄖㄤˊ）氏，致郡內道不拾遺。後竟遷升至南陽太守，成了堂堂的二千石。

且說義縱來到南陽，上任伊始，又照例要拿人立威。所拿之人，不是別人，正是閒居在家的酷吏寧成！

寧成為南陽穰邑人，景帝時曾任中尉，為人貪暴殘酷，弄得連宗室外戚都人人惴恐。武帝即位後，徙他為右內史，卻遭人攻訐，坐罪後解脫歸家。居家後又不本分，購田放貸，役使貧民，威風竟甚於太守。

　　武帝終還是惜才，又起復他為關都尉，把守函谷關。凡出入關者，每過一次關，便如同過一次鬼門，皆曰：「寧見乳虎，不願見寧成。」

　　義縱上任時，偏巧就路過函谷關，寧成也知義縱根底，不敢怠慢，恭恭敬敬迎送。然義縱正是蒙寵得意時，膽壯氣盛，正眼也未看寧成一下，就揚長而過。

　　入得南陽郡，義縱第一件事，便是查辦寧氏一族。後起之酷吏，殘暴更勝於前者，義縱捉來寧成族屬，以追查盜鑄錢為由，逐一捶楚，誣言加罪，籍沒了全族家產，追逼到後來，連寧成也坐有罪。郡內大姓豪族聞風，都逃亡一空；南陽吏民見了義縱，直如活見猛虎，連大氣都不敢喘一口。

　　繼之不久，武帝見義縱斷案果決，又調他至定襄為太守。前次北伐，大軍數出定襄，定襄一帶，吏民法紀敗亂。他故技重施，甫一到任，便突至獄中，將重罪輕判者二百餘人拿下，並其賓客、子弟私自探監者二百餘人，也一併拘捕，誣以「為刑犯私脫械具」。當日從早至暮，放手殺四百餘人，全郡不寒而慄。頑民滑吏，一夜之間服服貼貼。

　　武帝求治心切，用了這等酷吏，只見到他精明強幹，禁盜鑄甚嚴，便不問其他。復又擢他為內史，調回了身旁。同時又調河內（今河南省武陟縣一帶）太守王溫舒入京，接任中尉。

　　這王溫舒少年時，活脫脫就是另一個義縱，少年時最喜盜墓，以無賴出身，試補為亭長。後跟從張湯，遷為侍御史，緝盜手段十分了得，所殺甚多。再遷為廣平郡（今河北省雞澤縣一帶）都尉，擇了惡吏十餘人

瀚海交鋒，胡運衰敗顯劫數

為爪牙，握其陰私，督其緝盜，故捕盜從無阻礙。手下惡吏雖有百罪，法亦不治；若緝盜稍有敷衍，即尋機夷滅其族。緣此之故，齊趙郊野之盜，全不敢靠近廣平。武帝聞之，讚為能吏，又遷他為河內太守。

在河內太守任上，王溫舒一仍其舊，沿用廣平方略，嚴拿豪強，連坐千餘家。所有豪強富戶，大戶皆族誅，小戶皆論死，家財沒官以抵贓。他上奏誅人，僅二三日即得批覆。斬決之日，郊野血流十餘里，哀聲遍地。郡中吏民皆怪：新太守奏事，何以如此神速？

十二月整月，郡中閭巷悄無聲息，人人震恐，無人敢夜行，郊野更無犬吠之盜。有一干盜賊，腳底板快，逃至近旁郡國躲藏，待捕回時，已是天暖春至，按律不得再斬人。王溫舒竟頓足嘆道：「可惜可惜，若得冬令延展一月，吾事足矣，誅殺盡矣！」其好殺不惜人命，竟至如此。

武帝看這王溫舒，也甚是順眼，調他來京師，心就覺安。有義縱、王溫舒這兩個惡煞，便不怕苛徵之下陡生民亂。

王溫舒入京，帶了一干滑吏為隨從，復用河內套路，速奏速斬。此前張湯、趙禹這一干酷吏，立苛法，震懾豪強官吏，多還是依法而行，不敢有所妄為。待義縱、王溫舒入京後，則以殺人而立威，恫嚇吏民，京師氣氛一片肅殺，百姓頓覺像變了天一樣。

武帝此時只顧斂財，一手用桑弘羊等計吏，與民爭利；一手用義縱等酷吏，以嚴刑助苛徵，彈壓民怨。

民間百姓，哪裡經得起這般威嚇？任是稅賦繁重，也只得賣男鬻女，如數繳納。當此際，再憶起文景兩代，家給人足，倉廩滿溢，竟如同做夢一樣了。

就在此時，曾願捐出一半家財的河南人卜式，雖未獲武帝答覆，其捐錢之心仍不改，遂向河南太守捐錢二十萬，以助移民。

太守收到捐錢，按例上奏。武帝閱過，想起從前事，覺那時公孫弘還是多疑了，便褒獎了卜式，召為中郎，賜爵左庶長。

卜式應召前來謁見，武帝打量了一番，方知是個本本分分的富戶，不由略帶歉意道：「此前事，公孫丞相是多慮了。卜君報效之心，不應有疑，便留在我身邊行走好了。」

卜式固辭道：「陛下，萬不可如此！小民捐錢，不過是憐惜邊民而已。」

武帝不禁動容道：「白衣者，竟也有如此慷慨之人。你不必堅辭，朕用你，是用你所長。朕也養羊，盡在上林苑中，你只管去那裡牧羊。征伐匈奴，邊事缺錢，少的就是你這般輸財濟國之士。我一個做天子的，不能白受小民恩惠。」

卜式猶豫片刻，終還是答應了。自此，前往上林苑，依舊是布衣草履，一副莊戶人打扮，為皇帝放起羊來。

後有一日，武帝過上林苑，特往探視。見卜式所牧之羊蕃息興旺，不禁脫口大讚道：「好好，凡事皆須如此用心。朕雖受譽為『天尊』，若論起用心來，怕還不及你一個牧者！」

卜式便藉機進言道：「牧羊有道，牧民更應有道。所謂道者，當是隨時省察，惡者輒去，勿令敗壞一群。」

武帝一怔，覺卜式話中有話，隨口就道：「說得好，說得好！道豈止是在牧羊？」返回宮中後，即發下詔旨，拜卜式為緱（ㄍㄡ）氏令。

這緱氏縣（今河南省偃師市東南），乃是上古名邑。卜式為皇帝牧羊，或是牧出了心得，只覺不如直接去牧民更能濟世。於是接了旨，也不推辭，佩上印去做縣官了。

183

瀚海交鋒，胡運衰敗顯劫數

　　此後一年下來，武帝賦斂有道，煮鹽、鑄鐵等業，統歸官營。又納張湯之言，由丞相李蔡操辦，廣發鹿皮幣、白金幣。

　　所謂鹿皮幣，乃強令王侯宗室使用的皮幣。歲時朝覲，須獻蒼璧[30]，有詔令概以白鹿皮幣為襯墊。此等白鹿皮，係上林苑所獨有，大小一方尺，飾以彩畫，每張值四十萬錢。一個蒼璧，所值不過千錢，襯墊反倒要四十萬錢，所為無異於搶掠。

　　所謂白金幣，官稱「白金三品」，係銀錫混鑄新錢。幣分三種，以對應「天、地、人」，即：圓形龍紋，重八兩，值三千錢；方形馬紋，重量次之，值五百錢；橢圓龜紋，重量又次之，值三百錢。堪稱奇策百出，憑空生財。

　　張湯又獻策於武帝，頒下「算緡令」，令普天之下商人、工匠，皆須申報家財，每年按財繳賦，是為「算緡」。如此用力搜刮，府庫之財，便滾滾而來，兵餉再無短缺。

　　次年為元狩三年（西元前120年），伊稚斜蟄伏一年，終難忍兵敗之辱，又縱兵寇邊，從右北平、定襄兩地竄入，殺掠漢吏民千餘人。漢家君臣見匈奴如此不羈，都恨不能傾全力征討，以求盡滅，復又議起北征事。

　　武帝與諸將商議道：「叛臣趙信為單于獻計，必以為漢軍輕易不敢過大漠。朕意已決，今日要大發兵卒，深入胡地，志在必得。」

　　眾將見武帝有大志，要驅趕匈奴過漠北，都倍感振奮，摩拳擦掌請戰。武帝含笑不應，只吩咐加緊練兵，籌集糧草。

　　至元狩四年（西元前119年）春，見天下軍械糧草已足，兵源亦雄厚，武帝便知天時已到。這日，武帝獨自在東書房中，四顧無人，竟一

---

[30] 蒼璧，形同圓錢，中間有孔。為上古禮玉，紅山文化地帶即有出土。

步登上書案,負手而立,睨視牆上的天下輿圖,長嘯了一聲:「終有今日,終有今日啊!」

當下,即有皇皇詔令發出,遣大將軍衛青、驃騎將軍霍去病,各率馬軍五萬,總計十萬騎士出定襄。更有步軍三十萬,相跟而出,誓要將單于驅至漠北,以解萬代之憂。

老將李廣,見詔令中無自己名字,就不免鬱悶。想自己從軍甚早,浴血百戰,威名遠颺漠北,幾次出征卻運氣不佳,寸功未立,不得封侯。看自家堂弟李蔡,才能遠不及自己,反倒有功封侯,如今更是拜了相,這天底下哪有公道可言?

閒居之時,李廣識得一個術士,名喚王朔,能言過往及未來事。李廣就推心請教:「我沐皇恩已久,如何獨獨難封侯?」

那王朔略作沉吟,反問道:「以往出戰,將軍可有過濫殺之舉?」

李廣心中一驚,臉便漲紅,吞吞吐吐道:「確有。以往為隴西太守,曾誘殺已降羌人八百餘,或是傷了陰德?」

王朔輕嘆一聲:「將軍上陣,最忌殺降。楚霸王勇冠古今,一殺降,便失了天下,何況將軍乎?」

李廣聞言,悔之莫及,只能仰天長嘆。輾轉一夜後,還是心有不甘,天一明,就入朝去謁見,願再次隨軍。

武帝面有難色,勸李廣道:「將軍年事已高,不去也罷。以往你功高,連胡人也知,所謂封侯事,倒不那麼打緊。」

「陛下,老臣未封侯,乃命定,不敢有半分怨意。只是尚有餘勇在,不忍坐看同僚冒死征伐。」

武帝看透李廣心思,不忍心點破,猶豫半晌,方允准了:「也好,你

瀚海交鋒，胡運衰敗顯劫數

只隨大將軍進退，不必過於操勞。朕非愚鈍，自知你忠心可鑑，然人間萬事，都強求不得。」遂命李廣為前將軍，與左將軍公孫賀、右將軍趙食其、後將軍曹襄一道，盡歸衛青節制。

衛青入朝辭行，武帝執衛青手道：「此戰非同小可，千秋萬代事，盡在此一舉。你我君臣，命繫一處；家事國事，竟是分不開了。」

衛青聽得動容，眼淚幾乎流出：「陛下放心，臣知事關萬代，自會穩重。」

「那去病小子，勇不可當，你便放手任他拚殺。漢家有你舅甥，乃天眷，不要自藏鋒芒。」

「臣不敢。」

「倒是李廣不同，他年老命蹇，出戰多不利，勿使他當單于之鋒。」
「這個自然。」衛青慨然領命，便去調集大軍。

且說漢家男丁從軍，皆稱戍役，凡男子二十，皆須從軍役一次，共兩年，一年為衛士，一年為材官（預備役）騎士，練習騎射。戍卒按強弱，分撥京師、邊郡及本地三處，若逢戰事，即上陣殺敵。

那時天下丁壯，就算是丞相之子，按例也須從軍役，只不過，富貴人家可以捐粟免役。貧家小戶，丁男若有軍功，則計功授爵，故平民並不畏戰，皆願效死。另有良家子已服過役，仍願投軍的，官府也樂於接納。

經數十年繁衍生息，天下丁壯甚多。自文帝起，官民皆重養馬，馬匹自是不缺。軍令一出，各路馬步軍便於旬日之間，麇集於定襄城外，前不見頭，後不見尾。但見春風起處，黃天黃地。風沙中，有旗幟隱現，火龍般蜿蜒遊動。

武帝於此時，對衛青功高已有所忌憚，有意令霍去病立大功，故將所有敢深入力戰之兵，皆配屬霍去病麾下。李廣之子李敢，頗有乃父風，在軍中為校尉。霍去病並無裨將，李敢等校尉便權作裨將。

　　拔營出塞之日，霍去病頭戴簇新皮弁，全身精甲，有如戰神出世，一馬當先，率勁卒數十為前導，李敢等率眾軍緊隨其後。一路上，旌旗獵獵，兵戈相擊有聲，氣勢之壯前所未有。

　　邊民聞訊，都齊聚陌上，觀望大軍出塞。有郡中耆宿想起文帝時，匈奴常來犯，竟至甘泉宮也曾戒嚴；再看今日，都感嘆此等軍威，今生還是頭一回見。

　　霍去病軍出定襄後，探得匈奴行蹤，便當面迎向單于大軍，疾馳突進。奔行兩日，捕得俘虜數名，供稱單于已悄然轉向東去。

　　霍去病便令止軍，遣人飛報長安。武帝得報，令霍去病率五萬騎兵，轉向代郡出擊，堵截單于，攪亂匈奴左翼。衛青率五萬騎兵並三十萬步卒，仍出定襄，尋機與單于對戰。

　　此時，伊稚斜單于探得漢軍勢大，心中不免忐忑。趙信便向單于獻計道：「漢軍此來，志在過大漠，其人馬必疲。我可以逸待勞，坐收其利。」

　　伊稚斜覺此話有理，便聽從其計，將輜重向北遠撤。又以精兵守候於漠北，專等漢軍入彀。

　　再說衛青率大軍出定襄，眼看北上已近五百里，卻不見單于蹤跡，心中就有疑，遣探馬四出，打探消息。越日，探得單于原來已移師漠北，心中便有數，急驅大軍向北，直至千里，終探到單于駐地。

　　臨戰之際，衛青想起武帝密囑，不欲使李廣當單于之鋒，便令李

瀚海交鋒，胡運衰敗顯劫數

廣、趙食其，分兵一部往東道去，擾亂單于，而後相期會合。

李廣得此令，頗為不解，那東道繞遠，更乏水草，手中輿圖又畫得不詳，平白多了許多凶險，便入帳自請道：「下臣此次為前將軍，受王命為前驅，決意死戰，如何又往東道去？下臣實不解。」

衛青不好明說，只敷衍道：「李將軍與匈奴百戰，單于聞風喪膽。你出東道，他必大亂，我輩坐收全功，有何不妥？」

李廣心知衛青如此派遣，必有其因，或是故意要阻撓，心中便憤然，一語不發出帳去了。

次日，李廣、趙食其率偏師一部，往東去了。衛青即下令，全軍疾進，直搗單于大營。

軍行百里餘，終看見單于大營，人馬有數萬，早是嚴陣以待。衛青從容不迫，令眾軍紮營，以「武剛車」環繞四周。

這武剛車為輕車，原屬殿後之用，有巾有蓋，車後還有鐵屏風，可防敵軍強弩。

車陣圍好後，衛青令騎兵五千殺出，直衝匈奴大營。伊稚斜在營中見狀，亦放出胡騎萬名。兩軍相對，分外眼紅，喊殺聲震徹大野。

此時正是日暮之際，忽有風沙捲起，砂礫擊面，兩軍對面不見人。衛青急傳令下去，五千騎分左右兩隊，繞單于大營而過，向後包抄。

煙塵之中，伊稚斜不知漢軍有多少，只聞馬蹄聲響，似有千軍萬馬向後奔去，顯是要將他圍住。又聞漢軍喊殺聲，兵多而強，不由就心虛，連忙乘一匹健騾，帶了數百精騎，突圍向西北逃去。

入暮之後，兩軍互擊，死傷大致相當。正殺得難解難分中，漢軍有左校尉，擄得一胡騎衛士，供出單于已趁暮色遁逃。

衛青哪容得他逃掉，立發輕騎一部，趁夜追擊，大軍則緊隨其後。

匈奴兵見漢軍忽然收兵，都向西北疾奔，知是單于已遁，都無心戀戰，發一聲喊，四下裡逃散了。

一夜急追，冷月荒野上，似處處都有漢軍精騎，殺聲此伏彼起。至黎明，已追出二百餘里，卻仍未追上單于。這一夜，漢軍盡顯神威，斬俘胡騎有萬餘。

衛青率軍追殺，正在狂奔時，前頭有探馬回報，單于已不見蹤影，不遠處，即是寘顏山（今蒙古國杭愛山南面的一支），山下有一座趙信城。

原來，趙信叛漢以後，單于便命他建此城，城因此得名。探馬還得知，城中藏有積粟無數。

衛青見追上單于無望，便下令攻破趙信城，奪得穀粟，充作軍食。大軍在城中僅留了一日，便班師南下。將城中房屋及搬不盡的餘粟，都一火焚之。

此路大軍，折返過大漠，直至回到漠南，方遇見李廣、趙食其所部。原來，兩人東出後，因輿圖不詳，又無嚮導，在半途迷路，徒然繞路甚遠，卻一無所獲。

衛青正心懷得勝之喜，忽聞兩人無功而歸，頓覺不快，便令長史去召兩人對簿，詢問何以逾期，再遣使歸報長安。

長史得令，知會李、趙兩人速至幕府，當面對簿。趙食其不敢違拗，聞令而至。李廣卻是氣得鬚髯怒張，坐在帳中，一語不發，偏不肯去對簿。

長史素敬李廣，見此狀，只好端了酒食，前去李廣帳中，勸李廣速往幕府。

瀚海交鋒，胡運衰敗顯劫數

李廣見了長史，憤然道：「諸校尉都無罪！迷路失途，皆我一人之過，我自去幕府供認就是。」

說罷，便一抖肩膀，甩去大氅，隨長史去了軍中幕府。

進了帳中，見有熟悉的將士在，李廣心就一酸，流淚道：「我自結髮從軍，與匈奴大小七十餘戰，有進無退，捨生忘死。今從大將軍出征，大將軍令我東行，我本不欲行，終至迂迴失道，這便是天命！我今已年有六十餘，即便是死，亦不為夭壽，怎能再面對刀筆吏，乞憐求生？」

眾人見李廣流淚，一時不知所措，正待勸慰，卻又聞李廣悲憤道：「罷罷！今日來此，權作與諸君辭別！」說罷，即霍地抽出佩劍，往頸上狠命一抹，旋即倒地，不多時便氣絕而亡了。

眾人紛紛搶上，哪裡還營救得及？只得抱住他屍身痛哭。

李廣平素待士卒甚有恩，聞李廣自刎，所部將士皆大哭。衛青聞報，匆忙趕來看了，也是神色黯然，嘆息不止。遂令全軍為李廣舉喪三日，又將屍身裹好裝殮，待運回故里。消息傳開，各邊郡百姓聞之，不論曾見過李廣與否，皆為之垂淚。

一代名將，竟喪身絕域大荒，這一路漢軍的得勝之喜，頓然被沖掉大半，都埋頭默然而歸。

再說霍去病這一路，運氣卻又是出奇地好。從代郡、右北平兩處出塞僅百餘里，便俘獲不少葷允部胡人，令他們隨軍運載糧秣。隨後輕騎疾進，越離侯山，涉弓閭水，向正北直趨二千餘里，恰與左賢王部相遇。

左賢王所部計有八萬餘騎，剽悍異常，自天際潮水般湧來。此部以逸待勞多日，料定漢軍遠涉，必是人困馬乏，殲之不過如同宰羊。如此

氣盛之下，威猛更甚於往日，皆跨矮小胡馬，執短刀揮舞，望之令人膽寒。

霍去病到底是年少，勇氣過人，望了一眼漫野胡騎，舉臂一呼：「生不封侯，死不瞑目。大丈夫立功，即在今日！」便率五萬精騎，迎頭衝殺過去。

兩軍頓時攪作一處，刀劍相擊，嘶吼震天。大漠浩瀚，極目都是闊野，端的是一個好沙場。兩軍混戰處，但見處處人仰馬翻，折戟斷旗，一派天昏地暗。

漢軍到底是兵強馬壯，長劍又占盡便宜，苦戰了半日，漸得上風，將胡騎分割為數處，恣意砍殺。胡騎先還狂傲，漸至死傷甚眾，便撐不住，潮水般向後退去。左賢王見勢不妙，先行率左右逃了。其餘眾胡騎，只顧尋子覓父，呼兄喚弟，棄下遍野橫屍而潰。漢軍又接踵追殺了半日，至窮荒盡頭處，方才止步。

此一戰，霍去病所部，先後擒獲章渠、屯頭王、韓王等，誅滅比車耆部全數，並俘將軍、相國、當戶、都尉等八十三人。經一夜清點，所斬俘胡騎，竟有七萬零四百人之多。另繳獲胡酋旗鼓、印信，更是無算。

霍氏所率五萬騎兵，檢點下來，亦有折損，全軍十去其二，戰死計有萬人。

雖經惡戰，漢軍士氣仍盛。除所俘王公隨隊押解以外，其餘胡兵，盡奪去其軍器馬匹，而後放走，大軍繼續前行。

如此且戰且進，漢軍緊追左賢王不捨，跋涉半月，竟橫絕大漠，抵達絕遠處的狼居胥山（今蒙古國肯特山）。

瀚海交鋒，胡運衰敗顯劫數

此山位於漠北千里荒野之上，有一脈奇峰突起，上為嶙峋怪石。霍去病下得馬來，仰望片刻，遂率一眾校尉，徒步登上山頂。

放眼北望，只見天低雲暗，萬山疊嶂之外，不知是何方天地。回首南面，則是一派闊野，碧草初露，千里不見匈奴一人一騎。

山上風急，吹得眾人戰袍獵獵作響，瞬時又有飛沙捲過，甚覺悲涼。

霍去病放眼四顧，久久不作一聲。抬眼望天際，見有孤鷹一隻，漸飛漸遠。直望到那鷹如塵埃不見，方回過頭，對李敢等人道：「人生短促，天地無垠。今生踏足此地，怕也只有這一回了。霍某生於建元初，弱冠不久，便得建此大功。若無君上恩寵，又何來此幸？」

諸校尉便恭維道：「驃騎將軍神勇，天下無雙，他人也難有此功。」

霍去病按劍一笑：「既生於漢家，昨日陰山，今日狼居胥，當如是也！」

當下，便命士卒在山頂堆土，面朝南方設壇。隔日再登山頂，於壇上祭天。並勒石立碑，以遒勁隸書，銘刻漠北之戰始末，以示此地永屬漢家。

祭祀禮始時，山下漢軍四萬人，佇列整齊，鼓角齊鳴。霍去病手執火把，一步步登壇，引燃柴草，頓時便有煙火沖天而起。

四萬兵卒在山下望見，舉戈齊呼「萬歲」，山野為之震盪。

眾人仰首望去，唯見霍去病獨立壇上，面南遙拜。一襲猩紅戰袍，迎風飛揚，與煙火同輝耀，直如仙人。

這便是著名的「封狼居胥」，後世百代，皆以此喻武將功名之最。

後幾日，大軍又行至姑衍山（今蒙古國宗莫特博克多烏拉山），見此

地可眺見千里平野如茵，直抵天際，便在此行了祭地禪禮。

霍去病終不放心逃走的左賢王，接著縱兵北上。一路食少飢渴，便掘地取水，射獵充飢，總要窮極荒野尋蹤。然所過之處仍未見胡騎，僅有零星土著，依草木而居。問起匈奴行蹤，彼輩不僅語言不通，且惶悚萬狀，百問也不得要領。

又行走數日，前鋒兵臨瀚海，縱目遠眺，竟然有萬頃碧波阻在前路！

眾軍只疑是到了天外異境，紛紛飲馬水畔，解甲而憩。霍去病打開輿圖，見此海雖有描繪，四方卻全無城邑，只是荒野。稍後，探馬捉到一個略通胡語的土著，詢之，方知左賢王殘部已遠遁西荒，不知去向。再問西荒之地通何處，土著答曰：「徒步三年，或可近大秦[31]、條支。」

霍去病大感驚異：「今我追至北極，他卻遁去了西極？」又看看諸校尉，笑說道，「如何，敢隨我西去嗎？」

眾人也知他是在玩笑，便都道：「不敢。今生還想與妻小團聚。」

是夜，霍去病與諸校尉暢飲，酒酣時燥熱，遂步出帳外，敞衣消汗。偶一抬頭，忽見夜空北斗竟已南向，頓感驚訝，脫口大叫道：「奇哉！怪哉！」

諸校尉在帳內聞聲，不知何事，都跑出來看。霍去病便一指南方：「諸君，看那是什麼？」

眾人望見，也是驚異不止，紛紛喊道：「斗宿如何在南了？」

仰望良久，霍去病才嘆道：「玄武七宿竟轉向南，此行遠甚，遠甚！我輩當歸了。」

---

[31] 大秦，古代中國對羅馬帝國及近東地區的稱呼。

瀚海交鋒，胡運衰敗顯劫數

待隔日，各路斥候次第回報，皆曰：「左賢王確已遁逃無蹤。」霍去病這才下令，班師還朝。

待衛青、霍去病兩路陸續還朝，已是當年初秋。武帝在端門受降之後，心情大好，當即論功行賞。

衛青一路，所斬俘不及霍去病，且下屬迷路誤期，故無功無過，未得益封。部下吏卒，更是全無封賞，僅西河、雲中兩郡太守後援有功，皆受賞。部將趙食其，失道當斬，恩准贖為庶人。

霍去病一路，卻是封賞甚厚，兩下裡相差有如天地。霍去病本人，增封食邑五千八百戶。所部李敢等校尉，皆有益封或封侯。這一路右北平等郡的太守、都尉，皆有封侯。

武帝初聞此一役，漢軍戰歿萬餘，便略感不安。後聽說出塞時，官私馬匹共有十四萬匹，歸來後竟不滿三萬匹，就更傷感：「今之失，乃為萬代，後世當不至責我黷武！」

隨後下詔，特置大司馬一爵，授予衛青、霍去病。二人榮爵並列，佩掛金印紫綬，榮耀無倫。

嗣後，又提升驃騎將軍秩祿，使之與大將軍同等。滿朝官吏，皆是明眼人，初聞衛、霍二人封賞不同，無不愕然，繼之心領神會，揣摩出了武帝心思。

詔令頒後，武帝見衛青眼神略異，便心有不忍，然又想到左依倚，只恐禍再起心腹，於是硬起心腸，佯作未見。

自此，霍去病之勢日貴，而衛青尊寵則漸衰。衛青府中原有故人門客，見風向不對，都紛紛離去，轉投霍去病門下。

唯有一滎陽人任安，不顧這世態炎涼，對衛青仍懷敬重。任安少小

孤貧，由亭長做起，繼為三老，因行事親民，素有清譽。後入衛青將軍府為舍人，因家貧無力賄賂家監，始終不得衛青重用。

當時衛青蒙寵日重，武帝便有詔，選將軍府舍人為郎。平民做郎官，須自備馬匹、衣裝，乃是步入宦途的第一步。衛青此時已成權貴，全忘了舊時也曾微賤，只挑選舍人中富家子弟，令其備好駿馬繡袍，以供選用。

不數日，少府趙禹奉詔前來選人，見過衛青舍人數十名，皆不入眼，隨後笑對衛青道：「將軍門下，當有賢者在，文武兼備。然將軍只挑些富人之子來，全無謀略，如木偶著繡衣也，如之奈何？」

衛青訥訥不知所對，趙禹也不再說，只召來府中所有舍人，約有百名，逐個問之。一番問詢後，選中任安、田仁兩人，遂對衛青道：「獨這兩人可以，其餘全無可用者。」

衛青訕訕，只得恭恭謹謹送走趙禹。回首見任安、田仁一派寒酸相，竟有如此好運氣，意便不平，賭氣道：「你二人中選，好歹要顧及將軍府臉面，請各自備好鞍馬、錦衣。」

任安見衛青使氣，便也不客氣，照直答道：「家貧，無錢備齊。」

衛青便陡然怒道：「君家貧，是君自家事，本與我無干，何出此言？怏怏不快若此，竟似曾有大德於我嗎？」叱罷，也覺無可奈何，遂上書奏明，此二人無力自備鞍馬。

武帝見了奏書，心生好奇，便有意召見二人，看是何等樣人。

任安、田仁應召上殿，武帝劈面便問：「你二人，哪個德能在前，哪個居後？」田仁搶答道：「提鼓枹，立軍門，使士卒樂於死戰，臣不及任安。」

瀚海交鋒，胡運衰敗顯劫數

　　任安也連忙答道：「決嫌疑，定是非，辨官吏能庸，使百姓無怨心，臣不及田仁也。」

　　武帝聞之大笑：「好好，各有其能，倒是不謙虛！如此，任安既能戰，可任北軍護軍；田仁既善治，可往河上，督護屯田事。」

　　此番召見下來，二人之名，立時傳遍天下。後任安升為益州刺史，見舊主衛青失勢，卻不離棄，凡入京奏事，必登門叩拜，世人皆讚任安知仁義。

　　汲黯在京畿，聞聽閭巷談及此事，也不禁感嘆：「故廷尉翟公有言：『一死一生，乃知交情。一貧一富，乃知交態。一貴一賤，交情乃見。』悲夫，世態豈不正如此！」

　　再說伊稚斜單于遭狙擊，慌不擇路，帶親兵一走了之，與各部失了音訊約有十餘日。匈奴各王群龍無首，都疑伊稚斜已死，慌得不行。右谷蠡王見不是事，便自立為單于，暫作號令。

　　待各王收拾好散兵遊勇，伊稚斜方從草原深處歸來。右谷蠡王這才鬆一口氣，連忙自去單于名號。

　　匈奴雖不至潰散，然經此一役，元氣大傷，各部都退回漠北，遠離漢境，自此漠南再無王庭。

　　趙信見大勢如此，知是天意難回，便勸單于權作韜晦，與漢家重開和親。伊稚斜也無甚妙計，只得聽從，便遣使往長安再提和親。

　　武帝在前殿召見來使，睨視使者一眼，冷笑道：「如何怎地著急？你家單于，正年少著，尚可與我再較量三十年，如何就要講和了？」

　　匈奴使者一臉惶恐，稽首拜道：「漢軍天威，此次各王都領教了，無不畏服。回首往日，都覺和親方為正途。漢匈兩家，同出一脈，實不能

再自相殘殺了。」

武帝便叱道：「朕並未殘殺你兵民！百年來，胡騎年年入秋，只聞不住馬蹄，屢次犯邊，殘殺我吏民，是你輩慣技。」

「不敢，往事提不得了！今日和親，我家主子懷有至誠，望陛下開恩。」

「哼！單于認了輸，倒也是百年未遇之事。朕尚未即位時，即忍不得匈奴秋犯，若不是老太后阻攔，今日之事，十餘年前就已見分曉。朕於和親，倒是無可無不可；此事如何，還須問我大臣，你且去等回音。」

待匈奴使者退下，武帝便召集公卿來議：當下情勢，可否允匈奴重提和親？諸臣議了一整日，或曰可，或曰不可，爭論不休，堪堪已至日暮，也未有定議。

丞相長史任敞，也在集議之列，因位卑不曾發一語。此時實在按捺不住，便諫言道：「匈奴方為我軍所破，家國幾敗。我正可令其為外藩，世代臣服，豈可允他為敵體來言和？」

武帝拍案讚道：「正是此理！早前張騫出西域，單于阻撓，嘲我漢使不可越他國土。如今怎樣？霍去病大軍北征，貫穿大漠，兵臨瀚海，再打就打到地府去了，他還有何臉面妄稱敵國？」

「陛下聖明。我朝收匈奴為藩屬，正當其時。」

武帝連連稱善，即命任敞為使者，往匈奴去勸喻單于，若肯稱臣，一切皆好說。

豈料任敞出使後，一連數月，不見歸來。朝中大臣猜測，想是任敞心直口快，言語上唐突了單于，被拘留於胡地。

武帝念茲在茲，朝會時，又提起和親事，問諸臣究竟利弊如何。

瀚海交鋒，胡運衰敗顯劫數

　　此時有博士狄山，挺身出列，力言和親甚好：「自白登解圍後，漢匈和親至今，從未有過大患。和親中斷，即勞師靡費，遠征千里，萬人拋屍大漠。利弊不辯自明，望陛下三思。」

　　武帝便冷笑：「博士說話，總是有理。七十年來，我被殺擄邊民，又何止萬人？此命又由誰來償？」

　　狄山強辯道：「我軍不入胡地，義便在我。」

　　武帝笑道：「胡人只管擄你人畜，如何肯與你講這個『義』字？」便又偏頭問張湯之意。

　　張湯新晉為御史大夫，怎敢不留心揣摩上意，見此狀，便直視狄山叱道：「腐儒之論，愚不可及，陛下無須聽信！」

　　狄山久不滿張湯躁進，當即反駁道：「御史大夫說話，如何仍如長安吏，動輒訓斥？臣固然愚，然不失為愚忠；不似你張湯大夫，實為詐忠！」

　　武帝正寵信張湯，聞言不禁變色，手一指狄山道：「書生議政，如何要誣人不忠？道德豈是你一人獨占的？張湯為文法吏出身，長於治理；你一個儒生，可能勝任嗎？」

　　「儒生並非書蟲，也常習六藝。騎射功夫，臣並不輸於人，陛下可以一試。」

　　「若令你守一郡，可阻得住胡騎入寇嗎？」

　　「臣非武將，不能。」

　　「若令你治一縣，可能勝任嗎？」

　　「臣非老吏，不能。」

　　「邊境有城障，以你之才，可守得一障嗎？」

狄山被說到短處，不好再推辭，只得應道：「臣願往。」

武帝便一拍掌道：「甚好！你若守住城障三月，還都後，朕命你為郡尉，也不負書生指畫天下之志。」

如此，狄山即被遣往邊地，入住一城障，暫任為障吏。

漢時邊郡城障，地處要衝，軍民不及百人。邊荒地僻，連飲食都極艱難。狄山硬著頭皮上任，勉強住進，日日呆望荒煙落日，只盼著三個月期滿回京。

哪承想，赴邊障尚不及一月，某日晨起，戍卒卻驚見狄山暴斃床頭，連頭顱也被人取走！太守聞訊，連忙趕來查問，吏民都說是被匈奴人所殺。問來問去，終無結果，遂成了一樁疑案。

消息傳回朝中，眾臣不由滿心驚懼，都疑是張湯施的毒手，於是再不敢倡言和親。

匈奴使者既遭拒，黯然北返。伊稚斜得報，也知武帝下了狠心，深恐衛、霍大軍再來，著實擔憂了多時。好在漢家這一面，連年遠征，賦役繁劇，連天下馬匹都不夠用了，也無力再戰。兩家就此不戰不和，邊境上反倒安穩下來。

瀚海交鋒，胡運衰敗顯劫數

張湯驕恃，寵極而衰命途絕

　　元狩五年（西元前 118 年）春上，李廣三子李敢，喪父之痛尚未平，忽又聞叔父李蔡遭逢厄運。

　　這位李蔡，與兄長李廣一道，係由良家子從軍，曾任文帝武騎常侍，勇武且謹慎，戰功顯赫。武帝即位後，封為安樂侯，自元狩二年起，繼公孫弘為相。改為文臣後，也任事甚力，統領天下吏治、改幣、統禁鹽鐵諸事。

　　或是位高必生驕心之故，他於晚年，忽就做了一件蠢事，私占了景帝陵園的一塊空地。向例，以公地為私家苑圃，無非是違例過失；然所占地乃堂堂帝陵，便是坐了大不敬之罪。

　　時有大臣上書彈劾，呈到武帝案頭。武帝閱過，發了雷霆之怒，恨李蔡太過張狂，便有詔發下廷尉府對簿。

　　當朝丞相被問罪，此種傾覆，幾與蕭何、周勃之厄相同。李蔡聞聖上震怒，知是逃不過這一關了，心中就翻江倒海。他本為剛烈之人，想自家位居堂堂三公，豈能受法吏羞辱？

　　如此一想，便沒有退路了，心一橫，在家中自盡身亡。人死後，雖不再問罪，侯門卻因此斷絕。

　　再說那李敢，因北征有功，封了關內侯。李廣自盡後，武帝心有不忍，令李敢襲了父爵，此時正為郎中令，總管宮禁事。

　　李敢之上，有長兄李當戶、次兄李椒，皆短壽，先於李廣而死。此後李廣又冤死，父子四人，僅餘李敢一個。李敢心中便覺淒涼，總恨那

張湯驕恃，寵極而衰命途絕

衛青胡亂調遣，致使老父自盡。襲爵之後，不免常思報仇。

還未等下手，又聞叔父李蔡也自盡，就更怒不可遏：「想我李氏一門何辜，竟至兩位長輩枉死？」盛怒之下，闖入大將軍府，當面追問衛青：「大將軍，我父緣何而死？」

衛青性素溫順，將李敢延進書房，好言辯白道：「令先尊在我軍中，蒙聖上所託，不敢令他當勁敵，只可為偏師助陣，故而分兵。」

李敢哪裡肯聽，當即反駁道：「大將軍一言，人皆信之，我偏是不信！你說是分兵，如何要令先父繞道遠涉？」

「輿圖繪畫不詳，失道在所難免，足下也曾征漠北，當不至疑我有勾當。」

「呸！下臣不用你教訓，偏就疑你有勾當！」三言五語後，李敢忍不住破口大罵，罵罵尚不解恨，又揮起拳就打。

衛青驚起，急忙躲閃：「郎中令，莫做匹夫事！」不意稍遲了一步，顏面竟被打傷。

李敢以衣襟拭淨手上血，望住衛青冷笑：「我隴西世家，大將軍恐有所不知：為報父仇，寧為刺客死路旁！」

將軍府一眾侍從聞聲，連忙搶進，從後抱住了李敢。侍從們七手八腳，按住李敢，欲捆綁送官。衛青掩住傷口，連忙喝止。

李敢甩脫眾侍從，恨恨有聲道：「騎奴焉知大義？我便教你知，何為父子同仇！」轉過身，即大步出了將軍府。

眾侍從皆感憤恨，要往御史臺去，向張湯告狀。衛青只是不許，隨後，告病在家敷藥。數日後痊癒，念及李廣之功，令左右不得聲張。

霍去病聞說阿舅患病，便來將軍府探望，聞知此事，不由大怒：「校

尉之輩，何至倡狂若此！」便要去登門問罪。

衛青連忙勸阻，然霍去病惱恨在心，不能釋懷，遂起了報復之意。

繼之不久，武帝往甘泉宮游獵，霍去病、李敢皆為隨從。馳入平野之後，一眾衛士正在追逐禽獸，霍去病趁李敢不備，佯作射獵，從後面張弓瞄準了李敢。

但聞霍去病大喝一聲：「送你去見乃父！」弓弦響過，一箭正中李敢後心。這一箭，用足了生平力氣，李敢雙手舞了舞，便一頭栽下馬來，當即氣絕！

眾衛士離得遠，不知是何人誤傷李敢，慌了手腳，都圍上來觀看。見救治不及，人沒了氣，只得上報武帝。

武帝在後隊聞報，心中一驚，立知是霍去病做的手腳，便有意祖護，令眾人將箭鏃拔出，裹好屍身抬回，只說是被鹿角觸死。

自高帝約法三章，漢律即有條文：殺人者死。雖有「議親議貴」之說，於顯貴可減免，也不過僅免一死。似這般皇帝親為迴護、正凶毫髮無損者，前所未有。

當時李氏一門，已勢單力孤，不敢稍有異議，只默默將冤情嚥下，門庭也日漸衰落。僅李廣長子李當戶，有一遺腹子名喚李陵，長成後承繼家風，從軍習武。然命運亦甚坎坷，此為後話。

李廣其人，相貌粗鄙，酷似農人，口訥訥不善言，然其忠勇之心，卻令天下士人動容。時有民諺曰：「桃李不言，下自成蹊。」便是喻李廣之語。其功勞之大，其運命之悲，令後世百代思之，意也難平。

再說霍去病仰仗恩寵，殺人不償命，卻不料，風光尚不及一年，竟然得病而死，似冥冥中有報應一般。

張湯驕恃，寵極而衰命途絕

　　武帝聞霍去病噩訊，悲從中來，只嘆天意不遂人願。原想衛青功高，難免會震主；霍去病則年少而武略不凡，恰好可當大任，取代其舅，怎能想到他竟如此短壽？

　　哀傷之餘，武帝令厚葬霍去病，允其葬在茂陵旁，諡為「景桓侯」。並有詔下，下葬之日，發五屬國渾邪王降眾，結為「玄甲軍」，從長安排列至茂陵，壯其聲威。

　　又在茂陵園內，仿祁連山形，為霍去病起一大塚，以紀他開疆之功。霍去病之子，此時年尚幼，武帝甚愛之，有意栽培，可惜後來早夭，侯門也就此斷絕。

　　李、霍兩家，雖都是名將，卻因有無裙帶之故，命運相異，竟然有天壤之別。

　　再往後看，李廣之孫李陵、霍去病之弟霍光，均成顯貴，然結局仍然類似。所謂專制之下，難有公平，即是此之謂也，神仙也無可奈何。

　　卻說李蔡死後，相位空缺。御史大夫張湯位列丞相之次，按例應當補進。即是張湯本人，也作如是想。

　　萬料不到，武帝用人，到此時已是人神莫測，偏就不用張湯，卻拔擢了太子少傅莊青翟，遞補為相。

　　這位莊青翟，資歷亦是不俗，乃是開國勳臣孫輩，其祖父莊不識，高帝時封為武強侯。至文帝時，莊青翟得襲父爵；武帝即位後，曾任御史大夫，此時用為丞相，並不唐突。

　　武帝這道詔命下來，莊青翟自覺資歷不輸於人，便也未推辭，欣然受命。

　　於此，張湯卻意有不平，覺有失顏面，暗中起了猜忌之心，起意要

構陷莊青翟，只是苦於無從措手。

那莊青翟也是冤枉，無意中成了人家絆腳石，卻渾然不知。坐上了丞相位，只道是有祖上護佑，卻不知將陷於一場生死爭鬥。

莊青翟上任，要應對的還是計財之事。此時，天下所用錢，盡為三銖錢，質輕價重，極易偽造。有那奸商之徒為牟利，往往犯法盜鑄，官府也難禁。

張湯窺得莊青翟並無良策，便上書奏請，擬改鑄五銖錢。因五銖錢所費銅材略多，故而可防盜鑄。武帝准了奏，五銖錢從此流遍天下。然計財之事，不能憑想當然，那五銖錢用銅雖稍多，私鑄之利卻更大，民間私鑄，從此反倒熾烈成風，尤以楚地為多。私錢氾濫，官錢就更不值錢，官府購得馬匹糧草，憑空要多費不少冤枉錢。

武帝雖高踞深宮，於此事卻瞭如指掌。有桑弘羊等人為耳目，奸商所為，逃不出他眼光。

私錢遍地，與官府爭利，這如何能忍？武帝想了想，便召閒居的汲黯入朝，令他去做淮陽太守，欲以峻法治楚民，止住盜鑄之風。

汲黯被免官多時，耿耿於懷，本不願再為官。使者攜詔書赴濮陽（今河南省濮陽市），上門徵召，汲黯只伏地辭謝，不肯受印綬。

使者在兩地奔波往來，如是三回，汲黯偏就不鬆口。

武帝聞之，又氣又笑：「這長孺老翁，又耍脾氣了！」便特召汲黯來見。

汲黯應召入朝，上得殿來，又是伏地連番辭謝：「臣已衰朽，做不得官了。」

武帝嗔怪道：「長孺君，請平身說話！此次外放，是為重用，莫非你還疑心朕嗎？」

張湯驕恃，寵極而衰命途絕

汲黯泣道：「臣以為即將老死填溝壑，不復見陛下了，不意陛下又要收我為官。臣自是願做犬馬，然病體未復，力不能勝任郡治。臣只願為中郎，出入宮禁，聊作補闕拾遺。」

武帝便笑：「君如何就瞧不起淮陽？天下四方往楚，淮陽當道，朕用你扼住淮陽，盜鑄便不難禁。如今淮陽吏民，為禁私錢之事，兩不相安。朕欲借重君之名，坐鎮淮陽。你到了郡衙，便是臥而治之，也是好的。」

汲黯聽武帝所言甚懇切，也只得勉強受命，辭別而出。

京中諸友聞知，都跑來賀喜，順便為汲黯踐行。汲黯哭笑不得，只得與眾周旋，忽見座中有大行李息，心中就一動，覺有話可向李息交代。

待賓客散後，汲黯立赴李息府邸回拜。進了庭院，汲黯一把拉住李息，步入內室，急切道：「我雖得官，實是被逐往外郡，不得參與朝議。有句話，要說與足下聽：御史大夫張湯，你也知他是何等人。其智，足以令主上拒諫；其詐，足以為主上飾非。官居權要，卻不肯以正驅邪、為天下人代言，只知逢迎聖意。主上不喜之人，即百般詆毀；主上喜好之人，則曲意誇讚……」

李息略一抬手，止住汲黯話頭，嘆氣道：「張湯權重，你我怎能奈何他？」

「此等奸邪，好興事，擅舞文弄法。內懷詐術，左右主上；外挾酷吏，以為自重。公位列九卿，何不早向主上諫言？」

「主上寵信張湯，言之又有何益？」

「張湯遲早身敗，公若不言，將與他一同受戮！」

李息一驚，只是搖頭道：「此事重大，容我三思。」

　　汲黯便頓足嘆息：「公為武人，威名與大將軍並行。上陣殺人，血濺衣而面不改色，何以膽小若此？」

　　李息望望窗外，更無言語，只恭恭敬敬將汲黯送出府門。此後多日，李息左思右想，終未敢彈劾張湯。

　　汲黯見李息並無動靜，知事不可為，只得赴淮陽上任。其治郡之道，一如往昔，時不久，淮陽郡治便告清明，盜鑄之風漸消。

　　至此，武帝一朝的斂財之道，如白金幣、五銖錢、算緡令、鹽鐵官營、排擠富商、鋤豪強等，皆由張湯窺探上意，促請而成。

　　數年間，「財賦」二字，為漢家君臣所熱衷，每言必及。張湯入朝奏事，語及國家用度，就滔滔不絕，直講到日暮，令武帝聽得忘食。

　　前後兩任丞相，在他面前，竟似僅有虛位一般。朝野都流傳一句話，即是：「天下事皆決於張湯。」

　　如此苛政，百姓如何能安於生計，不免就常有騷動。郡縣奉詔行新法，法有疏漏，朝廷未得其利，貪官卻可從中漁利。張湯聞之，便又痛加治罪，無論吏民，概不留情。

　　施政嚴苛若此，天下公憤，便都集於張湯一身。公卿以下，以至於庶民，無不切齒咒罵張湯。

　　未央宮與俗世僅隔一牆，褒貶好惡卻全然不同。武帝看重斂財，不顧群議滔滔，只寵信張湯一人。遇張湯得病，竟能以九五之尊，親自上門去探望。朝臣見此，也只有徒喚奈何，少不了有人相互間耳語：「如今端的是精神亂營了。」

　　當時民間有一商賈，名喚田甲，素有賢名，曾是張湯老友。張湯向

張湯驕恣，寵極而衰命途絕

為小吏時，與之有錢財往來。待到張湯為大吏，操弄國政，鬧到民不聊生時，再見到張湯，田甲便當面叱責：「多年不見君，君之貌，何其詭異？正月裡有韭，你冬月便欲割盡嗎？」

張湯礙於情面，不便發作，只能拂袖而去。世人聞田甲此舉，都讚他是剛烈之士，敢言人所不敢言。

大勢至此，張湯之位已是危甚，然他這局中人，卻全不察此情。只道是哄住了皇帝一人，便可保三代身家，不但未加收斂，反倒是越發殘苛。

當時九卿之中，有大農令顏異，為發鹿皮幣一事，獨持異議。武帝當然心有不悅，張湯窺得上意，巧為迎合，竟然視顏異為死敵。恰在這時，有人上書攻訐顏異，指顏異鄙棄新法，陰懷兩端。

武帝見了劾奏，也正想就此趕走顏異，即令張湯去查辦。

惡僕向來行事，其惡必逾於主人。張湯此時，正恨不能將顏異一口吞掉，得此機緣，豈能令他生還？於是，一張羅網，便鋪天似的蓋了下去。

然一番嚴刑搜求下來，卻是沒有證據。顏異固然忌恨新法，卻也知禍從口出，從不多言，只不過與來客相談時，略略譏嘲了幾句新法。

張湯見酷刑之下，竟無所獲，也只得嘆案中人骨頭太硬，遂將顏異幾句謔語，充作罪證，奏了上去。讞詞稱：「顏異位列九卿，見有詔令不便，未嘗入奏，但好腹誹，應當論死。」

武帝於盛怒之中，見了這荒唐讞詞，竟是毫不猶豫准了奏。

古來以「誹謗」加誅，僅見於秦律。秦法殘苛，世人皆恨，文帝時已明令廢除「妖言罪」，此後說話不再犯法。幾十年言路通達，人皆習慣，

今忽見有「腹誹」入罪，朝臣無不驚詫。

　　然顏異到底因玩笑而失頭顱，朝野震恐，人人噤不敢言。張湯見此，索性將「腹誹論死」一條，也加入刑律。如此，臣僚嘴上雖沒說，僅心中有不平之意，便也是大逆。諸臣只能望天嘆道：頭頂的這片天，不知是哪一片天了！

　　孔子曰：「君子泰而不驕，小人驕而不泰。」張湯驕狂至此，已跡近佞臣，旗桿折斷之時，就在眼前。

　　──其高位崩塌之速，竟也令人瞠目！

　　張湯倒臺，想不到是始於腳下。原來，他所掌的御史臺中，有一御史中丞，名喚李文，為御史臺次官，專掌彈劾百官。

　　李文與張湯素有舊隙，任御史中丞後，餘恨未消，便留意衙署中往來文書，凡有能傷到張湯者，概不放過，都偷偷記下來。

　　他知張湯跡近小人，為治小人，也只能以佞治佞，攢足了罪證再說。

　　且說衙署中有一小吏，名喚魯謁居，為張湯所愛。此人生得眉清目秀，或為張湯男寵也未可知。

　　這魯謁居，雖貌美而心狹，得了寵愛，便思投桃報李。他知張湯與李文不和，便唆使旁人赴闕，上了一道匿名變告信，誣告李文有謀反奸謀。

　　武帝被矇在鼓裡，得了變告信，甚是惱怒：「謀反也罷，如何竟謀到御史臺來了？」於是發下張湯查問。

　　李文落在張湯手中，酷刑逼供，哪裡還得有活路？活生生地就被砍了頭。

張湯驕恃，寵極而衰命途絕

這一幕，看得朝臣目瞪口呆。然天下人之口，要想封完，也是不能。後幾日，武帝不知得到什麼風聲，忽就問張湯：「日前，有人匿名言變事，事究竟從何而起？」

那魯謁居誣告，並未告知張湯，然張湯心中明白，聞聽武帝追問，就佯作驚訝道：「或是李文故舊，心有怨恨而為之。」

武帝點點頭，以為不錯，此事好歹算是敷衍了過去。張湯心喜，回到府邸，便想召魯謁居飲酒共賀。不料家人回報，說魯謁居患了病，臥於閭里租屋內，不能來見。

張湯聞之，十分心疼，連忙前往探視。魯謁居臥病不起，只說是腿腳奇痛，端的難忍，又說了些李文伏誅事。才說了數語，便忍不住呻吟起來：「使君，小臣雖是使了些巧力，尚不至遭天譴吧？」

張湯聞言，便覺心慌：「病患要緊，如何還有心思亂想？」遂掀開衾被，見魯謁居雙腳紅腫，竟似碩大薯芋，連忙就為他按摩雙足。

這美貌小廝，不過衙署中一小吏，竟得主司如此照顧，實為聞所未聞。一眾隨從在旁，看得也是呆了。

或是因消受不起這天大的福分，魯謁居病了不過僅旬日，竟一命嗚呼，神人也留他不住了。

如此一來，便由喜轉悲。謁居未婚無子，只有一弟，在長安與他同住，現下家徒四壁，竟付不起喪葬錢。張湯悲傷已極，一切喪葬費用，皆出錢打點，務求圓滿而止。

漢朝上下，即便真的是好男風，也不足為怪。這一樁奇聞，若僅是張湯略有踰矩，倒也惹不出什麼人言來。

不料此時正有趙王劉彭祖，盯著張湯不放，事便急轉直下。劉彭祖

210

為景帝第七子,年長武帝十歲,在趙為王多年,為人巧佞,善持詭辯中傷他人。彭祖人如其名,果然也是長壽,在位有六十年,其國相在位卻從未逾兩年。

凡朝中派來一相,彭祖便使人密窺,察其偶有失言,立即上書舉發。如此,在趙為相者,一旦坐罪,大者死、小者刑,人人如履薄冰,不敢忤逆,他便可為所欲為。

前文曾說過,早前主父偃受賄賂,便是趙王聞風彈劾,奏書一上,竟致主父偃被誅。天子以下,就便是一等權臣,聞趙王劉彭祖之名,也不禁膽寒。

張湯今日驟貴,並不賣面子與趙王,兩人竟由鹽鐵之法而結仇。趙地本多鐵礦,原是滾滾財源,朝廷行新法,鹽鐵官營,趙王平白就失了一大進項,於是常與鐵官爭執。

遇此爭端,例由御史大夫出面調處,張湯便常遣魯謁居赴趙,查究是非。魯謁居有張湯授意,甚是強橫,屢屢逼迫趙王讓出冶鐵之利。

趙王終不能忍,恨張湯入骨,連帶也恨極了魯謁居。想自家好歹是天子胞兄,怎能在乳臭小兒面前忍氣?於是遣人潛入長安,密探張、魯兩人過失。

適逢魯謁居病臥,張湯居然為之摩足!眼線探知,急忙報回趙王。趙王聞此事,也是大呼驚奇,火速上了劾奏一道,稱:「張湯身為大臣,不自莊敬,竟親為一小吏摩足,駭人聽聞,史所未有。若非與之有大奸,何至狎暱若此?其中不法,宜從速嚴究。」

武帝自李文案起,便有些疑心張湯徇私,如今兄長又奏請彈究,事即不能放過。於是令張湯迴避,將此事發下廷尉查問。

張湯驕恃，寵極而衰命途絕

　　此時的廷尉為趙禹，也是個聞名的酷吏，曾與張湯共擬新法。趙禹受了上命，知張湯已勢危，即發箋去捕魯謁居。廷尉府早隸得令，便如狼似虎而去，俄頃又返回，報稱魯謁居已病死，只逮得其弟歸來。。

　　趙禹原想快刀斬亂麻，一刑之下，問出實情來。不料魯謁居已死，便無從下手了，只得逼問謁居之弟。那謁居弟只是個少年，並未牽連入案，不便用刑，所供又語無倫次，全不能用。趙禹無法，只得將謁居弟囚繫在導官[32]署，罰他舂米，有待慢慢追問。

　　此案就此拖延下來。

　　謁居弟在囚禁中，度日如年。可巧這日，張湯去了導官署查驗公事，謁居弟看見，如見救星，急忙在檻中呼救。

　　張湯聽到，知是謁居弟在此，本想去勸慰幾句，無奈此案所涉，首要一人便是自己，哪裡還敢妄動？於是佯作不識，頭也不回走過。心想待事平後，再出手應援。

　　那謁居弟是懵懂少年，哪裡知這其中利害，見張湯昂首而過，還道是他翻臉不認人，於是恨由心生。當夜就請獄卒上書，告張湯唆使其兄，匿名誣告李文。所有李文奸謀之謂，全屬子虛烏有。

　　武帝接了上書，證實了早前猜疑，覺張湯操弄天子如木偶，實是惡劣，便命新任御史中丞減宣，查究這樁誣告案。

　　也是合該張湯運去，這位減宣，也與張湯有舊仇。得此機緣，樂得假公濟私，埋頭搜索起罪證來，務要教張湯難逃羅網。

　　此案尚在追查中，忽又有一大案爆出。原是文帝陵園中，四角附殿埋下的瘞（一ˋ）錢，即陪葬之錢，一夜間竟被人盜空！

---

[32]　導官，官職名。少府下屬，掌舂御米。

陵園被盜，首責當屬太常，然事關重大，丞相也有失察之責。丞相莊青翟無可逃避，為減輕罪責，只得邀了張湯，一同入朝去謝罪。

張湯窺伺莊青翟之位已久，臉面雖未撕破，卻早已存了取代之心，哪裡肯替他分責？見莊青翟相邀，心中就有數，佯作應允。待兩人入朝面聖，莊青翟跨步向前，提起陵園被盜事，率先謝罪，而後回望張湯，示意張湯也聲言擔責。

當此際，便見出張湯的詭詐來，他當場只是兀立不動，全無聲響，害得莊青翟只得獨自謝罪。

武帝未察出此中奧妙，聞奏動了怒，令掌監察的侍御史從速追查。張湯恰是侍御史的主官，待到散朝後，便暗中將侍御史召至家中，密授追查之計。

原來，張湯不但不肯分責，反倒想誣加莊青翟「明知故縱」之罪。若此罪坐實，則莊青翟丞相一職便難保。莊氏既免官，自然是由張湯遞補。

如此一番詭計，侍御史心領神會，應允照此辦理。豈料此人嘴巴不牢，竟將密計洩露了出去。

莊青翟風聞此事，心下大懼。正無可奈何之際，丞相府中有三長吏，聞訊後不願坐視，意欲揭穿此密計，陷張湯於絕地。

這三長吏是何人？首要一個，便是大名鼎鼎的朱買臣。

早前朱買臣為太中大夫時，風光無兩，張湯當時還是小吏，只配在買臣面前跪拜。

後張湯竄升得快，一躍而為廷尉，又借淮南案大獄，將買臣恩主莊助誅殺，買臣那時便懷有怨結。

張湯驕恃，寵極而衰命途絕

買臣自會稽返京，曾任主爵都尉，列於九卿。數年後，因犯法免官，只得暫去丞相府做了長吏。

此時張湯已成御史大夫，與朱買臣再相見，尊卑也就顛倒了過來。朱買臣有事拜謁，張湯只當是小吏來見，高踞而坐，從不施禮。

買臣雖已失勢，到底還是楚地名士，大名滿天下，遭此蔑視，焉能不積怨在心，便欲將張湯置於死地。

三長吏中另兩人，一位名喚王朝，精通術數，曾為右內史；一位名喚邊通，性剛烈，擅縱橫術，曾任濟南國相。

此二人，都曾官居張湯之上，如今失了官，暫為長史，反倒屈居張湯之下了。

張湯做了御史大夫後，凡丞相告假或卸職，便代理丞相事，總攬一切。他也知相府三長史心高氣傲，便存心於公務之間，百般折辱。

小人驟升，貶損昔日顯貴，為的是圖一時之快，卻料不到，禍患也就緣此而生。

三長吏見張湯已官司纏身，卻還要害人，便合謀，要予他致命一擊。於是，三人同來見莊青翟，力主先發制人：「張湯與公約定，入朝謝罪，不旋踵就背約，實是小人嘴臉。今又欲借陵園失竊事，傾陷於公；公若不自保，則相位旦夕將為此人所奪！」

莊青翟一時並無主意，哀嘆道：「張湯之心險，閭巷皆知，我如何當得他尖牙利爪？」

朱買臣就道：「我等三人，久已看不過眼去，欲為公作籌劃。不如先舉發張湯陰事，將張湯之罪坐實，以免公後顧之憂。」

「張湯行事縝密，如何能有短處，為人所握？」

「即便是孔子,亦有見南子之諱。張湯非聖賢,醃臢也必多。近年為行新法,常與商賈勾搭,豈能沒有短處?」

莊青翟本不欲陷人不義,然事急,若不出手,則自家性命有虞,故只得允了。

三長吏得了默許,便暗遣得力吏員,前往市中,逮得商人田信等人,關進相府獄中,嚴刑逼供。

田信等人,素來為張湯奔走,自詡為耳目,重刑之下,只得胡亂招了。田信被逼不過,自誣道:「凡御史大夫欲奏何事,小人必先知之。官府所用財貨,小的聞風而動,買進之後再賣與官府,以此致富。」其餘奸事,也是有問必招。

三長吏得了口供,旋即散布出去,宮禁內外多人,都口口相傳。

這日武帝耳聞涓人議論,不由得警覺,立召張湯來問:「吾意欲何為,如何商賈竟能預先知之,豈非奇哉?」

張湯心頭一跳,不知是何處出了紕漏,只得硬起頭皮不語。

武帝直視張湯,目不轉睛又問:「官府欲購何物,商家便預先囤積,似是有人將吾意私下告知。」

張湯見敷衍不過,只得佯作驚異道:「或真有此事!」

武帝聞張湯言語含混,不禁面有慍色,揮袖道:「君請退下,朕遲早知是何人所為。」

張湯心懷惴惴,黯然趨退,全不知武帝為何起疑。

恰在此時,減宣已將魯謁居誣告案查清,有上奏呈至東書房。

武帝閱過,見條條詳實,不由怒從中來,將奏書擲下:「我信張湯,張湯卻無信至此!」當日,即先後遣使者八人,輪番赴張湯府邸,與張湯對簿。

張湯驕恃，寵極而衰命途絕

　　張湯向為酷吏，知口供即是要命的繩索，於是逐條反駁，堅不認罪：「聖上責我懷詐，我詐在哪裡？又責我欺君，我曾在何處欺君？所謂田信招供，全無此事，你輩再來八個，我也不服！」

　　武帝雖在盛怒之中，然慮及張湯素為寵臣，天下皆知，一夜間翻為權奸，總要塞住天下人之口。便不欲立捕張湯下獄，只要他自承有罪就好。

　　武帝想了一夜，天明後攬鏡自照，頭髮竟然白了許多。又在室內徘徊許久，方召廷尉趙禹來，吩咐道：「張湯為能吏，懷奸惡，旁人是問不出的。你與張湯有舊，若勸得他悔罪，當有妥善處置。」

　　趙禹之刑獄手段，並不輸於張湯，領命後，自有一番主張。待退下殿來，驅車赴張湯府邸，於途中便想好了說辭。

　　待閽人通報後，張湯出來，迎住趙禹問道：「趙廷尉，如何是你來？」趙禹便一笑：「我來，不是強於他人來嗎？」

　　張湯遂將趙禹迎入內室，隔案對坐，拱手道：「在下問心無愧，可對天地；即是趙君來，也無甚可供！」

　　趙禹遂收斂笑容，責備道：「我與君共事，無有不諧。只未料，君何以這般不知輕重？」

　　「此話怎講？」

　　「君坐此位，審案多矣，滅族斬首者，不知有幾何？如今人皆言君有罪，供狀詳盡，如何抵賴得了？天子顧情面，不欲捕你入獄，欲令你知罪而自為計，免得族誅。你如何就看不出這苦心，非要逐條反駁不可？」

　　張湯聞此言，信心頓消，面露哀戚之色：「多年來，我為天子之刀，

取人頭顱無算。如今天子聽讒言，棄用下臣，以洗苛政惡名。可嘆我自長安吏起家，幾至人臣之極，卻翻作汙泥，終被洗掉！」

言畢，即從案頭拿起筆來，寫了一道謝恩書。書曰：「臣湯起自刀筆吏，無尺寸之功。蒙陛下恩寵，位至三公，無以塞責，唯一死而報君恩。然謀陷臣入罪者，三長吏也，臣湯臨死上聞，即為鬼，亦不能瞑目！」

寫畢，擲筆於地，自博古架上，取下一瓶鴆酒，對趙禹悽然一笑：「我為廷尉之日，即備下此物。今日君來，可知你我之輩終局，也不過如此！」便拔出瓶塞，仰頭將毒酒一飲而盡。

趙禹在旁靜觀，饒是他見慣了人間慘劇，也不由得色變。見張湯已仆倒氣絕，忙喚張氏親屬上堂，將屍身收斂，便入朝覆命去了。

張湯斃命，消息立時傳開。京中公卿聞知，都如釋重負，暗地相約聚飲相慶。

當日，有廷尉府一班皂隸，奉趙禹之命，入張邸查抄，翻箱倒櫃一整日。卻不料，抄得家產才不過僅值五百金，皆為張湯歷年所得賞賜。

皂隸去後，張母及兄弟子姪，環集堂上，放聲大哭。其弟心有不平，欲厚葬張湯。張母聞之，斷然不允，大聲道：「張湯為天子大臣，受汙言而死，並非榮耀，為何要厚葬！」便命張湯之子張世安，從簡入殮，有棺而無槨[33]，以牛車載往故里杜陵，草草下葬。

趙禹察其情，不敢隱瞞，便將張湯的絕命書，呈交武帝。

武帝此時，怒氣已消了大半，閱罷張湯遺書，又聞趙禹所言，心中忽生出懊悔來，嘆道：「非此母不能生此子！」

---

[33] 槨（ㄍㄨㄛˇ），古時棺材外面套的大棺。

張湯驕恃，寵極而衰命途絕

趙禹亦有兔死狐悲之感，不禁脫口說道：「張湯以私害公，指使屬官誣告李文，當是實。然三長吏所言，與商賈為奸，營私牟利，似也是誣言。」

武帝頹然倚於座，沉默良久，方抬頭道：「張湯出喪，有棺而無槨，清廉堪比孔子家了，如何就說他貪！那個商人田信，在獄中也不知吃了多少苦，且放了吧。著將朱買臣等三長吏，立案逮捕，無論有何口供，誅了便罷！」

趙禹就一怔：「陛下，朱買臣，乃楚地人望也。」

「既是名儒，就不該行縱橫術。他恨文法吏，恨也就恨了，豈能容他擺布天子！」如此不過旬日，即有詔下，稱三長吏共謀誣陷大臣，一併斬首，概不赦。

可惜朱買臣滿腹經綸，卻因一時臉面之爭，捲入此案，與另二犯以一繩牽縛，同赴西市，斷送了性命。

三長吏就戮之日，丞相府一派愁雲慘霧。莊青翟心知牽連之罪難逃，又覺愧對三長吏，不願受辱，當日也仰藥自盡了。

一場政潮過去，朝中三公驟失兩公，險些動搖根本。武帝選來選去，覺太子太傅趙周，家世清白，便拔起為丞相。另有太僕石慶，為「萬石君」石奮少子，平素行事簡約，此時接任了御史大夫。兩人如履薄冰，勉強將局面撐了下來。

滿朝文武見此，各個驚魂不定，都覺聖上脾性，已與往日大不相同，越發難測了。

事罷，武帝仍痛惜張湯，將其子張世安略作拔擢，用為郎官，以慰張氏親屬。

時有張湯舊友田甲,聞張湯死訊,不禁哀痛流淚,想起往日曾勸張湯不宜跋扈,只恨張湯不聽忠言,遂有今日,私下裡屢對人嘆息:「酷吏者,棋子耳,終將遭棄。湯兄這是何苦!」

　　張湯身敗名裂,汲黯當初對李息所言,果然應驗。武帝後來也知此事,便召李息來問:「你如何不聽汲黯勸?若早早諍諫,張湯斷不至於死。」

　　李息囁嚅不知如何作答,只回道:「臣畏張湯,有所不敢。」

　　武帝便發怒:「你畏張湯,竟不畏懼欺君乎?」當即發下廷尉對簿,終判坐罪,免官閒置。又詔令汲黯仍掌淮陽郡,得享諸侯國相之祿,以示褒揚。

　　雖是如此,張湯終究身敗,其餘酷吏,各人運勢亦大同小異。

　　此前,便有酷吏義縱,於右內史任上身敗名裂。那還是上年秋,漢武帝自上林苑出遊,行至甘泉宮,見沿途馳道久未修整,多有損壞,便覺義縱只知殺人,而心不在理政。

　　天子疑心一起,酷吏生死,便多不可料。偏巧義縱又於此時,倚仗恩寵,驕橫生事,終惹來殺身之禍。

　　且說自張湯等人建言,發算緡令,徵商人工匠稅賦,頗見收效。此時丞相府諸計吏,竟又想出「告緡」一法來。早前施行算緡,凡有匿不自報,或報不周悉者,即戍邊一年,家財沒入官。所謂告緡,即是敦促民間告發,凡藏匿家財不報者,經告發,所沒財物一半,可賞與告發者。

　　至上年入冬,有計吏楊可,奉詔在京畿試行告緡,直鬧得雞犬不寧。

　　義縱見楊可主持告緡,耀武揚威,心中便有氣:「你也告發,他也告

張湯驕恃，寵極而衰命途絕

發，這告緡分明就是亂民。京畿民戶，將何以謀生？」便不待上奏，將楊可派出的屬吏，盡都捕入獄中。

武帝聞報，驚得雙目睜圓，拍案大怒道：「楊可告緡，關他右內史何事？」

見義縱恃恩妄為，竟敢阻撓新法，武帝便覺酷吏不可久用，當即下詔，命廷尉府捕義縱來嚴查。

可憐那義縱，往日恣意懲豪強，殺人無算；此時一朝身敗，眾人爭相踏之，擔了個「廢格沮事」的罪名。不多日，便判了斬首棄市。

待義縱、張湯相繼死後，尚有酷吏王溫舒恩寵未衰，由中尉徙為廷尉。昔年盜墓無賴，今朝翻作九卿。小民看不見身敗者悵惶，卻只在乎發跡者得意，轉而又嘆：「盜墓既得卿相可做，讀書又有何用？」

王溫舒任廷尉不多時，武帝覺後任中尉無能，便又命他復為中尉。王溫舒此人，魯莽無文，最喜親手緝盜，居廷尉高位時，整日昏昏欲睡，官復中尉之後，如鷹擊毛摯，頓覺精神百倍。

他生於陽陵，熟知關中習俗，地方上有惡吏多少，皆了然於心。此次復官，便又將諸惡吏盡行起用，倚為左右臂。所用惡吏，苛刻之極，遍置投告箱，勸民告發。又在各鄉路口設定督長，名曰「伯格長」，以督轄盜賊。

王溫舒為人諂佞，最擅依附有勢者，視無勢者則如奴婢。京畿有勢之家，雖犯法鐵證如山，他只似是無睹，秋毫無犯；若遇無勢者，便是外戚，他也敢欺凌。掌刑名既久，就知如何舞文弄法，最喜誣陷小戶，恣意捶楚，以此儆示大戶。

落入他手中的奸猾，必遭嚴刑窮治，大抵都瘐死獄中。即便獲刑不

及死，繫入囹圄，也無一人能活著出來。

其爪牙如虎，行事狠辣，治下滑民無不雌伏。京中有勢者，也願為之遊說，故而王溫舒在京數年，輕易便得了善治之名，其屬吏也多以權致富。

自王溫舒等人以惡為治，天下官吏紛起仿效，苛政日甚，吏民更不惜命，翻作盜賊。河內、燕趙與楚地，都有人作亂。盜賊大群有數千人，擅立字號，專攻城邑。所過之處釋死囚，取兵器，綁縛太守羞辱之，濫殺二千石，又傳檄各縣，強令供應穀粟。小股盜賊亦有百人，擄掠鄉里，劣跡不可勝數。

武帝得報，甚為惱怒：「高帝以來，何曾有盜賊猖獗如此？堂皇盛世，內外可稱清平，何以朕就成了秦二世？」即遣御史中丞、丞相長史，分赴各郡督責。

雖有嚴旨屢下，盜賊仍不能禁，一時竟呈洶洶之勢。武帝坐於朝堂之上，再也沒了先前的靜氣，責罵大臣，如痛罵小兒一般。

已而，王溫舒亦有議論，不合武帝之意，當即被免。經幾上幾下，終為右輔都尉，行中尉事，其殘苛一如往日。

後西域有戰事，武帝徵召各衙豪吏，從軍效力。王溫舒受人賄賂，藏匿了屬下一名豪吏不報。有人上書變告，事即發，被捕入廷尉府問罪，牽連出其餘種種奸事，竟至罪當滅族。

武帝閱過各郡呈狀，方知王溫舒一貫濫殺，民怨滔天，便將恩寵一日收盡，有詔：按大逆無道罪，逾秦漢之律，處王溫舒誅滅五族。除父、母、妻三族之外，其兩弟及弟媳娘家，也一併族誅！

王溫舒知是兔死狗烹，悲憤無以名狀，終於自殺了事。以至有大臣

張湯驕恃，寵極而衰命途絕

嘆道：「悲夫！古有夷三族，而王溫舒，罪至同時滅五族乎！」

數個酷吏下場如此，也未能禁住苛政如故。後來諸人，不知酷吏命定如此，只道是前人愚鈍，或命不好，於是前仆後繼，投武帝之所好，恃恩濫殺，竟至愈演愈烈，此是後話了。

且說內政如一團亂麻時，武帝仍未忘經營西域事，心心念念，只在大夏一帶。

年前有人探得：西域諸國，近來有異動，都有背匈奴之心。武帝得報，不由喜上心來，便召張騫來，詢問大夏等諸國情形。

張騫已免官失侯多時，靜極思動，聞武帝召問，知是機緣到了，便振起精神道：「臣留居匈奴時，聞有烏孫[34]國，其王名喚昆莫。昆莫之父，原為匈奴西邊小國之主，早先為月氏王所殺。時昆莫方誕，由一屬臣背負而逃。逃亡途中，屬臣將昆莫匿於草叢中，自己去覓吃食。待歸來時，見昆莫在草中，竟有狼為之乳、烏為之哺，以為此子絕非凡人，遂抱起，投了匈奴。」

「哦？竟有如此之奇？」

「正是。匈奴亦覺駭怪，以為是神，遂收下昆莫，任其長成。待昆莫成年，匈奴已攻破月氏，逐月氏部眾西走。月氏逃後，匈奴使昆莫掌兵，數度有功，軍臣單于甚愛之，歸還其父餘眾，令其長守西域。昆莫收其部眾，屢攻近旁小邑，漸至強盛，麾下有控弦之士數萬，善攻戰。後軍臣單于死，昆莫率眾遠徙，中立不倚，不肯朝見伊稚斜。匈奴遣奇兵攻擊，卻屢屢不勝，以為昆莫有神助，故而避之，僅羈縻了事。」

武帝細細聽過，心中大動，對張騫溫言道：「烏孫既有叛匈奴之意，乃天賜良機，我當有所作為。再通西域，豈非正當其時？想建元三年那

---

[34] 烏孫，漢代連接東西方草原交通的最重要國家之一。

時，君奉詔，西出陽關，萬里鑿空，眨眼就是二十年。當時朕尚是少年，少年之志，終生也難忘。今擬拜你為中郎將，復西行，招撫烏孫為我外臣，不知君可有此志嗎？」

張騫慨然應道：「臣不過一凡夫，蒙陛下大恩，得以建功封侯。今有君命，安敢不從？臣初涉西域時，不過二十餘歲，今已年近半百，仍不敢忘。臣以為，伊稚斜單于受困於漢，而渾邪舊地又恰好無人。此次西去，當以厚幣結好烏孫王，令其東歸，居渾邪王故地，與我結為兄弟，則可斷匈奴右臂。」

「說得好！朕也正是此意。」

「不若就此與烏孫和親，世代羈縻，為我屏障。烏孫以西各國見此，必有羨意，或能聞風歸順，為我外臣，西域將盡入我囊中。」

武帝大喜道：「君親歷西域，眼界到底是不同。如此謀劃，端的是氣象闊大，收得西域各國來歸，為我藩臣，漢家聲威當遠至西極，又何患匈奴之擾？」

張騫忽又遲疑道：「烏孫王身處西域，不知我漢家之大，僅有耳聞⋯⋯」

武帝立即會心，笑道：「君受命此行，自是不能單憑口舌之利。只須教他稱臣，子女玉帛，朕在所不惜！」

張騫精神便一振：「陛下，有此一言，臣便放心，絕不至空手而歸。」

武帝仰頭大笑道：「事之易，不過一穴之潰。那烏孫若願為外臣，則西域諸國，盡可招為外臣。來日我赴瑤池，舉目當為通途。」

數日後，即有詔下，令張騫率隨從三百人，攜馬六百匹、牛羊萬頭及金帛鉅萬，出使烏孫。又有持節副使多人隨行，可隨時遣往他國。

張湯驕恃，寵極而衰命途絕

出城之日，使者車騎迤邐數里，百姓聚於直城門內外，爭睹風采。張騫著中郎將冠帶，戰袍披身，火紅一團，並不坐於車廂內，卻是佇立車左，向父老連連作別。車上豎起紅色大纛，其上大書篆體「漢」字，有龍鳳之紋打底紋，以金絲瓣法繡成。車行巷中，大纛迎風招展，壯闊至極。

從騎三百人，皆為精壯男丁，懷抱鑿空之夢，自願應募。所有滿載車輛，各插紅旗一面，遠望如火龍逶迤。

長安百姓，無不歡呼相送。女子更是爭擲香囊、果品，滿街熱鬧非凡。

一行人所過郡縣，無不有百姓歌吹迎送，設香案祈福。直至出陽關，方告別繁華，步入荒野。

此時西河已屬漢家，祁連至蔥嶺，再無胡騎蹤影。張騫一行曉行夜宿，雖嘗盡風餐露宿之苦，卻也無刀兵之險。如此跋涉數月，方臨近一大澤，抵達烏孫。

烏孫王昆莫聞訊，略感意外，稍作權衡，便將張騫迎入王宮。張騫峨冠博帶，登殿拜謁，向烏孫王獻上禮物。

那烏孫王卻是神色傲慢，高踞於座上，並不還禮，待張騫如待匈奴使者一般。

張騫從地上爬起，大感羞慚，粗聲道：「天子賜財貨，大王卻倨傲不拜，或是因嫌禮薄，那便請大王歸還賜物！」

昆莫聞此言，略一遲疑，才起身拜謝，受了賜物，然其餘禮節仍照舊，並無特別優禮。

張騫也無奈，只得直陳出使之意：「漢天子有意，烏孫若能東歸，居

渾邪舊地，則將遣諸侯之女為昆莫夫人。」

豈料昆莫這時年紀已老，於紅顏之事並不在意，聽張騫提起，只是一笑：「漢家翁主，名揚於匈奴，本王也稍有耳聞。難得漢天子，竟有這般誠心。我這裡，且與臣屬們議一議。」

昆莫似這般不鹹不淡，令張騫大出意外，也知聯姻之事急不得，只好退下，回館驛去等候。

隨後，昆莫便召來大臣，議論再三。其君臣所見大略相同，總覺得漢地遙遠，不知其強弱究竟如何。昆莫便道：「諸君之意，與本王略同。想吾國已服匈奴久矣，地又近之，諸君畏匈奴，不欲遷徙，亦是人之常情。我雖為王，卻不能勉強諸君，此事可以緩行。我看那漢使氣盛，且留他住下，磨磨他銳氣再說。」

緣此，張騫在館驛，一住就是多日，王宮中卻音訊皆無。見勢頭不對，連忙打發譯官，去賄買宮中人探聽，結果也不得要領。那宮中侍者探了一探，只答覆道：「吾王不能專制。」

張騫便覺大奇：「不能專制？天下竟有這等君主？」

又遣人四處打探，方探知內情。原來，這昆莫生有十餘子，太子死得早，臨死時緊握昆莫手，泣請父王，立自家嫡子岑陬（ㄗㄡ）為嗣君。昆莫憐惜太子，便如其所請。

按說太子早死，昆莫意在傳位於王孫，也無不可。然昆莫還有中子，名喚大祿，強健有謀，一向專任守邊。大祿原想，太子一死，王位非自家莫屬。

此時見昆莫偏愛，繼立無望，大祿一怒之下，便糾合了眾兄弟，擬率部反叛，謀攻昆莫、岑陬這爺孫倆。

張湯驕恃，寵極而衰命途絕

事在運籌之間，昆莫得了風聲，擔心大祿要殺岑陬，便撥給萬餘騎，令岑陬別居他處。昆莫自己，也親領萬餘騎，用以自保。

如此一來，烏孫部眾便一分為三，昆莫只擔了個王的總名，不能號令全國。張騫招撫之意，昆莫即便有所心動，也不敢專斷。此中玄奧，外人無從得知。

眨眼間，漢使滯留已有月餘，昆莫之意只是不明。張騫無奈，只得分遣副使，往大宛、康居、大月氏、大夏、安息、身毒、于闐諸國，宣諭漢德。各副使都覺熱血貫頂，誓言不辱使命。

張騫為眾副使餞行，舉起酒杯來，想到眾人此去，或將生死莫測，不由就落淚：「男兒有志，不應老死窗下。諸君今遠行，攜我漢家聲威，至八荒四野。路遠且險，又情形不明，只望留心保重，來日重聚，再行痛飲。」

眾人也都慷慨激昂，將樽中酒一飲而盡，且歌且舞，好一番抒懷。

豈料，送走副使才數日，忽有烏孫國嚮導、譯官來稱，奉烏孫王之意，送張騫返還長安。另有使者數十人隨行，攜良馬數十匹，以為謝儀。

張騫知是昆莫主意未定，欲窺探漢家虛實，也只得應了，與烏孫使者同行，返歸長安。

歸途一路，順風順水。眾番使偕同入朝，謁見武帝，張騫伏地大慚，稟報出使不利始末。

武帝見那數十匹良馬，健壯非凡，又見那番使奇裝異服，樣貌甚奇，心中只是喜，安撫張騫道：「君哪裡是無功？烏孫既有使者來，待看過長安，不由他不臣服。君之功勞，大矣！」便下詔優待番使，拜張騫

為大行，位列於九卿。

眾番使在長安住了月餘，果然有看不夠的風景，但見人稠物豐、華庭廣廈，只恨一雙眼睛不夠用。返國後回稟所見，昆莫方知漢家勢強，遂不敢再輕慢。

張騫此行，帶回西域奇珍異寶，除鳥獸、器皿外，還有各類瓜果種籽，計有苜蓿、胡荽（大蒜）、胡麻（芝麻）、胡豆（蠶豆）、胡瓜（黃瓜）、胡桃（核桃）、葡萄、石榴等，不可勝數。武帝親自點驗過，喜得心花怒放，吩咐涓人，只管在宮內悉心種植。

只可惜，張騫任大行僅年餘，竟染病身歿，未能長享榮耀，只將英名長留於後世。

張騫病逝後，所遣諸路副使，也都陸續返歸，各偕了番使來朝。諸副使聞聽張騫去世，無緣重聚，自是唏噓不已。

自此之後，西域諸國與漢交通，無不信服漢家富強。武帝又再三遣使往諸國，意在宣撫。因張騫之名令各國懾服，故而後出諸路漢使，皆稱博望侯，以借張騫之名揚威西域。

至後世相傳，張騫更是幾近神人。有傳說，張騫曾奉武帝之命，探黃河源，乘槎[35]而行，經月餘，見一城郭如官府，男耕女織，秩序井然。入一戶人家，見一婦人正織布，其夫牽牛飲之。張騫詫異之下，問二人：「此乃何處？」男子指牛飲水處道：「此乃天河。」

其傳言，直是繪聲繪色，飄逸如仙，可見張騫鑿空之功甚偉，世代未能忘記。

再說張騫死後，匈奴探得風聲，知烏孫已與漢朝通好，右臂已斷，

---

[35] 槎（ㄔㄚˊ），木筏。

> 張湯驕恃，寵極而衰命途絕

不禁大怒，欲發兵攻烏孫。蔥嶺以東，一時戰雲密布，頗不安定。

時漢使往烏孫同時，亦取道烏孫之南，屢向大宛、大月氏遣使。西域道上，月月可見有漢旗飄過。烏孫王見此情景，心生恐懼，怕被漢家冷落，致兩頭無著，便遣使赴長安，獻上烏孫良馬，並求娶漢家翁主，願兩國結為兄弟。

武帝閱罷昆莫來信，哈哈一笑：「如何便不首鼠兩端了？」因向烏孫使者道，「貴國誠心，朕已經領會了。和親之事，還容商量。」

待使者退下後，武帝召大臣來議，對諸臣道：「朕少年發矇，曾讀《易》，見書中有云：『神馬當從西北來。』今果然有烏孫好馬，朕便名其為『天馬』。然這天馬，卻也不是白送，烏孫王要娶我宗室翁主，此事如何是好？」

眾臣商議一番，皆曰：「烏孫王娶我翁主，乃是以下求上，須得先納聘禮來。」

武帝輕嘆一聲，隨即又笑：「也好，不容我輩捨不得了。治西域之道，無非子女財帛，他得了我好處，必為我羽翼。兩國之事，猶如鄰舍，以子女財帛換得平安，也是划算。」

打發走烏孫使者不久，又有大宛使者來，獻上汗血馬[36]。武帝視之，其雄健更優於烏孫馬，不由喜對群臣道：「年前朕問過張騫，大宛之國何如？張騫道：大宛在我正西，離漢家萬里之遙，其民善耕田，有葡萄酒，多良馬。今見之，果然名不虛傳。」便又轉頭問大宛使者道，「貴國良馬，何以名為汗血馬？」

使者答道：「敝國之馬，有棗紅及栗色毛皮，馳驅之後出汗，通體發紅，宛如流血。」

---

[36] 汗血馬，即汗血寶馬，原產於土庫曼斯坦。

武帝好奇，便命甲士在殿前驅馬，狂奔數十匹後，馬身出汗，果然如血流淋漓。不禁就大喜，走近馬匹，以手撫鬃鬣道：「果然果然，真天馬也！」

如此西域既通，漢家以西，天地便驟然闊大起來。武帝每在東書房，張望牆上輿圖，只覺西域遼闊，無可比擬。如今漢有武威、酒泉兩郡，北防匈奴，西通大夏，何愁西域不靖？躊躇滿志中，更連番發使者，分抵安息、奄蔡、黎軒、條支、身毒諸國，宣諭厚賜。

武帝既好大宛馬，遣往西域諸國使者，每年便不絕於途。每發一輩，多者數百人，少者亦有百餘人。一年中所發使者，多者十餘輩，少者亦有五六輩。路途遠者，須八九年方得歸來；路近者，也須數年方能往返。

卻說赴條支、大夏副使返歸，武帝於西域諸國概略，已心中有數，便召丞相趙周、御史大夫石慶及一干重臣，至東書房議事。

眾臣甫一入室，便驚見一幅新繪的西域輿圖，鋪在地面。武帝看諸臣已到齊，忽又想起，急命宦者去召太子太傅，偕太子同來。

少頃，太子太傅偕太子劉據至，武帝示意兩人近身，手指輿圖，對眾臣道：「諸副使返歸，西域諸國形勢，今日已漸明。我令畫工新繪了輿圖，了了分明。我漢家君臣治天下，若不明域外事，將如何措手足？今召諸愛卿來，便是為此事；太子讀書不忙，也來看看。」

眾臣及太子便躬身去看，無不感驚嘆，口中嘖嘖有聲。

武帝一撩衣裳，俯下身去，跪於地，招呼眾臣道：「今日也不必拘禮，都伏地來看。何謂西域？國有幾國？孰東孰西？掌國者，萬不可糊塗。」

張湯驕恃，寵極而衰命途絕

眾臣聽了，都面露愧色，紛紛伏地，仔細觀看。

武帝於域外山川形勢，早便瞭如指掌，此時為眾臣指點道：「西域廣袤，遠過於崤關以東，東西足有六千餘里，南北亦有千里。東接我玉門、陽關，西至蔥嶺。蔥嶺以西亦有數國，是為西極，更在萬里之外。」

石慶性素嚴謹，看了大夏位置，面露驚詫：「大宛遼遠，已不可揣想。大夏更在大宛西南二千里外，豈非遠在天際了？」

武帝笑一笑道：「有天有地，便有人居。張騫曾言大夏情狀：『其國無大君長，唯有小邑小長，兵弱畏戰，善商賈。』也幸而如此！若各國皆強似匈奴，則我漢家臣民，萬代都不得安寧了。」

見劉據在屈指細數諸國，武帝便道：「據兒不必細數，西域計有三十六國。蔥嶺以內，分南北兩道。南道有樓蘭、且末、精絕、于闐諸國；北道有烏孫、莎車、疏勒、龜茲、焉耆、車師諸國。蔥嶺以外，更有大月氏、大夏、條支、安息、奄蔡諸國。」

眾臣隨武帝手指，逐一看去，連連驚嘆。太子劉據，此時年已十三，生得聰明伶俐，聽罷不由問道：「西域諸國，如何不見身毒？」

武帝道：「據兒不知了，身毒不屬西域。西域大夏，在我西南，去漢一萬二千里，身毒則在大夏東南數千里，料想與漢還近些，其國潮溼暑熱，人民乘象而戰。」

眾臣便又一片驚嘆：「象可做戰馬乎？匪夷所思！」

武帝面露得意之色道：「今我與西域交通，鑿空萬里，有商賈往來，財貨互易，既可使我漢家威德施於外邦，亦可令遠地財貨補我天朝。如此基業，自開天闢地以來，當是前所未有。」

眾臣便又同聲讚頌，唯有丞相趙周似有心事，並未開口。

武帝便問：「丞相有何疑慮？」

趙周恭謹答道：「為伐匈奴事，天下府庫已虛空。今為通西域，西邊新開數郡，想那使者迎送、邊郡設成，無一處不是用錢，故而微臣心有不安。」

武帝笑道：「大臣治國，豈能如小家戶盤算？朕既用了桑弘羊等，便不必愁錢。大把撒出，自有還報……」說到此，又瞥一眼劉據道，「天子也好，丞相也好，心懷八荒，須從大處算帳。」

趙周似被一口氣噎住，頓了頓方道：「臣已盡心在算大帳。」

劉據也訕訕回道：「兒臣謹記。然以兒臣之智，僅能作齊家之念。」

武帝只一笑，也不理會二人，昂首拊膺道：「有為之主，凡事須不計利害，方能如願。上古便有崑山玉，東來入殷商。我今為天下之主，豈能不如古人？若不立志登崑崙、臨瑤池，尋得西王母別窟，便是無能君主！」

眾臣聞之，一時相顧失色，皆默然無語。

此後又過數年，夏六月，汾陰縣（今山西省萬榮縣西南）有女巫，在後土祠為縣民祭祀，見地裂，狀如鉤，挖開土看，竟是一碩大古鼎。

其鼎之巨，與世間眾鼎不同，上有蝌蚪銘文，人皆不識。女巫甚怪之，上言於縣吏，縣吏報與太守，如此層層上報，為武帝所聞。

其時所謂祥瑞，已有人蓄意造假，武帝不輕信，遣使赴汾陰盤問女巫，知其中並無詐。於是武帝親臨汾陰，以禮祭之，迎寶鼎於甘泉宮，擬獻與上天。路途上，遇黃雲蓋頂，又有麈鹿奔過，武帝手癢，一箭便射中，恰好拿來做祭享。

張湯驕恃，寵極而衰命途絕

待返回長安後，諸公卿都來湊趣，上奏請尊崇寶鼎。

武帝看過奏章，撇嘴一笑，對眾臣道：「朕料定諸君閒不住，定有奏章連篇。然這幾年，實是不順，河濫成災，五穀不登。朕赴汾陰，是為祭後土，求上天為百姓育谷。今豐年尚未得報，如何便出了寶鼎？」

九卿各司，慣於逢迎，豈能被這般詰問難倒，有曹掾便大言對奏：「往昔開天大帝鑄一鼎，是為一統，天地萬物之所繫。後黃帝又鑄三鼎，以應天地人；禹王鑄九鼎，以祀上帝鬼神。自古聖人出，便有鼎，由夏入商，至周德衰，九鼎方沉淪不見。今寶鼎迎至甘泉宮，光焰無際，黃雲罩護，又有天降神鹿，陛下射之，以報上帝……」

武帝連忙擺手：「且慢且慢，你之所言，乃朕之所見。究竟有何話要說？你只管簡言之。」

那曹掾略一結巴，接著又道：「承天受命而為帝王者，方知其意甚合。此鼎，宜獻於高廟，藏於甘泉，以為祥瑞之應。」

武帝道：「好好！今後稟事，三言五語就好。可迎寶鼎來高廟，巡遊畢，再置回甘泉宮。」

又有太史出奏道：「元狩之後，改元已四年，尚未有稱意年號。今獲寶鼎，不如便以寶鼎為年號。」

武帝大悅道：「此議甚好！年號未定，你連史都不便寫了。如此改元後，便可稱『元鼎』。譬如今年，即作元鼎四年（西元前113年）好了。」

自此時起，武帝覺人間事功皆順，定有暗中護佑，不由就積迷生信，越發信起天意來。

當其時，伊稚斜單于已病篤，其子烏維尚年少，匈奴勢更弱。朝中則由楊可主持告緡，數年之間，告緡遍天下，中戶以上多被告翻，家財

盡沒。朝廷由此，得民財以億計，財源大開，兵備異常充足。西北之勢，漸入佳境，正是諸國紛紛來朝時。

卻不料，久安無事的東南，忽又有傳警入京。武帝接報，連連苦笑道：「天將累煞我耶？焦頭方癒，又遭爛額！」

原來，事因南越新王不入朝而起。當初南越王趙胡，臣服之心甚篤，曾遣太子趙嬰齊，入京為宿衛，一住便是數年。

嬰齊在南越，本有妻小，無奈入京日久，不免就感寂寞，存了心要另娶一房。

尋覓之下，終覓得一稱心女子，即是邯鄲人樛（ㄐㄧㄡ）氏。這位樛氏，來歷非比尋常，乃是流寓長安的娼女，豔名甚著，常與霸陵人安國少季有勾搭。嬰齊在京閒住，往章臺街去得多了，在娼門與樛氏看對了眼，也就不看貞操看顏面，求人去說媒。

南越國地方雖遠，然嬰齊好歹是個藩邦太子，樛氏這邊，焉有不樂意的，於是兩下裡情願，成了好事。嬰齊娶了樛氏之後，倒也專情，不久生下一男，取名為趙興。

此前不久，老王趙胡病重，遣使赴長安，請武帝放歸嬰齊，好籌劃嗣位之事。武帝想到趙胡一貫忠謹，便准了嬰齊歸省。

如是，嬰齊攜妻挈子，南歸番禺，伺候了老王不多日，老王便薨了。嬰齊就此嗣位，上書朝廷，請立樛氏為王后、趙興為太子。

武帝略識得嬰齊，以為此請並不為過，那樛氏雖是娼女，只要兩相情願，翻作王后也不算大謬，於是如其所請。後又想到，須好好籠絡這位新王，便數度遣使，徵嬰齊入朝來見。

不料嬰齊在長安日久，見慣了漢宮計謀，好不容易脫出樊籠，擔心

張湯驕恃，寵極而衰命途絕

　　入京之後，為武帝羈留，便不肯應召，只打發了少子入京。武帝心中有氣，卻也無可奈何。

　　如此僵持有日，沒個結果。未料嬰齊本來體弱，與樛氏在宮中綢繆，縱慾過度，樂極生悲，竟在中年一命嗚呼了。隨後，太子趙興繼立為王，尊其母樛氏為王太后。武帝得了報信，不願再縱容南越，便擬召趙興母子入朝，要好好教誨一番。

　　此時恰有大臣查出，樛氏曾有情夫安國少季，仍在長安。武帝便心喜：「且不管他是何人，遣這男子奉詔為使，往南越去，總召得回那女子。」

　　安國少季聞召，不敢推辭，雖覺事情滑稽，但也樂得做一回天朝上使。授節之日，群臣齊集殿上，有諫大夫[37]終軍，自請出使，當廷奏道：「臣願受長纓，縛南越王於闕下！」

　　這位終軍，係濟南人氏，十八歲時，就被選為博士弟子，步行從齊地赴京就學。臨行前，入郡衙聽候派遣，太守久聞其有異才，特予召見。一見之下，太守見他果然不凡，竟與之結為忘年交。

　　入函谷關時，關吏撕下一幅彩繻[38]，遞與終軍。終軍不解，拿起來抖一抖道：「此物有何用？」

　　關吏嗤笑道：「小子尚不知乎？這便是出入關的憑證。待二三年之後，你學畢歸鄉，須以此為證，方能出關。」

　　終軍冷笑一聲，棄於地，慨然道：「大丈夫西遊，學必有成，又有何事須出關？」言畢，背起行囊，昂然而入。

　　果然，終軍到長安不久，即上書論事，盡顯才華。武帝閱過，以為

---

[37] 諫大夫，官職名。漢武帝始置，或以為秦已有，漢初不置，武帝因秦而置之。
[38] 繻（ㄒㄩ），此處指帛邊。古代過關，以符書之帛，裂而分之，其用猶如契券。

有異能，拜他為給事中。前文也說到，終軍在隨侍途中，曾就「白麟」「奇木」兩事，解了武帝心頭之惑。後又自請為副使，願赴匈奴。武帝雖未准他出使，卻頗為嘉許，遂拔擢他為謁者，在宮中行走。

不久，終軍奉武帝之命，出關巡行郡國。此次出關，乃是高車建旄，威風無比。關吏從未見謁者有如此年少者，先是吃了一驚，定睛看去，方認出是故人：「哦，這不是棄生嗎？未料你小小年紀，果然踐了前言！」終軍微微一笑，也不多言，便催駕起行。

待歸來覆命，所奏頗稱武帝之意，更被超拔為諫大夫，隨侍左右。

此時見終軍請纓，武帝便大讚：「好好！少年新晉，其志不小。前次未允你往匈奴，今便准你赴南越。此去，勸說南越王，定有可為，或能如陸賈先生一般，名留青史。」當即允他與安國少季同行，又遣了勇士魏臣隨行，以為輔助。

一行人出京之後，翻山越嶺，歷經數月，抵達番禺城。終軍想起陸賈事蹟，恍似已比肩先賢，不禁就有豪氣填膺，鼓起如簧之舌，勸說趙興勿存疑慮。

趙興尚是少年，聽了這番大言，自是不能不畏服，也有心入朝覲見。偏有南越國相呂嘉，自恃位高多謀，便疑心漢使有詐。特地入見太后樛氏，力陳不可輕信朝廷。

樛太后聽了，半信半疑：「漢家竟無人乎？竟然遣了個少年來，待哀家見上一見。」因出殿，召見眾漢使。

不想在漢使隊中，太后一眼就見到早年姘夫，風流仍如昔年。當下按捺不住狂喜，命安國少季近座前，端詳了一番，又問朝廷究竟是何意。

> 張湯驕恃，寵極而衰命途絕

安國少季知上命所託，就在此際，於是打起十二分精神，將武帝之意，好言告之。樛太后聽罷，覺合情合理，又有舊情人的面子在，怎好推脫，於是應道：「南越內附，非止一年兩年。先王久在長安，蒙帝恩也甚厚，既然天子徵召，我母子如何能拒之？」隨後掉頭囑咐趙興道，「你登位不久，尚未上表謝恩。即日，便可奉表朝廷，願比照內地諸侯，三歲一朝，並撤去南嶺三關，從此絕無二心。況哀家本為漢家女，又豈能忘祖？」

終軍聞樛太后此言，心下就暗喜：「終不用長纓綁縛了！」當日，便遣了隨從，攜表飛報長安。

武帝在長安，接到趙興效忠奏表，大喜過望：「終軍雖少年，果未負請纓之志！」便下詔嘉勉趙興，並賜予呂嘉銀印，及賜南越內史、中尉、太傅等人印綬。其餘官職，悉聽南越國自置。又命南越國從此用漢法，終軍、少季等人暫留南越鎮撫，以安人心。

事若至此，倒是皆大歡喜。卻不想丞相呂嘉心中，終不服漢，疑心反而愈重，竟然就此掀起一場大亂來。

呂嘉為越人酋首之後，其父即為越相，輔佐趙佗父子兩代。趙氏為羈縻越人，對呂氏一門素來倚重，其官爵，父死子繼。如今的這位呂嘉，竟連父名也一併繼承，因父之名，聲望甚著，輔佐南越王也已有三世，堪稱三朝元老。

呂嘉初聞安國少季頻頻出入王宮，心中便起疑，多次勸新王趙興，不可輕信漢使。趙興不聽，呂嘉便索性託病不出，拒見漢使，一面就屢召親信，陰蓄異謀。

安國少季見此，心有不安，這日在漢使館，與終軍議道：「呂嘉有異圖，必為大患，不如設計除之。」

終軍搖頭嘆道：「不可不可！呂嘉此人，營謀南越數十年，自少壯熬至白首，已根深蒂固，驟然誅之易，誅之而欲服人心則難。」

安國少季也知其中利害，無奈想了想，又道：「不如去勸樛太后，即隨我入朝，勿再拖延。若太后允了，我偕太后、少主北上，則南越朝野，盡知附漢已成大勢。又有足下坐鎮，呂嘉便難逞異謀。」

終軍想想也別無良策，只得贊同。

其實，少季出此策，也包藏有私心。此人一貫風流，入番禺未幾日，便與樛太后舊情復萌，勾搭在一處，只礙著終軍一人，不好太放肆。此次若能與樛太后一路，則無人再礙眼，可盡享魚水之歡。

入得王宮，少季未及言畢，樛太后便心領神會，喜笑道：「哀家也早有歸省之意，不止一兩日了。今若與君同行，則一路上風月，美不勝收。」

少季與樛太后密議已畢，便返回使館，詳告終軍。終軍聽罷，心中憂喜參半，總覺此舉有不測之險，卻又不得不如此。

再說樛太后送走少季，即在宮中放出風去，要偕少主入朝，一面便備下南海珍奇，以作貢品。忙碌之餘，卻心生一個毒計，欲借漢使之手，先除掉呂嘉再說。

這日，南越眾臣正在惶惶不安中，忽接到樛太后懿旨，要在王宮內建酒，宴請漢使及丞相以下百官。

呂嘉老謀深算，接懿旨後，便是一驚，知事非尋常，不可不防。於是知會其弟，統重兵將王宮嚴密環衛，以作震懾。

偏那樛太后以娼門入高位，全不知大局輕重，以為有帷幄密謀，便可致勝，於是一意孤行，擬在宴席上動手。

開宴這日，待主賓落座，酒行三巡，席上人不明就裡，只顧其樂融融。呂嘉縱是警覺，也以為今日飲宴，不過是太后欲籠絡人心，並無異謀在內。

眾人正要大快朵頤之時，忽見樛太后起身，戟指呂嘉，怒氣沖沖道：「南越內附，國中再無刀兵之險，臣國樂見其成。獨獨丞相以為不可，莫非是另有禍心？今日漢使在此，丞相不妨就直言，附漢有何不可？朝廷如何便不可輕信？」

呂嘉聞言，知是太后欲以此語激怒漢使，自己若辯白，宴席之上，或將立生不測，於是埋下頭去，只是不言不語。

終軍赴宴時，早察覺宮外有重兵把守，知呂嘉已有備。此時，見安國少季以手按劍，魏臣也勃然變色，忙對二人低語道：「有越兵在外，切勿造次。」

呂嘉望見漢使低頭密語，情知不妙，連忙起身道：「老臣不勝酒力，當先行告退。」言畢即轉身，欲疾步下殿。

樛太后見呂嘉欲逃，終軍、少季等又安坐不動，知是激將未成，不禁又羞又怒，搶步下階，奪過衛士手中長矛，便要去刺呂嘉。

事起突然，千鈞一髮，眾人皆被驚呆。

趙興見此情形，連忙搶跪於地，拽住太后衣袖，苦勸道：「丞相酒後，不成體統，母后萬不可動怒！」便又示意終軍等人周旋。

終軍、少季也連忙起身，上前揖禮相勸：「太后，國事可從長計議。」

樛太后這才止步，將長矛擲還衛士，復又落座，恨恨道：「國中大事，只關趙氏，輪不到外姓人多言！」

呂嘉當此際，歸然不動，聞太后此言，方才對眾人一揖，步下殿去了。

當日座中，尚有呂嘉黨羽多人，因懼怕太后，也不敢多言。眾人紛紛舉杯，只一味與漢使寒暄：「敝國卑溼，瘴癘甚多。上使由北入南，身體不適，可多食海鮮，以此為免病祕法……」如此云云，將一場尷尬掩飾過去。

　　呂嘉回到丞相府中，猶難忍憤恨，指空怒罵道：「淫后，敢無道如此，終教你不得好死！」

　　待宮中酒宴散後，有親信陸續來府中，皆力請呂嘉立即起事。

　　呂嘉閉目座上，良久不語，多時才睜開眼道：「諸君不知，老臣心中有至苦！先父少壯即從趙佗王，建國南越，規模擘畫，可謂殫精竭慮。先父所託我，是要保趙氏萬世不墜。不料有此等淫后，欲賣祖求榮，實是不痛惜祖業，本當斷然斬除。然少主待我，尚存仁心，我若誅淫后，必殺少主。若留下少主，則終將禍連九族……唉！我實不忍心如此。」

　　一眾親信聽了，也是無奈，只能陪著嘆氣。

　　那邊樛太后誅呂嘉未成，也是氣惱異常，欲再次發動，無奈趙興與漢使皆不贊同，頗感孤掌難鳴。又見呂嘉並無動靜，也只得暫且忍下。

　　如此兩相僵持，朝野皆知，人心便不穩，昔日千里南嶺的祥和，蕩然無存。

　　終軍困於窘局，也是無計可施。至元鼎五年（西元前112年）初，只得將南越事變寫成奏書，遣人報回。

　　武帝得了奏報，實出意外，看了又看，終是嘆了一句：「長纓欲縛人，談何容易！」

　　當下召集眾臣，商定羈縻南越之計。恰有濟北國相韓千秋，曾上書願往南越宣諭。武帝便下詔，命韓千秋與樛太后之弟樛樂，同為特使，

張湯驕恣，寵極而衰命途絕

率兵兩千馳入南越，為趙興助威，伺機可剿除呂嘉一黨。

此計雖是出自眾議，卻是平庸之極。先是遣樛太后情夫為使，已是失上國體面；如今又遣樛太后胞弟為使，名分不正，更是難服南越人心。

早年樛太后為娼時，因羞見家人，久不與其弟通聞問。那樛樂本是邯鄲貧民，遊手好閒，終無正業，今日忽做了堂堂朝使，錦衣加身，夢裡也是要笑翻了。

且說韓千秋一行出京不久，呂嘉便得了線報，大為震恐，急召其弟來議：「漢兵此來，其意不善，必是淫后勾結漢使，引兵來攻我兄弟。你我為國之重臣，焉能束手待斃？」

嘉弟為勇武之人，兼之又手握重兵，聞言便大怒：「我不誅淫后，淫后竟欲誅我，真真沒有天理！今日，兄不可再存仁心了，不如今夜即發動，誅殺乾淨，不留一口，以保我子孫平安。」

呂嘉想新主年少，已倚賴不得了，若不自救，便只有授首。於是狠了狠心道：「賢弟所言甚是。兵法曰『其疾如風』，欲舉事，便萬不可緩。你今夜即引兵入宮，誅太后、少主；我別領一軍，專攻漢使。所有禍端，盡在今夜蕩平。」

嘉弟領命，如飲甘醪，踴躍中仍未忘記問道：「那兩千漢兵南來，又如何應付？」呂嘉微微一笑：「不急，我自有妙計。」

此時的南越國，朝野都敬服呂嘉。嘉弟返回軍營，號令一出，即有數千名甲士，左袒響應，隨嘉弟奔出大營，直撲王宮。

王宮門外，有謁者數人，正執戟守門。見嘉弟引眾兵前來，都大驚失色：「將軍何故夜來？」

嘉弟只答道：「今夜漢使有異謀，下臣奉丞相之命，入宮護駕！」

眾謁者也恨樛太后荒淫，此時雖心知有變，卻也不多問，便將宮門敞開。眾兵並不聲張，一擁而入，直奔太后寢殿而去。

　　寢殿中，此際正簾幕低垂，燭火搖曳。樛太后與安國少季，恰都在此處，並坐相談，情意繾綣。忽聞窗外有異響，兩人不由都驚起。

　　樛太后強自鎮定，厲聲喝問道：「何人放肆？」

　　頃刻間，門被轟然撞開，嘉弟引兵闖入，滿室只聞兵戈聲鏗鏘。安國少季從未見此等場面，臉色便慘白。

　　樛太后情知有變，高聲叱道：「你等食國祿，還膽敢背主嗎？」

　　嘉弟只冷笑一聲：「我等行漢法，今夜來清君側。左右，丞相有令，立誅淫后淫夫！」

　　眾兵得令，上前一通亂刀，便將樛太后、安國少季雙雙劈死，取了頭顱。旋又轉赴趙興寢殿，將趙興拉下床來，也是亂刀斬殺。

　　另一邊，呂嘉親領一彪人馬，圍住了漢使館，撞開大門殺入。

　　終軍、魏臣知是呂嘉作亂，都拔劍而起，與一眾隨從奮起禦敵。

　　怎奈寡不敵眾，不過倏忽光景，使館中漢人便被砍殺盡淨。唯有終軍一人，渾身被創，持劍與南越兵對峙。

　　呂嘉此時，撥開眾兵上前，手指終軍喝道：「我輔佐南越王時，不要說你，即是你父，恐還是少年。黃口小兒，你所請長纓再長，可有萬里長嗎，能縛住我堂堂南越？」

　　終軍知事已不可為，仍昂頭慨然道：「既受王命，便不知悔。我既死，你也苟活難久。今生未負漢家，足矣！」便挺劍向呂嘉衝來。

　　眾兵見狀，連忙發一聲喊，圍了上去，將終軍亂刀砍死。呂嘉冷眼打量終軍屍身，輕蔑笑道：「小兒生北國，不知南方亦有老薑嗎？」

241

張湯驕恣，寵極而衰命途絕

可嘆那終軍少年有為，便如此殉難於變亂中。時人聞噩訊，都為之嘆，稱其為「終童」。

呂嘉一夜事成，待天明，即頒令於全國：「吾王年少，不能掌政。太后係漢人，陰與漢使淫亂，致人神共憤。為保趙氏社稷，今奉先王之託，起兵除奸，誅孽賊，另立英主，以保南越運祚。」

時南越國朝中，遍布呂嘉黨羽，呂嘉既有令出，眾臣無有不從。呂嘉見朝臣聽命，氣焰大張，便迎立嬰齊前妻之子趙建德為王，並知會了蒼梧王趙光。

這位趙光，為蒼梧族酋之後。趙佗自稱武帝時，賜他一族姓趙，封在蒼梧（今廣西省梧州市）為王，視之為同宗。趙光與呂嘉本為姻親，得呂嘉傳書，知國中生變，雖是心仍向漢，也不便有異議，只得將計就計贊同。

呂嘉此時聞報，韓千秋率軍已過長沙，便從容布置下去，令邊將照計行事。

韓千秋為郟縣（今屬河南省）人，頗有才學，為官不久即為國相，不免恃才傲物。領二千兵卒臨近南越境，正要謀劃破關，不意有探哨來報，稱前面南嶺關隘，盡已撤除。

韓千秋大喜，不及多想，便揮軍直入，遇有城邑閉門不迎的，便縱兵破城。如此連下數城，更不將南越放在眼裡，一路只顧疾進。

行至半途，前路各城忽又處處敞門，有吏卒供給飲食。各處父老，焚香迎接，更願為嚮導，引軍專走平坦大路。

韓千秋只道是南越軍民已畏服，更不疑有他，只顧引軍深入，日夜兼程。

樛樂雖為副使，用兵謀略卻一竅不通，每日隨隊，只知饕餮享樂。行軍加急，便一迭連聲地叫苦，惹得韓千秋不勝其煩。

　　這日，翻過一座山岡，見眼前是一馬平川，韓千秋心中就喜。問過農人，知前面四十里，即是番禺，不禁對樛樂大笑道：「征南越，何其易也！如何秦始皇竟初征不成，隆慮侯竟無功而返？」

　　不料笑聲未落，忽聞四面山岡上，有號角驟然響起。千山蒼翠中，有數不盡的南越兵湧出，刀矛齊舉，喊殺震天。

　　韓千秋四下打望，見處處有伏兵突起，已將漢軍圍在核心，這才知中了誘敵之計，於是暗暗叫苦，急命眾軍要拚死殺出。怎奈眾寡懸殊，眼見越兵有數萬之眾，個個短小精幹，騰躍廝殺，其勢如潮水源源不斷。

　　漢軍縱是精銳，苦撐了半日，奈何力竭，終被斬殺盡淨。

　　樛樂一路上，只顧做外戚大夢，哪想到會遭遇屠戮，戰陣一開，便嚇得龜縮於車廂。獨有韓千秋至死不降，護著樛樂，戰至最後，二人皆歿於亂軍之中。

　　呂嘉計成，殺盡兩千漢兵，遂登車遠望，見平野間，漢軍旗折戟斷，橫屍纍纍，臉上便有不易察覺的笑意。

　　此時，嘉弟打馬上前，問呂嘉道：「漢軍盡沒，兄卻如何要緘默，何不高奏凱旋？」

　　呂嘉斷然制止，下令掩埋好漢亡卒，撿起漢使旌節，以函匣封好，急送至漢邊關，置於關前，並附書信一封，佯作謝罪。一面就發兵，據守早前所撤三關，嚴拒漢兵。

　　漢關吏得了敗報，又見南越兵重上三關，驚得魂飛天外，連忙將函匣飛遞長安。

張湯驕恃，寵極而衰命途絕

　　武帝在未央宮，日日只等南嶺回報，不想等來的並非捷音，卻是敗報，當下就怔住，失神良久才道：「韓千秋雖無成功，其勇，仍為軍鋒之冠！」隨後就有詔，封韓千秋之子韓延年為成安侯、樛樂之子樛廣德為龍亢侯，以示漢廷恩威。

　　至夏去秋來，天氣涼爽，武帝遙望南天，拈鬚笑道：「天涼矣！呂嘉老匹夫，自恃薑老而辣，朕又豈是不辣？孰高孰下，今日對決，恰是時機了。」

　　於是下詔云：「昔周天子式微，諸侯不聽命，孔子作《春秋》，以譏周臣不討賊。今呂嘉、建德擁兵反，自立不臣，令罪人及江南樓船兵十萬，前往討之！」隨即大赦天下，點將調兵，發四路大軍，會討南越──

　　其一，命衛尉路博多，為伏波將軍，出長沙國桂陽郡（今湖南省郴州市），沿湟水而下。

　　其二，命主爵都尉楊僕，為樓船將軍，出豫章郡，直下「南嶺三關」之一的橫浦關。

　　其三，命先前降漢二越人，一為戈船將軍，一為下瀨將軍，同出零陵郡（今廣西省全州縣），下離水，一路向蒼梧。

　　其四，命馳義侯率巴蜀已赦罪人，並調夜郎兵，沿牂牁江而下。如此四路齊發，兵鋒皆指番禺。

　　旬月之間，長沙、豫章以南，有無數漢家兵馬奔出，旌旗翻飛，匯聚向南，一路金鼓齊鳴，萬壑震動。

　　待到入冬，已是元鼎六年（西元前111年）初，南國天氣清朗，正好行軍。楊僕一路，兵力最為精銳，率先入南越境，初戰即勝，虜獲不少

舟船、穀粟。漢軍士氣大漲，順勢而進，連挫越兵。

楊僕所部兵卒有數萬人，得勝之後，即紮營稍歇，等候伏波將軍路博多來匯合。路博多所部多為罪人，因道遠路險，逃散甚多，僅有千餘人未散，得與楊僕合兵。

兩軍會齊後，楊僕率軍居前，兵鋒勢不可擋。越兵雖殊死抵擋，奈何勇力不及漢軍，一路敗退，未及開春，已被迫退至番禺城下。

呂嘉與偽王趙建德見勢孤，慌忙退入番禺城內，固守堅城。楊僕率軍先至城下，搶佔了城東南易攻處；路博多後至，遂率部圍住城西北。

楊僕為奪首功，麾眾疾進，奮力撲城。一時城上亂石俱下，飛矢如蝗。呂嘉披甲執戟，親上城頭督戰，拔劍指天發誓道：「趙佗王立國，惠我臣民數代，恩深似海。今日存亡之際，我等唯有以死報國！」

眾人聞之，也一齊舉戈疾呼，聲震城頭。呂嘉令旗指處，越兵抵死不退，由是兩軍在城東南，呈膠著之勢，難分勝負。

路博多所部人少兵弱，見城西北難攻，便紮下營來，虛設旗鼓，以作震懾。戰至日暮，楊僕所部終於攻破城池，縱兵大進，四處攻掠。

然南越兵民都知亡國在即，無不悲憤，紛紛退至閭巷，拚死頑抗。漢軍不熟地形，屢被殺傷，情急之下，見城內多茅草屋，便在四處放起火來。

火勢一起，越兵耐不住，多半奔逃至城西北，打開城門欲逃。時天色已晚，看不清城外路博多部漢軍有多少。越兵素聞路博多威名，心有畏懼，聞漢營中金鼓聲聲，更是震恐，徘徊於城門上下，舉棋不定。

路博多在營內從容端坐，見越兵猶疑，便遣人前去招降。凡來降者，皆賜給印信，令其回城再去招降同僚。

此時，楊僕所部，正在城南奮力殺敵，將越兵大部驅至城北。越兵聞城外漢營招降，且有官爵賞賜，更是爭先恐後逃出，降了路博多。

如此一夜，番禺城火光沖天，哭喊聲徹夜未止。至平旦時分，城中已無越兵殘部。火過之處，半城盡毀，所幸越王宮為石砌，未被兵燹所毀。

早在夜間廝殺時，呂嘉、趙建德見大勢已去，顧不得哀嘆，率了親信數百人，乘船逃至海上，揚帆向西，往南渚島逃去了。

路博多尋不見呂嘉，問來降的南越貴戚，方探知呂嘉行蹤，連忙遣人去追。

再說楊僕領兵戰了一夜，精疲力竭，來至路博多營中，驚見越兵盡降於此，大為不服。又聞呂嘉已西逃，便欲去追，以圖更建大功。

路博多卻安坐不動，笑勸道：「君徹夜鏖戰，疲勞已甚，不妨在敝營中稍歇。今我軍若敗，十年之內，諒也捉不到呂嘉。然我軍大勝，亂源已除，不出旬日，越人自會獻出呂嘉。」

楊僕將信將疑，想想也別無妙計，只得收兵紮營，安撫城中百姓。

果然不出兩日，便有南越前校尉司馬蘇弘，擒得偽王趙建德；越郎官都稽，捕獲呂嘉。兩酋首被押至營中，楊僕甚是吃驚，不由得佩服路博多有遠見。

呂嘉、建德此時欲求生，哪裡還有機緣？路博多命人驗明正身，當即處斬，遣人飛馳回京報捷。

路博多親草奏章，保舉蘇弘、都稽二人為侯，又備述楊僕攻破番禺城之功。楊僕這才知路博多為人寬厚，由是心服口服。

待漢兵將城內火勢撲滅，安民既罷，楊僕、路博多並轡馳入越王宮。見各處殿閣宏偉，地勢高敞，憑欄可觀海上，楊僕便手指城外，笑道：「南嶺之地，真乃上天所賜。憑山帶海，氣候如春，生民何其幸也！你我輩若生於秦末，難免不生趙佗之心。」

　　路博多便也笑：「樓船將軍，君之所好非常人，真是見海便喜！往昔我聞百越，只道是蠻荒之地，卻不知是一片好土。你我雖未逢群雄並立時，終也能建此大功！」

張湯驕恃，寵極而衰命途絕

漢皇問道，仙山求術意難平

　　且說朝廷在南越大動干戈，冬春間，糧草轉輸，便不絕於途。百里長沙國，處處可見有車馬役夫，輾轉馳驅，煙塵騰空。

　　旬月之間，朝廷用度，便如流水般花費了出去。府庫支出軍餉，頓覺虛空，武帝便命各地催徵租稅。各郡國二千石得令，只顧搜刮，民間生計自是吃緊起來。

　　時有左內史倪寬，一向待民寬厚，得了催徵詔命，不忍使力，民戶欠租甚多，所徵還不及計吏之命一半。長安城內就有風聞，稱倪寬將遭免官。京畿百姓聞之，為其抱不平，閭巷哄傳，群起響應，競相繳納租稅。

　　數日之間，長安道上唯見人車湧動，大戶車載，小戶擔挑，齊赴官庫繳穀。點算下來，左內史轄地所繳租，竟成了各郡縣之首。

　　有此民意，倪寬自然得以留任。武帝也知曉了其人之賢，頗有讚嘆。

　　先前曾捐輸助邊的卜式，此時已由縣令升任齊國相，也上書武帝，自請父子從軍，往討南越，願以死報國。

　　武帝看了，心甚嘉許，雖未准卜式所請，然有詔褒揚，封他為關內侯，賜金四十斤、田十頃，意在勸喻天下百官，以卜式為楷模，多做捐輸。

　　未料，詔下半月，竟無一人仿效，公卿官吏只是無語。武帝等了多日，耐不住，知人心已不古，所謂「忠肝義膽」，早成了俗世笑柄，不由就心中生恨。

漢皇問道，仙山求術意難平

恰值此時，秋祭在即，照例列侯都應貢金助祭。武帝便存了心，欲以一人之力與公卿為敵，於是暗囑少府，勿得苟且，凡有貢金成色不足者，均以不敬論罪，不念舊功，只削奪侯爵為懲。少府得令，校驗一番後，竟有一百零六人被奪爵。

責罰下來，人人震恐，就連丞相趙周亦不可免，以「不先糾舉」之過，連坐下獄。

趙周在獄中，聞武帝震怒，情急無所措，只得自盡了事。如此，武帝即位以來，竟是一連四相因罪而斃命。噩訊傳出，百官無不兔死狐悲，都與妻子交代了後事，若遭遇不測，寧願自盡，也不願去詔獄受辱。

丞相趙周斃命，武帝不為所動，即命御史大夫石慶接任；御史大夫職缺，則由卜式接任。這兩人，素有盛名，一為嚴謹之人，一為報國楷模，在滿朝驚悸中上了任，將朝政小心接了過來。

武帝理清中樞之後，又聞平南越之事頗順，心情就好，下令啟駕冬巡，前往卜式治理過的緱氏縣，要登太室山[39]舉祭，尋訪仙人跡。

車駕浩浩蕩蕩，行至左邑縣桐鄉（今山西省聞喜縣東鎮），驛遞飛傳來南越捷報。武帝強壓喜悅，手顫顫地解開簡牘來看。見路博多報稱：番禺已克，呂嘉、趙建德被擒殺。

又稱蒼梧王趙光，本就心向漢，聞聽漢軍至，便與南越揭陽縣令一齊屬漢。南越桂林監居翁，也勸說甌駱[40]一齊屬漢。此時戈船、下瀨二將軍及馳義侯所發夜郎兵，尚未抵達，南越之亂便已平。

---

[39] 太室山，位於今河南省登封縣北，為嵩山之東峰。相傳禹王之妻塗山氏生啟於此。
[40] 甌駱，古部落名，即西甌、駱越。百越諸部中的兩支，在南越國以西，分布於今廣西及越南北部。

武帝閱畢，不由大喜，遂將桐鄉改為聞喜縣。東巡至春，車駕行至汲縣新中鄉，呂嘉、偽王首級也傳到，武帝心花怒放，詔命將頭顱傳回長安，懸於北闕，又改新中鄉為獲嘉縣。

　　多年心事，就此了結，武帝便在館驛大開筵席，下詔傳諭征南軍班師，並論功行賞。路博多早已封符離侯，此次更益增食邑；楊僕因攻番禺城有功，得封將梁侯。

　　其餘前蒼梧王趙光等人，也因功封侯。

　　為不留後患，武帝又令南越國除，分置為南海、蒼梧、郁林、合浦、交趾、九真、日南、珠崖、儋耳九郡。其中珠崖、儋耳二郡，即是海上南渚，從此也歸入郡縣版圖。

　　至此，往昔的南越國，歷經五世九十三年而亡。五嶺之南的沃野千里，盡屬漢家，南北再無阻隔。

　　另有南越歸順的馳義侯，領巴蜀兵赴越時，行至南夷地面，曾向且蘭部徵兵。不料且蘭君抗命不遵，殺斃信使，公然叛漢，西南夷諸酋也頗有響應。馳義侯遣人飛報朝廷，武帝立有復詔，命他無須南下番禺，立即回軍討伐。

　　馳義侯奉詔，擊斃且蘭君，又回軍連破西南夷諸小邦。夜郎與滇兩國聞之，急忙望風降附，由是，西南夷悉數平定，收入版圖，新置了牂牁、武都等郡。

　　不料，南越國滅，卻驚到了東越王餘善，竟然在此時造起反來。先前，討南越詔下時，餘善曾上書武帝，願發兵相從，助討南越。隨後便發兵卒八千人，聽候楊僕調遣。

　　誰知楊僕率軍攻到番禺，卻不見東越有一兵一卒來，遂致書餘善，

漢皇問道，仙山求術意難平

問他究竟何意。餘善只回書答道：所發兵卒，乘舟至揭陽，不巧為海上風浪所阻。

待楊僕攻破番禺，詢問南越降人，方知餘善早與南越暗通款曲，想在兩面都做好人。

楊僕知東越遲早都是禍患，便上書朝廷，欲移兵征討。武帝接報，躊躇了數日，終覺士卒勞累，不宜再征，於是決計罷兵，只命楊僕留校尉駐屯豫章，以防餘善作亂。

餘善見有漢軍留駐豫章，便知朝廷已起了疑心，深恐重蹈呂嘉覆轍，於是搶先叛漢，斷絕通道，公然自稱「武帝」。

如此行事，不可理喻，武帝聞知又氣又笑：「螳臂欲當車乎？如何不早幾月舉臂？」便令楊僕率軍復又南下。

此時，韓嫣之弟韓說，在軍中歷練既久，已成大器。武帝便又命韓說為橫海將軍，與楊僕水陸並進，分道攻入東越。

餘善既反，已無退路，聞楊僕大軍已南下，便破釜沉舟，發兵攻殺漢吏民，青山碧水間，一時竟是兵燹處處。因東越境內，地勢險峻，漢軍一時難以攻下，兩下裡便相持了數月。

此時由秋入冬，南國天氣漸涼，楊僕、韓說心中卻益發焦灼，無有著落。忽有一日，得了探報：有故南越建成侯與閩越繇王，串通了東越臣僚，密謀殺了餘善！如今東越百官，正擬開門迎降。

兩人聞報，相顧大喜：「帷幄之變，勝於刀兵，真乃天助我也！」遂即率軍前往受降，東越亂局，遂告平復。

捷報傳回，武帝仍是放心不下，覺閩地奇險，藩王屢叛，不如徙其民於內地，免得再生亂。於是有詔，令楊僕督東越之民，徙居江淮。

楊僕依令而行，一番忙碌，督數萬東越之民，隨大軍北上，迤邐百里如長龍，閩地只空留一片青山碧水。

誰知，當此東南告捷之際，西北又有亂起。原是先零羌人，散居於湟水一帶，年來不守本分，暗與匈奴通，糾合部眾十餘萬反漢，擄掠令居（今甘肅省天祝縣）、安故（今甘肅省臨洮縣）等縣，更發兵圍住枹（ㄈㄨˊ）罕（今甘肅省臨夏縣），氣焰囂張。匈奴也趁勢攻入五原郡（今內蒙古包頭市），擊殺太守。

武帝不能忍匈奴再擾西北，遂點了李息為將，偕同郎中令徐自為，率兵十萬，輾轉數縣，大破諸羌。犯境諸胡騎，聞風喪膽，旬日之間便遁逃一空。

隨後，武帝又遣浮沮將軍公孫賀、匈河將軍趙破奴，率軍向北搜索。兩軍北行至兩千餘里，皆未見胡騎蹤影，方還軍。

事平之後，武帝分武威、酒泉之地，另置張掖、敦煌兩郡，欲以四郡之力，北防匈奴。又特置護羌校尉一職，專治西北，於黃河兩岸，廣置屯田，發兵民修治溝渠，種植五穀，繁衍牛羊。自此，人畜漸盛，西北方告安寧。

待南北諸事安定，武帝甚覺疲累，強打起精神，在前殿召見楊僕、韓說、李息、公孫賀等將，慰勉一番，各有賞賜。見韓說面容黧黑，已有滄桑模樣，便笑指韓說道：「多年未見你，竟是魚化為龍，真真不一樣了！」忽想起韓嫣往日，不禁傷感，說了沒幾句，便揮手令諸將退去。

隨後，獨召了丞相石慶上殿，詢問道：「君可知長陵有神君乎？」

石慶恭恭謹謹答道：「臣有所聞，乃是長陵邑婦人，係縣令之女，嫁人後，生一男，數歲而死。此婦傷心過甚，歲中亦死。死而有靈，家中妯娌供其婦像，稱能知吉凶，民間皆拜之。」

漢皇問道，仙山求術意難平

武帝頷首道：「丞相知道就好。今神君之位，供在上林苑，臺閣逼仄，屢屢託夢抱怨。別無良法，只好徙往城內。我素就嫌舊臺簡陋，今日可起新臺，務求奢華，以供神君長住。」

石慶性素溫馴，然心中也奇，忍不住問道：「陛下，長陵神君，民間口傳而已，如何要這般尊崇？」

「朕之基業，起自高帝，年來南北屢有兵事，頗不寧靖，或是祖宗嫌我不敬，才使我不勝勞煩。故這神君，不可不信。」

石慶稍作沉吟，回道：「孔子曰：『祭神如神在。』臣受命，當勉力為之。」

「神麼，如何能不在？不在，誰來懲惡人，誰來慰良人？這神君，言說人家小事，頗應驗。便是朕之外祖母，也曾往祭，方能有朕今日尊貴。你只管好好建臺，切莫生疑。你父子一門皆二千石，得稱『萬石君』，或是有神助也未可知。」

「臣不敢冒犯。神靈在上，只可惜無影。」

武帝忍不住笑道：「雖不見人，朕卻常聞其聲呢！」

嗣後，丞相石慶親自過問，發數千民夫匠作，在未央宮西、直城門南，大起土木，營造臺閣。臺高約數十丈，以香柏為梁，白牆黑瓦，飛簷凌空，望之如仙境。柏梁新臺建成，拾百級而上，可東望未央宮、西賞昆明池。

武帝便命涓人，將神君像恭恭敬敬迎至臺上，四季供奉，以示心誠。

元鼎四年（西元前113年）春日，神君之位安放事畢，武帝登上柏梁臺，眺望昆明池，見有水師樓船，高十餘丈，旗幟加其上，勢甚壯，不由詩興大發，立召侍臣枚皋等人來，對諸人道：「看這昆明池水百頃，水

師未及練成，昆明已屬漢，豈非天意？當此際，豈可無詩？惜乎司馬相如已不在。」

枚皋應道：「司馬先生即便在，無三月亦不可成詩。」

武帝便大笑：「你又妒忌了！朕豈能忘『枚速馬遲』？來來，如此春光，莫辜負了！筆墨伺候好，我來做，你等便來和。」

當下，君臣十數人，一唱一和，各賦詩多篇，後世稱為「柏梁詩體」。

武帝逐一閱過諸臣詩，讚不絕口道：「歷來人才，總是將士執戈、文人作詩陪飯。惜乎朕征戰數年，未與諸君唱和，今日來看，各位文采又勝於往日了。如此佳篇，不可淹沒。」

年前，曾有一刑徒，名喚暴利長，屯墾於敦煌，在渥窪水（今甘肅省敦煌市南湖鄉）旁邊，捕得一匹異馬獻上。武帝知是西極天馬，甚愛之。今日登臺，想起天馬雄姿，於是大筆一揮，也寫了一篇〈天馬歌〉，歌曰：

太一貢兮天馬下。沾赤汗兮沫流赭。騁容與兮跇萬里。今安匹兮龍為友。

一眾侍臣，齊聲叫好，紛紛賦詩應和。柏梁詩體，從此傳遍天下。武帝乃命枚皋等人，按宮商角徵羽音律，編成歌詩，以供傳唱。又詔命新置一官署，號為「樂府」，專採集民間歌謠，以為飲宴、祭祀之樂。

此間，日前在汾陰所得寶鼎，又惹起紛議。九卿各司，此前皆上表賀曰：「陛下得周鼎。」時有光祿大夫[41]、侍中吾丘壽王，獨持異議，稱此物並非周鼎。

---

[41] 光祿大夫，官職名，原名中大夫，掌顧問、議論。

漢皇問道，仙山求術意難平

　　武帝聞之，心有所怒，召吾丘壽王來詰問：「吾丘先生，朕知你不似東方朔，從不出滑稽語。今朕得周鼎，群臣皆以為然，你獨以為非，何也？朕無德得此周鼎乎？朕要聽你說，有說則可，無說則死。」

　　吾丘壽王不懼，坦然答道：「臣安敢無憑而說！從前周德，始於後稷，顯於周公。上天報應，鼎為周出，故名曰『周鼎』。今漢自高祖繼周，德被六合；至於陛下，功德愈盛，而寶鼎自出。天賜與漢，乃漢寶，而非周寶也。」

　　武帝聽罷，不覺轉怒為喜：「好好！吾丘先生明理。」群臣見龍顏轉喜，便都趁勢伏地，齊稱萬歲。當下，武帝又賜吾丘壽王黃金十斤，以為嘉獎。

　　罷朝後，武帝回味吾丘所言，真是句句撓到癢處，不由滿心歡喜，便提筆又做了一篇〈寶鼎歌〉，以記其事。

　　說到寶鼎事，此處須倒回去略述一番。武帝如此迎寶鼎、供神君，越發迷信，早惹動了天下許多方士，大起野心，紛紛投其所好。

　　時齊國臨淄地方，有一方士李少君，已屆老邁，卻也按捺不住，入都求進。此人早年即好道，入泰山採藥，修辟穀之術，曾在山中遇安期生。當時少君貧病，向安期生叩頭乞活，安夫子以一匙「神樓散」幫他餵下，當時立癒。

　　他無妻無子，孑然一身，從不吐露籍貫年紀，只說自己年逾七十，能點鐵成金，有長生不老之術。單憑這一張嘴，遊遍各諸侯國，眾富戶聞他有異才，都爭相贈予，因而飲食用度從不匱乏。世人見他不知從何而來，不治產業卻家資豐饒，更以為奇，愈加信之。

　　早年少君尚是壯年時，曾赴武安侯田蚡飲宴。座中，有一位九十老者，少君便指其道：「我識得令祖父，曾與其同游獵。你當年尚是小兒，

從你祖父，曾往某處某處。」

老者愕然道：「果然不錯！君何以得知？」

此語一出，滿座皆驚，以為少君果然能長生不老。

其實，李少君乃是天資狡黠，言人今昔，見機行事，無不巧發奇中。長安城內，當此際已迷信成風，口口相傳中，少君竟成了個神人。

不久，武帝也有耳聞，便召少君入見，意在一試真偽。

見少君白髮皤然而入，武帝也不寒暄，只取出一個古銅器，問少君道：「君年長，試問此為何物？」

少君瞄了瞄道：「此器為春秋之物。齊桓公十年，陳於柏寢[42]。」武帝連忙翻倒銅器，見其底有刻字，果為齊桓公之物。

驗畢，武帝為之色變，注視少君良久。一宮之內涓人，也盡驚駭，以為少君是神，當有數百歲之壽了！

武帝再端詳，見少君面容清癯，隱隱有仙風道骨，或真是神人也未可知，不由就生敬畏，令賜座，溫言慰諭道：「先生高古，朕今日見識了。還有何奇技，盡可言之。」

少君道：「臣能致物。」

「致物？」

「即點鐵成金。」

「哦……致物，須在仙山勝境嗎？」

「非也。民間各家，只需祭灶神，皆可致物。致物，丹砂可化為黃金，以此黃金為飲食器，則可延年益壽。」

「僅僅益壽，又何必如此費力？」

---

[42] 柏寢，即柏寢臺，春秋齊國臺名，在今山東省廣饒縣境內。

「如此益壽，非比俗世，有那海中蓬萊仙人，便可見之。上古黃帝，以封禪而不死，終得乘龍飛天。故而，此老與彼老，豈能同日而語？」

聞此言，武帝當即折服：「有理有理！先生可曾見過仙人？」

「臣曾遊海上，見過安期生。安期生予臣一棗食，其大如瓜。安夫子便是益壽而成仙的，居蓬萊島中，合則見人，不合則隱。安期生謂我：『黃金煉成，則可白日昇天。身生朱陽之翼，飛則凌天，控飛龍而八遐遍，乘白鴻而九陔周。下視之，冥海之棗大如瓜，鍾山之李大如瓶。若得食之，遂遍身生奇光。』而後，安期生又授臣口訣，囑臣日日唸誦，持之以恆，可保致物可成也。」

武帝聽得頭暈，張口不能閉，僵坐良久，方嘆道：「何其美哉。得見安期生，也勝於做這煩心天子哩！」

於是，武帝為少君在東萊郡（今山東省煙臺、威海一帶）建屋，令其安居煉金。又於冬十二月親自祭灶，並遣方士數名入海，往求蓬萊安期生之輩。

久之，蓬萊無消息，黃金也未煉成，少君卻病死了！

武帝聞東萊郡報信，悵然無已，連嘆道：「活了數百年，如何到了我朝便死？先生是化去不死也！唉……淮南王已化去，少君今又化去，如何我就不得昇天？」便又問報信小吏道，「先生鍊金之方，可還在其室？」

那人答道：「在。」

武帝便命東萊郡吏，往少君家搜出其方，好生研習，務使鍊金之事不輟。自是，燕齊一帶，更有各類怪迂方士，爭先恐後入都，都來言神仙事。

待到轉年，又有齊人名喚少翁，自稱可通鬼神，蒙武帝召見，留在長安以備顧問。

適值武帝寵姬王夫人，患重病不治，臨死前以子劉閎，託付於武帝。時衛皇后所生嫡長子劉據，已冊立為太子，武帝再是偏心，也不能立劉閎為儲，只能許以齊王之位。王夫人倒也知輕重，聞此言，在病榻上連連稱謝。不久，王夫人病故，武帝為之悵悵不樂。

少翁窺得武帝心思，便稱可用方術，於夜間見王夫人之貌，一如生時。武帝聞之，不由大喜，問少翁道：「果可致王夫人來？」

少翁道：「且看臣作法。」

「可擁抱乎？」

「不可。」

「可與之語乎？」

「亦不可，唯能見其貌。」

武帝長嘆道：「得見其貌，好在聊勝於無。」便令闢出淨室，任少翁招魂。

少翁命人在室內四處張帷，又取來王夫人生前衣服。靜候至夜，在帷幕外燃起燈來，囑武帝在帷外靜坐勿動，見人來，不得亂語。囑咐畢，自己便走入帷中，時而噴水，時而唸咒，手舞足蹈多時。

武帝強壓心跳，仰頭凝望，足足等了三個時辰。天將明時，忽見帷中有一窈窕女子現身，舉手投足間，無一不似王夫人神韻。

武帝哪裡按捺得住，不覺急起身，脫口道：「夫人，果真是你嗎？」便要強行入帷中，與之相語。

少翁大驚，急從帷幕中走出，連連阻擋道：「不可驚動！」

然出語時已遲，只見那帷中女子身影，倏忽之間，竟是杳然無蹤了。

武帝驚住，與少翁面面相覷。燭光搖曳中，只似大夢一場，耳畔唯有雞鳴數聲。

時天已微明，武帝心頭一熱，推開少翁，搶步入帷中去看，只見裡面空空無物，連王夫人的舊衣也不見了。用力嗅了嗅，似有美人平日氣息，香如蘭芬，幽微入鼻，不禁就感傷，登時潸然淚下。

天大明時，武帝踽踽行至東書房，惘然若失，提筆做了一篇樂府詩，詩云：

是耶非耶？立而望之，

翩何姍姍其來遲？

言雖簡，其情之深，無以復加。這一夜奇遇，武帝多日不能忘，常喟嘆道：「人至中年，情最難捨。不能與王夫人語，生之何益？」

武帝終還是感念少翁作法，得圓其夢，便拜了少翁為「文成將軍」，賞賜甚多，以客禮待之。

少翁見小試身手即得逞，便趁機奏道：「陛下欲與神通，須有誠意。宮室、被服若不像神，則神物不至。」

武帝便覺為難：「莫不成，要將宮禁改為神殿？」

少翁眨了眨眼，獻計道：「可在甘泉宮增築臺觀，供奉神像，則可致神來。」

武帝此時，對少翁已言聽計從，所請無不准。少翁便在甘泉宮築起神臺，供奉天神、地只、泰一等諸神像，四時祭拜。更在車廂上畫了雲氣繚繞狀，每逢五行相剋之日，便駕起「雲氣車」四處巡行，以辟惡鬼。

少翁如此作勢，忙碌了有年餘，卻不見半個神仙足跡至。操練愈繁，其計愈窮，武帝漸漸就起了疑心。

這日，武帝駕幸甘泉宮，見了少翁，便問起：「神仙何不至？」少翁支吾道：「神仙在天，恐也是事多。」

武帝正要發怒，忽見有一佐吏，牽了一頭牛過臺下，其態悠然。少翁連忙一指道：「此牛腹中有奇物。」

武帝疑惑不止，命人將牛宰殺，剖腹來看，果然有帛書一卷。武帝見了，眼中精光一閃，搶過帛書，就攜回寢殿去看。

只見這書中之言，語意甚怪，看了幾遍，亦不能解其意，便召少翁來問：「如何這天書，語意半通不通，頗似陪飯文人手筆？」

少翁臉上，便有一絲驚慌，囁嚅不能作答。

武帝此刻猛然醒悟，不再詰問。返京後，便將天書交予太常，命署中各曹掾仔細辨認。未幾，其中有人稱，識得此字，乃是少翁手書。武帝立召那曹掾來問，果然得了證據，是少翁所做偽書。

於是，武帝命廷尉，捕了少翁及甘泉宮諸吏，嚴刑拷問。原是少翁聞武帝將至，胡亂寫了偽書，囑人將帛書雜入草料中，替牛餵下，以冒充神蹟。

武帝得了少翁供詞，大怒，下令將其誅殺，對外間則隱蔽其事，不許張揚。

時過一年，武帝患病，久住鼎湖宮（在今陝西省藍田縣）不得歸，遍訪天下巫醫，終不能治。適有方士推薦，稱上郡有一巫者，名喚東郭延，語能通神，悉知吉凶。

武帝便遣人迎東郭延來，擬問病求藥。那東郭延上得殿來，見其相

貌，原是一油滑閒漢；問對之間，又覺他語無倫次，但放空言，辨不出儒道法墨是何來頭。

此前，武帝被少翁所騙，對方士心存芥蒂。見東郭延浮滑，本想趕走了事，然轉念一想，此人既敢入見，料想定有長技在身，便耐下性子詢問，果然問出了名堂來。

原來這東郭延，祖籍為山陽人，少即好道，聞聽李少君有道術，曾上門求見，叩頭乞得灑掃梳洗之役，充作小廝。日久，少君見東郭延小心謹慎，或可學成，便密以五帝六甲、左右靈飛之術相授，叮囑道：「此為要道也，慎而行之，亦可昇天矣！」

傳授口訣畢，便打發東郭延歸家。東郭延還家後，按口訣合成「靈飛散」[43]服下，果然有效。夜處暗室中，能摸黑寫字；身上有光，可照見左右。習得六甲左右術之後，更是心可通神；為人占吉凶，凡天下當死者，無論識與不識，皆能預知。

武帝問罷，精神即大振，病也似好了一半，笑道：「初看你頭頂無毛，竟疑你是街痞，不想竟有這等神術！」便急忙向東郭延問病。

只見東郭延渾身一激，翻了翻白眼，口吐涎水，似有神靈附體，作神語道：「天子何必過慮？不日即癒，可往甘泉宮見我。」言畢，竟撲通一聲倒地。

眾涓人慌了，連忙端水來潑。幾盆水下去，東郭延方睜目甦醒，問道：「神靈可曾來乎？」

武帝連忙將適才神語告知。

東郭延心中有數，微微一笑：「神欲降身甘泉宮，陛下養病，小臣當

---

[43] 靈飛散，道家方劑名。以雲母、茯苓等九味中藥合成。相傳，服後可延年益壽或得道成仙。

先往迎之。」

武帝自是應允，當日，東郭延就趕往甘泉宮。稍後幾日，武帝果然痊癒，連忙親赴甘泉宮謝神。

謝神畢，武帝攜了東郭延一同返京，即在北宮之中，增建一壽宮，特置神座。此神不能言，凡有言，皆由東郭延轉達。

東郭延既蒙寵，便為少翁之死抱不平，常借神語，向武帝抱怨道：「少翁至誠，如何便枉死了？」

武帝聞之又驚又愧，不由深悔，不該匆忙殺了少翁，未盡得鍊金之方。

群臣見天子有悔意，便又蠢蠢欲動，希圖邀寵。時有樂城侯丁義，原是高祖時的碭縣舊部，現今已是老翁了，仍窺測上意，上書薦了一個方士，名喚欒大，自稱與少翁同一師門。

武帝聞說是少翁同門，便有興致，立召欒大來見。

這位欒大，原是膠東王劉寄的涓人。早在元狩二年（西元前121年），劉寄就已薨歿。丁義長姐，恰是劉寄的王后，劉寄一死，不免就覺勢孤，便託其弟丁義，舉薦了欒大，以圖取媚於武帝。

欒大與先前幾位不同，雖出身鄉邑，卻生得儀容俊美。武帝見了，不待詢問，便已心生寵意，問起欒大平素所學。

這欒大，徒有相貌，腹中卻無學問，與江湖術士並無不同。聞武帝詢問，想都不想，便口出大言：「臣曾往來海中，見過神人安期生。」

武帝精神一振：「君果然與少翁同門。」

「豈止是同門？臣還見過神人羨門。」

漢皇問道，仙山求術意難平

「羨門？秦始皇遣盧生，渡海求見羨門，尚不可見；你正弱冠，如何就能見到？」

「回陛下，得道之人，壽不與常人同。臣貌雖少，年紀也有了一把呢。」

「哦哦，安期、羨門諸神，可有祕訣授予你？」

「臣有幸，二人修煉已成神，當真授了我方術。今日說起，未免囉唆，大抵是黃金可成，河決可塞，不死之藥可得，仙人可致，全不是難事。」

武帝眉毛一動，面露喜色：「好好，可有方術口訣？」

欒大此時，忽然語遲起來：「吾師以為臣賤，不肯相授；且臣又膽小，恐隨了文成將軍去。臣死不足惜，只恐天下方士，到時皆閉口，哪個還敢言方術？」

武帝頓覺尷尬，一陣亂擺手道：「哪裡話！文成將軍……實是食馬肝中毒而死，而非枉死。再者說，先生若有修煉之方，我豈能吝惜賞賜？」

見天子被說中痛處，欒大心裡就暗笑，一面又道：「吾師無所求於人，是人求吾師。陛下若邀方士，須遣使赴海上。所遣之人，必尊貴，令其有親屬，不可像我這般鰥夫一個！使者須佩印信，方可與神人通言語。即便如此，神人肯不肯來，也是尚未可知哩！」

「哦？先生莫非尚無家室？」

「學道入迷，顧不得婚娶了。」

「這個……好說好說！先生之術，可否就此小試身手？」

「此有何難？可取六博棋來。」

宦者應聲而上，捧來一副六博棋，置於案頭。

欒大屏住呼吸，右手又開五指，空懸於棋盤之上，口中喃喃道：「一為梟，五為散；梟為王，散為卒⋯⋯」當場演起了鬥棋之術。

那棋盤所繪規矩紋中，兩邊各置六子。只見片刻之間，竟都自行向中心移動，相互觸擊，硜然有聲。

武帝與眾涓人見了，都目瞪口呆。

俄頃，欒大猛地收手，傲然一笑：「黃金尚可煉，此不過小技耳。」那棋盤上十二粒棋子，隨聲即靜止。

武帝連忙俯下身去，細看棋子，驚道：「如何便靜了？」

欒大略作雜耍，便令武帝深信不疑。當日召見畢，想起近來黃河暴漲，深憂河堤不固，欲修堤，庫中卻再無黃金可用。於是拜欒大為「五利將軍」，印綬加身，專事煉金，以供修河之用。

欒大受了爵，當廷只說了個「謝」字，並未有誠惶誠恐模樣。

武帝只道他是高人，不以凡間虛榮為意。為籠絡起見，不過月餘，又聯翩為他加官，先後為「天士將軍」、「地士將軍」、「大通將軍」、「天道將軍」。欒大出入宮禁，腰上垂了五顆金印，纍纍如瓜。百官路遇之，皆顯敬畏之色。

當月，武帝又有詔下：「上古之時，禹王疏九江，功在天下。近來河水滿溢，淹沒平野，堤役繁重，朕心日夜不安。上天遣賢士欒大，助我修河，一如《易》之所言『飛龍在天』、『鴻漸於般』。特封欒大為樂通侯，食邑二千戶。」

封侯之外，武帝更賜欒大童僕千人、華宅數十；另有鑾駕所用車馬、帷帳、器物等，也一併賜予。知欒大尚未婚娶，又將衛皇后之女、衛長

漢皇問道，仙山求術意難平

公主許配於他，陪嫁萬金，改衛長公主之號為「當利公主」。

欒大成婚後，武帝更是駕臨欒府，一番敘酒問候。平日裡供給，自有宦者奉詔奔走，不絕於途。自竇太主、丞相、將軍以下諸公卿，也不時赴欒大邸中，置酒逢迎，多有餽贈。

事至此，君臣尊卑似顛倒了過來，武帝倒要看欒大眼色行事了。擔心欒大心尚未足，武帝又親自操刀，刻了一枚「天道將軍」玉印，遣使送去賜予欒大。其「天道」之謂，意為導引向上蒼。

賜印這日，使者入夜方至，身披羽衣，立於白茅之上，望之若神仙。欒大也披一襲羽衣，立於白茅上受印，不施禮拜，以示自己「不臣」之尊。燈燭惝恍中，兩人相對，形似大鳥斂翅，僕傭們見了，都疑心是活見鬼神。

自是，欒大常在家中庭院夜祭，以此請神。久之，神未來，卻引來許多狐鳴梟啼，家人只道是百鬼雲集，不敢出來看。

如此，一介鄙夫，僅憑巧言令色，便一躍而成皇親，腰懸六印，受賜十萬金。其富貴之名，震動天下。

一時燕齊之間，有無數方士扼腕發誓，欲步欒大捷徑，都往官府叩門投書，自言有祕方，能致神仙。

此時武帝卻只信欒大，見半年過去，仍無神仙來，便心急催了幾次。欒大見拖延不了，只得入朝佯稱：「鬼來，神不來，乃市中濁氣太重。安期、羨門既在海上，臣當赴海上尋師。」

武帝允准道：「你可偕隨從速往！雖是神仙，日久不見，情分恐也是要淡了。朕有厚贈予神人，也交你攜去。」

欒大亢聲拒道：「不可。神人寡淡，厭見人多，臣獨行就好。且仙

266

界之物，應有盡有，人間金帛之物，豈能充賄賂？」當下，就打點好行裝，辭別了武帝、公主，往東去了。

因久不見神仙至，武帝對欒大已有猜疑。待欒大出都，便命一內侍，扮作平民，一路尾隨向東。

欒大渾不知後面已有尾巴，一路逍遙而行。待來至泰山下，尋得一處樹蔭，席地而坐，裝模作樣拜禱一番。

那內侍躡蹤跟進，躲在樹後，目不轉睛看著。見一個時辰過去，哪裡有什麼神仙，連野雞、狐狸也沒來一隻。卻見欒大並無異動，整了整衣冠，便悠然往海邊去了。

內侍心中驚異，一路追下去，見欒大來到海邊，拿了些銅錢給漁翁，便在漁家茅屋中住下。白日晒腹，夜來與漁家女調笑，無所事事數日，竟起身折返了。

伏在一旁的內侍，忍飢挨餓守了幾日，見欒大如此，心中就罵。待回到長安，不待欒大入朝，便搶先回宮，向武帝奏明所見。

武帝初起還不信，內侍便摸出一幅繡帛來，上寫有欒大逐日行程。數了數日期，恰是一天不差。

欒大並不知已敗露，歇了一日，方入朝來覆命，使出慣技，又信口雌黃道：「臣東至泰山，登頂，與泰一神交談數語，得其真髓。後又浮海至蓬萊，拜見吾師。吾師二人正踞坐松下，把盞飲瓊漿⋯⋯」

武帝氣極，當即截斷道：「你師飲那瓊漿，怕是漁家井水吧？」

欒大正愕然，忽見一內侍從座後閃出，武帝即命內侍與欒大對質。內侍手拿繡帛，一日日念出行程來，不由欒大不慌，當即跪倒，叩頭如搗蒜。

267

漢皇問道，仙山求術意難平

　　武帝便重重一拍案，厲聲叱道：「天下男子，有幾個得尚公主？幾個可懸五將軍印？你便是這般報恩的嗎？」

　　欒大額頭汗出如雨，哀懇道：「臣已盡力請神，無奈新婚力虛，法力有失，故神不肯來。」

　　武帝冷笑道：「朕還看不破你嗎？粗鄙文痞，由鄉邑入都，不思正途，張口便是謊。你還有何等伎倆！」當即命人綁了，下詔獄拘繫。

　　廷尉奉詔審案，不過數日，將欒大問成誣罔之罪，押赴市曹，腰斬暴屍。可憐那衛長公主，新婚方數月，便翻作寡婦。

　　斬了欒大，武帝沮喪了數日，卻不思覺悟，只恨自己未遇真人。每逢朝會，仍是語不離神像、寶鼎。

　　朝野迷信，竟一時如狂。文成、五利雖然喪命，卻擋不住躁進之徒接踵而至。

　　卻說齊地有一個方士，名喚公孫卿，聽聞武帝新得寶鼎，便胡亂編成一書，名為《劄》。懷揣此書入都，鑽門覓洞，獻入了北闕。

　　公孫卿也屬半通文人，文雖不通，卻深諳巧言之道，書中所述，皆荒誕不經。內中言：「上古黃帝得寶鼎，時逢冬至；今歲漢得寶鼎，亦逢冬至。古今相符，足稱祥瑞。」而後便是上天入地，一派胡言。

　　武帝閱此書，起初看得暈頭漲腦，偏就心未生疑，只道是自己愚鈍。再三閱讀，方覺似懂非懂，頗合己意，便召公孫卿入見。

　　這公孫卿，相貌初看尚端正，卻生有一雙賊眼，骨碌碌的不大直視人。上得殿來，施了禮，便故作儒者斯文狀。

　　武帝便問：「公孫先生，看你相貌，祖上或為王公？」公孫卿答道：「小臣是詩書傳家。」

「既如此，卻如何做了方士，又以何業為生？」

公孫卿便略顯尷尬：「小民嗜讀書，於世事、營謀全不在行，致頭頂無片瓦。多虧長姐相助，購得草舍一座，可供讀書。」

「哦——」武帝心下明白，便不再追問，只問道，「你所獻書，為何人所作？」公孫卿混世既久，說起謊來全不臉紅，張口即答：「小臣得申公所授。」

武帝聞聽，不由心中大動：「朕即位之初，有王臧、趙綰二人，曾迎申公入朝，我與老人家有過數語問對。先生莫非是申公弟子？」

「正是。」

「申公如今安在？」

「申公已死，只有此書遺留。」

武帝想起，王臧、趙綰乃為尊儒而死，心中傷感，覺這公孫卿倒是親近，便又溫言問道：「申公乃荀子再傳子弟、海內大儒，不知他生前還有何語？」

公孫卿聞聽此問，心中不禁暗笑：我混世至今，何處能識得申公？你既然問到，便恰好由我胡說。想到此，張口又是大言：「吾師申公，與安期生交好。安期生，前朝大賢也，修煉成神，長壽不知幾百歲，曾親聆黃帝之言。惜乎僅有言，而無書。」

武帝當下一驚：「黃帝有何言？」

公孫卿道：「小臣只聞申公轉述：漢興，正合黃帝之時。漢之聖者，在高祖之孫……」

武帝便一怔：「聖者莫非是先景帝？」

公孫卿略喘一口氣道：「……且曾孫也。」

> 漢皇問道，仙山求術意難平

　　武帝聞之，方抪膺喘息：「如此甚好！」又催促道，「你接著道來。」

　　「申公言：寶鼎出而與神通，便須封禪。古來七十二王，個個都曾封禪。其中黃帝為通神，更是上封泰山。」

　　「欲通神，果真要封泰山嗎？」

　　「這是自然。漢前朝各帝，早也該上封，上封便能成仙而登天。」武帝聽到此，神情更顯急切：「先生請細說，封禪如何就能登天？」

　　公孫卿見武帝著了道，索性鼓起唇舌，信口道：「天下名山有八，而三在蠻夷，五在中國。中國有華山、首山、太室、泰山、東萊，此五山，為黃帝所常遊，在五山與神相會。黃帝如此學仙，百餘歲後，得與神通。其後，黃帝於首山掘銅，鑄鼎荊山下。鼎既成，便有龍垂鬍鬚，下迎黃帝。黃帝騎龍背之上，群臣、後宮爭相攀扯，騎上龍背者有七十餘人，龍乃上天而去。其餘小臣不得上，只得抓住龍鬚。龍鬚斷，連帶黃帝弓袋，一齊墮下。小臣仰望黃帝既上天，乃懷抱弓，手持龍鬚，哭號不止。黃帝昇天處，後世便名曰鼎湖。」

　　武帝聽得入神，不覺大叫道：「哦！鼎湖宮，朕之行宮也，無怪久住也不厭。我若能得如黃帝，便是拋妻別子，也只如脫屣呢！」

　　公孫卿兩眼骨碌一轉，只望住武帝，淺淺一笑：「陛下若心誠，料也不難。」武帝信其言，當即拜公孫卿為郎，遣他赴太室山等候神降。

　　時值隆冬，太室山下緱氏縣，正是天寒地凍。公孫卿以巧言得寵，不敢鬆懈，每日冒風寒，去城頭觀望。不久，即入都稟報：「陛下，臣見有仙人跡，出緱氏城上。」

　　武帝驚問：「果真嗎？」

　　「有物若野雞，往來城上。」

「哦？如何不是鳳凰？你所言須誠，不得仿效文成、五利！」

「臣有所見，不敢妄言。臣以為，非仙人有求天子，乃是天子有求仙人。求仙之道，甚難！不費時日，神不能來。」

武帝終被說動，這便是東巡緱氏縣的由來。抵達那日，武帝登上緱氏城頭，經公孫卿指點，果然見地面有雞爪印，不禁自語：「怪哉！淮南王得道時，雞犬亦昇天，這便是當日的雞嗎？」

於是不顧寒冷，日日晨起時分，在城頭恭候。過了多日，唯見太室山白雪覆頂，卻不見有絲毫神蹟顯露，連野雞也不來一隻了。

公孫卿見武帝焦急，便勸道：「求神之事，不可急。當積以歲月，付諸精誠，方迎得來仙人。」

武帝聽了勸，嘆口氣道：「雞都不來，還談何神仙？」這才依依不捨，啟駕還都。

各郡國聞說天子好神蹟，便都逢迎，掃淨了官道，又修繕名山宮觀，只盼天子來巡幸。

且說此前文成、五利之輩，大言取禍，武帝對術士便疑心甚重。唯有公孫卿蒙寵，卻安然無恙。個中緣由，乃是公孫卿受職甚卑，僅一名郎官而已，少遭人嫉；又擅言封禪之事，深得武帝歡心。

東巡太室山歸來，已是春暖花開，武帝只念念不忘封禪，這日召公孫卿來閒聊，便說起：「年前司馬相如病歿，留有遺書。朕聞大臣們議論，卓文君曾有言：遺書無他事，唯勸朕早封泰山。」

公孫卿聞此言，趁機附和道：「司馬相如公，有天縱之才；若天不與他通靈，如何能有這等文才？臣昔年在鄉邑，左鄰老嫗少奶，無不為之絕倒，只不知那遺書內，究竟有何機竅？」

漢皇問道，仙山求術意難平

　　一句話提醒武帝，遂拍膝嘆息，大有悔意：「司馬相如生前，消渴病纏身，又多事為廢皇后作賦，朕倒是簡慢他了。今日想來，朝中侍臣，多為陪飯阿諛之輩，罕有如司馬相如者，知我心意。」

　　「陛下，封禪為上古帝王事，便是秦始皇封泰山，其事也已近百年。小臣只知封禪事大，然如何築壇，如何封土，儀制為何？古籍所載，皆為秦始皇焚去，後人難知。今日操典，倒是要費躊躇了。」

　　武帝望望公孫卿，便拿過筆墨，手書一帛，交予公孫卿：「君所言，乃封禪至要。你這便持我手書，往司馬邸中，拜見卓文君，求得司馬遺書一窺。」

　　公孫卿受命，心中卻懷忐忑。他巧言混世，不懼武帝威嚴，卻忌憚卓文君大名蓋世，生怕被人看穿。

　　到得司馬府邸門，恭恭敬敬地上名刺，候了片時，卓文君便遣僕傭出來，將公孫卿迎入，落座於前堂。

　　卓文君此時已是銀髮老婦，卻雙目炯炯，能直刺人心。公孫卿施禮畢，心先就怯了，畏畏縮縮自報了家門，申明來意。

　　卓文君倒也並無傲慢意，只面帶微笑道：「老身久不見官儀，如今朝中執事者，都有鄉野氣了嗎？」

　　一語說得公孫卿臉漲紅，慌忙答道：「小臣不才，略識得幾個字，唯知淺薄為文。蒙聖上看重，特來打問：司馬先生遺書中，可有提及封禪儀制詳情？」

　　卓文君便道：「識字就好！昔年有那不識字的，也有冠帶加身的，還不是一樣？惜乎足下所問事，亡夫遺書中，並無詳述，只是勸聖上封泰山，以正大統。」

公孫卿見無可問詢，失望而歸。武帝也無奈，只得責博士徐偃、周霸等人，取《尚書》、《周官》、《王制》遺文，揣摩臆測。此事遷延多日，眾博士只是拘泥古文，久不能決。左內史倪寬，見不是事，上書謂：「封禪盛典之儀，舉措如何，經史均不詳。不如由天子聖裁，自行定奪儀規。」

　　武帝閱畢上書，深以為意。恰逢此時御史大夫卜式，力諫不可鹽鐵官營，以免粗製濫造害民，惹怒了武帝。武帝便以卜式不通文章事為由，將卜式貶為太子太傅，拔擢倪寬為御史大夫。閒來無事，便常與倪寬磋商封禪事。

　　武帝主意既定，便親自畫了圖樣，命太常署鑄封禪器具。鑄成，召了諸博士上殿，出示器具，命太常諸吏演習封禪禮，問博士觀感如何。

　　諸博士看了器具，都搖頭道：「不與古同。」

　　徐偃也道：「太常吏行禮，不如魯儒行得好。」周霸也以諸博士之意為然。

　　武帝不由動了氣：「徐偃，周霸，你二人既無主意，又看不得旁人好，留你們何益？都歸鄉讀書去好了。」於是，免了徐偃、周霸官職。其餘諸儒生，也都罷黜不用。

　　趕走儒生，事便簡單易行得多。武帝又與倪寬幾番參酌，將儀制議定，便於元鼎六年（西元前 111 年）秋下詔：古之制，封禪之前須振軍旅。故徵調精兵十二萬，先發大軍巡邊，而後行封禪禮。

　　至元封元年（西元前 110 年）初，萬事俱備，武帝終於啟駕，以遂平生壯遊之志。率浩蕩大軍，出雲陽郡（今河套地區）北行，歷經上郡、西河、五原，冒雪出長城關口，登上「單于臺」（在今內蒙古呼和浩特市西，一說在今山西省大同市），而後又進至朔方郡，駕臨北河地面。

漢皇問道，仙山求術意難平

　　這一路巡行，旗甲迤邐數十里，首尾不能相見。自高祖定鼎以來，漢軍從未有過如此聲勢，鼓角響過邊陲，匈奴有零星部眾，都聞風而逃，漠南唯餘白雪茫茫一片。

　　長城關口外，武帝親率期門郎千餘人，一派金甲銀盔，斧鉞如林，登上「單于臺」揚威。

　　在高臺之上，武帝手書致單于詔書一道，交予侍臣郭吉，遣他前往匈奴宣諭。詔曰：「漢天子告匈奴單于：今東南一帶越人作亂，已發樓船之師，悉數蕩平。千里南越，望風屬漢，南越王頭，高懸北闕。若單于尚能戰，可發兵來，與漢天子一較高下。若無此力，則應臣服不二，又何必亡匿漠北，形如鼠竄？爾等夏後氏之裔，與我同為天下一家，當以福澤萬民為要，望單于三思。」

　　其文雄霸，其氣磅礡。漢家數代天子，自白登受辱以來的悶氣，終得一吐而出。武帝寫畢，送別郭吉，再眺望塞北，雪野中但見陰山一線，好不壯闊。此時，恰看見東郭延在近旁，便一招手道：「東郭先生，你來！」

　　東郭延疾步趨近，神情惶惑道：「陛下，莫不是感了風寒？」

　　武帝笑道：「朕豈有這般孱弱？朕只想問你，那李少君所授，無非是些方劑、卜術，瓶瓶罐罐而已，於茅屋中即可操弄。先生可曾想過：今生竟能登單于臺，望雪原千里，以遂大丈夫之志？」

　　東郭延略作沉吟道：「登臺不敢想，然少君師所授我，絕非僅止藥方，也有驅遣虎豹之術。」

　　武帝便仰頭大笑：「可惜你故里山陽，早已無虎豹！你可見到這臺下，那精壯之師十二萬？朕此行，便足以教你知，何為驅虎豹也！」

「這個⋯⋯當然。陛下有此雄威，天下惶悚，何物還敢稱虎豹？」

武帝甚是得意，朝北一指道：「始皇帝緣匈奴而滅國，我輩雖後起，卻要驅匈奴而安天下。」言畢，又朝南方拜了三拜，方率眾下了單于臺。

豈料，郭吉入匈奴之後，過了月餘全無消息。大軍駐紮臺下，連營十數里，堪堪糧草就要不濟。武帝又遣斥候去打探，方知伊稚斜單于月前已薨，如今是烏維單于嗣位。烏維讀了武帝詔書，惱羞異常，然又顧忌漢兵勢大，故而扣住郭吉不放，也不發兵來戰。

武帝等候得無趣，率軍又進至北河，逼近陰山，揚威數日，方下令回鑾。

還都之途，取道上郡，路過陽周縣（今陝西省靖邊縣）橋山，赫然見有黃帝遺塚，忙停住車駕觀望。

見其塚雖然殘破，封土仍可稱雄偉。武帝悵望良久，忽地想起，便問隨行的公孫卿：「公孫先生曾言，黃帝未崩，騰龍而去，如何此地倒有個黃帝塚？」

此一問，似是隨口；公孫卿聽來，卻如雷震一般。略一低頭，惶恐中便有急智，也隨口答道：「黃帝昇天，想是群臣思慕不已，取其衣冠為塚。」

武帝聞之，又許久不語，下車踱步於塚前，觀望一番，方嘆息道：「來日我飛昇，諸臣亦將葬我衣冠呢！」

公孫卿連忙道：「陛下飛昇，豈能拋下諸臣？」

武帝回望公孫卿一眼，笑道：「拋不拋，須看龍鬚粗細與否。」眾臣在旁聽得清楚，也都一笑。

武帝這才斂容道：「笑話休提，過黃帝塚，我焉能不祭？大軍可在此

漢皇問道，仙山求術意難平

駐留兩日，祭罷再行。」

祭黃帝之典，雖是臨時起意，卻也隆重。所幸有東方朔、枚皋等侍臣隨行，把個祭文做得花團錦簇。武帝特命公孫卿領祭，誦讀一過，又率群臣三叩九拜。祭畢，東方朔忍不住道：「衣冠塚耳，又何其隆重！」

武帝聽到，佯怒道：「你又亂說！若無衣冠，還成何體統，必是禽獸滿世！再則，你不敬祖宗，還望後人敬你嗎？」

東方朔連忙謝罪道：「恕臣失言，還是陛下想得遠，不似我輩文人，活著便已無人敬了。」

武帝聞此，只有苦笑，也不再怪罪了。又率群臣，將塚上荒草拔除，方依依不捨上路。

返歸長安後，冬日已盡，冰雪初見消融。公孫卿不失時機進言道：「《尚書》與《禮》皆曰：『天子巡狩，歲二月至於岱宗。』孔子稱：『封泰山，禪梁父，可得而數七十有二。』王者受命，功成封禪，此為古之制也。當此歲時，正是陛下封禪的良機。」

武帝笑答：「孔夫子此言，倒像是為朕而發。此時天不冷了，這便可上路。」待各軍歸營後，稍事歇息便又啟駕，率群臣東行。

過緱氏縣時，武帝率親隨祭中嶽太室山。此為東巡致祭的第一山，登山之日，眾臣肅立山下。待武帝祭畢下來，聞山下眾臣言，曾聞山上有聲響，如巨雷滾過，彷彿呼「萬歲」。武帝驚呆，問山上親隨可曾呼過，答曰不曾；復問山下人，亦答不曾。

武帝更覺驚異，對親隨道：「如何就說沒有神蹟？」當即下詔，起造太室祠，以山下三百戶為邑，號為「崇高邑」，供奉此祠。這便是「山呼萬歲」一典的來由。

一行車馬又迤邐東行，終來至泰山之下。當此際，山上草木，尚未復綠，封禪之典看似尚早，武帝便命人運石上山，立於山巔，高一丈二尺，上刻銘文曰：

　　事天以禮，立身以義，事父以孝，成民以仁。四守之內，莫不為郡縣，四夷八蠻，咸來貢職。與天無極，人民蕃息，天祿永得。

　　立石既畢，又東巡至琅琊縣（今山東省青島市夏河城），立於海邊，眼望萬頃煙波，不由想到人壽何其微渺，便對公孫卿道：「朕敬天神，誠過諸先帝，何以神人至今不來助我？」

　　公孫卿連忙勸道：「陛下之福，高過前人，想必是時還未至。」

　　武帝忽就想到：「高祖在時，有七男一女異人相助，後不知所終。淮南王在時，亦有『八公』相隨，一夜間屍解飛昇，也不見蹤影。先生可知，這等異人，究竟是往何處去了？」

　　公孫卿怔了一怔，忽又有急智出來，張口答道：「八人異事，小臣也有耳聞。小臣以為，天助漢家，必有異象，此八人，乃是神降吾土，助天子，惠萬民。《禮記》有言，天子臘祭，便是祭這八神。八神所歸，大抵就在齊東。」

　　「哦？就在此地嗎，有哪八神？」

　　「即天主、地主、兵主、陰主、陽主、月主、日主、四時主，所居之地，皆在臨菑、泰山、萊山、琅琊一帶。陛下心念八神，可各為其建祠，以禮祀之。」

　　武帝聞此言，才解開心頭多年之惑，頷首笑道：「原來如此，甚好！有公孫先生點撥，朕照辦就是。」

　　於是下詔，命齊東各地，起建八神之祠。今後君臣凡有路過，都須

漢皇問道，仙山求術意難平

禮祀祭拜。琅琊為歲時之始，故琅琊縣所建祠，便是祀四時之主。

這邊正在忙碌中，齊地各郡方士，聞說天子東巡至，都以為有了晉身之機，爭相跑來上書，眾口一詞，稱海上有神仙。

武帝於幾日內，居然接了萬餘人上書，皆持此說，便徵詢公孫卿之意：「何如？」公孫卿答道：「這即是說，蓬萊有仙人。」

「仙人也知朕來了嗎？」「是陛下福大。」

武帝這才開顏一笑：「我勞碌多年，神仙也該見我一見了。」便下令徵集民間大船，好載了這些方士，去尋神仙。

沿海各縣得令，都遣人徵大船。武帝便對公孫卿道：「今我來，神仙必也有知。先生可乘船，持節先行，或可先遇見神仙。」

公孫卿領命，也不躊躇，心想一人出行，有無皆在我一張嘴上，又有何懼。於是登船出海，不敢向東入大海，便教船家胡亂向西而行。幾日便返回，稟報武帝：「陛下，臣有幸，夜至東萊（今山東省龍口市）海邊，見有大人。」

武帝當即眼睛睜圓：「大人？身長有幾何？」

公孫卿答道：「身長約數丈，近身觀之，則杳然無蹤。」

聞有仙人至，武帝哪裡按捺得住，當即率近臣趕往東萊。一行人來至海灘，見沙上有足跡，狀類獸蹄。

武帝佇立海邊，凝視足跡甚久，一語不發。

原來，武帝見公孫卿忙碌一整年，所謂仙人跡，無非是些莫名足印，心中便起疑。早前文成、五利之輩，欺世盜名，武帝原就恨極，現下見了這「大人足跡」，忽就疑心：莫非又是騙局？

於是，脫口問公孫卿道：「緱氏所見，乃雞爪；東萊所見，又如獸

蹄。這仙人，莫非都化作了禽獸？」

公孫卿正尷尬間，東郭延在旁忽然奏道：「稟陛下，臣於今晨，在路邊小溲，遇見一老翁，手牽黑犬。臣問他將往何方，老翁稱：『欲見鉅公。』言畢，忽而便不見了。」

武帝抬眼望望：「哦，東郭先生也如此說？看來，是真仙來了。既如此，朕便不能坐等。」

當下回到琅琊，召方士數千人來，命他們各自乘車，往沿海去尋仙人。

武帝命各縣徵來車馬，分派停當，又賜給諸方士金帛，吩咐道：「有所見，即刻回報，無論雞爪、獸蹄，只不得教那仙人跑掉。朕在琅琊等候，限時半月，尋不到仙人，便提頭來見！」

諸方士惶惶然受命，都乘車分頭去了。

武帝一行駐蹕琅琊，足足等了一月，並無半個人影返回。原是一眾方士都心知肚明，所謂仙人，無非是詐，故而離了琅琊，即趁御者不備，逃散一空，往民間去隱姓埋名了。那班御者，見走失了方士，唯恐獲罪，也都各自逃散，無一個敢回來覆命的。

武帝在琅琊空等了一月，便召公孫卿來問：「數千人尋仙，無一歸來者，是何故？竟連雞爪也見不到一個嗎？」說罷，不等公孫卿回答，便下令啟程，轉回泰山去封禪。

至泰山，令軍卒在山下築土為壇。武帝擇吉日，著黃衣，率一眾博士祭天。其封壇寬一丈二尺，高九尺。壇中埋有玉牒，上寫祈福語，外人無從窺見。

祭天畢，武帝又偕霍去病之子、奉車都尉霍子侯，同登泰山頂，為泰山封土。前後諸事，皆祕而不宣，他人不得與聞。

漢皇問道，仙山求術意難平

在山頂住一夜後，二人從山北下來，同封肅然山[44]，行了祭地禮。

到了次日，在山下等候多時的群臣，再見到武帝，都欣喜異常，紛紛奏報：「陛下封禪各處，昨夜都見到祥光。」

武帝笑道：「果然焉？」

群臣又奏道：「臣等昨日心不安，牽繫陛下，以至一夜未睡。今日凌晨，又見各山頂有白雲擁護。」

武帝便開顏大笑：「那白雲，也是曉事的。」於是下詔，改本年為元封元年，大赦天下，民百戶賜給牛一頭、酒十石；年滿八十歲的孤寡，賜給布帛二匹。

想起封禪以來，連日晴和，並無一日風雨，當是有天神護佑，武帝便對群臣道：「蓬萊既有仙人，朕當東至海上，庶幾可遇之。」

群臣進諫，武帝不聽，復至海邊，但見海上雲水茫茫，一無所見，便執意要乘船入海，去尋蓬萊。

東方朔見勢不妙，連忙諫道：「神仙將至，當自來；我輩急而求之，反倒不可見。」

武帝這才作罷，打算在此痴等。偏巧此時，霍子侯因旅途勞累，染了風寒，竟於一日間殞命。武帝撫棺，泣下不止，想到霍去病父子二人竟都夭壽，就更神傷，在海邊徘徊不知所以。

耳聞濤聲，悵立半日，終悟到公孫卿所言多半又要落空，眼下只是沒有臉面說破。想了一夜，仍心存僥倖，天明，即率群臣乘船北上。船沿海而行，北至碣石[45]，住進秦始皇行宮，又發民夫築臺，欲在此遙望仙人。

---

[44] 肅然山，據《史記·孝武本紀》載，位於泰山東北麓（今山東省萊蕪市西北）。
[45] 碣石，位於遼寧省葫蘆島市綏中縣，附近有秦始皇碣石宮、漢武臺等遺跡。

如此忙了一春，卻連半個神仙足跡也未見到。東方朔眼見收不了場，只得勸諫道：「陛下不必氣沮，秦始皇未成之事，還有何人想一時做得成？」

武帝聞此言，正要發怒，想想此話也有道理，這才下令折返，沿北邊向西行。大隊人馬奔波數月，均感力疲，此時都樂得返回。

返歸之日，武帝下詔，東巡所過齊魯五縣，民間田租賦貸，一律免除。又賜給天下民爵一級，女子每百戶賜給牛酒。四方百姓聞知，豈能不感聖恩，便將東巡無果的尷尬掩飾了過去。

過雲中郡時，武帝又有令，繞道去了河南地的五原郡，登上新築的城頭看了看。此地為秦時的九原郡，秦末亂起，為匈奴所奪，如今衛青又奪回，更名為五原。

自城頭望去，大河在北，更遠處，則是漠南之地。入夏草綠，天高雲白，草海之美無可言喻。

武帝望之，心曠神怡，遂召東方朔、東郭延至近前，面露得意道：「此地，秦二世失之，朕復奪回，不可謂朕是秦二世了吧？」

不料東方朔卻道：「然則，陛下也不是秦始皇。」

東郭延望望東方朔，當即反駁道：「不然，臣倒以為是。聖上東巡，差可比得始皇帝，只欠未射到大魚。」

武帝瞥了兩人一眼，怒道：「侍臣說話，從來便這般不明不白的。你二人，究竟是誇還是諷？」

二人不約而同道：「自然是誇！」

武帝「哼」了一聲，拂袖道：「罷了，下城去啟駕！文人不足以論大事。」如此走走停停，至五月，大隊人馬才返回甘泉宮。

漢皇問道，仙山求術意難平

此次東巡，可謂奢靡，前後費時五月，行程一萬八千里。途中花去錢財鉅萬，賜帛也有百餘萬匹。

這般揮霍，全賴治粟都尉[46]桑弘羊，百計搜刮，方得敷用。武帝巡遊歸來，念及桑弘羊之功，特賜爵左庶長，又賞金二百斤。朝會之時，笑對桑弘羊打趣道：「君是聖手，平白便弄得出許多錢來，不知是何方神仙附體？」

桑弘羊道：「民不加賦，國用自足，乃為計臣謀國之才，小臣只是盡職而已。」

滿朝文武見桑弘羊得寵，無不豔羨。唯有太子太傅卜式，一向恨桑弘羊搜刮太過，時有上書，指斥桑弘羊「不務大體，專營小利」。

時值盛夏，天大旱，武帝有詔求雨。卜式在授課之餘，與太子議起求雨事，淡然一笑：「聖上何必祈禱？若烹了桑弘羊，天地間怨氣皆消，自可得雨，只怕一時還下不完呢。」

有涓人在旁偷聽到，報與武帝。武帝一怔，轉而即笑道：「牧羊官，為何如此恨羊？他不知，誅桑弘羊易，然誅殺之後，何人又為我斂財呢？」遂不在意這兩人的齟齬。

是年秋，旱災未消，又有孛星[47]出，隔十餘日間，兩番見於夜空。民間百姓，各個以為有大災將至，滿城人心浮動。

偏有術士王朔，從家中瓦簷下，摸出一部竹書來，入朝求見武帝。打開書三翻兩翻，找出一句來，稱：「此星為德星，熠熠在東，是為聖主而出。」

群臣聽了，大感詫異。卻見武帝面露笑容，很是受用，便都醒悟過

---

[46] 治粟都尉，漢初官職名，掌生產軍糧等事。
[47] 孛（ㄅㄟˋ）星，彗星的一類，古時相術認為是災異之星。

來，連忙附和。

武帝便道：「素聞王朔為老相士，善望氣，果然！不出言則罷，出言即中。既是天佑我，我當祭天。」當下賞了王朔，說走便走，不等「三歲一郊」，也不顧年末已至，即率眾臣趕往雍郊，祭五帝；然後又往甘泉宮，祭泰一神。

冒寒往返一趟，眾臣連新年也沒過好。待元封二年（西元前 109 年）元旦一過，公孫卿在緱氏縣等候神蹟，又有上書稱：「東萊有仙人，欲見天子。」

武帝閱罷，只一臉苦笑：「朕乃狸貓，仙人乃鼠乎？如何我一往，他就不見？」話雖如此，卻是雄心又起，下令再次東巡。

路過緱氏縣，武帝見公孫卿滿面風霜，不由想起年前事，心就一軟，溫言道：「公孫先生勞累一年有餘，朕雖未見神仙，料也時日可待。先生白髮仍為郎，實是委屈了，今拜你為中大夫，為我前導，往東萊尋神蹟。如此誠心，即便是鼠神，也該見到一隻了吧？」

值此關頭，公孫卿唯有大言瞞哄，一口咬定：「蓬萊仙人，曾屢次託夢，欲見陛下。此次若見不成，臣當以死報之。」

武帝擺手制止道：「休得提一個『死』字！若得見仙人，你我都有百世可活；若見不到仙人，或明日即死，也未可知。」

公孫卿聽得膽顫心驚，只得硬起頭皮先行。

武帝一行顛躓於途，費時月餘，抵達東萊海濱。眾人立於海邊，眺望渤海微茫，唯見雲霧，哪裡有神仙身影？

公孫卿再也編不出假話來，東指西指，好歹在海灘上指出兩處獸跡。

漢皇問道，仙山求術意難平

　　武帝默默看了，長籲一口氣道：「又來遲了，連鼠神也已遁走！」當下斷定，公孫卿以往都是妄語，心中便起了殺機。

　　然有一眾大臣在旁，眾目睽睽。天下人也盡知東巡只為尋仙，如今落空，哪裡就好追究公孫卿說謊？只得佯作鎮定，對眾臣道：「秦始皇未成之事，朕亦不能急。趁今日旱象未消，萬民皆苦，我君臣一行，不妨往萬里沙神祠去，為民祈雨。」

　　萬里沙神祠，即八神祠之一，就在東萊海濱。武帝率眾臣，在神祠裡裝模作樣，祀禮一番，算是遮住了天下人耳目。然後返歸，過泰山，又在山下望祀一番。

　　如此興師動眾，只看見鼠獸足跡，武帝也知巡行無名，哄不住天下。恰好歸途順路，便率眾往黃河瓠子口[48]（在今河南省濮陽縣西南），查看決口情形，以示親民。

　　此時離瓠子口河決，已有二十三年之久。沉痾難治，武帝也頗感棘手，先派能臣汲黯、鄭當時，前往瓠子口，發囚徒堵河，然卻屢堵屢潰。後又遣汲黯之弟汲仁，與郭昌等人前往，發數萬人堵河，仍是日久無功。

　　四月入夏，東巡人馬來至瓠子口左近，但見黃水滔滔，田野盡沒，饑民輾轉於泥塗，形同鬼魅，武帝與眾臣便都極感驚恐。

　　武帝搭手遮陽遠望，倒吸一口涼氣：「嗚呼！方圓兩千里，浩漫連接淮、泗，人力如何能塞得住？」

　　東方朔在旁道：「那神仙也是，如何不到此處來？」

　　武帝知他是在嘲諷，沉下臉怒道：「民之苦，不見不知。眼前城郭崩壞，積粟漂流，百姓木棲，千里無廬，孤寡無所依。如此災禍，你還有

---

[48] 據《史記》、《漢書》記載：漢元光三年（西元前 132 年），黃河在東郡濮陽瓠子口決口。瓠（ㄏㄨˋ）子，即瓠瓜，葫蘆的變種。

心說滑稽語？」

見天子發怒，東郭延連忙諫道：「人間事，神仙如何管得？以往多年，決口水淹十六郡國，饑民嗷嗷，人相食，只是未上史書而已。以陛下之威，可逐匈奴；這瓠子口，不過棚架上一瓠瓜耳，伸手可摘。此事，萬民矚目，還須天子親為。」

武帝心頭便一震，臉色略變，慨嘆道：「吾為田蚡所矇蔽，未能早早修河。二十年來，只道是驅匈奴，平西南，太平之民如神仙。今日來此，才知地獄就在這太平世！」

隨即就脫去龍袍，摘去冕旒，令眾臣也都脫去冠服，去看決口。

其時決口附近，已有數萬民夫，由役吏帶領在此修河。武帝便率了眾臣上殘堤，走近決口，沉白馬玉璧於水中，以祭河神。而後下令：「文臣無力，可免勞動。武臣自將軍以下，與民同修河，皆不可迴避。」眾武臣聞令，哪裡還敢躊躇，都紛紛跳下水去。與民眾一道，負薪背土，填塞決口。

那數萬民夫，服勞役已近一年，困苦疲累，全無精神。忽聞天子駕到，立時群情聳動，無不感奮。

有父老耆宿感於此，獻計曰：「東郡民燒柴草，故而薪柴少，不敷堵河之用。可令盡伐衛國故苑之竹為椿，復積柴土。」武帝聞之，下令依計而行，果然見效，眾民夫便不分晝夜，伐竹填土。

眼望滔滔濁浪，武帝心中大起愧悔，想到以往只知國用不足，未能放手堵河，竟至梁、楚一帶糜爛至此，今日既來，如何就能棄民而去？

此時，恰好逢冬令水枯，水勢不急。眾武臣與民夫一起奮力，竟在旬日之間，將決口塞住。又在決口處河堤上，築起「宣防宮」一座，以安省神。

漢皇問道，仙山求術意難平

堵口成功之日，萬民歡呼，有老叟婦孺攜酒飯，爭相送與武帝。武帝見此，連忙命衛士勸住，不禁就泣下，對眾臣道：「我何功也？我何德也？任由梁、楚百姓受苦二十餘年，當退位了！」

東方朔聞言色變，連忙勸道：「陛下，萬不可作此想！從此梁楚一帶百姓，必以陛下為神。」

武帝只是苦笑：「我若是神，蓬萊神仙早便現身了，如何能愚弄我幾次三番？」

東郭延見武帝沮喪，便也勸慰道：「仙人匿身蓬萊，想來也奈何不得河神。今陛下親臨瓠子口，河神即退，故陛下不可自輕。」

武帝這才轉憂為喜，哈哈笑道：「文人奉承，古今都屬一流。既如此，朕也不免從陋習，做一回文人，奉承自己則個！」當即在宣防宮中，作歌二篇，名曰〈瓠子歌〉[49]。

其一云：

瓠子決兮將奈何？
浩浩洋洋慮殫為河。殫為河兮地不得寧，功無已時兮吾山平。
吾山平兮鉅野溢，魚弗鬱兮柏冬日。正道弛兮離常流，
蛟龍騁兮放遠遊。歸舊川兮神哉沛，不封禪兮安知外。
皇謂河公兮何不仁？氾濫不止兮愁吾人。齧桑浮兮淮泗滿，
久不反兮水維緩。

其二云：

河湯湯兮激潺湲，北渡回兮迅流難。搴長茭兮湛美玉，河公許兮薪不屬。

---

[49]〈瓠子歌〉二首，《史記》、《漢書》均有記載，此處取《漢書》版本，見《漢書·溝洫志》。

薪不屬兮衛人罪，

燒蕭條兮噫乎何以御水？

饋林竹兮楗石菑，宣防塞兮萬福來。

歌賦寫罷，交枚皋配曲，由萬民傳唱，兩岸頓時聲如鼎沸。武帝聞之大喜，下詔赦免以往刑徒，又賜給天下孤獨、年高之民，每人米四石。

堵河事畢，武帝方率巡遊人馬返回長安。歸家後，眾臣只顧捶腰捶背，恨不能歇息半月，唯有公孫卿惶惶不安。想到舟車往返數千里，連神仙肋骨也未見一根，若嚴譴下來，頭顱恐將不保。

輾轉反側中，想起大將軍衛青為人寬厚，或能援手相助。於是攜了財寶，登門去求見。

那衛青權勢雖不及以往，寬厚卻依舊如故。見公孫卿涕泣相求，也是不忍，於是聽了公孫卿說辭，允諾代為轉圜。

次日，衛青去見武帝，進言道：「陛下欲見仙人，數度往返，不可謂不誠。臣竊以為，公孫先生已盡力，仙人卻有不便處，故而才不來。」

武帝忽就怒從中來：「不提便罷。這個公孫卿，又是文成、五利之徒！只是口中哄我，雞也未曾捉來一隻！」

「臣以為，仙人在天，當是輕盈若雲霧，否則，必墜落而亡。世人只見過雞犬飛昇，可有人見過仙人飄下？」

武帝便露驚愕之色：「唔？這個，朕倒未曾想過。」

「心誠而神仙不至，只因人間殿閣低矮，與仙人相隔雲泥。若增築高樓，則可見神仙徐來，憑窗便可互語。」

「是哦！我立於平地，卻如何與神仙打招呼？」武帝摸了摸額頭，後

漢皇問道，仙山求術意難平

悔不已。當即召來太常、少府，命在長安建起「蜚廉[50]觀」，在甘泉宮建起「益延壽觀」，以迎神仙。

於是又大動土木，靡費財力無數，忙碌多日，兩臺觀終告建成，各有一座「通天臺」，高四十丈，望之若摩天入雲。

通天臺建好後，甘泉宮略顯局促，遂又增建了前殿，以廣宮室。武帝親往兩處驗看，果然見高樓巍巍，離天不遠，不覺大喜過望。當即命公孫卿持節，就在兩處值守，備好帷帳、器具、飲食等一應陳設，隨時等神仙來。

公孫卿以巧計延了命，此時焉能不用力？便越發張揚作勢，如猿猱般上下，一日數登高樓，至夜又發嘯聲，聲聞於四野。

一月之後，公孫卿自知文章已做足，便從甘泉宮上奏道：「甘泉前殿，生出神草一株，請太常前來查看。」

太常聞報，不敢怠慢，即率一眾屬官趕赴甘泉。只見那株神草，共有九莖，卻枝葉相連。眾人圍住，仔細看過，都驚呼：「此乃靈芝也！」

武帝得報，也心癢不止，趕到甘泉宮查驗。見那神草果然奇異，就更信衛青所言，寫了一篇〈芝房歌〉，以明心跡。

眼見神仙不遠，武帝精神復振。此時恰有一濟南人，名喚公玉帶，赴闕獻上一圖，稱是黃帝時〈明堂圖〉。武帝打開看過，大感稀奇，見圖中畫有一殿，四面無壁，僅以茅草蓋頂。明堂四周通水，環牆有複道，自西南入大殿，名曰「崑崙道」。

武帝大喜道：「正是，天子當從西南入，在此拜上帝。」

於是有詔，在汶上（今山東省東平縣）建造明堂，一如獻圖所繪模

---

[50] 蜚廉，此處指半神半鳥的神禽。

樣。殿內供有泰一、五帝之位，對面為高皇帝之位，天子五年到此一祭。待明堂建成，武帝迫不及待，當即出巡江漢，轉至泰山再次增封，就近在明堂祭祀上帝。

封禪那夜，武帝在泰山上舉火，群臣則在山下舉火響應。山上山下，一時火光沖天，四野小民們望見，都疑是天神已然下凡。

至此，董仲舒所倡「大一統」之禮，遂告功成。武帝立於明堂殿上，眺望月下山川，火光萬點，如仙似魔，不由想起多年來崇儒之不易，感慨道：「雖神仙尚未現形，料想也不遠了！」

漢皇問道，仙山求術意難平

貳　師出征，收復輪臺拓疆土

　　元封二年（西元前 109 年）秋分日，武帝正在尋仙的興頭上，日與公孫卿商議，如何封禪，如何渡海，一心要往海上尋訪蓬萊。

　　槐葉初黃時，君臣二人同登蜚廉觀之樓，憑欄遠望昆明池，心神馳往，覺仙人或正從蓬萊飛來⋯⋯

　　此時有廚人上樓，端上魚膾、炙肉等美饌，又有清白兩色美酒。武帝便對公孫卿道：「朕日日為仙人備好佳餚，他就是不來。今日你我君臣，便代勞好了。」

　　公孫卿謝恩畢，於下首坐好，笑道：「仙人在海中，風餐露宿慣了，御廚的佳餚，或不在他眼中。」

　　武帝正要舉箸，聞言一怔：「莫非做了神仙，飲食反倒不比人間？」

　　公孫卿早已拿捏好武帝心思，便又信口雌黃道：「神仙飲食，小臣也未曾聞。想來，左不過是肉麋鹿脯、龍鬚魚翅。」

　　武帝便搖頭：「朕不信。如此，又何必做神仙？」

　　公孫卿想想又道：「吾師申公，曾見過黃帝飲食。」

　　武帝眼睛便睜大：「哦？黃帝飲食為何？」「端的是飲珠漱玉、吞金吃銀。」

　　「哦？這個⋯⋯來來，且不論黃帝飲食，你我君臣，先飲罷眼前美酒再說。」

貳師出征，收復輪臺拓疆土

二人正在樓上談笑，忽聞樓下有謁者傳呼：「報——，遼東有警，六百里急遞到！」

武帝一驚，手中玉箸險些落地：「莫非匈奴又來？」接了急報看過，方知是遼東之地起了烽煙。

且說在遼東長城外，有一古朝鮮國，與中原淵源甚深。原是商紂王的叔父箕子，於商亡之際，率五千遺民，遷至黃海東北隅半島，建起古朝鮮國，後又受了周天子之封，史稱「箕子朝鮮」。

箕子以殷商之禮，教化其地之民，傳授耕織，國勢便日漸興盛，始有規模。如此，傳國四十一世，歷時近千年，為周秦時的一個悠久古國。

漢初，燕王盧綰背叛高祖，逃至匈奴。其部下燕人衛滿，結黨千餘人，換了東夷衣裝急奔出塞，逃至故秦遼東外徼[51]之地，設障自保。時朝鮮王箕準，見衛滿堪稱人才，便拜他為博士，賜以圭，並賜給封邑方圓百里，將衛滿當作邊境屏障。

這個衛滿，卻非安分之輩，哪裡就肯甘心臣服，只刻意招納漢地流民，以待時機。

至惠帝元年，衛滿自恃羽翼已豐，便要奪位，遣人飛報朝鮮王箕準，詐稱有漢軍來攻，請求入都勤王。箕準不知是計，匆忙應允。衛滿便率部直奔國都王險城（今朝鮮平壤），攻破其城，逐走箕準，自立為王，國號仍為朝鮮，史稱「衛氏朝鮮」。

時值惠帝當朝，天下初定，不欲動兵。遼東太守便奏請朝廷，與衛滿相約，以衛氏朝鮮為漢藩屬外臣，拱衛遼東塞外，各小國之君借道入見天子，及各小國與漢通商，均不許從中阻撓，朝廷則賜衛氏以兵馬、財物。

[51] 外徼（ㄐㄧㄠˋ），塞外、邊外。

衛氏朝鮮既為外臣，身價隨即大增，趁勢攻略周邊小國，開疆南北，真番、臨屯等國皆來歸附，拓疆至數千里，逾於箕子朝鮮。

　　待王位傳至其孫衛右渠，始有不服朝廷之意，不再朝貢。又廣招漢地流民，劫掠客商，阻遏漢使。朝鮮王不遜若此，惹怒四鄰，這才有東夷穢君不服，率眾二十八萬人降漢之事。

　　右渠此番作為，跡近反叛。武帝雖怒，然想到匈奴未滅，還是不欲對其動武，便遣了使臣涉何，前去勸諭。

　　見涉何一行勢單力薄而來，右渠便傲慢異常，不肯奉詔，只遣了身邊一個裨王，禮送涉何出境。

　　涉何出使無功，自是心懷怨望，歸途行至浿水[52]南岸，便命隨從刺殺了朝鮮裨王，隨後渡水，急奔入塞。還朝後，上奏報功，稱「已殺朝鮮將」。

　　武帝明知底細，然涉何此舉，到底還算是揚威，於是未加詰問，反拜了涉何為遼東東部都尉。涉何冒功得官，心中竊喜，即往治所武次縣（今遼寧省鳳城市東北）就任。

　　右渠聞此事變，怒不可遏，立發大兵攻入遼東郡，擊殺了涉何。遼東傳回急報，說的便是此事。

　　武帝在蜚廉觀，讀罷這一道急報，頓覺食不甘味，起身嘆了一聲：「神未盼來，卻等來了叛逆！如今東也叛，西也叛，若無雷霆之擊，爾等如何能服？」便下詔，令樓船將軍楊僕、左將軍荀彘，募天下罪人以充兵役，往擊朝鮮。

　　右渠聞聽楊僕等率漢兵來攻，心知必有一場存亡之戰，便調兵遣

---

[52]　浿（ㄆㄟˋ）水，今朝鮮青川江、大同江的古稱。

貳師出征，收復輪臺拓疆土

將，嚴守各處隘口。豈料楊僕一支人馬，渡渤海而入朝鮮，其先鋒部七千人，更是乘舟疾進，自水路直抵王險城下。

右渠只防漢軍自遼東陸路來，水道上全無阻攔，驟見漢兵至城下，也是慌了。好在王險城堅固異常，右渠發兵拒守，與漢兵相持。後又探得楊僕人馬不多，便督軍出城，與漢兵在城下大戰。

楊僕先鋒部畢竟人少，戰了多時，漸漸不支，俄而竟然潰敗。楊僕無計，只得率親隨逃匿山中十餘日，方敢出來，收拾殘兵，以待荀彘大軍南來。

再說荀彘一支人馬，渡浿水而來，與朝鮮守軍相遇，先鋒部亦是一度敗散，後又數戰而不能勝。

兩軍對壘，就此僵住。楊僕、荀彘均有軍書飛奏回朝，武帝見兩將皆戰不利，便遣衛山為使臣，持節入王險城，勸諭右渠。

右渠眼見漢軍勢大，心中也虛，於是伏地頓首道：「臣本就願降，只恐漢使有詐而殺臣。今見漢節，知天恩至誠，願降服。」便令太子隨衛山入朝謝罪，並獻良馬五千匹及餽贈軍糧，以表誠意。

朝鮮太子出行之日，聲勢浩大，有隨行文武、軍卒等萬人之多，皆手持兵戈。

衛山在北歸路上，見朝鮮兵多而氣盛，就疑彼等是詐降，將要渡浿水時，密與荀彘商議應對之計。兩人小心謹慎，唯知軍行異邦，不可有半分差池。議定之後，告知朝鮮太子曰：「太子既已降服，還是令部下勿持兵戈為好。」

朝鮮太子聞聽，頓起疑心，亦恐漢兵有詐，遂不肯渡浿水，率眾返歸。

事既至此，衛山自是不敢重返王險城，只得回朝覆命。武帝問過緣由，不禁大怒：「出使在外，何以愚痴至此？無端疑人，分明是惜命！」叱罷，不由分說，立將衛山處斬，並傳令楊僕、荀彘催兵進擊。

　　兩將分別得令，都不敢再懼戰。荀彘揮軍大進，連破關隘，直抵王險城下，圍住了西、北兩面。楊僕收集後隊，亦進至城南面。由是，將王險城團團圍住。

　　且說荀彘原為侍中，得蒙上寵，本就氣盛，所部又是燕代健兒，多為悍卒，日前已接連取勝，故而士氣旺盛。楊僕所部則多為齊人，聞前鋒曾敗，不免就心有畏懼。圍城之後，唯荀彘督軍急攻，楊僕卻按兵不動。

　　王險城內，右渠也是看得一清二楚，一面據城與荀彘力戰，一面遣大臣與楊僕約降，兩方往來，一時尚未談攏。

　　如此膠著，一連數月竟無結果。荀彘心急，屢約楊僕夾攻，楊僕陽為應允，卻不發兵。荀彘無奈，也遣人招降右渠，然右渠早就心向楊僕，不肯應允。

　　荀彘看楊僕待朝鮮和善，右渠又不肯降，便疑楊僕有謀反之意，兩將由此心生不和。

　　武帝在長安，早有線報傳回，盡知兩將不和消息，便遣原濟南太守公孫遂，前往調解，允他赴軍中可便宜從事。

　　公孫遂抵達朝鮮境，先入荀彘軍營。荀彘出帳迎住，叫苦不迭：「朝鮮早當攻下，所以不下，乃是樓船將軍屢次爽約不攻。」

　　公孫遂便問：「既如此，將軍之意何如？」

　　荀彘憤然道：「今屯兵城下，久不攻取，必為大害。若樓船將軍與朝

貳師出征，收復輪臺拓疆土

鮮軍合兵，將滅吾軍矣！」

公孫遂下車伊始，不問情由，竟被這番話說動，深以為然。便遣人持節往楊僕營中，召楊僕入荀彘營中來議事。

楊僕見有漢節至，雖不情願，也不敢不應召，只得孤身入荀彘大營。

一入軍帳，還未等跪拜，便聞公孫遂一聲大喝：「楊僕違逆上命，遲遲不攻。左右，從速拿下！」

荀彘帳下軍卒聞聲上前，撲倒楊僕，用繩索緊緊縛住。

楊僕哪裡肯服，拚命昂首，怒道：「使臣亂命，擅奪軍權，楊某死亦不服！」荀彘便冷笑：「楊將軍有話，可到天子面前去說。」

公孫遂命人將楊僕械繫看押，傳諭楊僕所部，盡歸荀彘節制。楊僕部雖有人不服，然見使者有漢節在手，也不敢違抗。

當下公孫遂寫了奏報，飛傳回京。武帝見了，心內大驚，思慮良久，也不便另有措置，只得復詔允准了。

荀彘並有兩軍後，兵力雄厚，一聲號令發出，漢兵便從四面撲城，其勢洶洶。

王險城頓陷危急，右渠偏是吃軟不吃硬，抵死不降。朝鮮國相路人、韓陶等一眾大臣，相與密謀道：「漢左將軍荀彘並軍，戰益急。我兵恐不能支，大王又不肯降，我輩焉能坐以待斃？」於是，陸續有朝鮮大臣出降。

圍城至元封三年（西元前108年）夏，終有朝鮮大臣尼谿相參，刺殺了右渠，攜首級來降。

荀彘大喜過望，正待率軍進城，忽而城門又閉。原是朝鮮將軍成

已，見國家將亡，悲不自勝，忽就反悔了，下令閉門拒守，在城內搜殺已降官吏。

荀彘聞報，便遣了幾個降臣之子，潛入城去，曉諭守城士卒：「如再違抗，漢兵入城，將一體屠戮，不留活口。」朝鮮兵卒聞之，大起恐慌，發一聲喊，亂刀殺了成已，開門迎降。

朝鮮既平，捷報傳入長安，武帝便有詔：分朝鮮之地為樂浪（今朝鮮平壤南）、真番（今禮成江與漢江間）、臨屯（今韓國江原道江陵）、玄菟（今朝鮮咸鏡南道咸興）四郡。此役凡朝鮮有功降臣，均有封賞。

荀彘亦受命，引軍還朝，他命人將楊僕囚入檻車，一同班師。歸途中自是得意非凡，心想此番征戰，平定朝鮮，功可名垂後世，入都後論功，或能封侯也未可知。

豈料入都之後，即聞公孫遂已獲罪被誅，心下就大恐。戰戰兢兢登上前殿，果然見武帝怒容滿面。

荀彘伏地叩拜起身，便聞武帝叱道：「樓船將軍，漢之功臣也；此前在南越未反，如何到了朝鮮便要反？日前，公孫遂矯詔擅拘大臣，已被誅；今左將軍歸來，可知罪否？」

荀彘聞言，渾身戰慄，哪裡還敢辯白，只囁嚅道：「臣有罪，只知使臣持節，可聽他便宜行事，卻不知朝廷有法度。」

「胡言！他便宜行事，你就敢無罪拘大臣嗎？分明是為爭功，竟視法度為無物。拉出去，斬了！」

荀彘向來恃寵無懼，未料君上眨眼間就能變臉，一時腿軟，只喊了聲「冤枉」，便被郎衛拿下，褫去貂尾武弁，推出端門去砍了頭。

武帝又召楊僕上殿來，責問道：「將軍威名，天下盡知。如何不待左

貳師出征，收復輪臺拓疆土

將軍至，便引先鋒部搶攻王險城？竟至兵敗，藏匿山中，如此者羞也不羞？」

楊僕面紅耳赤不能作答，武帝又斥責道：「荀彘只知爭功，倒是不怪。將軍久在軍中，如何竟折損這麼多人馬？傲慢輕進，罪亦當誅！念你平越有功，准贖為庶人，便歸家去閒居吧。」

這一番責罰，看得群臣目瞪口呆，都暗嘆天威難測，恩寵萬萬不可久恃。

武帝見群臣懾服，心下高興，想到平朝鮮到底還是喜事，不可因軍將之失而掃了興，便命放開上林苑。召集期門郎，做角抵戲，允京畿三百里內百姓，都可來觀戲。

此令一下，京畿轟動。民間農商士人，不分貴賤，都攜老扶幼前來同樂。上林苑夜夜燈火通明，亮如白晝，喧呼之聲響徹山谷。

卻說遼東之事尚未平，恰遇西域又多事。原來，武帝見匈奴之勢漸弱，便遣了使臣前去勸諭，令其臣服。烏維單于到底是年少，不敢違抗，也遣了貴人為使，來長安議和。

可巧不巧，那匈奴貴人抵長安不久，忽因患病暴死。漢廷無奈，遣了路充國等人，送喪到匈奴。烏維卻不信有此等巧事，以為是漢廷使詐，便扣留了路充國，發兵寇邊，要為使者報仇。

武帝哭笑不得，只得命郭昌為拔胡將軍，與趙破奴一道，前往朔方郡駐屯，以為震懾。

此後，烏維單于死，其子詹師廬立為新單于，因年幼，號為「兒單于」。

兒單于新立，受了身邊大臣慫恿，甫一登位，即發兵寇掠西北，

左翼兵至雲中，右翼直抵酒泉、敦煌。兩國就此交惡，相互扣留使者不放。

也是時運巧合，漢家這一邊，於元封五年（西元前 106 年）夏，大司馬、大將軍衛青忽然就薨了。

衛青為人謙和，愛護士卒，名望遍於中外。其時衛皇后雖已失寵，然衛青尊榮卻還是如常。加之往日征匈奴，曾七戰七捷，足令匈奴人喪膽，聞其名而不敢妄動。雖晚近閉門不出，於內於外，卻仍如堅城不可動搖。

如今衛青病亡，武帝憂喜交并，到底還是有些心傷，遂命厚葬衛青於茂陵東北，起塚如陰山之狀，諡號為「烈」，以示褒揚。

漢家先後失了衛、霍，環視海內，便再無名將。

且說那漢使前往西域，分南北兩道，北道有車師（今新疆吐魯番一帶），南道有樓蘭（今新疆若羌縣），兩國原已臣服漢家。偏是武帝喜愛天馬，一心要交通大宛，兩國正處當道，迎來送往，不堪其苦。其間，匈奴陰為招誘，車師、樓蘭為其所惑，便甘願做匈奴臂膀。

曾有漢使王恢，率隊西往大宛，途中屢為兩國攻劫。繼而，兩國又受匈奴挑唆，索性出兵阻住西去之路。

武帝聞報，終不能忍，召王恢前來問話。

王恢素為兩國所苦，未及回稟，便涕泗橫流，哽咽道：「臣每一西去，過車師、樓蘭，皆如入虎口。恕臣不忠，生不願做漢使，倒寧願做個布衣！」

武帝聞之動容，又詢問道：「兩國有無大邑，其兵馬可強？」

「回陛下，兩國皆有城邑，兵弱易攻。我堂堂大漢，帶甲百萬，威震

貳師出征，收復輪臺拓疆土

匈奴,臣卻屢遭兩國凌辱,直不欲生。」

武帝抬頭望望滿朝文武,忽一指趙破奴道:「從驃侯,你屢擊匈奴有功,名字又好,便令你率軍征西域,往擊車師、樓蘭,打痛他匈奴臉面。」

趙破奴挺身而出,受命道:「臣曾為霍驃騎屬下,志與舊主無二。今番征西,定不辱上命。」

武帝便微笑道:「朕所料不錯。西域小國反覆,是因地遠而心懷僥倖。你此去,務求兵鋒凌厲,暴兵於千里外,要教那諸小國皆知,漢家辱不得!」又轉頭對王恢道,「君屢遭磨難,實為漢廷而受辱,今命你為副將,佐趙破奴西征,也好出一口氣。」

兩將受命,即調發屬國騎兵及各郡兵數萬,大隊浩蕩,出陽關一千六百里,陳兵於車師、樓蘭邊境。

趙破奴與王恢密議道:「足下且獨領大軍留此,看我如何破敵。」便揚言先攻車師,親率輕騎七百人,悄悄潛出了大營。

那車師國聞風,慌作一團,國中男丁傾國而出,以防漢軍。

不料此乃趙破奴聲東擊西之計,他率輕騎並未入車師,卻是馳入樓蘭國都,趁夜攻殺,生擒了樓蘭國王。

正當兩國兵民驚訝時,趙破奴這才發大軍攻入車師。

車師守軍聞聽樓蘭一夜即破,都驚駭不止,漢軍未費吹灰之力,便大潰其軍。兩國餘部,心膽俱裂,推大臣來見趙破奴,稱情願內附。

此番用兵,果然是凌厲無倫,聲動烏孫、大宛諸國。趙破奴見兩國俱服,便收了兵,請旨定奪。

未幾,武帝有詔下,令二人班師還朝,封趙破奴為浞野侯、王恢為

浩侯。隨後，又建了隴西亭障數十座，連綿相望，直抵玉門，兵威遠懾西域。

此前烏孫使者隨張騫入朝，親見漢家強盛，歸國後，稟報於烏孫王昆莫，昆莫方悔慢待了張騫，不該拒漢家和親。此次聞漢兵連破樓蘭、車師，唯恐接著便是自家遭殃，忙遣使赴長安輸誠，稱願遵前約，納娶漢公主。

武帝見過烏孫使者，對左右滑人笑道：「如今他願納，朕卻找不出公主來呢！」

選來選去，想起了故江都王劉建，有個遺女劉細君，因父罪沒入掖庭，伺候嬪妃，此時恰好赦出來，妝飾一番，即可賜號公主。

且說那故江都王劉建，乃武帝兄長劉非之子，嗣位之後，荒淫無道，上烝父姬妾十人，下淫親妹，以至惡名遠播，國中謗言滔滔。

一次，劉建遊玩水上，令四個宮女乘坐小船。他見宮女已坐好，竟然上前一腳，踩翻小船，致四人一齊落水，隨從撈救不及，終溺斃二人。

凡他宮中宮女有過失，則令其裸立擊鼓，或置於樹上，最久竟有三十日不許穿衣者。又縱狼咬人，觀之取樂。最甚者，忽發奇想，欲令人與獸交而生子，於是強令宮女裸體而臥，與犬羊相交，實是駭人聽聞！

後淮南、衡山兩王謀反，劉建也心存異謀，私刻了皇帝璽，出入車載天子旗，又與閩越繇王相交通，約定有事相助。這種種異謀，數年後為人所告發。

武帝遣丞相府長史赴江都，在王宮中查出軍器、印綬、漢節、輿圖

貳師出征，收復輪臺拓疆土

等謀反之物，便詔令宗正、廷尉，逮劉建來問罪。劉建知罪無可赦，只得以衣帶自縊了事。由是，江都國除，改為廣陵郡。劉建眷屬也遭懲罰，王后因同謀被斬，子女均沒入掖庭。

劉建之女劉細君，此次脫身出來，號為漢公主，可謂一洗舊辱，備極榮耀。送嫁之日，武帝賜給乘輿、服飾，華麗無比。隨行有屬官、宦者、侍女、樂隊、雜工數百人，一路旌旗蔽日，鼓樂喧天。四方之民聞風而來，夾道相送。

出長安八千九百里，跋山涉水，到得烏孫國都赤穀城（今吉爾吉斯伊塞克湖州伊什提克）下，但見大路兩旁，烏孫官民奏起胡樂，載歌載舞，如同節慶。

昆莫見漢公主生得纖弱白皙，且能歌善舞，自是樂不可支，當即立細君為右夫人。因細君膚白貌美，烏孫人皆稱之為「柯木孜公主」，意為其膚白如同馬奶酒。

匈奴聞之，大為不安，不甘落於漢家之後，也依樣畫葫蘆，嫁女入烏孫。昆莫兩邊皆不敢得罪，一併收納，遂立匈奴公主為左夫人。

然此時昆莫老矣，有心而無力，如何消受得兩夫人在榻，於是常獨居別帳，遠離兩女。

細君公主也知此番遠嫁，負有使命，不可以常人自居，便自建一宮室別居，每逢歲時，與昆莫置酒高會。又以武帝所贈幣帛，厚賜昆莫身邊貴戚，意在結兩國之好。

雖則如此，那細君到底不比匈奴公主善騎射、習於塞外；此時遠嫁西域，語言不通，夫君又老邁，想想就不免以淚洗面，思念故鄉。

細君早在漢宮時，即精通音律，妙解樂理。到了烏孫，更創製了樂

器琵琶，常懷抱琵琶，眼望長天，吟唱思鄉之曲。

一日秋深，細君步出宮室，見烏孫山巍峨高聳，山有青松，野有駿馬，思鄉之情便油然而生。眼望蒼空之上，一隊天鵝正南翔，更禁不住情動於衷，作了一首〈悲秋歌〉，以抒愁思。其歌云：

吾家嫁我兮天一方，遠託異國兮烏孫王。穹廬為室兮旃為牆，以肉為食兮酪為漿。居常思土兮心內傷，願為黃鵠兮歸故鄉。

此曲如泣如訴，似杜鵑啼血，聞之令人神傷。因詞中有「願為黃鵠」之句，故又稱〈黃鵠歌〉。

歌曲傳至長安，婦孺爭相傳唱，竟為武帝所聞，心中大不忍。於是每年遣使往烏孫探望，又賜給細君錦繡、帷帳等物，以為關照。

昆莫自知命將不久，按照本地風俗，願將細君公主讓與其孫岑陬。那岑陬，自然願意迎娶漢公主，然細君只覺不合漢俗，不肯相從，遂上書武帝，唯求召還。

武帝聯結烏孫，欲滅匈奴，豈能為一弱女子心意所動，當即回書曰：「從其國俗，欲與烏孫共滅胡。」勸公主從俗，不要執拗。細君公主接到回書，萬般無奈，只得聽命，以繼祖母之身，下嫁王孫岑陬，做了新婦。

不久，昆莫果然病歿，其孫岑陬繼位，與漢通好依舊。如此，西域總算是無事了。

那細君公主下嫁之後，為岑陬生下一女。因產後失調，兼之思鄉成疾，不久便憂傷而死，葬於塞外，年方二十五歲。其命途頗多磨難，令人唏噓。

這一年，武帝覺天下官吏庸碌者多，又常勾結豪強生事，越發地驅

貳師出征，收復輪臺拓疆土

使不動了。郡國二千石多以諛辭媚上，只顧鑽營，民間事究竟如何，自己竟如盲聾一般。於是下詔，將天下分為十三州，每州設一「刺史」，專司刺探、監察官吏不法事。如此，方不至為郡國庸吏矇蔽。

武帝問政之餘，仍不能忘神仙事。當年冬至前後，新建的柏梁臺忽發火災，烈焰沖天，將臺閣焚燒殆盡。

武帝慌忙奔出前殿，隔空望見黑煙，驚詫不已，喃喃道：「我有何過？上蒼降災若此！」

此後不眠多日，終是嘆息道：「心不誠，奈何僥倖不得，神仙哪裡容得我五年一祭？」當即冒寒出巡東嶽，於十二月初，在泰山下的高里山封禪，並祭地。而後，來至渤海邊，故技重施，遙祀蓬萊仙島，再遣方士入海求仙。

卻說世上本無之事，就便是天子，又如何能招致？一行人在海邊翹望月餘，還是個空。武帝對公孫卿苦笑道：「仙人比美人難求！朕建高樓，天上無有；朕赴海邊，海上微茫。堪堪年已老，再老，求來神仙亦沒用了。」

公孫卿仍是巧言勸慰道：「陛下功德，為上古以來所未有，故神仙亦畏，遲遲不來，乃是他所備尚不齊。」

武帝望望公孫卿，嘆口氣道：「我信公孫先生，若先生求不來仙，就算黃帝再世，也求不來。求仙不得，還是朕尚有未備之事，只得明年再來。」

返歸長安後，見柏梁臺燒後殘垣，武帝氣悶，便北上甘泉宮，受各郡國完糧計吏朝見。罷朝後，又召諸方士來，問柏梁臺火災是何緣故。

公孫卿窺見武帝神情，趁機進言道：「往昔黃帝起造青靈臺，建成

十二日，即被燒毀。此後黃帝又建明庭，明庭舊地，即在這甘泉。」

諸方士聞公孫卿之言，都抖擻精神，七嘴八舌道：「公孫先生所言極是。上古帝王，多有在甘泉建都的。」

武帝恍然大悟：「原來如此，黃帝所建之臺，還不如朕之柏梁臺壽長！上天示警，我不可不聽，今後就在甘泉受諸侯朝見吧，各諸侯邸，也盡都建在甘泉好了。」

此時有個方士，名喚勇之，係越人被徵入朝，此前曾建言道：「越人之俗信鬼，祠內皆可見鬼，占卜之數，無不應驗。昔年東甌王敬鬼，壽有一百六十歲。」

武帝聽了，拈鬚想想，便道：「不得見仙，見鬼也好。」即下詔，在京城建越人祠，祭上帝、百鬼，以雞骨占卜。不久，雞骨卜術便在長安流傳開來，雞價因之暴漲。

此次議柏梁臺災異，勇之又諫道：「越中之俗，凡有火災，復起之屋必大，方可壓勝災異。」

武帝聽後一怔：「哦哦，有道理！柏梁臺既燒毀，當再起宮殿，務必有千門萬戶，高過未央宮。」

此言一出，太常、少府兩署又是一番操辦。忙碌一個夏秋，在未央宮偏西處，造起了一座建章宮。

這一新宮，果然氣象浩大，千門萬戶，望之不盡。前殿巍峨，遠高過未央宮。東有鳳闕，圓柱上雕鳳，高二十餘丈，專迎蓬萊飛來仙人；西有唐中宮，乃方圓數十里的一個虎圈。

建章宮北，又以人力鑿出大池，名曰「太液池」，中有漸臺，亦高有二十餘丈，與鳳闕遙相呼應，用以招攬神仙。池中還有蓬萊、方丈、瀛

貳師出征，收復輪臺拓疆土

洲、壺梁四島，皆仿海上神山及龜魚模樣，布於水中。

建章宮南，則築有玉堂宮、璧門、大鳥雕像。另還築有神明臺、井榦樓，其樓高五十丈，仰望如天梯，疑似搖搖欲墜！細看那樓，竟是築累萬木、轉相交架而成，或四角或八角，酷似井上木欄，因而得名。

新宮處處樓臺，都有車輦道與未央宮相通，驅車於道上，有看不盡的一派奢麗繁華。

建章宮建成後，首要之事便是求仙，諸事卻仍不諧。一連數月，任是公孫卿磨爛了幾雙鞋，也未見有一根神仙頭髮飄落。

時值深冬，武帝帶了一群方士，久立於建章宮前，望那千門萬戶，只是黑洞洞的一片，臉上就布滿愁容。

巫者東郭延在側，似是自語道：「建章宮門戶，何其廣也！吾鄉山陽，山中有熊羆虎豹無數，若放置於此，當為天下第一。」

武帝聞言，立即色變：「你竟是如何說話的？若宮中盡是虎豹豺狼，百姓將如何活？神仙也要被嚇跑！」

東郭延並不慌張，只徐徐應道：「宮室甚廣，無以實之，小臣倒是有拙見。」

「哦？你說。」

「不如廣採良家女子，入住建章宮。縱是千門萬戶，戶戶都有顏色，那神仙見了，焉能不歡喜，或可引得他早些下凡。」

武帝雖知東郭延半是戲言，想想也不無道理，於是欣然採納，令掖庭採選民女，多多益善，盡都收入建章宮。所選又非侍女，皆冠以嬪妃名號，各加俸祿。

一時之間，建章宮亭閣中，各處都是鶯鶯燕燕，女官竟多至一萬

八千人。雖有名號，卻獨守空閣，只為宮中不致寂寞而已。

至這年五月，已是元封七年過半，尚未改年號。依舊例，年號六年一改，事已不可拖延。

這日，武帝見公孫卿入朝，便問：「公孫先生，你已加太中大夫，領袖近臣，諸事要留意。改年號事，可有好主張？」

公孫卿答道：「此事，臣未有一日敢忘。與同官壺遂、太史令司馬遷等人，早有商議。」

「哦？壺遂、司馬遷皆為飽學之士，你與他二人，如何竟說到了一起？」

「安邦之志，好學之人皆有。吾等三人，覺曆法多謬誤，初一有月，十五月卻不圓，朔晦顛倒，多有不是。」

「是哦！日前，御史大夫倪寬亦有此意，以為曆法已壞，不如廢去秦曆，用夏曆，以正月為歲首。」

「倪大夫有識見，秦之正朔，漢不必奉。用夏正，方為大道。」

武帝低頭想想，忽就抬頭，雙目炯炯道：「極好！《公羊傳》曰：『何言乎王正月？大一統也。』既如此，今年起便用夏曆。歲首為正月，便是政教之始，譬如太初，今年就改元『太初』好了。改曆之事，須連同服色、官名、音律等，也一併改定。太初既自我始，你等近臣，也須堂堂正正，交出個像樣的漢曆來。」

公孫卿受命，便與壺遂、司馬遷等人，日夕留在太常寺中，切磋商議。費了一番周章後，終於製成漢曆，名曰《太初曆》，以正月為歲首。另又遵從五行，定了本朝色尚黃，數以五為貴。其餘如改官名、協音律等事宜，也都一一議定。

貳師出征，收復輪臺拓疆土

　　這一年，改元為太初元年（西元前104年）。至本年，武帝已近花甲，其心仍如少年，祭九嶷，渡潯陽，舳艫千里而行，在水上親手射蛟龍，幾無一日閒暇。又慷國家之慨，但凡見天象不利，便大赦天下，賜給鰥寡孤獨及貧者帛粟，引得萬民歡呼。

　　人近花甲，不免要將平生檢點一番。武帝覺內聖外王無所不利，端的是功業圓滿，唯有後宮王夫人早亡，不免甚感失落。雖有少翁裝神，隱隱見了王夫人亡靈一面，然究竟是真是假，終不能捉摸。

　　正當後宮空虛時，有伶人李延年，為武帝引來一位佳人。李延年是中山國（今河北省定州市）人，因觸法受腐刑，入宮做了一名狗監，掌飼養獵犬事。

　　李氏係世代倡家，父母兄妹皆嫻於樂舞。尤以李延年最擅音律，每每自創新聲變曲，在宮中吟唱，涓人圍坐傾聽，莫不感動。

　　武帝也久聞他大名，頗為喜愛，每有愁悶，便喚李延年來書房，撫琴吟唱。一日，胞姐平陽公主來見武帝，姐弟二人在宣室殿敘舊，頗多感觸。

　　武帝見窗外秋葉初黃，頓生出身世之慨，對阿姐道：「人世匆匆，不覺間竟近六十個春秋。阿姐薦衛子夫入宮之日，就恍如昨日。」

　　平陽公主道：「阿弟福大，阿姐我才是命薄，三嫁夫婿，皆夭壽，老來仍是孤苦。」武帝連忙以玩笑話勸道：「阿姐這強命，直要壓過大丈夫，我也不敢為妳覓夫了。流光易逝，妳我老矣，且以歌樂解憂就好。」說罷，便召了李延年來唱曲。李延年攜琴上殿，點燃博山爐，從容不迫，引吭唱出一支新曲來。曲云：

　　北方有佳人，絕世而獨立。一顧傾人城，再顧傾人國。
　　寧不知傾城與傾國，佳人難再得。

一曲吟罷，餘音繞梁。武帝閉目拍膝，聽得入神。待曲終，忽睜開眼問道：「你這是何曲？」

李延年答道：「此曲係小臣新制，名曰〈佳人曲〉。」

武帝興猶未盡，慨嘆道：「好好好！未料你曲唱得好，詞也做得好，然世間豈有此等佳人乎？」

平陽公主掩口笑道：「陛下只聞征伐金鼓，哪裡顧得到伶人之家？延年有女弟，便是個傾國傾城之貌呀！」

武帝眼睛立時睜大，瞥一眼李延年道：「是哦！李給事中便是個俊俏郎。那麼……速召美人來見吧。」

不多時，延年之妹李氏入得殿來。武帝抬眼一看，果然是婷婷裊裊、豔光照人，心下就大喜：「阿姐未欺我。」

平陽公主笑瞇了眼，忙對李氏道：「美人既來，且舞一回，也好教陛下開心。」當下，李延年輕撫琴弦，李氏便在庭前翩翩起舞，那身姿，果然是妙麗非凡。

武帝看得眼直，拍掌叫道：「暢快暢快！這妙舞，竟是多年未見了。」又轉頭對平陽公主道，「得見尤物如此，山河要不要，也不那麼打緊了呢。」

平陽公主連忙道：「陛下有此心，阿姐真是羨慕死了！然美人歸美人，你可不要做了紂王，否則，阿姐到何處去享福？」便吩咐李延年道，「你這阿弟，今日就留在宮中吧，也好伺候陛下，不埋沒了這一身絕藝。」

武帝也開顏道：「李給事中，掌狗圈之事，於你是太過屈才了！還是去樂府掌事，也好施展一番。朕這便拜你為協律都尉，佩二千石印綬，

貳師出征，收復輪臺拓疆土

不由他旁人不服。從今以後，你兄妹，都成我一家人便好。」

由此，李氏入宮封為李夫人，可謂一日得幸，專寵後宮，幾與已故王夫人一般無二。時不久，李夫人懷胎十月，生下一男，取名劉髆（ㄅㄛˊ），後封為昌邑王。

一人得道，裙帶自然要沾光。李延年緣此甚得武帝寵信，與其弟李季一道，出入宮禁無礙。時日既久，延年行走於宣室殿，就如自家門庭，與武帝同臥同起，親如兄弟，堪比當年的韓嫣。

李夫人另有一兄，名喚李廣利，與李氏一門諸人不同，不好樂舞，獨喜弓馬，李夫人蒙寵後，也得以入宮隨侍。武帝見廣利好武，有心令他立軍功，然清平時日，又不便無故加封。恰在此時西域有事，李廣利得了裙帶之便，竟因平定西域而名噪天下。

卻說那時漢使頻出西域，多為虛浮少年，有返歸長安者，皆言大宛國出寶馬，馳騁如飛。大宛國王視之為奇貨，不肯示人，將寶馬盡藏於貳師城。

武帝聽得多了，心為之動，命人鑄了金馬一座，另加千金，遣期門郎車令為使者，攜金往大宛，欲換得幾匹寶馬回來。

車令一行人到得大宛，說明來意。大宛王毋寡聽了，猶疑不定，與左右諸臣商議道：「漢使前來索馬，若不應，漢發大軍接踵來伐，又將奈何？」

不料大宛諸臣聞之，紛紛進言道：「漢離我遠，道路險惡，過鹽澤，人馬常死亡。漢使自北道來，有匈奴阻道；從南來，則乏水草。漢至大宛，沿途多城邑，野外乏食，一番漢使便是有百人，途中乏食，死者尚且過半，又如何能發大軍來？貳師之馬，大宛至寶也，如何能輕與漢使？」

大宛王遂為諸臣說動，不肯獻馬。任憑車令如何卑辭，亦無濟於事。車令本是武帝近身期門郎，驕縱慣了，見此狀不禁火起，怒罵毋寡不曉事，掄起鐵錐，砸碎金馬，攜了金屑返回館驛。

　　大宛諸臣見漢使傲慢，皆怒道：「漢使未免太輕我，如何能忍！」於是迫令漢使離去，又暗囑郁成王半途截殺。

　　車令等人全然不知內情，歸途中，走到鬱成地方，忽見有番兵千人殺出，遮攔道路。車令怒極，率隨從與之打鬥，卻寡不敵眾而死，所攜金幣也被搶去。

　　武帝聞報，勃然大怒，問左右道：「那大宛又是何等大國，敢蠻橫至此？」

　　有黃門郎[53]姚定漢，曾出使過大宛，此時便稟道：「大宛兵弱，若以三千漢兵擊之，強弓勁弩，半日可輕取。」

　　武帝一笑：「少年郎言事，總是這般輕巧。然此前趙破奴攻樓蘭，僅以七百騎，便虜了樓蘭王，料想大宛也不過如此。」便欲點將征大宛，然環視朝中，卻已無將。衛、霍舅甥早已亡故，雖各有子，皆不是將才。

　　情急之下，忽就想到了李廣利。此時李夫人生子不久，武帝欲封廣利為侯，只苦於無由。今日想那大宛既然兵弱，征大宛便是討巧，不妨就用李廣利為將，為他巧取一個功名。

　　想到此，即召了李廣利來，命他為「貳師將軍」，領軍西征，意在奪下貳師城。另又命公孫敖為「因杅將軍」，率軍入匈奴境，築起一座「受降城」（在今蒙古國南戈壁省瑙木岡縣），以防單于出兵。

　　李廣利受命，調集屬國騎兵六千、郡國惡少年數萬，取道玉門關而

---

[53] 黃門郎，官職名。秦置，漢沿設，即給事於宮門之內的郎官，可傳達詔令。

貳師出征，收復輪臺拓疆土

出。浩侯王恢，此前曾征過西域，這一次便為嚮導。

出征之日，武帝執李廣利之手，殷殷囑託道：「西域不寧，匈奴便不遜。你雖初為將軍當大任，然衛、霍當年，出身尚不如你，故而儘管放膽去。」

李廣利驟成大貴，心浮氣躁，只當是帶兵西遊一遭，並未在意，昂然領命道：「陛下以國運相托，臣不敢怠慢，定提得大宛王頭還朝，並驅汗血馬而歸！」

大宛離長安，有一萬二千五百里之遙，遠過於衛、霍征匈奴之途；且氣候與漢地迥異，籌糧又不易。這般難處，全不在李廣利所料，沿途也就多有磨難。

大軍出玉門，西行近一年，方至鹽澤一帶。路途多沙磧（ㄑㄧˋ），缺食少水。沿途各小國，聞漢軍至，都閉城自守，不肯給漢軍供食。漢軍糧少，攻城又久不能下，不免就要餓肚。路上，破城即可得食；攻不下城，則幾日就須離去，跌跌撞撞，甚是不順。

待行至鬱成這地方，漢軍戰死、倒斃無算，僅餘數千人，皆飢疲不堪。李廣利眼看軍糧將盡，只得冒險攻郁成城。郁成王此前曾殺漢使，擔心漢軍報復，遂令番兵奮力拒之，殺傷漢軍甚眾。

事至此，破城已是無望。李廣利方知征伐不易，滿心沮喪，與左右軍吏商議道：「攻鬱成尚不能下，況乎至大宛城？」

軍吏皆知主將已無鬥志，便紛紛附和道：「今日折返，尚餘有數千人；若至大宛城，或死傷將殆盡矣。」

李廣利計窮無奈，嘆了口氣，只得下令回軍。眾軍聞令，都鬆了口氣，打點好行囊，卷旗曳戟，踏上了歸途。

如此一去一還，費時竟有兩年之多。待李廣利軍無精打采返至敦煌，士卒僅餘十之一二。廣利見部伍零落，便在敦煌稍作歇息，遣使回京上書稱：「道遠，軍旅乏食，士卒不患戰而患飢。疲病折損，致人馬過少，難以拔除大宛。故請罷兵，待來年多發兵再征。」

武帝讀了李廣利所奏，震怒異常，拍案道：「漢將軍出征，莫非是玩笑麼？」於是遣使馳往玉門，令關吏緊閉關門，傳令眾軍道：「軍卒有敢入者，斬之！」

李廣利聞令，心中大懼，與左右私議道：「天子震怒，奈何？若無吾妹在，吾頭顧將不保矣！」左思右想，只得率部留屯敦煌，待風頭過去再說。

武帝氣不能平，欲添兵再征大宛。正當此時，匈奴有密使潛入漢境，係由左大都督所遣，稱當年冬季，匈奴地方有大雨雪，牲畜多飢寒而死，兒單于又好殺伐，國中多不安。

鑑於此，左大都督起了殺兒單于之心，遣使來問漢廷：「我欲殺單于降漢。然漢地太遠，不便助我。漢兵可否來近我，我即舉事。」

武帝自是求之不得，及至來春，即遣浞野侯趙破奴率二萬騎，出朔方之北二千里，前去接應。趙破奴出關後，遣人與左大都督相約，漢軍擬進至浚稽山（今蒙古國土拉河、鄂爾渾河上源以南），助其舉事。

不料，二萬漢騎如期而至，在山下久候左大都督不至。遣斥候去探，原是左大都督謀洩，反被兒單于所誅。趙破奴知事不好，急忙下令回軍，方才拔營，就聞遠處殺聲動地，知是兒單于已發兵殺來。

趙破奴依仗人馬眾多，倒也不懼，揮鞭一笑：「兒單于此來，欲令我成衛霍之功乎？」便下令進兵，率軍與胡騎戰作一團。

貳師出征，收復輪臺拓疆土

初夏天暖，正宜作戰。漢軍疾行二千里，滅敵之謀落空，正在氣沮時，忽見胡騎來搦戰，便都氣壯如虎，奮力向敵陣衝去。

廝殺了半日，漢軍到底是勢壯，大勝了一陣，斬俘胡騎數千人。趙破奴見胡騎餘部均逃散，不欲去追，料想兒單于也無膽再來，便率大軍緩緩南歸。

行至漠南，離受降城尚有四百里遠，時值天色已暮，便紮營歇息。不料安營方畢，探哨就見四面有人影幢幢。再探，原是有八萬胡騎蜂擁趕來，已將漢營四面圍住！

趙破奴眼見敵眾，也是心驚：「不好，中了兒單于示弱之計！」遂下令眾軍張弓以待，窺探時機再戰。然此時漢營孤立於荒原，若被圍上幾日，便無水可飲，軍心必大亂。

趙破奴見不是事，只得親率健卒趁夜潛出，去尋覓水源。豈料出營不遠，即被胡騎窺見。眾胡騎發了一聲喊，將數十名漢軍圍在核心，激戰數十回合，終將趙破奴生擒。

可憐一代名將，為數百胡騎團團圍住，戰至兜鍪失落、鎧甲殘破，力盡而落馬。捆綁之時，胡騎各個歡天喜地，趙破奴蓬首垢面，仰頭叱道：「擒便擒了，有何可喜？趙某唯願作楚項王而死！」

二萬漢軍驟然失了主將，不由大駭。兵卒欲棄營逃歸，又擔心失了主將而被問罪，於是相約不可返漢，盡都降了匈奴。

兒單于輕易攻滅趙破奴軍，滿心歡喜，即率部進抵受降城下。一時間，八萬胡騎兵喧聲如潮，將受降城圍得水洩不通。

好在公孫敖早已探得趙破奴戰敗，嚴令守軍戒備。兒單于攻了數日，終未得手，隨後入漢境大掠而退。

趙破奴北伐失利，消息傳入朝中，朝臣皆大譁。鄧光等人趁機進言道：「陛下，為數匹良馬而征大宛，不亦謬乎？如今匈奴之勢復燃，請罷征大宛兵，全力北擊，否則兩面皆失。」

武帝雖也懊惱，卻不為所動，緩緩抬起頭，直視眾臣道：「不然！大宛弱小，若我不能攻下，則大夏諸國都將輕我，烏孫、輪臺等國，也將阻撓漢使如舊。堂堂漢廷，必見笑於外國，又談何威懾匈奴？鄧光之議，尤不可取，應下獄治罪。來人，拉下去！」

眾郎衛在階下聞令，當即有兩人棄了戟，奔上殿來，摘去鄧光的進賢冠，押往廷尉府去了。

天威震怒之下，眾臣都一凜，不敢再多言，只靜聽武帝下文。

不料武帝卻揮揮袖道：「且散朝去吧，西域之事，爾等聽詔就好。」

又幾日過去，宣室殿並無詔令傳出，眾臣都不知聖上如何定奪。一連數日，又未聞有朝會，武帝只是一人，乘舟往太液池蓬萊島上，獨酌想事。

此時炎暑方消，正是惠風和暢季節。武帝將酒斟滿杯，萬千往事湧上心來，覺有話要說，便命謁者傳東郭延來。

東郭延奉召登船，立於船頭，緩緩渡至蓬萊島，步入涼亭中，正欲伏拜，武帝卻伸手阻住：「先生乃有道之人，不必拘禮。今邀先生來，只為閒談。」

東郭延謙恭應道：「小民散淡，僅能合成膏丹，而別無長技，所言也於家國無益。」

武帝便笑：「朕於近日，家國之事想得多了，偏也不願再想了，只想與你空談而已。先生有大智，可知人之慾無際無涯，當至何處為止？」

貳師出征，收復輪臺拓疆土

東郭延低頭想想，答道：「世有天子亦有民，命不同，欲也不同。天子之慾，想來不可踰越周穆王。」

武帝聞聽「周穆王」三字，眼中便精光一閃：「哦！你也作如此想？」

「正是。周穆王時，西極之國有化人來……」「化人？」

「便是擅幻術、戲法之人。其行走坐臥，可入水，可穿石。彈指之間，可動山川，可移城邑，凌空而不墜，觸物而無礙。」

「這豈不就是神仙？」

「庶幾相似，民間或有偶遇，俗稱『活神仙』的便是。富商大吏，無不為之顛倒。」

武帝便大笑：「先生莫不就是活神仙？方才見你立於船頭，衣袂飄飄，直疑是蓬萊仙人至此。」

東郭延拱手謝道：「不敢，陛下過譽了。西極所來化人，入住周穆王宮室，周穆王敬之若神，事之若君，然化人只是住不慣。穆王無奈，只得築一土木之室，全無巧飾。此室，居於終南之上，號為『中天之臺』。化人仍是住不慣，未及三月，便偕穆王同遊，飛昇至中天，入化人之宮。」

武帝聽得眼睛發直，忙問道：「那化人之宮，究竟怎樣？」

「仰不見日月，俯不見河海，居雨雲之上，非人間之所有。穆王只以為是上帝之居，恨不能住數十年而不思歸國。」

「信然，當是如此！我若為穆天子，便永世不返地上。」

「然則，穆王不過才住得數日，便覺光影炫目，音響亂耳，竟至意亂神迷，心不能寧，只得求化人引領下凡。」

武帝便覺詫異，拊掌嘆道：「惜哉惜哉！如何有這等事？」

東郭延稽首道：「人之慾，當有限，足不能立之地，便是邊際。」

「著啊，正是此理！」武帝聽得入神，親為東郭延斟滿一杯酒，又溫言道，「你我閒談，勝於廷議嘈嘈半日。朕於今日，擬添兵征大宛，群臣頗有非議，正在未定之際。聽君一席話，心中便有了數：西域之地，廣袤不可盡收，然可立足之地，便不可棄。」

「陛下此言，先賢也曾言之。《呂氏春秋》曰：『凡居於天地之間、六合之內者，其務為相安利也。』說的便是此理。大宛、烏孫等國，反覆無常，實不欲與我相安。小民以為，陛下征大宛，非為天馬一事，而是為後世安泰無憂。」

武帝聞此言，頗為動容：「黃石公曰：『才足以鑑古，明足以照下，此人之俊也。』先生真乃俊逸之才。可惜先生高致，不肯在朝為官。」

「小民只羨列子，能御風而行，無罣礙，甚不耐案牘勞神之事。陛下臣僚中，有太原人尹軌，曾從我學道。其人博學五經，尤明天文地理、河洛讖緯，多年前曾擒拿郭解，頗有官聲，陛下不妨重用。」

武帝便仰頭大笑：「先生竟也會薦人！好好，若有機緣，定當重用此人。」

東郭延又道：「用兵便是用人，貳師將軍遠征，左右若無人可用，一人之智，又何以應萬變？陛下當以九卿之才，充任軍吏，方可使貳師將軍不敗。」

武帝睜目怔道：「哦？這一節，朕果然未想周全。好，先生既指點，朕當謹記。我自十六歲登極，便志在滅匈奴；如今堪堪年已六十，發齒落脫了，胡塵仍未靜。人間事，真是難謀啊，哪有做神仙強？」

君臣兩人面對一池碧水，對酒臨風，又閒談了許多瑤池西王母事，方才盡興。

貳師出征，收復輪臺拓疆土

數日之後，武帝果然有詔下：即日起，為征大宛添兵。盡赦盜寇囚徒，併發惡少年及邊郡騎兵，共計六萬人，自敦煌而出。若有私人攜糧投軍者，亦聽憑自願。

號令一發，天下震動，各郡轉運糧草的人馬，不絕於途。軍中特設校尉五十名，各領其隊。

籌劃了有年餘，大軍終在敦煌集齊，統歸李廣利帶領。此行計有牛十萬頭、馬三萬匹，驢、駝數以萬計，用作馱運。兵器、弓弩等，皆精良齊備。另特遣兩名善馬者，一為「執馬校尉」，一為「驅馬校尉」，意在選良馬而歸。

大宛城原本無水可用，番民皆賴汲城外流水為生。為此，又遣水工一隊隨軍，意在截斷城中水源。

為防匈奴襲擾，同時發遣甲士十八萬人，出酒泉、張掖之北，新築居延、休屠兩城，以拱衛酒泉。另又徵發天下「七科謫」（罪吏、亡命徒、贅婿、商人等七類人）數萬，運載糧秣，接濟貳師將軍。一時之間，轉運役夫絡繹於途，從關中連綿相接至敦煌。

李廣利見人馬源源而來，知武帝西征之意未改，精神便復振，待一切完備，即引十餘萬大軍浩蕩出關。

此次出征，人馬遠多於前次，但見黃沙之上，漢旗如火龍蜿蜒，不見頭尾。軍卒皆負強弓，執戟如林，望之令人目眩。沿途小國見了，無不驚慌，紛紛開門相迎，供給軍食。

偏有那輪臺一國，閉城不出，拒絕供食。李廣利見此國不知利害，怒氣填膺，當即揮兵破城，將城內兵民屠戮一空。

初戰獲勝，漢軍悍勇之名，震動西域。當此際，李廣利也甚有神

威，統領大軍翻過雪山，沿路險阻，不可勝數。所幸當年天暖，不見積雪，漢軍趁勢攻入大宛境，前鋒三萬餘人，直逼大宛城下。

大宛王毋寡，在城頭望見漢軍不多，便下令宛兵開門迎擊。漢軍此時，強弩勁騎已力壓匈奴，哪裡還在意這些宛兵？一陣齊射，便射得宛兵棄甲逃歸，閉門自保。

稍後，李廣利率大軍前來，途經鬱成。廣利在城下望之，直欲報前次之仇，然轉念一想，又恐久攻不下，大宛將另生詭計，便繞過鬱成，領軍直抵大宛城下。

這大宛都城，名曰「貴山」，城高而兵多，然城內無水，全賴城外有水流入。李廣利引軍至，先就命水工掘斷水道，引水至別處。

大宛軍民在城上見了，無不憂懼。大宛王毋寡見了，也甚惶恐，連忙向康居國求援。

李廣利自攻下輪臺後，謀略也大長，豈能給大宛喘息之機？督軍連日猛攻，一連四旬，不捨晝夜。

大宛兵久在西域，未歷大戰，不曾見過如此屍山血海，將士驚悚，都覺疲憊不堪。貴戚、高官見勢不妙，相與暗謀道：「吾王短見，藏匿良馬，殺漢使，方招致大禍。不如殺了吾王，放出良馬，漢軍自可退去。若不退，我等力戰而死，猶不晚也。」

眾貴戚皆以為然，一夕之間，群起殺了毋寡，投書下城，央告漢軍勿再相迫。

李廣利不信，只疑是緩兵之計，望住城上冷笑道：「短視之輩，以我為趙破奴第二乎？」遂下令急攻不止。

宛兵終是撐持不住，被漢軍攻破外城。大宛勇將煎靡，也被漢軍所俘。

宛人見外城已失，康居援兵又不至，慌亂奔入內城，相與謀道：「漢軍今來攻我，全為吾王之故。欲使之退兵，我須示以誠。」於是遣使者持宛王頭顱，縋下城去，求見廣利。

大宛使者見了廣利，獻上宛王首級，即曉以利害：「將軍所來，只為良馬也。若不攻我，我必盡出良馬，任將軍挑選，並給軍食。若將軍不許，則我將殺盡良馬！且康居援兵又將至，到時我軍居內，康居兵居外，與漢軍戰，勝負有誰能料？何去何從，還請將軍定奪。」

此時李廣利已探得，康居援兵雖已出，卻畏懼漢軍氣盛，遲遲未敢進，於是譏笑道：「你王既死，你輩又為誰而戰？康居兵若有膽，早已來至城下，又何須宛民苦盼？小國寡民，到底是短視！也罷，你且歇下，容我將士商量。」

送走大宛使者，廣利召部將來議。當此際，有斥候探得，大宛城內有新附漢人，已授宛民打井之法，且城內食多，數月之內無匱乏，漢軍若久圍，必無好處。

廣利與部下計議道：「我軍此來，是為誅首惡者毋寡。今毋寡頭顱已至，我若不允求和，則宛兵必死戰。若康居兵待我軍疲憊，前來救宛，則漢軍必破，不如許了大宛求和。」

眾軍吏皆以為然，於是廣利召來大宛使者，與他討價還價一番，訂下了和約。

那使者見危局解脫，感激涕零，叩首謝道：「將軍此來，威震西域，大小諸國無不畏服。今將軍許我生路，宛民必不違約。」

大宛使者返回城中，兵民聽聞和約已成，頓起歡聲。當下就遣人赴貳師城，將所有馬匹盡行放出，任由漢軍挑選。又有貴戚昧蔡，率大隊百姓出城，肩挑車載，送軍食入漢營。

廣利全身披掛，親開營門，將昧蔡迎入，仰天大笑道：「今日漢貳師將軍，方才名副其實。」便喚來兩名選馬校尉，選出良馬數十匹，另有中馬以下三千匹，也盡都收入。

於此數日間，漢軍守約，未有一兵一卒入內城，兩下裡只互遣使者，交涉諸事。李廣利見昧蔡恭謹知禮，接待甚周，便與大宛眾貴戚訂下盟約，立昧蔡為大宛王，而後退兵。

廣利初出敦煌時，擔心軍卒眾多，路上小國不能供食，故將大軍分為數隊，從南北兩道分赴大宛。

有校尉王申生、前大鴻臚壺充國，率別軍一支至鬱成，守城兵拒絕供食。此部漢軍，離廣利大軍僅有二百里遠，王申生就不免輕敵，見鬱成不服，竟下令急攻該城。

郁成王窺見漢軍人少，晨起，突發三千番兵來攻，踏破漢營，擊殺了王申生等人。可憐那原任大鴻臚壺充國，方從九卿之位退下，因熟習藩務，被遣至軍前效力，此次竟也被殺。一隊人馬，僅有數人逃脫，奔至廣利大軍中。

李廣利得報，怒不可遏，令搜粟都尉上官桀，帶足兵馬，前去攻打郁成城。上官桀是期門郎出身，饒有勇力，素為武帝所重，出征時已官至太僕，也是武帝有意，令九卿之才助李廣利建功，方被遣至軍前。

受命後，上官桀果不負廣利之望，率部攻郁成城甚急。城內番兵招抵不上，開門出降。郁成王見大勢已去，單騎逃至康居國。上官桀不肯罷休，隨即追至康居。

康居國聽聞漢軍已破大宛，上下都驚駭，見上官桀提兵來索人，不敢拒絕，乖乖將郁成王獻出。

貳師出征，收復輪臺拓疆土

　　上官桀擒住郁成王，以手點戳其臉面，嗤笑道：「昨日殺我將，如何今日卻只敢逃？」便令四名騎士押解郁成王，隨隊而行。

　　行至半途，四騎士見道路難行，便私下商議道：「郁成王，漢家至為痛恨也，若半途逃脫，恐貽誤大事。」皆欲誅殺郁成王了事，然又徘徊不敢出手。

　　內中有上邽（今甘肅省清水縣）騎士趙弟，性情暴烈，想想便拔出劍來，大喝一聲：「我不欲掉頭，便先斬你頭！」一劍砍殺了郁成王，提起頭顱，去稟報上官桀。

　　上官桀聞報，也不責怪，只笑道：「殺便殺了，免得多事。」便命人裝好首級，率部追上了廣利大軍。

　　廣利軍出征之時，武帝同時也遣使西去，告知烏孫國出兵相助。烏孫王不敢得罪漢廷，發二千騎兵前往助戰，然其意卻首鼠兩端，始終不肯近前。待廣利大軍東歸，諸小國聞大宛國破，都甚驚駭，紛紛遣子弟跟從，要去朝見天子，並願為人質留長安。

　　說來，廣利大軍得勝還朝，只可算是慘勝。回軍入玉門關時，原有軍卒役夫十餘萬人、馬三萬匹，僅剩得軍卒萬餘人、馬千餘匹。折損何以如此之多？究其故，實令人嘆。原來此行並不乏食，戰死亦不甚多，唯將吏貪殘，不愛卒伍，侵吞軍餉，故人馬病餓而死者甚眾。多有民家兒郎，欲圖軍功而未得，反倒葬身荒野。

　　那李廣利雖是小戶出身，此時翻為貴冑，只道是一家富貴、萬事無憂，哪裡還能憐惜民瘼？入關後，一路歌吹，昂然入都，只待天子封賞。

　　武帝聽罷李廣利奏報，心中也是一驚，脫口自語了一句：「如何人馬幾乎損盡？」轉念又想到，廣利萬里而伐，終究是奪得大宛馬而歸，可

不問其過,便吩咐侍臣,擬詔褒揚。

次日晨,即有詔下,曰:「匈奴為害久矣,今雖徙往漠北,然與旁國共謀,阻我往大月氏、身毒使臣,殺我期門郎、中郎將、太守等吏,遮攔東西通道。貳師將軍率部伐罪,戰勝大宛。賴天之靈,從溯河山,涉流沙,通西海,山雪不積,勇士輕度,獲宛王首級、珍奇異寶而歸。今封廣利為海西侯,食邑八千戶。」

李廣利一戰封侯,榮耀門庭,李夫人之寵就更為牢固。朝野臣民聞之,無不知其緣由,各有豔羨不提。

另有手刃郁成王的騎士趙弟,也因膽大而立奇功,得封新畤侯。其餘各軍吏,加為九卿者三人,加二千石者百餘人,一千石以下者千餘人,士卒皆賜給四萬錢。封賞如此之厚,將士們萬想不到,皆大喜過望。

至此,兩伐大宛,出關十餘萬人,亡歿近十萬。初征時為太初元年,再征而歸,已是太初四年,前後歷四年,僅奪來汗血馬數十匹而已。

武帝看這一群大宛馬,雄健遠勝於烏孫馬,便將烏孫馬更名為「西極馬」,而賜名大宛馬為「天馬」。又作〈西極天馬歌〉,以記其事,歌云:

天馬徠,從西極,涉流沙,九夷服。天馬徠,出泉水,虎脊兩,化若鬼。天馬徠,歷無草,徑千里,循東道。天馬徠,執徐時,將搖舉,誰與期?天馬徠,開遠門,竦予身,逝崑崙。天馬徠,龍之媒,遊閶闔,觀玉臺。

武帝此歌,寫得意興飛揚。末尾是說天馬如龍,上遊天門,觀覽天帝之所居。樂府得了此歌,譜曲作樂,傳唱朝野,滿城就盡是鼓樂之聲了。

那長安吏民,不能遙想西域流沙是何等樣子,只道是王師獲了大

貳師出征，收復輪臺拓疆土

勝，無不歡欣。待獻俘畢，全城仍是一派喜氣。官府亦有令，准民間可飲酒三日，夜會不禁，以為普天同慶。

朝臣也都樂得有幾日休沐，東方朔便邀了枚皋、公孫卿、東郭延等一干同僚來邸中，飲宴作賀。

時已入冬，家僕在堂上擺起炭火盆，滿室溫暖。東方朔笑言道：「人生在世，白駒過隙耳，當盡歡而終。天子征大宛，不過為天馬；我等文臣，不能執干戈隨軍，逢此盛世，當飲盡為快！」說著便舉杯祝酒。

公孫卿舉起杯，笑道：「曼倩先生通達，老臣早年讀先生《七諫》，記得內中有言：『堯、舜聖已沒兮，孰為忠直？』老臣讀後，立覺茅塞頓開！人生在世，迂直有何用？又做給誰看？不如醉酒飽腹了卻一生，還暢快些。」

枚皋忍不住，瞥一眼公孫卿道：「足下已近於仙，何用與俗人同樂？飛昇之日，只勿忘同僚就好。」

公孫卿也不理會他譏誚，打個哈哈道：「我招不來仙，心焦至極，比那俗人還不如。恨未能早學楚辭，做個陪臣，陪飯陪酒，隨手塗抹一篇便了事，何須提著頭去陪天子？」

東方朔截住眾人話頭，又敬酒道：「我輩得食俸祿，酒肉都無憂，不說這些也罷。如今行新曆，冬來反覺從容得多，能披裘衣禦寒，溫酒敘舊。京中有那萬千小民，尚不知如何熬過風雪呢，故諸位都不必牢騷。貳師將軍封侯，自有他天命，我輩既無好妹，亦無好女，便不必妒了，只管沾光吃酒就好。」

東郭延埋頭飲酒，久未出聲，此時忽就冒出一句來：「唉，數千條性命，換一匹天馬，如今真是馬命貴矣！人若不能成仙，便做犬馬，亦為大幸哩。」

眾人便一陣譁笑。東方朔連忙起身，為各人斟了一巡酒，一面就輕聲道：「如此觸逆鱗的話，於此說說倒不妨。諸位出了敝舍，可不要再說。」

東郭延望望門外茫茫夜，長嘆一聲道：「老子曰：『魚不可以脫淵。』如今為太初紀年，太初太初，便不知何日可見終末！我輩力不能拔山，譬如池魚，只能混世，何時才可脫淵而去呢？」

一語落地，滿室忽就安靜下來。唯聞壁腳瓦盆中，有炭火畢剝作響，如人在竊竊私語。

且說李廣利連年征伐之時，其妹李夫人也正得寵。只可惜李夫人福薄，生子不久，即身陷病厄。武帝心急，遍召名醫，卻是藥石無效，眼見得李夫人形銷骨立，漸漸要不支了。

垂危之際，武帝親往榻前探望，李夫人卻以被矇頭，不肯露出面孔，口中只道：「容貌未飾，未便見主上。」

武帝心下奇怪，強欲一見，用手去掀被。李夫人便翻身，面朝內側，終不肯從命。

見此狀，武帝也是無奈，含淚退出。幾位姐妹便上前，責備李夫人不該忤君上之意。

李夫人不禁泣下，唏噓道：「婦女以色事人，色衰則愛弛。我今重病將死，容色不堪，主上若見了，必生嫌惡。我死後，當不再追念，又豈肯再看顧我兄弟姐妹？」

此番話，說得眾親屬大悟，只得陪著傷心。

不數日，李夫人果然病亡，化為香魂一縷而去。武帝為之心傷不已，以皇后之禮厚葬，又命在甘泉宮畫了李夫人遺容，栩栩如生。

貳師出征，收復輪臺拓疆土

武帝到底是個情種，數月裡，只神情恍惚，日夜思念李夫人不止。一日，武帝在李夫人常住的延涼室小憩，於夢中見李夫人來，手持一朵蘅蕪[54]相贈。武帝大奇，從夢中驚起，彷彿枕上及衣上皆有餘香，歷月不散。

從此，武帝竟像是痴了，常來此室歇息，淚溼枕蓆，然夢中再也未見美人來。於是將這延涼室，改名為「遺芳夢室」。

李夫人既死，李延年與其弟卻不知收斂，在宮內跋扈依舊。時不久，兄弟兩人因與宮女淫亂，為武帝所知，竟被一同問斬。唯有李廣利因功高，蒙寵依舊，未曾受到牽連。

再說武帝破格起用李廣利，將西域之事略定，便又想起：匈奴雖曾來朝貢，但仍反覆無常，曾入寇定襄、雲中，殺掠邊民，毀壞亭障，秉性終難改。於是頒詔天下，言及高祖曾受平城之困、高后亦受冒頓之辱，以春秋齊襄公復九世之仇為例，申明滅匈奴之志。

李廣利大軍歸來後，本該一鼓作氣，北上擊匈奴，但當時天氣已寒，軍伍不宜出塞，便號令眾將士整繕軍備，以待開春出戰。

不料冬春之交時，關中卻逢大旱，武帝一再祈雨，亦是無用。乃召東郭延來占卜，東郭延回道：「天時不利，乃天帝所為，人主不可強為。」

武帝當下便有氣：「人主若不能為民消災，要我有何用？」

東郭延也不慌，只鎮靜答道：「陛下管得了人間事，天上之事，怕還是管不到，唯有順勢而為。臣知《詩經》裡有〈雲漢〉一篇，曰：『旱既大甚，則不可推。兢兢業業，如霆如雷。周餘黎民，靡有孑遺。』說的是周宣王勤政，為民彌災。陛下不妨借了這典故來，改一改年號，或能有用。」

[54] 蘅蕪，菊科，色黃。

武帝想了想，眉頭才舒展開來：「聽你勸諫，那就不妨改元。太初之後，便四年一改元好了，明年歲首，就改元『天漢』。這世間，凡事名比實更要緊，如此改了，天象旱或不旱，朕也心安了。」

　　說巧不巧，天漢元年（西元前 100 年）春，旱象果然減輕，征匈奴之事便又提起。正當此時，忽有此前被扣的漢使路充國，誓不降胡，此時自匈奴返歸，赴闕求見。

　　武帝聞報，精神遂一振，忙召路充國來問：「我兩征大宛，匈奴時有蠢動，如何就肯將你放回來？」

　　路充國稟告道：「匈奴近年，屢遭變故。兒單于即位才三年，即病亡，有一子尚年幼，不能嗣位。部眾推兒單于伯父句黎湖為單于，不料數月又死，今又立句黎湖之弟且鞮侯為新單于。」

　　「哦？這些單于之名，好生難記。這個……且鞮侯，莫非心軟了，才放你歸來？」

　　「且鞮侯確是曉事之主，臣臨行前，特謂臣曰：『吾乃兒子，安敢與漢天子並列？漢天子，我岳丈之輩矣！』」

　　武帝便笑：「這個新單于，於輩分上，倒還清楚。」

　　路充國又道：「臣此行歸來，且鞮侯單于遣了專使護送，並攜有求和書一封。」武帝不由大喜：「原來如此！」當下便召匈奴使者來見。

　　閱畢匈奴使者呈上的單于書，見其書卑辭多禮，意頗誠懇，便知是且鞮侯新立，到底心虛。武帝心中釋然，安頓好了使者，便與諸臣商議。

　　此時，先前的丞相石慶，操勞多年，已病歿，算是善終，不像前面幾任迭遭橫禍。石慶病故後，由衛皇后的姐夫公孫賀接任。公孫賀本是

貳師出征，收復輪臺拓疆土

武人，不擅政務，無奈朝中已無可用之人，武帝權且用之，總還是自家人，靠得住些。

武帝遂與公孫賀商議道：「且鞮侯既有誠意，放回漢使，我也當禮尚往來，將此前所拘匈奴使盡行放歸。從此漢匈言和，不再征戰，兵民也好將息數年。」

公孫賀初為相，最懼惹禍，凡有朝議，皆聽武帝之意，更無他言。當下君臣便議定，將匈奴使者盡都釋放，遣中郎將蘇武，持犛節，護送返歸漠北，並攜財帛贈單于。

蘇武正當壯年，乃是故平陵侯蘇建的次子。前文曾述及，蘇建跟從衛青征匈奴，因部將趙信叛逃，坐罪當斬，贖為庶人。那以後，又復起為代郡太守，惜不久即病歿於任上。

蘇武初為郎官入禁中，頗受賞識，後擢為中郎將，隨駕護衛。受命出使之際，也知匈奴為敵國，此去吉凶難測；然想到自己是將門之後，豈能言怯，便毅然作別家人，與副中郎將張勝、屬吏常惠，及所募壯士百餘人，一同上了路。

到得漠北王庭，見過且鞮侯單于，蘇武轉致武帝和好之意，交還了以往所扣的匈奴使。本想單于應心懷感激，就此修好。不料且鞮侯此時位已坐穩，漸有信心，見武帝所贈甚厚，還道是漢廷心虛，因此見了蘇武，就不免狂傲無禮。

蘇武見且鞮侯不曉事，也不好當面指斥，只得強忍惱怒，退出單于穹廬，打算擇日返歸。

卻不料，只這幾日停留，竟生出一場意外變故來，致使蘇武命運就此改變。

《淮南子》曾有言，得馬失馬，皆屬無常。人世間事，也確乎如此。原本這一趟出使，並無什麼凶險，誰想旁逸而出的枝節，卻令蘇武猝不及防。

原來，關中長水有一胡人之子，名喚衛律，素與李延年友善。李延年得寵後，將衛律薦給了武帝。年前，武帝遣衛律往匈奴，互通聞問。衛律奉命至胡地，尚未歸，就聽聞李延年坐罪。他知天子究罪臣同黨，向來嚴厲，深恐被牽連，於是索性降了匈奴。

此前，匈奴謀臣中行說病歿，單于正苦於無人替代。見衛律來降，自然是喜，著即封衛律為丁零王，統轄居北海（今俄羅斯貝加爾湖）的丁零族。

衛律雖已叛降，然其隨從卻不盡然願降，有一隨從名喚虞常，便常懷思歸之心。

當其時，有渾邪王之甥緱（ㄍㄡ）王，跟從趙破奴北征被俘，身陷匈奴，也不甘心降胡，與虞常甚是相投。兩人便商議，意欲擊殺衛律，劫持單于之母閼氏（ㄧㄢ ㄓ）一同歸漢。

其事正在謀劃中，適逢蘇武一行抵達王庭。虞常與副使張勝素有舊交，便私下拜訪，將密謀告知，請張勝相助，設伏以弩射殺衛律，共圖南歸大計。

張勝聞此謀，只道是一旦得手，還朝後富貴可期，便也有意邀功，未通告蘇武，就擅自應允了，兩下裡謀成，約好相機舉事。

這日裡，且鞮侯單于外出游獵，率人馬遠離王庭。虞常、緱王見時機已至，便召來黨羽七十餘人，將欲發難。偏是此中有一人，臨事反悔，密告了留守的單于諸子弟。

諸子弟知事急,當即率人來兜捕。兩相混鬥中,緱王戰死,虞常被擒。

且鞮侯單于在外聞報,不禁震怒,當下疾馳而歸,令衛律將謀亂者囚禁,嚴刑逼問。

張勝聽聞事敗,冷汗直冒,深恐牽出自己來,脫不了關係,不得已將實情告知蘇武。

蘇武聽罷,不禁愕然:「副使,你害人不淺!事已至此,我為正使,怎望免受牽累?若對簿王庭之上,不止我一人失顏面,那辱國之罪,又如何當得起!」言畢,懊惱萬分,竟拔出刀來,就要自刎。

張勝、常惠見狀,連忙強拉住蘇武,才得無虞。

蘇武被奪下刀,仍是失神,喃喃對張勝道:「愚人行愚事,如何可救?唯願虞常口舌緊,不供出你來。」

豈料虞常幾遭酷刑,熬不住,終將張勝供出。衛律聞聽漢使也參與其中,心中亦驚,連忙將口供錄畢,呈與單于看。

且鞮侯單于看罷,勃然大怒:「漢使何許人也,竟也來王庭謀反?」便召集諸貴臣,商議欲殺漢使。

時有一貴臣連忙諫道:「謀害單于,死罪也,漢使當不至此。可赦其死,迫令其降。」

單于便對衛律道:「也罷,姑且饒他。你即去勸降蘇武,務教他知:降或不降,也休想再歸漢了。」

衛律得令,遣人召了蘇武、常惠來,將單于之意告知。蘇武聞言,如同泥塑端立,默然不動。

衛律便怒道:「漢使蘇武,莫非你聾了,如何不回話?」

常惠在旁，連忙拉拉蘇武衣袖，蘇武這才回過神來，對常惠道：「我豈是耳聾？堂堂漢使，辱上命如此，便是得生，又有何面目歸漢？」說著，便拔出佩刀來，往脖頸處狠命一抹！

　　衛律、常惠未曾防備，一時都慌了，連忙上前，抱住蘇武雙臂。

　　其時，刀鋒已刺入蘇武脖頸，鮮血噴湧，染紅衣襟。衛律大急，緊抱住蘇武，高聲命左右去召醫者來。

　　待醫者趨入帳內，蘇武已昏死過去。那醫者自有匈奴高明醫術，見此也不慌，教衛律放下蘇武，置於地上。又命人掘出一個土洞，燃起無焰文火，將蘇武身體覆於上，腳踩其背，逼出體內惡血來。

　　蘇武本已氣絕，如此弄了半日，漸漸竟有了氣息。常惠等人見了，皆圍住大哭不止。衛律便命常惠抱起蘇武，以車載回營去，好生休養。

　　衛律返回王庭大帳，將蘇武不屈之狀，稟明單于。單于聽罷，頗覺動容：「好一個蘇武，竟能守節如此！」便命衛律要好生看顧，又遣人朝夕問候，只將那張勝囚繫，留待問罪。

　　待蘇武漸至痊癒，單于便授意衛律，論虞常謀反之罪，藉機勸降蘇武。衛律奉命，邀蘇武來大帳入座，又自獄中提出虞常、張勝，先厲聲問虞常道：「背主謀逆，你更有何話可說？」不待虞常辯白，便猛然拔出劍來，一劍將虞常斬殺。

　　斬畢，衛律緩緩拭淨劍上血跡，目視張勝道：「漢使張勝，謀殺單于近臣，罪不容誅。然單于有令，若降，可赦死罪。」言畢，手中劍便高高舉起。

　　張勝眼見虞常斃命，早嚇得魂飛魄散，忙叩首求饒道：「小臣願降，願降！」

> 貳師出征，收復輪臺拓疆土

衛律默視張勝片刻，冷笑一聲，轉頭又逼視蘇武道：「副使有罪，君也當連坐。」蘇武略一拱手，緩緩回道：「本無與謀，又非親屬，為何須連坐？」

衛律哼了一聲，舉劍又作砍擊之勢。蘇武只斜睨一眼，凝然不動，容色仍如常。

衛律無奈，只得將劍收起，和顏悅色勸道：「蘇君，當此時，須勸你兩句。衛某此前背漢歸匈奴，蒙大恩，賜號為王，擁眾數萬，馬畜漫山，富貴如此，為漢人所難望。蘇君今日若降，明日也當如是，又何必枉死草野？身後虛名，君還望誰能知之？」

蘇武端坐不動，權當未聞此言，只默然無語。

衛律便又勸：「君隨我降，我與君便成兄弟。君若執拗，不聽我計，今後欲見我一面，又可得乎？」

蘇武再也按捺不住，奮然起身，戟指衛律罵道：「衛律，你為漢臣之子，不顧恩義，叛主背親，降於蠻夷，我又何須見你？且單于信你，令你決獄，你不能平心持正，反要挑撥漢匈兩主相鬥，以觀成敗。你可曾想過：南越殺漢使，裂為九郡；宛王殺漢使，頭懸北闕；朝鮮殺漢使，即時誅滅。獨有匈奴尚未至此。你知我必不降胡，殺我，便是欲令兩國相攻。我若死，匈奴之禍，將從我始矣！」

這一番話，既嚴詞駁斥，又指出衛律不義。衛律聽了，臉色不由慘白，知蘇武必不肯降，不由火起，舉劍欲殺蘇武，猶豫片刻，到底還是未敢，只得收起劍，命人解回蘇武，返身覆命去了。

且鞮侯單于聞報，反倒大為讚嘆，更有意要逼降蘇武，於是將蘇武幽於大窖中，不給飲食。

是時，天降雨雪，蘇武數日未食，餓得頭暈。從天窗探出手去，方知雪已盡覆窖頂，以手捧食，竟能解得乾渴。如是，便一連多日臥於窖中，嚼雪解渴，雜以氈毛充飢。

數日後，有兵役來查看，見蘇武竟未死，以為是神人。此事傳開去，匈奴人皆感驚異。

單于聞之，也不敢再用強，令徙蘇武於北海邊，置於無人處，放牧一群公羊，諭令若公羊能產子，蘇武方得歸漢。又將常惠等人，分置各處，令其不得與蘇武相見。

如此措置，是要將蘇武逼至絕境。單于心裡吃準：任是個鐵人，獨居於冰雪無人跡處，亦必消沉，遲早可望迫降。

蘇武被解至北海安置，地處窮荒，糧食不濟，他便掘出野鼠，去其腹中草籽而食。每日持漢節牧羊，坐臥起居，終不離手。時日既久，節杖上旄頭，毛盡脫落。蘇武只是不改節操，於風雪中，與羊為伴，度過寒荒歲月。

蘇武是家中次子，雖未襲爵，到底是侯門之後，昔日在長安，少不了有錦衣玉食。如此貴冑，為國而蒙難，落到這天地盡頭，棲身地洞，野炊為食，晝驅狼狐，夜望繁星，不知熬過多少日夜，終成就了一段英雄傳奇。

如此五六年後，有單于之弟於靬（ㄐㄧㄢ）王，來北海射獵，與蘇武相識。蘇武能織箭羽、矯正弓弩，於靬王聞之甚喜，就請蘇武矯弩。

看蘇武專心致志忙了半日，於靬王不覺動心，與蘇武對面坐下，溫言問道：「君居此處，莫非就甘心嗎？」

蘇武微微一笑：「死生有命，在下做不得主。我為漢臣，只知不可辱

臣節。」於軒王又問:「家既不可回,這般苦楚,忍之有何用?」

蘇武抬眼望望於軒王,淡淡答道:「地距千里,俗便不同;我未辱節,心中便不覺苦。」

一番話,說得於軒王大為動容,命部眾供給蘇武衣食,不得令其困窘。後又過三年,於軒王患病,想起蘇武,於心不忍,賜給蘇武馬匹、衣服,後又將蘇武召來,藏匿於自家穹廬中。

豈料解脫才數月,於軒王病死,其部眾另徙他處,又只餘下蘇武一人。是年冬,丁零有盜賊前來,盜去蘇武牛羊,從此蘇武又陷於困厄。

天荒地老,人蹤不見。蘇武困於北海,手執旄頭脫盡的漢節,牧羊自活,前後竟蹉跎了十九年,實是令人嗟嘆!

李陵兵敗，悲歌千載訴忠憤

卻說武帝遣蘇武出使後，即神閒氣定，靜等回音。哪知等了數月，卻不見蘇武回朝，便知事有變故。至次年，即天漢二年（西元前99年），被俘的浞野侯趙破奴自塞外逃歸，漢廷才知且鞮侯無禮已甚，已將蘇武幽禁，下落不明。

武帝失望至極，決意報復，便命貳師將軍李廣利率兵三萬，往擊匈奴，要給且鞮侯一些顏色看看。

李廣利此時已頗有歷練，率軍出酒泉，兵鋒凌厲，至天山下，痛擊右賢王所部，斬俘胡騎萬餘人，得勝而歸。哪知右賢王不甘挫敗，又集大軍數萬，追上歸途中的漢軍，團團圍住。

漢軍左衝右突，只是殺不出重圍。眼見胡騎陸續擁來，恐有十萬人之多，輪替上陣，交相攻殺。漢軍死傷甚眾，營中又斷糧，漸漸不支。

李廣利愁眉不展，只是無計。恰有隴西上邽人趙充國，在軍中為假司馬[55]，此時挺身而出，願率壯士百餘人，破圍而出，為眾人求得一條生路。

廣利轉憂為喜，一迭連聲讚道：「壯士，真乃壯士！」便允准趙充國突圍，令充國率壯士先衝出，大軍隨後跟進。

這趙充國，時年二十七，正是血氣方剛時。從軍之初，只是尋常一騎士，後因善騎射，以六郡良家子之名，入宮禁為羽林郎，此次出征，

---

[55] 假司馬，官職名。漢官名凡加「假」者，均為副貳之意，假司馬即司馬之副。司馬，漢武帝所定武職，即大將軍所屬軍隊分為五部，各置司馬一人領之。

李陵兵敗，悲歌千載訴忠憤

恰在行伍之中。

領命之後，充國率百餘人，窺見胡騎一個空處，突馳殺出。一時只聞兵戈撞擊，殺聲震耳。胡騎未料漢營中有死士突出，慌忙來攔，卻是難以阻擋。一片血肉橫飛中，充國將長槊掄圓，當鋒者死，避讓者生，殺得胡騎紛紛閃避。

漢軍在營中，見趙充國已潰圍而出，都精神大振，隨即疾馳跟進，不顧死傷殺了出來。待李廣利率殘部馳入酒泉，檢點死傷，全軍竟折去十之六七。

大軍還都後，李廣利入朝，武帝聞廣利奏報「充國操戈先出，身被二十餘創，幸得不死」，大感驚奇，立召趙充國來見。

趙充國裹傷上殿，步武仍健，虎虎有生氣。武帝連忙離座，疾步下階，驗視充國身上傷情，但見傷痕密布，血跡未乾，不由就感嘆，當即拜充國為中郎，收為近侍。

想想李廣利此戰，先勝後敗，折損竟然大於斬俘，武帝便有氣，然心中尚有李夫人一念，便不忍加罪，未予責罰。只遣了因杅將軍公孫敖，領軍出西河（今寧夏、內蒙自南而北的黃河段），與強弩都尉路博多相約，在涿邪山（今蒙古國滿達勒戈壁一帶）會合，尋機再戰。

公孫敖、路博多兩人奉命，合兵之後，出高闕塞以北千餘里，巡弋往返，終未見匈奴一騎，只得引軍而還。

武帝此時與單于相鬥，已如賭徒，一注不贏，便有數月不歡。聞公孫敖回朝奏報，大失所望，只得嘆氣而罷。

時有名將李廣之孫李陵，為李廣長子李當戶的遺腹子，在朝為侍中。其人年少勇武，禮賢下士，在朝野頗有聲望。武帝每見他，都要讚

嘆：「將門之後，果然有祖風！」

征大宛之時，武帝有心栽培，特授李陵為騎都尉，令他率楚兵五千人赴酒泉、張掖，習射練兵，以防匈奴。

待李廣利出酒泉北征，武帝又詔令李陵隨軍北上，監管輜重。李陵受命赴軍前，過長安時，趁便入朝謁武帝，自請道：「臣在酒泉、張掖，屬下為屯邊之兵，皆荊楚劍客也，力能扼虎，射必中的。臣情願自領一隊，往蘭干山（在今蒙古國西南西戈壁省境內）之南，以分散單于之兵，無須專屬貳師。」

武帝未料李陵有此意，憤然道：「你雖自恃勇武，然未經一戰，如何便不願屬貳師將軍？北征之師，朕發兵已多，再無騎卒分撥與你！」

李陵年少氣盛，毫無畏懼之色，昂首回道：「無須騎卒，臣願以少擊眾，若得領五千步卒，便可殺入胡地王庭。」

武帝先是驚詫，繼而笑道：「少年郎，一如朕之當年！也罷，若不允你，或將埋沒一個少年神將。然你須記好：乃祖神勇，是由數十載征戰而成，而非血脈承繼。此去，朕命強弩都尉路博多為你接應。路博多守居延塞（今內蒙古、甘肅額濟納河沿岸）已有三年，老練多謀，你須多多仰賴。」便允了李陵，令他自去募五千壯士，剋期出征。

豈料此次出征，李陵氣勢雖壯，其命勢卻如祖父李廣一般，著了魔道，終究是不順。

再說那路博多，曾隨霍去病征匈奴，因功封侯，後又平南越有大功，聲望甚著，惜乎受其子坐罪所牽連，而遭削爵。武帝到底是憐他，於太初三年（西元前 102 年），復用為強弩都尉，率軍北上居延澤，築塞屯守。

李陵兵敗，悲歌千載訴忠憤

路博多資望，遠在李陵之上，如今得武帝詔令，僅為李陵軍後備，老將如何肯服？私心便不願從命，上書稱：「時值秋令，匈奴馬正肥，凶悍非比尋常，不可與之戰。不如留李陵在居延，待明春，臣願與他率酒泉、張掖各五千騎，至東西浚稽山，必可生擒單于也。」

此言雖有私心，然能審時度勢，也不失為一條妙計。不料武帝得此奏書，還道是李陵臨事生悔，串通了路博多來巧言，不由怒道：「少年多變，到底是靠不住！先欲與貳師將軍爭功，如何又臨敵而怯？」於是不理路博多之議，任由李陵部北進。

恰在此時，趙破奴奏稱胡騎已臨西河，武帝便命路博多速去守西河要道，又詔令李陵：「當於九月發兵，自居延塞之遮虜障出塞，至東浚稽山之南，涉過龍勒水，徘徊以觀虜情，如無所見，則沿趙破奴當年故道，抵受降城休憩，遣騎士回報見聞。另你與路博多所言云何？俱回書以對，朕要知道。」

當此際，正是深秋，塞外一派寒雲衰草。李陵得了武帝詔令，摸不著頭緒，便索性不去多想，獨率五千步卒，出居延塞冒寒北上。

北行三十日，軍至浚稽山紮營，未曾遇一敵。李陵便將所過山川地形，皆繪成圖，遣麾下一騎士陳步樂，還都奏聞。

步樂初進大內，拜謁武帝時，雖自鎮定，卻還是汗出如雨，只將輿圖恭謹呈上，便不知再說什麼為好。

武帝看過輿圖，面有喜色，再看陳步樂拘謹，便笑問：「在軍中，你所擔何職？」陳步樂答道：「回陛下，小的僅為一騎卒。」

「僅為一騎卒嗎？朕看你木訥少文，倒是本分。李陵軍中多奇才、俠客，如何他便遣了你來？」

「小的……生性憨直，凡事必求成。」

「李都尉帶兵，士卒們可服氣？」

「陛下，李將軍領兵，統率得法，士卒皆願效死力。」

武帝眉毛一動，欣喜道：「好，聞你奏報，朕心甚慰。你之才幹，豈止為一騎卒，朕這便拜你為郎，留在身邊行走。」

如此，陳步樂只做了一回信使，便為郎官，殿上諸臣見了，都暗暗稱奇。

再說李陵在浚稽山南，紮營才過數日，單于便率大軍前來，發三萬精銳胡騎，把李陵軍圍在了核心。

此時漢軍正處於兩山之間，以大車環繞，權作營寨。李陵見胡騎人馬眾多，望之不盡，知是必有一場惡戰，便引軍出營，在營外列好陣，前排持戟執盾，後排持弓弩以待。

李陵高聲發令道：「事既至此，我輩無可逃，唯有一死報國。且聽將令：聞擊鼓而縱兵，聞鳴金則止步，都無須慌亂。」

胡騎見漢軍人少，且為步卒，便不在意，皆放馬直抵漢營前。正在嘈嘈切切間，忽聞漢營中鼓聲大作，漢軍後排弓弩手聞聲，一齊站起，千弩齊發，羽箭便如飛蝗，直射敵陣。胡騎前排未作防備，皆應弦而倒。

片刻工夫，便是一片死傷枕藉，胡騎餘眾皆大驚，紛紛往山上退避。漢軍哪裡肯放過，漫山追擊，一連斬殺數千胡騎。廝殺過後，但見滿地橫屍，皆是披髮左衽的胡卒。

且鞮侯初與漢軍交鋒，見漢軍善戰若此，心內大驚，連忙率餘部落荒而逃。旋又召來王庭左右部眾，計有胡騎八萬餘，再攻李陵軍。

李陵兵敗，悲歌千載訴忠憤

　　李陵毫不慌張，領軍且戰且走，南行數日，馳入一處山谷中。

　　幾番激戰後，漢軍受箭傷者多，李陵便令受三創者上車坐好，受兩創者駕車，受一創者仍持兵器而戰。

　　再戰不久，李陵便覺有異樣，問左右道：「吾軍士氣不振，聞鼓而不起，是何故？莫非軍中有女子乎？」

　　命人查問之，果然如此。原來，以往關東群盜猖獗，朝廷剿滅後，盜賊之妻皆徙往邊地。李陵軍過北邊，軍卒多娶此類女子為妻，藏匿車中。如此藏嬌，軍卒如何還肯捨命？李陵聞之大怒，命人將婦女搜出，拔劍親斬之。

　　血光起處，哀聲四起，全軍目睹李陵威嚴，無不震悚。至次日晨，李陵率軍復戰，果然士氣大增，斬首有三千餘級。

　　獲勝之後，李陵又引軍向東南行，沿故龍城道路，急行四五日，抵一大澤，全軍隱匿於蘆葦叢中。

　　胡騎躡蹤而至，見漢軍藏匿不出，便於上風處放起火來，一時烈焰沖天，咫尺不辨對面人馬。漢軍無處可遁，紛紛叫起苦來。李陵眼見事急，連忙下令縱火，燒去近身荒草以自救。

　　不待煙霧散去，復又率軍向南，奔至一處山下。且鞮侯單于正值盛年，屢敗於一少年騎將，心中就不忿，遂又緊追而至。眾胡騎此次都學得聰明，搶占了山上，居高臨下。單于即命其子，率數千精騎飛馳而下，猛衝漢軍。

　　李陵軍為步卒，當不得這般排山倒海之勢，便都躲入叢林中，與胡騎纏鬥。林中有枝柯虯結，胡騎難以施展，漢軍遂又殺敵數千。

　　此次再勝，漢軍士氣大振，見高處有狼頭大纛，便知單于在山上，

於是急發連弩,直射單于。一時有箭雨如蝗,飛向山上,單于招抵不上,由左右簇擁,翻山逃去了。

當日,漢軍捕得幾個胡卒,審問過後,方得知單于心思。原來在日前,單于曾謂左右曰:「此乃漢精兵,擊之不能勝。此部日夜引我南下,今已近漢塞,莫不是前有伏兵乎?」

諸部君長皆言:「單于自領數萬騎,擊漢軍步卒數千,而不能滅,令漢人益發輕我!此地為山谷,我力戰而不能勝。前面尚有四五十里,便是平地,我軍追至平地,若不能勝,則可回軍。」

李陵聞俘虜供出此情,知胡騎銳氣已惰,心中大喜,遂傳令全軍:「南下至平地,再戰兩日,便可退敵!」

次日晨,漢軍奔至平地,情勢卻愈急,但見胡騎越聚越多,已是漫山遍野。漢軍知無逃路,只得狠下心來,一日經數十戰,又斬殺胡騎二千餘人。

至日暮,且鞮侯單于佇立山下,遠眺兩軍廝殺,臉色便不好,喟然嘆道:「連戰不利,再戰,折損將逾萬人,如何是好?不如回軍算了!」

若是單于早收兵一日,則李陵運命,將不知有何等榮耀?偏是不巧,李陵麾下有一軍候[56],名喚管敢,日前為校尉所辱,氣不過,逃去降了匈奴,將此前李陵好運盡都斷送。

單于聞聽有漢軍吏來降,大喜,立召管敢來帳下,詳問他情由。

管敢為日後榮華富貴計,竟將所知內情和盤道出:「李陵軍並無後援,且箭矢將盡,士卒不能久戰。獨有校尉韓延年,領八百人為前鋒,打黃白兩色旗,所向無前。貴軍若選精騎馳射,此部不能當,則李陵軍必破。」

---

[56] 軍候,漢軍制中「曲」的長官,轄五百人,秩六百石,為中級武職。

李陵兵敗，悲歌千載訴忠憤

　　管敢所說的韓延年，乃是潁川（今河南省禹州市）人，其父韓千秋，係故濟南相，平南越時戰死。武帝為恤憫家眷，封韓延年成安侯。此次延年隨李陵出征，為掌兵校尉。

　　單于聞聽此情，知李陵軍也已屬強弩之末，立即抖擻精神，選了精騎數千，專攻韓延年部。

　　眾胡騎得了號令，疾馳超越漢軍，瞄著黃白兩色旗處，遮道攔住，急攻不止，一面就大呼：「李陵、韓延年還不速降？」

　　李陵軍急奔入山谷中，胡騎便蜂擁上山，從四面放箭，矢如雨下。李陵、韓延年見勢不妙，驅軍疾走，胡騎仍緊隨不退。漢軍只得與之對射，邊戰邊向南行。強撐了一日，將至鞮汗山（在今蒙古國南戈壁省境內）時，五十萬支箭皆已用盡，只得棄車而行。

　　李陵此時檢點人馬，尚有三千餘人，手中唯持空弓，並無兵刃。軍卒便斬裂車輪，手持車輻為兵器，軍吏則手持尺長佩刀，貼近崖畔而行，奔入峽谷當中。

　　單于大軍旋即追至，在兩端谷口拋石，堵塞去路。漢軍奮力攀爬，無奈兵器不利，死傷甚多，仍不得出。

　　黃昏之後，李陵命軍卒紮下營來，暫作歇息，自己則換了便衣，手持短刀，獨自出營。左右軍吏欲跟隨，李陵制止道：「無須隨我，大丈夫一人，即可取單于之首耳！」

　　原是李陵情知已陷絕境，決意以一人之勇，趁夜去殺單于，欲與之同歸於盡。然在山上徘徊良久，唯見胡兵處處，無隙可乘，只得頹然而返，舉刀狂砍枯樹，嘆息道：「兵敗，死矣！」眾軍吏在旁，聞李陵語聲甚哀，盡都落淚。

有軍吏不忍，上前勸慰道：「將軍威震匈奴，令胡人喪膽。此戰，實是天命不遂，明日可尋路求歸。即如浞野侯為敵所俘，後逃歸，天子尚待之以禮，何況將軍乎？」

李陵勃然變色道：「休得再說！吾不死，非壯士也。」於是下令，斬斷軍旗，與所攜寶藏一同埋於地下。

眾軍知最後關頭已至，都只默默掘土埋物。待諸事畢，李陵望望部眾，強忍淚嘆息道：「倘能得數十支箭，足以脫身。今已無兵器再戰，天明，即坐受胡人綁縛矣！諸位，各作鳥獸散吧，或有人可脫身，且歸報天子。」

此時，塞外天氣已近初冬，山谷寒氣難當。李陵又道：「我輩坐等死，不怕胡人看見，不妨生火暖一暖。」遂又命軍卒，各人攜二升乾糧、一片冰，待夜半起身，相期逃至遮虜障會齊。

夜半時，李陵驚起，命左右擊鼓喚醒眾軍，豈料鼓皮受潮，竟不能響。李陵呆住片刻，哀嘆了一聲，便招呼韓延年一同上馬，帶領壯士十餘人，向南狂奔。

方出谷口不遠，即驚動了胡騎，幾聲胡笳響過，便有數千胡騎跟蹤追來。韓延年見逃不脫，斷然勒轉馬頭，帶了隨從返身殺回。胡騎見此氣勢，便知他是悍將韓延年，紛紛上前來，環繞數匝，圍住廝殺。

韓延年左劈右砍，身被數十創猶不退，鏖戰多時，漸不能支，被胡騎近身一箭射中，大叫一聲栽下馬來，當場殞命。

李陵見韓延年死，頓失鬥志，仰天嘆道：「無面目報陛下了！」便跳下馬來，收刀入鞘，頹然坐於地，與身邊僅餘數卒，一同降了匈奴。

峽谷之中，一眾漢軍被驚醒，不見了軍將，都四散逃命，大半為胡

李陵兵敗，悲歌千載訴忠憤

騎斬俘。至二三日後，逃入居延塞者，僅餘四百餘人。

李陵兵敗處，離居延塞僅百里之遠，殘卒逃歸，塞上吏民俱知消息，獨不知李陵下落。邊吏聞訊，不敢怠慢，連忙飛書急報長安。

武帝閱過邊報，驚懼不已，不知李陵是死是活，想到若李陵被俘，未免太失漢家顏面。一連幾日，糾結於此事，難以入眠。不得已，召了李陵之母及妻來，命東郭延為這二人看相。

武帝對東郭延道：「李陵帶兵出塞，兵敗未歸。你看他家眷氣色，可是早已身歿？」

東郭延看過兩婦人面色，朝武帝遞個眼色，武帝便示意二人退下。

待李母、李妻走後，東郭延稟道：「陛下，臣看這婆媳之相，並無喪色，故而李陵將軍必還在人世。」

武帝不信，瞥一眼東郭延，嗤笑道：「李陵年少志大，欲做霍去病第二。如今陷胡地，必赴死，又焉能苟活？你這相術，或只為皮毛耳！」

東郭延連忙叩首道：「不敢！臣有罪，然心中尚存一念，唯願李將軍活，故而看不出死氣來。」

武帝聽出東郭延有弦外之音，怒氣陡生，然又無從發作，只得自嘲道：「莫非朕就盼他死嗎？」

「陛下明察世事，李陵卻是逞少年意氣，一人率五千步卒，就敢深入胡地。若不敗，那便是蓬萊仙人了，我只為李將軍嘆！」

一番話，說得武帝啞然，苦笑道：「東郭先生，如此說來，朕也是不察世事呢。」便拂了拂袖，命東郭延退下了。

半月後，有邊報至，稱李陵已降匈奴。武帝展開奏報，幾不能信雙目，怔愣片刻，忽就拍案而起：「全無天理！他李陵如何便能生降？」於

於是立召陳步樂來責問。

李陵降胡事，已於當日傳開，陳步樂也有耳聞，心下便惶恐，戰戰兢兢趨入前殿。

武帝怒問道：「李陵怯懦如此，神鬼不能容！你是如何誇他的？」

陳步樂囁嚅不知所對，只一味叩首道：「小臣，有罪⋯⋯罪不可赦。」武帝哼了一聲：「罷了罷了！」便未再詰問，揮手令他退下了。

哪知陳步樂退下後，只覺羞愧難當，不多時，竟在北闕之下拔劍自盡了。

武帝聞訊，冷笑一聲：「堂堂漢將，竟不如一騎卒知恥乎？李陵之罪，可謂古今少見！」便召群臣上殿來議。

群臣聞聽此事，都怒不可遏，人人攘臂，皆以李陵降敵不死為罪。殿上申討之聲，沸反盈天。

武帝見太史令司馬遷一人未語，便以目視之，問道：「司馬君，聞你精通墳典，博古通今。今日朕要問你：領軍之將，不死戰而降，該當何罪？」

司馬遷早有定見，聞此問，便放言道：「陛下，臣聞李陵事親孝、愛士卒，常奮不顧身，以殉國家之急。其人涵養，有國士之風。今遭兵敗，偶一不幸，人皆以為罪，私弱之臣亦隨之揭其短，誠可痛心也！且李陵所提步卒，不滿五千，深入胡地，力遏數萬之敵，致敵死傷纍纍、首尾難顧。單于無奈，舉傾國之民共圍之。李陵轉鬥千里，矢盡而途窮；士卒猶能張空拳、冒白刃，北向與敵苦戰而死。能得士卒效死，雖古之名將，亦不過如此。李陵雖身敗陷敵，其摧敵之功，足以揚威於天下。彼之不死，若有機緣，定可以報漢。」

李陵兵敗，悲歌千載訴忠憤

司馬遷此言一出，武帝便知是何意，心中就冷笑：「好個書生，到底是嘴巧！」

原來，此次北征，李廣利統大軍，李陵不過為助攻，不料李陵反與單于相抗，斬俘甚多；相形之下，廣利之功便甚小。武帝心存偏私，顧忌朝議，故意略過不提，而只斥李陵不義。偏偏司馬遷不願隱忍，據實以爭，不啻是有意犯顏。

想到此，武帝大怒，脫口就嚴責道：「太史令，你為李陵遊說，是要貶抑貳師將軍乎？貳師功大功小，不消你來議，好歹他並未降匈奴。漢家顏面，已為李陵喪盡，你辯白又有何益？你熟讀詩書，學富五車，卻不知，一個『義』字方為人之本嗎？那李陵是何人？名將之後，統兵都尉，途窮而不殉國，辱沒先祖者無過於此！朕曾聞，你家先祖，自堯舜至殷周，世代為史官。朕之於史，自是不及你，然也要問你：古來有何名將，曾於陣前倒戈？」

司馬遷心知武帝此話，全是為迴護李廣利，卻又不好揭破，只得強辯道：「前有路充國，後有趙破奴，皆身陷敵而後歸來。李陵偏師力戰，不幸陷敵，臣竊以為可寬假待之。」

武帝聞言更怒：「路充國，趙破奴，皆知忠義也，死不吐一個『降』字。如何李陵力盡便可降？既如此，我問你：他麾下那些步卒，又是為何而死？」

「恕臣下妄言。臣並無為降將辯誣之意，唯願陛下為國惜才，不至令將士寒心。」

「巧言！詭辯！儒生之才，只用在這上面嗎？大丈夫，生當為國，死當盡忠，如何就為降將頌起德來了？恥何在，義又何在，荒誕何過於此？天下典籍萬卷，從哪裡讀起，朕倒是不明白了！太史令責我，我實

不知：倡忠義，哪裡就寒了將士之心？」

「陛下……臣以為，若惜才，當不致有五千步卒深入胡地。」

「混帳！」武帝怒極，狠狠一拍龍案，將案頭國璽也震倒，殿上諸臣皆為之色變。

司馬遷也知不可再多言，於是伏地低首，默然無語。

武帝怒氣猶未消，厲聲道：「文人亂議，荒謬絕倫，已不知天地間有綱常了！虧你還曾受業於伏生、孔安國，只不知一肚子書讀到哪裡去了？廷尉杜周，你來！司馬遷坐罪誣言罔上，著令下詔獄對簿。凡有說情者，同罪！」

群臣見天子盛怒，大氣也不敢出一口。殿上謁者、郎衛，饒是見慣了場面，也都嚇得面如土色。

武帝怒喝聲方落，便有謁者數人衝上前來，將司馬遷頭冠褫去，押下了殿。

再說那廷尉杜周，亦屬酷吏，係由義縱舉薦，跟從張湯為屬吏，循階而上，其殘苛更甚於那二人，凡決獄，不循律令，專窺上意。與眾酷吏所不同者，唯其少言穩重，貌似寬厚而已。

此時武帝雖已下令，杜周卻不得要領，便跨前一步，躬身不發一語。

武帝見了，心知杜周是要探口風，想了想便道：「故太史令司馬談，精習黃老，縱論六家，有好大的才學。如何這孽子司馬遷，竟是個不曉事的？年前，談公侍駕東巡至洛陽，欲隨朕封禪泰山，朕未允，誰料他竟鬱積而歿。至今思之，朕仍有不忍。然漢律不容情，司馬遷誣罔之罪，你按律處置就好。」

李陵兵敗，悲歌千載訴忠憤

杜周是何等精明，聞聽此言，便知天子之意，並不想取司馬遷性命，當即領命退下，自去辦理了。

司馬遷方入詔獄，杜周接踵即至，一聲暴喝，皂吏便上前，褫去司馬遷官服，換了囚衣，手足俱上枷，綁縛得如同粽子般。

升堂問案之時，司馬遷被拖曳上堂，杜周半張雙目，嘆口氣道：「我向為左內史，與令尊有舊，不想你為談公之子，卻忤逆如此。既有聖意下，本官也不便徇私，來人，先重笞五十再說！」

眾皂吏應聲，一齊撲了上來，將司馬遷按翻在地，隨即一番狠命捶楚。

司馬遷熬不住，嘶喊連連，杜周忽舉手喊停，發問道：「廷議之時，竟敢觸龍鱗，太史令真是好大膽。事既至此，可願服罪乎？」

司馬遷忍住痛，仰起頭來道：「為李陵辯白，乃下臣職守，實不存觸麟之意。」

「放肆！文人好狡辯，強以為是。事到臨頭，還不想認嗎？」「臣所言雖有罪，卻是不得不說。」

「哼！」杜周堪堪又要發作，略一想，卻又放緩語氣道，「唉，書讀多了何用？只知固執，不通世情！那李陵降敵，辱國之甚，前所未有，百姓都恨不能食其肉。君身為六百石吏，卻為何不辨是非？」

「下臣亦自有道理。」

「什麼道理！今日廷議，本官耳聞目睹，你出言悖謬，哪裡還用對簿？且去羈押自省，當如何處置，本官自有主張。」

過堂既畢，皂吏便將司馬遷拖回，幽禁於牢中，將手足重新械繫。其囚室狹小，既無寢臥之處，亦無他人，起居全賴獄吏擺布。

自此，獄吏每日出入其室，非打即罵，直如待盜賊一般。可憐那司馬遷，一向為文，從未涉足粗蠻之地，轉瞬間忽遭累縶，受盡了凌辱。未及幾日，每見獄吏來，便以頭搶地，戰慄不止。

時不久，杜周有讞詞呈上，稱司馬遷袒護李陵，譭謗廣利，是為誣罔無疑。然對簿之時，一味狡辯，不知罪愆之深，念及乃父之功，姑不族誅，僅處斬刑以儆天下。

武帝接了讞詞，卻猶疑起來：「廷尉，以你之意，司馬遷之罪果然當死？」

杜周早知有這一問，當即答道：「迴護降將，罪莫大焉，百死猶未為過；然念及談公，臣下亦多有躊躇……」

武帝瞥一眼杜周，隱隱一笑：「杜廷尉說話，果然滴水不漏。既如此，允其贖罪也好。」

杜周略一猶豫，隨即回道：「司馬遷家貧，並無五十萬錢贖罪。」

武帝頗覺意外：「司馬談半生為官，竟未留五十萬錢與後人嗎？這個……便仁心不得了，既然無錢，便處司馬遷腐刑。這一刀，總是不可免的。」

詔令下，司馬遷聞之，如五雷轟頂。腐刑即是除去男根，古來視為奇恥大辱。男子受此刑，不但辱及先人，且為鄉人所笑，若是常人，不如自盡了為好。此時獄中看管，並不甚嚴，顯是杜周亦有意行方便。

然司馬遷素有大志，願承繼家風，秉筆寫史。自弱冠時起，便遊歷四方，北上齊魯，南浮沅湘。赴曲阜孔墓前，向魯儒學騎射、古禮；臨汨羅屈原投江處，誦屈辭而大哭。又博覽群書，從師苦學，於古史、諸子、貨殖、星象等學無所不通。待刑之際，幾欲自盡，想起左丘明、孫

李陵兵敗，悲歌千載訴忠憤

臍，又難棄夙願。幾次反覆，終還是不能輕生，決意忍辱以圖大業。

司馬遷受刑後，仍繫於詔獄，便在囚室中開筆寫起來，終著成千古《史記》，開二十四史之先河。其書所據，多為遊歷時訪問父老所聞，其文多采，其論正直，千年之下亦令無數後人受益。

再說李陵降胡後，武帝數月飲食無味，反覆思之，終有悔意。只覺無顏對群臣言及，只召了東郭延至太液池，閒談此事。君臣對坐，望一眼殘荷敗柳，武帝不無傷感道：「李陵孤軍北進，朕不該令他無援。將軍勢孤而降敵，不可謂畏死。」

東郭延望住武帝，頗覺不解：「李陵降胡之事，小的竊以為，陛下並無錯。」

武帝苦笑一下：「君在野，不知朝堂上有諸多糾葛。李陵率五千步卒入胡地，朕焉能不知是涉險，曾詔令路博多接應。」

「路博多為老將，陛下如此安排，聖明得很！」

「君有所不知，朕之過，便錯在不該預先有令。路博多為老臣，歷練得油滑，不欲為李陵後備，聞此預令，才推三阻四，得售其奸。」

東郭延眼中精光一閃，脫口道：「陛下能想到此，便是聖明。長安朝野中人，聚論李陵事，早便看得清楚。」

武帝聞之驚詫：「哦！如何不早稟報？」

「民間所議，見頭不見尾，小的不敢妄奏。」

「唉，算了。路博多到底是有功，朕也不忍心加罪，只可惜了李陵一員猛將！」君臣閒談罷，武帝便下詔，赦免李陵麾下歸來殘卒，不以戰敗論罪。

且說漢與匈奴開戰之後，連年征伐，海內生民苦於賦役。事久，官

吏不敢稟報實情，民不堪至極，就多有入山為賊的。就在李陵兵敗當年，泰山、琅琊一帶，群盜嘯聚山間，竟能阻斷道路。更有城中遊民，聚集巫祠中，裝神弄鬼。

武帝不能忍，召了丞相公孫賀來，責問道：「塞外事未平，朕用心最力。海內之事，皆託付於君，不過才兩年，天下如何亂得如秦末一般了？」

公孫賀沒有主張，只草草應道：「山中小盜，不足為慮。」

武帝怒道：「哪裡是小盜？今日能阻道，明日便可破城。若不滅之，終有攻破函谷關之日！」於是，遣直指使者[57]暴勝之，著繡衣，執金斧，往各郡國搜捕盜賊。各地刺史、太守，凡有緝盜不力者，盡都可誅殺。另在長安城內，大搜遊巫流民，徙往邊郡。

冬十一月，又詔令函谷關都尉，稱：「今豪傑皆遠交，依附東方群盜，須謹察出入者，不可鬆懈。」

一番操持後，海內稍靖，群盜氣焰方消。正待鬆一口氣，不料次年秋，胡騎又入雁門劫掠。郡守畏戰不出，邊民塗炭，慘不可言。

武帝怒極：「單于無義，我偶有失利，他便敢小覷漢家！」趁怒即下詔，誅雁門太守棄市，以儆庸吏。

天漢四年（西元前97年）春正月，武帝終不能再忍，傾盡庫中錢糧，再發天下七科謫戍，以及四方壯士，分道征匈奴。

此次發兵，遣李廣利率馬軍六萬、步軍七萬出朔方，以為主力。另遣公孫敖率馬軍萬餘、步軍三萬出雁門，韓說率步軍三萬出五原，這兩路皆為偏師。又以路博多為後應，率步軍萬餘出居延塞，尋機與廣利軍會合。

---

[57] 直指使者，亦作「直指使」，官職名。漢武帝時設，掌巡視、處理各地政務之事。

李陵兵敗，悲歌千載訴忠憤

　　各將受命，分頭調集大軍。武帝獨留公孫敖，面囑道：「有一事，你且留心。我聞李陵敗降，實出於無奈，或存歸來之心。你率軍深入，若能迎得李陵歸來，便是大功。」

　　公孫敖心領神會，知主上還是看重顏面，當下應道：「李陵豈能久居於胡？臣留意就是。」

　　旋即，三路大軍十九萬人，擎旗鳴鼓，分道而出。此番征討，人馬眾多，互為呼應，塞上為之轟動。匈奴斥候聞訊，不禁膽顫心驚，飛馬回報單于。

　　且鞮侯單于得報，知有一場惡戰在即，關乎存亡，遂不敢怠慢，令老弱、輜重移往余吾水（今蒙古國土拉河）之北，自率精騎十萬駐於水南，嚴陣以待。

　　待李廣利大軍至，兩下裡便在余吾水一帶，大戰十餘日，激烈異常。草原百里，處處可見血跡。後李廣利見折損太多，取勝無望，只得引軍返回。

　　且鞮侯單于見漢軍退去，哪裡肯放過，當即麾軍急追。廣利軍行至半途，回望草原塵頭大起，無不心慌，適值路博多引兵來接應，眾軍方稍安。單于見李廣利有援兵，不敢貿然與之戰，領兵退去了。

　　此一役，漢軍雖強，卻未有太多斬獲。李廣利不願再戰，便與路博多商議好，一同南歸。

　　再看韓說這一路，出五原逡巡多日，只是不見胡騎，猶豫了幾日，也即折返。

　　另有公孫敖一路，出雁門千里之外，與匈奴左賢王部迎頭撞上，戰了數日，士卒折損過多，頗為不利，便也引軍返回。

如此大張旗鼓北上,卻一無所獲而還,公孫敖更是損兵折將,不免就心中惴惴,覺無以覆命。返程中,便打好主意,欲捏造謊言,哄過天子。

　　回朝復奏時,公孫敖言之鑿鑿,只道是:「臣擄得活口,稱李陵降胡得寵,為單于獻計,教匈奴練兵以備漢軍,故臣無所得,只得回軍。」

　　武帝原本還憐惜李陵,聽了這話不由大怒:「賣祖求榮者,如何能憐他!」便下詔,將李陵老母及妻一併誅殺,以洩心頭之憤。

　　此事一出,隴西士人皆以李氏為愧,眾議紛紛。那公孫敖雖誣言李陵,卻也未能脫罪,因折損士卒過多,武帝令廷尉問罪判死。公孫敖先得了風聲,詐稱已死,逃往民間藏匿數年。後來事洩,終被逮住囚繫,暫未處置。

　　事平後數月,有漢使來匈奴交涉。李陵見了漢使,恨恨問道:「吾為漢家領五千步卒,橫行匈奴,因無援而敗,有何負於漢?為何要誅我全家?」

　　漢使惶恐答道:「漢廷唯聞:李少卿教匈奴用兵,致漢軍無功而返。」李陵頓足道:「那是李緒,而非李陵!」

　　原來,此前有塞外都尉李緒,駐守奚侯城,遇匈奴來攻,力不能支,竟降了匈奴。單于器重李緒,令他教胡騎練兵,位常坐於李陵之上。

　　李陵知此事,痛恨李緒連累自家誅滅,使人刺殺了李緒。單于之母大閼氏聞之,怒甚,欲殺李陵。單于到底憐惜李陵,遂將李陵匿於北方,待大閼氏死後,方才召回。

　　單于愛重李陵,壯其勇悍,嫁其女為李陵妻。又立李陵為右校王,

與衛律同為貴人。李陵感念單于知遇之恩，從此與衛律一道，一心事胡，再無他念。

且說李陵昔日，曾與蘇武同為侍中，降胡後，不敢求見蘇武。又過了十餘年，單于遣李陵赴北海，為蘇武置酒設樂，勸蘇武降胡。

李陵銜命，來至北海邊，與蘇武對酒敘舊。李陵舉杯，見蘇武未老先衰，滄桑不可盡言，不禁就鼻酸：「單于聞聽，弟與子卿兄素有厚誼，故使弟前來告知，單于素重兄之為人，欲虛心相待，絕不辜負。子卿兄在北海，終不得歸漢，又何必在此無人之地自苦？世間所謂『信義』二字，究竟於何處可見？」

蘇武礙於舊誼，不欲反駁，只微微嘆氣道：「我為漢家守節，不覺自苦。你我如今各為其主，再不是同袍了，兄請不要相逼。」

「子卿切勿執迷！此前你兄長蘇長君，為奉車都尉，隨駕往雍州棫陽宮[58]，一路小心無事，卻不料方至宮門，轅馬受驚，車觸柱。長君因此被劾大不敬，竟拔劍自刎了，陛下不加優恤，只賜了二百萬錢入葬。」

蘇武聞此噩訊，心中便一震，卻不言語，只呆呆凝視天際。

李陵見狀，又道：「你弟孺卿，隨陛下往河東後土祠拜祭。途中，從騎宦者與黃門駙馬[59]爭船渡河，宦騎推駙馬落水溺死，陛下令孺卿追捕，追捕不得，孺卿於惶恐之中，竟飲藥而死。」

蘇武仍未作聲，只輕嘆一聲，目光似已僵直。

李陵又道：「弟入匈奴境時，令堂已不幸病亡，弟曾親送靈柩至陽陵。嫂夫人年少，我聞今已改嫁。蘇氏一門，僅有你女弟二人，生有兩女一男，迄今已十餘年，存亡不可知。」說罷，將杯中酒一飲而盡，又

---

[58] 棫（ㄩˋ）陽宮，秦舊宮。始皇夷嫪毐三族，遷太后於此宮。故址在今陝西扶風縣東北。
[59] 黃門駙馬，掌皇帝出行車馬的官員。黃門，宮禁之門，後為官署名。

嘆道,「唉,人生如朝露,又何必自苦如此!」

蘇武這才轉過頭來,望住李陵緩緩道:「少卿兄,吾家門不幸,多謝你照拂有加。然家事終不及國事,請容弟保存名節。我也知,兄出征不利,實為天命,即便不欲死節,卻為何要降胡?人活一世,青史萬年,何必要留罵名於世,令人切齒?」

李陵眼中含淚,面露哀容道:「弟始降胡時,忽忽如狂,自痛負漢,加以老母已被陛下囚繫,弟不欲降之心,何以不如子卿兄?」

蘇武目光炯炯,逼問李陵道:「既有不願降之心,如何還是降了?」

李陵仰天嘆道:「陛下老矣,法令無常,大臣無罪而遭夷滅者,竟有數十家!在朝為臣,安危不可知,人皆怨恨。不知子卿兄又為誰忠,又為誰義?願兄能聽弟一勸,勿再多言。」

蘇武擲杯於地,起身大聲道:「蘇武父子無功德,皆為陛下所成就,位列將軍,爵至列侯。陛下待我,如兄弟親近,我常願肝腦塗地。今若殺身報國,雖遭斧鉞湯鑊,我自甘之。臣事君,如子事父也;子為父死,無所恨。請兄勿復再言!」

李陵抬頭望望蘇武,知不可強勸,便悽然一笑,勸蘇武坐下飲酒。如此連飲數日,李陵才又道:「子卿兄,請聽弟一言……」

蘇武急忙抬手阻住:「慢!我自認已死久矣,若單于必欲令我降,今日歡飲畢,我即一死報漢家於兄之前。」

李陵聞言色變,手顫顫難握酒杯,喟然嘆道:「唉,義士,義士!李陵與衛律之罪,上通於天,萬世難赦!」當場泣下如雨,沾溼衣襟,哽咽了良久,方與蘇武訣別而去。

李陵兵敗，悲歌千載訴忠憤

這以後，李陵無顏再見蘇武，特囑其妻代己，攜了牛羊數十頭，去贈與蘇武。

蘇武見了李陵妻，收下牛羊，心中老大不忍，仰頭長嘆道：「少卿兄，你英雄一世，何苦要苟活如此呀！」

再說暴勝之銜命出巡，督責二千石吏捕盜，武帝唯恐督責不力，又創苛律，以震懾庸吏。新律名曰《沈命法》，法條嚴苛，凡有盜而官吏不察，或察而不能盡誅者，二千石以下至小吏，俱坐死罪。

此法一出，如同懸劍在頂，各地官吏無不畏怯。凡捕盜，寧枉不縱，冤情不斷，民間多有怨聲。暴勝之一路行來，誅殺示威，官吏畏之如虎。

一日，巡察來至渤海郡（今河北省滄縣一帶）。有郡人名喚雋不疑，素有賢名，獨往館驛，拜見暴勝之，諫言道：「久聞暴公子大名，今得一識真貌，不勝欣幸。我聞人言：凡為吏，太剛必折，太柔必廢。暴公子若能寬猛相濟，與人留一條路，則有望留美名，得長壽。願公三思，不可執意逞威。」

暴勝之巡察以來，所見郡吏，皆是諂獻之態，驟遇一布衣登門直諫，心中大奇。再打量雋不疑相貌，竟是一派端莊嚴正，不由就心生敬意，恭謹回道：「足下所言，或是至理，暴某此前不曾悟得，請容我省思。」

此後，暴勝之巡察地方，果然一改舊習，寬緩了許多。待還朝覆命，特地上表，向武帝薦了雋不疑，用為青州刺史。

後暴勝之巡察到被陽（今山東省高青縣高城鎮），責被陽縣令王訢瀆職，欲斬王訢。行刑當日，王訢解衣，伏於刀下，忽就昂起頭來，直視暴勝之道：「使君握有生殺之權，威震郡國。今殺我王訢，不足以增威；

不如偶作寬容，以示恩德，我將以死報答。」

暴勝之聞言一笑：「死到臨頭，還敢作此豪言嗎？也罷也罷！便免你一死，看你如何報答。」於是，赦免王訴不誅。後與王訴傾談良久，竟結為厚交。

還都後，暴勝之又向武帝舉薦王訴，用為右輔都尉，治理右扶風[60]，行事幹練，頗得武帝讚賞。

暴勝之巡察有功，武帝大為嘉許，想到設刺史以來，本欲以刺史為耳目監察郡吏，卻不料刺史到任日久，漸與地方官勾結，全失耳目之效。於是援引暴勝之巡察之例，啟用近臣為耳目，號為「繡衣御史」，持節杖虎符，四處巡察，遇有刺史、太守不法情事，即代天子處置。

且說這一班繡衣御史中，有一人名喚江充，本名江齊，乃趙國邯鄲人，通曉醫術。其妹善歌舞鼓琴，嫁與趙太子劉丹，江齊藉助裙帶，成了趙王劉彭祖門客。不料就是這等市井微末人物，一旦得寵，便極善翻雲覆雨，掀動滔天巨浪，足可釀成國變！

原來，江齊昔在趙王宮中，曾得罪趙太子劉丹，為避禍逃往長安，更名江充，並上書北闕，告劉丹與姐妹相姦。

武帝接了告書，十分震怒，在上林苑犬臺宮召江充入見，面詢其事。江充這一狀，告得歹毒，劉丹因此而被捕，後幸而遇赦，卻不能承嗣為趙王了。

江充入見時，先囑謁者回報武帝：「罪臣江充，欲著常服入見，懇請聖上容許。」武帝得報，不明其中奧妙，一笑允之。

江充得了恩准，即精心裝扮了一番，將深衣下襬做成燕尾樣，外披

---

[60] 右扶風，漢代京畿三個行政區之一，治所在郿縣（今陝西省眉縣）。

李陵兵敗，悲歌千載訴忠憤

一襲輕薄紗衣；頭戴步搖冠，插上彩羽，而後趨入前殿，一派風度翩翩。

武帝見他容貌堂堂，衣飾飄逸，心中甚喜，忍不住對左右讚道：「燕趙之地，果然多奇士！」

再聽江充操一口趙地方言，稟報事由，洪亮悅耳，條理分明，武帝就更覺稱意。入見事畢，退下後，江充擔心主上事多，日久或被淡忘，便上書自請出使匈奴。

武帝聞聽此請，頗覺意外，遣謁者去問江充：「若遇匈奴刁難，足下何以應之？」江充答道：「小臣自知，當隨機應變。」

武帝聽罷回報，當下就允了，遣江充為漢使，出使匈奴。

一番塞外跋涉歸來，江充果然不負使命。武帝甚是嘉許，拜了他為直指使者，專司督察貴戚。

小人得志，手段毒辣往往逾於常理。江充上任後，挾天子之威，欺凌貴戚，動輒便迫令貴戚公卿遣戍北方。

曾有一貴戚坐罪，懼怕被遣，入北闕哀求武帝，情願以錢贖罪。武帝如其所請，後又引為常例，允他人也可出錢贖罪。如此一來，朝廷歷年所得贖罪錢，竟有數千萬緡之多。

武帝見江充行事果斷，認定他為忠直之臣，常令其隨侍左右。

有一日，江充隨駕往甘泉宮，路遇太子家僕乘車，假做太子屬吏，行於馳道之上，有越禮之嫌。江充一眼看破，即上前喝住，連人帶車扣下。

太子劉據聞訊，不欲生事，連忙遣人央求江充寬恕，請江充切勿上稟。

江充此時權勢熏天，哪裡肯買帳，直接稟報了武帝。武帝見江充如此不懼權貴，心中甚喜，大讚道：「人臣就當如此！」遂拔江充為水衡都

尉[61]，掌上林苑及宮庫事宜。

江充因緣得勢，野心大漲，越發不把太子劉據放在眼中。

自武帝啟用這班繡衣御史之後，天下郡吏不敢再敷衍，群盜亂象也便漸息。武帝環顧海內，只覺太平景象更勝於前朝，心中就甚滿意。不久，改年號為「太始」，意為與民更始；後四年，又改元為「征和」，意為征討功成、天下和輯。

後數年之間，武帝又接連東巡，赴東海、泰山拜祭，卻仍是不見仙人，於是益愈厭惡方士作怪誕語，然又心存僥倖，仍不廢求仙之事。

求仙不得，本已是煩惱至極，卻又遭遇連年旱災，天下稼禾損傷甚多，饑民嗷嗷，鬧得武帝十分心煩。至征和元年（西元前92年）夏，又遇大旱，哀鴻四起。武帝不由想起，上年十月間曾有日食，莫不是上天示警，身邊或有大臣專權、後宮干政？如此一想，心下就覺不安。

時武帝體衰，常召方士、巫者入宮，占卜獻藥，各顯其能。故也有女巫得以出入後宮，有宮女上前搭訕，日久熟悉，女巫便教給宮女們如何禳災。

宮女學得皮毛，也弄了些桐木人，於殿內後庭，這裡那裡埋下，詛咒壓勝。有宮女相妒，互指他人咒聖上。一旦武帝聞之，概不留情，令囚繫永巷，笞刑拷問。重刑之下，牽連攀扯，有時竟能牽入朝臣在內，斃命者多至數百。

至這年冬，武帝閒居建章宮，一日小憩方醒，恍惚中見一男子帶劍而入，似有圖謀。武帝心中驚懼，喝令左右拿下。眾宦者聞聲搶入，又不見室內有人，頓覺茫然。武帝卻一口咬定：「朕親見有人，如何他就能

---

[61] 水衡都尉，官職名，武帝元鼎二年始置，下設鐘官、辨銅、山林、技巧等吏，掌上林苑，兼掌稅入、宮室收支及鑄錢，與少府性質類同。

地遁?」當下怒責門吏失察,問罪誅死多人。

後又發三輔[62]騎士,大搜上林苑,遍尋叢林,終未擒獲刺客。復又下令,將長安城各門關閉,大搜全城,直鬧得雞犬不寧。如此搜了十餘日,仍未拿獲真犯,倒是逮到了不少遊巫,盡都驅逐了事。

搜索無果後,武帝心中起疑:如此搜捕,卻了無蹤影,莫非宮中有了妖怪?便格外留意起巫蠱之事來。

他全未料到,只這一念之轉,竟然牽出了一場宮闈大案,最終禍及骨肉。

事緣丞相公孫賀家屬而起。公孫賀與武帝淵源甚深,武帝為太子時,公孫賀即是太子舍人,後又為太僕,兩度封侯。他所娶妻,又是衛皇后長姐,如此既是天子舊屬,又是皇帝連襟,其位顯赫無人可及。

拜相之際,公孫賀想到:自公孫弘病歿之後,繼任諸相李蔡、莊青翟、趙周三人,皆因罪自殺,前任石慶亦數遭嚴譴,自己若接了相印,只怕要禍延於身,於是堅辭不受。末後惹得武帝動怒,公孫賀自覺無路可退,不得已才接下相印。

卻說公孫賀有一子,名喚公孫敬聲,得裙帶之便,也做到了太僕。人雖尊貴,偏就十分不爭氣,依仗自家是外戚,驕奢無度,胡作非為。

公孫賀初登相位時,倒還小心,諸事不敢踰矩。及至執宰日久,輕車熟路,也就漸漸輕慢起來。凡敬聲尋常所為,雖知其荒唐,卻是縱容不問。

公孫敬聲得了便宜,就越發膽大,打起了北軍軍餉的主意,挪用一千九百萬錢。後不久,為人所訐,事發被逮下獄。

---

[62] 三輔,漢代指京畿三個行政區,即京兆、左馮翊、右扶風。

公孫賀此時方知不妙，連忙日夜謀劃，欲救孽子出獄。當其時，有陽陵大俠朱安世，混跡京中，武帝曾下詔搜捕，卻遲遲未歸案。公孫賀久居朝堂，心知其中緣由，便入見武帝，願親力緝拿朱安世，以贖子罪。

　　武帝聞公孫賀所請，忍不住笑：「你這泥胎丞相，居然能拿得住豪俠？」

　　公孫賀慨然應道：「為犬子之故，朱安世便是隱身，臣亦能將他擒回。」

　　武帝想了想，應允道：「也好。若能擒住朱安世，你父子功罪，便可相抵。」

　　公孫賀得了此令，精神就一振，知敬聲性命可以保住了。於是假傳詔令，嚴飭吏役全城搜捕，就算是掘地三尺，也要尋出朱安世來！

　　那朱安世不過一俠客，何以如此難尋？原來，其人雖凶悍，卻能仗義疏財、廣結賓朋，京畿吏役多與之相熟。即便天子有詔逮人，吏役也敢庇護，故能逃脫法外。此次吏役見丞相動了真，便不敢再敷衍，終將朱安世擒住；又恐安世責怪，便向他說明了原委。

　　朱安世重枷在身，正自氣悶，聞吏役所言，不禁笑出聲來：「我道是哪個比天子還狠，原是公孫丞相作怪！丞相既欲害我，那事便不可收場，恐要禍及他全族。南山之竹，不足寫我供詞；斜谷之木，亦不足枷械他族人呢！」

　　言畢，便喚獄吏取來筆墨，在獄中寫了上書，告發公孫敬聲與陽石公主私通。他所告的陽石公主，係武帝之女，生母為誰，史上不載，想來只是宮女之輩。朱安世告稱：公孫敬聲勾結陽石公主，指使巫者入祭祠，詛咒天子；又在甘泉宮馳道旁埋下木偶，意在壓勝。

李陵兵敗，悲歌千載訴忠憤

　　武帝此時，正疑身邊有巫蠱事，閱過告發書，似恍然大悟，不禁怒從中來：「果然是外戚！這個懶丞相，養的這豎子，欺我老乎？咒我早崩乎？我老是老了，耳已順，兩眼卻是頗看不順了！」便不分青紅皂白，命將公孫賀父子一併拿下，連帶陽石公主亦受牽連。

　　詔下之後，武帝仍不能釋懷，恨恨道：「元光五年楚服案，誅了三百餘口，仍有人膽敢再施巫蠱嗎？」

　　征和二年（西元前91年）春正月，武帝詔令廷尉杜周，重辦此案。杜周一向善窺上意，見衛青死後，衛皇后勢力漸衰，主上另有新寵，便猜疑主上或有廢后之意。再看此案，對衛氏外戚如此嚴譴，定是主上意在剪除枝蔓，於是深文周納、攀牽無已，將一干案犯，皆問成死罪。

　　陽石公主之外，武帝還有一女，號為諸邑公主，生母亦不詳。此前衛青之子衛伉，本襲了父爵，因坐罪被奪侯。諸邑公主頗為他抱不平，數度有怨言。杜周問來問去，竟然將衛伉及諸邑公主也牽了進來。

　　此案懲處之重，震動朝野。公孫賀罪名，除巫蠱案之外，還有為弟子賓客謀利、不恤民困、斂財受賄、減損邊備等。杜周使出渾身解數，嚴刑拷問。公孫賀父子二人，未及處刑，便雙雙斃死於獄中。其家眷百口，亦慘遭族誅！

　　陽石、諸邑兩公主，到底是武帝骨肉，故暫未處置。衛青之子衛伉，也暫免治罪。

　　武帝此舉，果決異常，全不理會朝野驚詫。公孫賀死後，所遺官缺，由貳師將軍李廣利的親家、涿郡太守劉屈氂接任。

　　這位劉屈氂，為近支宗室，乃中山王劉勝之子。劉勝，則是武帝庶兄。武帝這一輩，共有九兄四弟，劉勝為九兄，為人嗜酒好色，相傳有姬妾百餘位，生子一百二十人，子嗣之數煞是驚人。劉勝與同母之兄劉

彭祖，兩人常惡語相詆。劉勝指劉彭祖道：「兄為王，無王公之貴，專代下屬理政，又成何體統？為王者，當日日享歌舞美色，何用勞碌？」劉彭祖則反唇相譏：「中山王只知逐日淫樂，不助天子撫民，又何以稱藩臣？只不過富家公子耳。」劉勝其為人，可見一斑。

他為人雖庸，頭腦卻還是不昏，七國之亂時，率傾國之兵而出，勤王討賊甚力，贏得一個「漢之英藩」的美名，到武帝時，蒙恩如故。

此時劉勝已病亡，諡號為「靖」，這便是大名鼎鼎的中山靖王。後東漢之末亂起時，劉備便是認了他為祖宗。

劉勝薨後，由長子襲位，劉屈氂是庶子，無緣受福。如今，劉屈氂在太守職上，一躍而登宰執，可謂門庭顯耀。

武帝於此之前接連黜相，此時用相，也存了些心思，生怕相權過大，故自劉屈氂起，便分設左右兩相，以為制衡。

古禮以右為上，右丞相須用當世賢人，此位乏人可選，便成空缺。劉屈氂僅居左丞相，按例也封了侯。

至閏四月春暖，武帝見公孫賀事餘波漸息，才重提諸邑公主、陽石公主巫蠱事，論罪處死。連那衛伉及衛長公主之子曹宗，亦連坐處死。

公孫賀父子案，至此方告完結。衛氏一族豪門，幾乎剪除盡淨，只有衛皇后母子相守，戰戰兢兢度日，分外愁悶。

武帝在位日久，不知不覺中，年已近七十。往日求仙不得，只怕壽不長，此時才想起方士的好來，故而近來又常召方士入宮，傳授吐納引導之術，希圖長生。

又聽了方士所言，在建章宮神明臺上，立起銅柱一根，高二十丈，闊七圍，上有仙人舉盤，承接朝露，名為「仙人掌」。每日承露畢，即拌

和玉屑而飲，以求得延年。

無奈武帝好色之疾，終身不改，體魄便越衰弱。後宮之事，恰又紛爭甚多。衛皇后色衰之後，又有王夫人、李夫人得寵。王、李二夫人死後，又有尹、邢兩個美姬補上。漢宮嬪妃，共分十四等，尹夫人為「婕妤」[63]，邢夫人為「娥」，兩人在後宮爭寵，不亦樂乎。

且說這兩個美人，尹婕妤位在上，秩比列侯；邢娥位在下，僅秩比二千石。然邢娥容貌，卻遠在尹婕妤之上。武帝也知後宮婦人心妒，曾有詔下，令尹、邢二人不得相見。

尹婕妤耳聞邢娥貌美驚人，心中只是不服，即自請武帝，要與邢娥相見，也好一較高下。

武帝聞言即笑：「這是從何說起？又不是西施東施。」

這個玩笑話，更激起尹婕妤爭強之心，只是一味請求。武帝無奈，只得允了，暗中卻令其他美人作娥打扮，帶隨從宮女數十人，佯作邢夫人，來至殿前。

尹夫人上前望望，當即識破：「此非邢夫人之身也！」武帝好奇，連忙問道：「何以見得呢？」

尹夫人答道：「此等身貌形狀，不足以為人主。」

武帝忍不住大笑：「朕小覷尹夫人了。」於是又心生一計，暗令邢夫人著尋常舊衣，獨自前來。

不料，尹夫人遠遠望見來人，即大呼一聲：「此真是也！」

眼見邢夫人姿容秀美、儀態萬方，尹夫人瞠目良久，繼而低頭而泣，自痛不如。

---

[63] 西漢嬪妃名號為十四等，即：昭儀、婕妤、娥、容華、美人、八子、充衣、七子、良人、長使、少使、五官、順常、舞涓。

武帝連忙揮退邢夫人，好言安慰尹夫人道：「俗諺曰：『美女入室，惡女之仇。』夫人哪裡就至於此？」曲意溫存了一番，尹夫人方才止住哭泣。

　　後世有成語「尹邢避面」，即是源於此事。

　　這兩位夫人之外，還有一位鉤弋夫人，就更屬傳奇。

　　鉤弋夫人亦是後宮婕妤，原為河間國（今河北省河間市）之趙氏女。早前武帝巡狩，路過河間國，見有青紫氣升起，便問諸左右術士。有素善望氣者上奏：「此地必有奇女子。」武帝色心不衰，聞言起了興致，立即遣左右去察訪。

　　左右隨從聞令四出，不過半日工夫，果如望氣者所言，就覓得一位趙氏女，容貌絕佳。趙氏家人告稱：「小女天生雙手握拳，雖已十餘歲，拳曲仍不能張開。」

　　漢武帝召此女入行轅，親自驗看，見其雙手果然緊握成拳，便命左右為之解開。左右隨從上前試過，果然無一指能伸開。

　　武帝大奇，伸手為女子去解雙拳，那少女如同被催眠般，雙拳立解。只見其右手掌心中，緊握玉鉤一個。武帝見了，大驚道：「看妳貌美如仙，何以竟有如此鬼魅之事？」問過趙家人，方知其父昔日曾坐罪，被處宮刑，入宮做了宦者，職司為中黃門[64]，後死在長安，葬於雍門。

　　知曉了趙氏女身世，武帝放下心來，命人將此女扶入軺車，帶回宮中。入宮後，武帝急不可耐，旋即除去衣裳，召幸趙氏女。

　　事畢，心滿意足，覺肩背之痛似也輕了不少。次日，便特闢一室，專供趙氏女長居，號為「鉤弋宮」。自此，上下皆稱趙氏女為鉤弋夫人，亦稱「拳夫人」。

---

[64] 中黃門，宦官官職名，為散職冗從，平素擔任宿衛，值守宮門。皇帝出行時，騎馬隨從。

李陵兵敗，悲歌千載訴忠憤

　　如此一年有餘，鉤弋夫人有娠，後十四月而生一男，取名弗陵。後宮之中，歷來母以子貴，趙氏女因此得以進位婕妤。

　　武帝常來鉤弋宮，抱起劉弗陵，喜愛不已，笑道：「吾聞上古時，唐堯之母，懷胎十四月，方生了堯。吾這鉤弋子，也是居母腹十四月哩，堪比聖人！既如此，那鉤弋宮門，便賜名為『堯母門』好了。」

　　此事傳開，滿朝文武心內都是一驚——不由猜疑，主上莫非要易儲？

　　後宮涓人也傳言：鉤弋夫人或是精通黃帝素女術，方惹得天子返老還童，夜夜不息，至年近古稀，還能得子。民間聞聽此事，也是議論滔滔，閭里巷間無不稱奇。

　　其實，鉤弋夫人握拳之奇，多半是傳聞，或為河間吏勾結趙家作偽，也未可知。武帝只是深信不疑，對鉤弋夫人百倍恩寵，榮耀冠於後宮。

　　如此恣肆，武帝老邁之軀到底是受不住。日久，又覺肩背疼痛，耳目不靈，心神日漸疲憊。

　　這年閏四月，長安起大風，摧毀民屋，折斷樹木。武帝受了驚嚇，以為不祥。想到文景年間，也曾有兩次大風，隨後便有淮南厲王謀逆、吳楚興兵之災，心中便甚驚慌。

　　至入秋七月，一日，武帝在宮中晝寢，半夢半醒之間，忽見有無數木偶，手持木棍來打。驚醒過來，卻已是一身冷汗！坐起思之，仍覺心驚，從此神思恍惚，懵懂健忘。

　　這日，水衡都尉江充入見請安。

　　武帝體虛，箕踞於東書房窗下，懶洋洋晒太陽。見江充來，面露喜

色,招呼江充在對面坐下,問了幾句宮庫收支的事。

江充回稟完畢,連忙噓寒問暖一番,不無擔心道:「陛下,平素事務,可是過勞?看陛下面色如此不好。」

武帝不由深嘆一聲:「事也不忙,老邁倒是真的。方才小憩,才闔眼,便見有百十個木人,雜遝而來,舉木棍欲擊朕⋯⋯」

江充頓感驚愕,當下轉了轉眼睛,才道:「如此,定是有巫蠱作祟。」

「唔?朕也疑是。又有人慾重演陳廢后事!」

「陛下,俗諺云:『投鼠而忌器。』京畿重地,多貴戚甲第,若有人施巫蠱,倒是難察。」

「哪裡就難察?朕與你旄頭節杖,可調右內史官府吏役,跟隨你去。」

江充得此詔令,威風大長,率了幾個胡巫與吏役,在長安穿街過巷,四出查辦。一行人刁鑽刻毒,闖入官民家宅,四處掘地搜蠱,掘得木偶,即不論貴賤,捕至詔獄,竹笞夾棍伺候,只顧逼供。

無辜官民,不知木偶從何處來,如何供得出?江充自有撬人嘴巴之法,命皂吏燒紅鐵鉗,炮烙四肢,一時哀嚎滿室,何供不可得!被拘者只得胡亂攀扯,但求喘息。

究其實,官民宅中所埋木偶,全為胡巫以算卜為由,先行入宅埋下。此等構陷,令被拘者百口莫辯,重刑下求死不得。如此昧心陷害,京師一帶先發,延至三輔,輾轉禍及各郡國,受戮屈死者竟至數萬人,天下為之震恐。

此時太子劉據,年已成人,眼見江充橫行肆虐,冤獄遍地,心中就不忍。

太子劉據生性仁厚,頗好儒,平素見有大獄興,往往代為說情,力

李陵兵敗，悲歌千載訴忠憤

諫平反。初起之時，武帝尚鍾愛太子，時既久，見劉據並無雄才大志，便漸生嫌惡。再者，衛皇后已寵衰，武帝移情，就越發冷落了太子。

衛皇后性素謹慎，見勢不對，曾屢勸劉據善窺上意，投其所好，免得日後遭廢。劉據雖也曾有此意，然稟賦早已定，佯裝附和，卻是萬難，於是婉拒母命：「孩兒少即學儒，言行方正。窺上意而屈己，已跡近小人，不可為也。」

衛皇后也無奈，只連連嘆道：「世間事，如何能以書卷為據？孩兒日後之苦，要吃不盡呢！」

母子間這番話，有涓人報與武帝。武帝就笑道：「倡門所出之婦，氣局到底小，幸而吾兒不似！」

劉據雖知父皇尚不懷猜忌，然也厭惡武帝冷面孔，從此便與父皇漸生隔膜。

及至江充得勢，彈劾劉據親信家僕，劉據自是十分惱怒。眼見江充借窮究巫蠱案，大興冤獄，肆意濫權，於私下裡更是放言痛詆。

江充聞風，心中不免畏懼，擔心天子駕崩後，太子登位，究起舊事來，自己項上頭顱定然不保。於是日夜潛謀，欲除去太子，以免後患。

適有黃門郎蘇文，素與江充友善，聊起此事，便也起意，欲與江充一同構陷太子。

一日，劉據入見衛皇后，母子兩人傾談，自朝至夕，方出椒房殿。

蘇文窺得機會，即向武帝誣告：「今日太子入謁皇后，終日淹留後宮，入夜方出。」

武帝眉毛一揚，驚異道：「這是何為？」

蘇文回道：「想來是與宮女嬉戲。」

武帝聞言，並未發怒，想想便揮退蘇文，次日下詔：特撥給太子宮婦女二百名。

　　劉據見謁者領二百各色宮女，婷婷裊裊而來，心覺有異，聽罷詔令，更是如墜霧中。嗣後，遣了心腹，去宣室殿打探，方知是蘇文向父皇進讒。想想又不好立即辯白，心中只覺鬱悶。

　　私下再加留意，又發覺蘇文與小黃門常融、王弼等人，常聚一起，潛謀是非，欲窺伺自己過失，小題大做誣告。

　　劉據將此事與母后說了，衛皇后恨得咬牙切齒，命劉據速去父皇那裡，直陳辯誣，請誅這些佞宦。

　　劉據終究是溫厚，怕驚擾父皇，不願遵母命，婉拒道：「母后請寬心。孩兒無過，何畏人言？」

　　衛皇后急切道：「吾兒仁厚，不知人心險惡。為娘自民間倡家出身，深知市井勾當。小人進讒，哪管你有過無過？便是孔夫子，他也敢誣你是白字先生。你若心慈，必禍及己身。」

　　劉據默思良久，終還是不肯，推辭道：「清濁不由人言，孩兒總不能去害人。」

　　衛皇后無奈嘆息道：「吾兒書讀多了，便道人世進退，皆從書中之禮。實則不然，小人之詐，只恐你防不勝防啊。」

　　事過不久，蘇文等三人，果然又施詭計。恰逢武帝有恙，遣小黃門常融，去召太子來。常融先返回，稟報武帝，謊稱道：「適才小臣傳召，太子聞訊，不知如何，面就有喜色？」

　　武帝臥於榻上，額覆白巾，聞報眉頭皺了皺，瞥了一眼常融，命他退下。

李陵兵敗，悲歌千載訴忠憤

少頃，劉據身著常服急趨入，跪於榻前。武帝強撐起身，細察劉據臉容，卻見劉據面帶淚痕，強作笑意。

武帝便道：「召你來，無他事。為父患病不能起，已有兩日，看一眼據兒，心裡安些。」

劉據立有眼淚流下：「父皇操勞，天下農事兵事，無一不耗精神。孩兒無能，不能分擔萬一。」

武帝嘆口氣道：「你回吧。多習武，多習文法。無能倒不至於，只是懦弱了些。」

待劉據退下，武帝召來光祿少卿[65]韓說，吩咐道：「小黃門常融，語多偽詐，離間我父子，推出端門去斬了！」

事後，蘇文見詭計未成，反倒搭進常融性命，越發將太子恨之入骨，遂將此事告知江充。

江充聞言，也是吃驚：「太子之位，竟不可搖撼乎？」

蘇文便發急：「陛下壽命無多，若待太子繼位，你我皆無葬身之地矣！」

江充想了想，陰陰一笑：「君莫急。諒那書生儲君，心竅尚比不得我輩，容在下細思，另外用計。」

隔日，江充便又入見。一入門，即伏地流淚，懇請道：「小臣見陛下日漸消瘦，或是操勞過繁，聖躬不豫。竊以為，不如趁此時將入秋，移駕甘泉宮，好好休養一秋。入冬再返回，必能安康。」

武帝便一笑：「莫要哭了！難得你想得萬全，朕氣短體虛，確乎執拗不得了。即日起，便不上朝，隔天就往甘泉宮去，好好養一養。」

---

[65] 光祿少卿，光祿勳副職。光祿勳掌宮內事務，初名郎中令，武帝太初元年改為此名。

江充見計謀初成，退下後，立喚來胡巫檀何，囑他進見，只對天子如此這般一說，定教老皇帝入彀。

胡巫得了授意，當即赴北闕求見。待見了武帝，故作驚惶之態，匆忙稟道：「陛下，小人曾於崑崙山下學道，略知胡地巫術。近日於未央宮前過，見宮中有蠱氣隱然，遍布三殿。陛下數月來，病恙不斷，當是蠱氣纏身，已入骨髓。蠱氣不除，則病體難復，日久或將生變。」

武帝聞此言，想到夢中木人杖擊事，心中便一驚，連忙問道：「蠱氣當如何除？」

檀何便佯作為難之色，連連叩首道：「胡地巫術，法力終究有限，只見蠱氣有形，不知蠱從何出。當遍察各殿，掘地搜索。宮禁之中，這又如何使得？」

武帝揮袖道：「這又如何使不得？朕這就召韓說來，帶你去各殿察訪。」

檀何心中暗喜，向前移膝，又叩首道：「搜蠱之事，日前小人隨水衡都尉江充，遍察長安甲第，有公卿貴戚，往往阻撓。幸有江充都尉，不畏權貴，方搜得蠱物無數。韓少卿亦是公卿，小人只怕他推三阻四。」

武帝一怔：「唔？所言有理。如此，朕便命江充帶你入宮，後宮及太子宮所有人等，皆不得阻撓。」

檀何心中又一喜，故作敬畏狀，連忙謝恩道：「江都尉既來，天下便無人敢攔阻。小臣雖無能，也便不怕了。」

武帝一笑，便召了江充來，授給他旄頭節杖一柄，吩咐道：「你與檀何，率吏役若干，入宮內各殿，搜索蠱物。即是朕之前殿、宣室殿，也莫遺漏。任是何人，不得阻撓。朕即日便赴甘泉宮。你凡有所得，可立

行究治,不必先請旨。蠱氣若不除,朕便不返回未央宮!」

江充接了節杖,按捺不住大喜,強板住臉孔,昂然領命道:「陛下只管放心去。臣只知有陛下,不知有他人;宮禁之地,豈容蠱氣作怪!檀何早年在崑崙,修得一身功夫,但有蠱物,縱是藏有鬼怪,也教他難逃!」

武帝聞言一怔:「崑崙?」正欲發問,望望檀何虯髯臉貌,忽又不想問了,開顏笑道,「好好!朕懨懨一夏,只疑壽已不長,難得似今日開心。」

江充連忙諂笑道:「陛下萬壽,恩育四海之外,雄冠西域。偶有小恙,又何足道哉?駐蹕甘泉宮,權當小憩,靜候臣等事畢。」

武帝斂起笑意,望住江充道:「有你鐵面,想也無人敢阻。然宮中殿閣重疊,尤以後宮、太子宮為最,曲折森嚴,非同尋常。僅你二人,怕還是勢單。朕即著光祿少卿韓說、御史章贛,為你之助。」

江充道:「如此便好。然尋蠱之事,須有涓人指點,不可僅賴外吏,臣請准黃門蘇文隨行。」

武帝當場允准,擬好詔令,交給江充。江充、檀何便諾諾退下,步出司馬門。江充見四周無人,喜不自禁,與檀何一擊掌,舉節杖作豪言道:「天下除一人而外,更有何人,敢不懼我?」兩人便興沖沖登車而去。

次日,受命五人,齊集北闕下,由江充率隊,手持節杖入宮。命蘇文召集宦者二十人,隨吏役一道,遊走宮內,任由檀何隨意指點,掘地搜求。一行人先至前殿,掀翻殿上御座,盡行拆毀,上下搜索一番。謁者令見此,魂飛魄散,欲上前攔阻,又無膽量,只得低首而退,不能出一語。

一行人搜罷前殿之後，再闖各殿。值守宦者及宮女，從未見過這等陣勢，聞江充口宣詔令後，都臉色發白，慌忙退到一邊，任由江充率人四處翻找。

　　那檀何一雙深目，上下掃視，或凝神矚目，或引頸觀望，忽走忽停，如癲似痴。江充、韓說、章贛、蘇文緊隨其後，也各做探尋狀。有一後宮侍女，平日驕橫慣了，見五人率隊而來，聲音喧呼，忍不住叱責了兩句。

　　江充見狀大怒，喝令一聲：「何處婦道，綁了！」

　　聞聲即有數名宦者上前，將宮女從兩邊挾住，掌摑了十數下。蘇文只用手一指後殿處，立有人上來，將宮女捆牢，拖曳去永巷了。

　　如此威嚴，驚得宮內各色人等面目失色。殿門有小黃門值守，見韓說、蘇文對江充皆畢恭畢敬，便知來人是厲害角色，皆不敢輕慢，行禮如儀。

　　每至一殿中，眾人即湧進後庭，將四角守住。檀何只伸手一指，吏役們便奔湧上前，覓得假山樹木之間空地，用鐵鍤一陣亂挖。

　　如此搜了兩日，各殿偶有所獲，左不過是宮女們互嫉，偷埋了些木人於地下。此時起獲出來。江充不由分說，令將涉事宮女押往廷尉府，囚繫問罪。

　　最末一日，一行人闖入椒房殿前庭，眾涓人紛紛閃避。正雜亂間，忽聞一聲婦人輕喝，壓住全場。

　　眾人抬眼望去，原是衛皇后走了出來。此刻衛皇后身著盛裝，上為秋白廟服，下為皂裙，莊重如告廟一般，由兩名宮女扶助，緩緩步下階陛。左右有謁者、郎衛，皆持戟隨行。

江充身後一行人，見此陣仗，都是一驚，立刻止住喧譁，呆立不動。

只聽衛皇后不徐不疾道：「宮內已喧嚷多日，今日竟闖殿門而入。倒是何人，來老身這裡攪擾？」

江充跨前一步，躬身一揖道：「有擾皇后。臣下為水衡都尉江充，拜見皇后。」

「來此何事？」

「回皇后……」江充挺直身，左手向側一伸，即有宦者遞上旄頭節杖，「奉陛下詔令！」又把右手一伸，右面宦者遂遞上一卷詔令。

江充有這兩物在手，氣焰頓張，只略將手中詔令揚了一揚。衛皇后一怔：「陛下有何話說？」

江充將節杖交與左右，「刷」一聲抖開詔令，口誦道：「未央宮各殿，近來蠱氣甚重，若不除，將危及社稷。著令水衡都尉江充，持朕賜節杖，領光祿少卿韓說、御史章贛，及巫者檀何、黃門蘇文等，遍察宮內自前殿以下各殿，務求盡搜。所有謁者、涓人，及光祿勳屬下郎衛，皆不得阻攔。違令者，著即囚繫，發付廷尉問罪。欽此。」

衛皇后不意此令如此決絕，也不敢抗旨，只得說了一句：「便是有節杖、詔令，亦不得唐突。」

江充這才臉色稍緩，拱手回道：「無須皇后吩咐，臣下自知約束。請皇后稍避！」說罷，手一揮，一行人便一擁而上。

衛皇后見狀，知是主上起了疑心，頓感悲哀，不得不閃避在一旁。

江充隱含一絲笑意，回首對眾人道：「椒房殿禁地，諸位務要小心！」便撩起衣，大步踏入殿門。

這椒房殿，本就闊大幽深，房屋眾多。江充率隊入內後，分頭去

搜，專尋林木間空地。細搜了多半日，各處宦者便有起獲。攏在一起，共有百十個蠱物，皆是尺多長桐木人，身上寫有不可解語，且插有針。

宦者用麻袋裝了，呈於江充等眾官面前。

江充眼瞥了一下，吩咐道：「拿一個來我看。」蘇文從中拿起一個，小心翼翼遞上。

江充接過，見木人僅有頭顱、軀幹及四肢。軀幹上，以筆墨寫滿蝌蚪文；四肢及胸口，皆插有銀針。江充便陰沉笑笑，問韓說道：「韓將軍，你舊日在宮中伺候，可曾見過此物？」

韓說接過端詳，心中大奇，脫口道：「在下為近侍時，宮禁甚嚴，如何能有木人埋於地下？」

江充冷笑一聲：「將軍入侍時，宮中尚無妖人。今日宵小猖獗，潛進宮中，圖謀傾覆國本，故有此等蠱物。走，拿去給皇后看。」

一行人來至殿門，通報請皇后出來。衛皇后忐忑不安步出，江充便滿面堆笑，幾乎一躬到地，口稱：「皇后，小臣江充，領人進殿搜索蠱物，所獲甚多，請皇后過目。」

衛皇后上前兩步，去看袋中之物，看過，竟是瞠目結舌：「這等物什，如何能攜進宮來？」

江充回道：「小臣不知，或要問光祿勳了。」遂斂起笑容，喝令一聲左右，「收起！」又向衛皇后一躬道，「既稟過皇后，容小臣將木人帶走。望皇后好生管束宮人，勿教走脫，聽候處置。」

衛皇后還想說話，江充竟理也不理，撩起衣襟，自顧自大踏步地走了。光祿少卿韓說與眾人見此，也都草草向衛皇后一揖，並不言語，只顧追趕江充去了。

此時日已暮，夕陽照在窗櫺、樹枝上，本是溫馨時分。椒房殿口站立諸人，受此驚嚇，再看那一抹夕照，卻恍如血水般，沿白牆汩汩流下。

長安動盪，亂局成誡警後人

　　征和二年（西元前91年）七月，流火在天，漸已偏西。甘泉宮一帶，天氣更較長安涼些。武帝已年邁，步履不穩，目也矇矓，晚景愁緒時有湧起。公孫卿雖仍隨駕而來，武帝卻日漸厭他徒有空言，招不來神仙，於是，只令他看守神龜。

　　武帝獨坐於通天臺上，見漫野稼禾已黃，偶也有落葉飄飄，便覺人生空幻不可捕捉。再抬眼望雲陽（今陝西省淳化縣）大地，浩茫無比，遠處連山如屏障，就想到：此生總是葬不到北邙了，若不在茂陵，葬於此處，也無不可。

　　正在此時，公孫卿登樓上來，悄聲不語。

　　武帝未轉頭，即發問道：「公孫先生，有事嗎？」

　　公孫卿答道：「小臣無事。看陛下似有心事，來陪陛下觀山景。」

　　武帝這才回頭，竟是感激一笑：「難得先生體貼。朕也無事，不過悲秋而已。」

　　公孫卿略帶戚容，勸慰道：「陛下，大丈夫逢秋，不必憂傷，當鼓盪壯懷，多想些大事。」

　　武帝不禁一笑：「先生還當我是初登極少年？朝鮮、南越已平，匈奴亦遁至漠北無人處。還有何大事可想？」

　　「有。」言畢，公孫卿便躊躇不欲再語。

　　武帝笑道：「你常隨朕身邊，有話便說嘛。」

公孫卿這才緩緩道：「太子已近不惑。」

武帝聞言，不由得一激：「哦？先生也能論國事？」

公孫卿連忙擺手：「臣哪裡敢？我本術士，在閭巷間，以卜算相面謀飯錢；進了宮中，也是為一口飯。若能招來神仙，方可稱參與國事。」

武帝大笑道：「正是！先生還是去弄神仙事，即是求得一根仙羽，也算不負朕之恩典。」

「近日，這益延壽觀地面，便有仙人跡。」

「可有仙人所遺物？」

「暫無。」

武帝輕蔑一哂：「暫無，就是無，只怕還是鳥爪痕。好了，你去請東郭先生上來，朕與他有話說。」

公孫卿還想說話，見武帝拂袖不理，只得訕訕而退。

稍後，東郭延應召登樓，手中還端了一盅靈飛散。

武帝回首見了，連忙起身相迎：「謔矣！哪裡敢勞先生端來？快快入座。」

東郭延將藥盅置於案上，坐下一拜：「陛下，樓上風寒，可要小心。」

武帝笑道：「朕飛昇不成，老之將至，不登高無以解憂啊。」

「陛下，適才公孫卿言，陛下鬱鬱寡歡，不知是為何事？」

「召你來，正是要求教。」

「臣不敢。少君師在世時，唯教小臣合成丸散之術，坐而論道，非臣之所長。」

「呵呵，少君雖歿，魂仍在。朕幸遇先生，欲問先生百年後事。」

東郭延聞言，臉色猛一變：「陛下有萬年之壽，不可輕言百年。」

武帝擺擺手道：「先生，你我之交，虛言就不必說了。你看，國運至此，何事當為至大。」

東郭延沉吟有頃，方回道：「臣隨侍來甘泉，閒日頗多，手上有《左氏春秋》數卷，偶或瀏覽，頗有所得。」

「哦？先生竟有閒情讀史？」

「布衣讀史，或有另解，容臣下道來。」武帝便頷首允准：「你可放言。」

「國之大事，賴陛下明斷。臣竊以為，秦亡以來所謂天下事，一為海內混一，二為待民勿苛，三為儲君得人。」

「你如何也看重太子事？」

「太子為人如何，百年後天下便如何，自然是大事。」

「如何公孫卿也有此意？」

東郭延微微一笑：「陛下，如今街談巷議，草民也都時常聚議，不足為奇。」武帝臉色便顯微怒：「百姓沐我恩，如何此時便盼我死？」

東郭延也不慌，一拜答道：「百姓承平多年，有此念，當屬平常。太子為人仁厚，博學有禮，陛下已不足為慮。」

「他哪裡成？」武帝搖搖頭，略過不提，只眨了眨眼道，「以先生之見，何為漢家此時大事？」

「陛下有大志，他人或不知，草民我卻看得清楚。陛下所慮，無非君王謀霸業，臣僚行王道，混而為一，安妥萬民，方不至身後瓦解，有如秦滅。」

武帝聽到此，悚然一驚，不由挺直身，雙目逼住東郭延。

東郭延也橫下心來,緊接著就道:「荀子有言:『假今之世,飾邪說,文奸言,以梟亂天下。』陛下謀後世基業,此為最可憂之事。」

「嗯?承平之世,如何有這等人?」

「愈是承平世道,邪人愈易得勢。上有所好,他必投上所好;上若耳順,他必以奸謀惑上。」

「朕是愚人嗎,他便能惑?」

「今日太平之世,用不得武了,於是臣也罷、民也罷,無不以智巧取勝。好事者營謀,嗜利者奔走,以巧面示人,誰能防得了?人主位尊,彷彿處雲端之上,怎能知下面溝壑中,有多少機巧?巧言聽多了,不愚怕也是愚了!」

武帝忽就驚訝:「哦?那麼朕,莫不就是……唉,如何識得臣民忠奸,便是黃帝堯舜,怕也未必能。」

東郭延見武帝未責怪,便壯膽又道:「孔夫子有言『孝慈則忠』,是為至理。百官磔磔,各有品色,其人不溫良者,則必有奸。」

「你是說江充?」

「臣不敢。民間非議江都尉者,滿街都是,然陛下用人,或另有章法。」

武帝望望東郭延,見他汗已出額上,便一笑溫言道:「先生不必慌。平素敢出逆耳之言者,唯東方朔耳;可惜東方朔年前已病歿,不能隨侍了。今聞先生之言,久不覺有如此逆耳者,當是你至誠之語。然這……用人,先生身處於野,有所不知,朕恰是為百年之後計啊。」

東郭延拭去額頭汗水,起身揖道:「謝陛下。臣今日敢斗膽放言,乃因日久思歸。今欲向陛下辭別,歸故里山陽,終老林下。」

武帝一驚，抬眼看看，見東郭延意態執著，似非佯裝，便嘆息道：「金玉殿閣，竟留不住一位活仙人！」

「當今朝中，重臣凋零，百事仍是紛繁。臣去後，萬望陛下謹防奸邪之徒。漢家方逾百年，高岸陵谷之際，平安才好。」

武帝一凜，連忙站起，向東郭延施禮道：「先生既已意決，朕不能強留。請先生往少府署，領些盤纏，並將故里住處寫明留下。日後朕若東巡，當繞道山陽，登門一敘。」

東郭延淡淡謝道：「陛下有心了。山人行於世，何愁囊中羞澀，就是卜行醫，也歸得故里了。謝陛下開恩，臣日後居處，當留於少府署備存。」

武帝送東郭延至梯口，再三揖別，又叮囑道：「路途若不靖，可求助官府，稱奉朕密詔，令官府上稟即可，不必清高。」

東郭延聞言，一時動容，深深揖了一揖，轉身即匆匆而下。

甘泉宮此時，正是風輕雲淡時，武帝獨留此處，竟有陶然忘機之意。再說此時南面二百里外，長樂宮內的太子宮，卻是一派人聲嘈雜。

這日，太子劉據並不在宮中，正在覆盎門外太子屬地博望苑，與左右縱馬馳騁，恣意射獵。至日將暮時，忽有一小宦者倉皇奔入，急呼太子道：「殿下，江充帶人闖入了太子宮，翻找蠱物，已掘地數十處，吵鬧多半日了。」

太子劉據聞聲，勒住馬，想起江充凶神惡煞模樣，心頭就一顫，急忙跳下馬來，問明情由。待三言五語問明，劉據便知此事絕非無來由，當即喚了隨從，急匆匆奔回長樂宮。

那長樂宮中，自王太后駕崩後，就再無煙火氣，直是一個岑寂冷宮。唯太子宮一處，尚有燈火。

長安動盪，亂局成誡警後人

入大殿後，見各房屋雜物散亂，宦者、宮女們正忙不迭收拾打理。掌燈步入後庭，則又見處處空地，皆被掘得一派狼藉。

劉據怒氣頓生，轉身來找宮門謁者，問為首者道：「江充來，究竟掘出了什麼？」

那謁者答道：「水衡都尉率人來，勢如虎狼。多半日，掘出桐木人上百，足有兩大袋。」

「如何有恁多？」

「小的不知，另還掘出帛書數卷。」

「帛書？什麼帛書？」

「江都尉臨走時，對小的放言：『今奉詔來，掘出木人百十、帛書三卷。你看好，這帛書上，多有悖逆語，留不得了。本官執往廷尉府，留作證據。你與殿下說清楚便好。』」

劉據當下怔住：「如何有這等事？」

謁者略一猶豫，低聲稟道：「小的竊以為，宮禁歷來森嚴，如何能有悖逆物混入？顯是吏役們今日攜入，栽贓太子。」

劉據恨恨一聲：「更有何話可說！你且守好宮門。」當即回殿內，遣人急召太子少傅石德，來宮中商議。

夜深人靜，石德隨太子舍人無且（ㄐㄩ），悄悄進了宮。這位石德，來歷不小，乃是著名的「萬石君」石奮之孫、已故丞相石慶的次子。石慶生前，最喜這個次子，武帝感念石慶，便命石德襲了父爵。

石德為人，尚有才幹，然一門謹孝家風至此，已漸漸衰落，不久竟坐罪當死。好在武帝憐其為「萬石君」之後，允其納粟贖罪，免為庶民。後又起復，做了太子少傅。

劉據見師傅進門，慌忙迎入。二人對案坐下，劉據就將江充來搜蠱的情形，告知石德。

　　石德聞「江充」之名，心中就一凜，大驚道：「如何是他！」

　　劉據恨恨道：「學生平日在宮中，數度署罵江充不仁，來日必懲之。想是風聲走漏，為他所嫉恨。今日突來，攜悖逆帛書栽贓，佯作搜出，若稟報父皇，我將禍不旋踵。」

　　「江充當此際，正蒙隆寵，君上對他言聽計從。縱是殿下辯白，也怕是百口莫辯呢！」

　　「或可趁夜馳往甘泉宮，闖入御前辯白？」

　　石德閉目，苦思半晌，才睜眼道：「遲了！長安離甘泉，二百里有餘。江充此時，定是已遣人飛報，殿下此去，恰好自投羅網。若君上不明，將你交於江充嚴訊，則萬事休矣。」

　　劉據就怔住：「父皇竟能信江充更勝於信我？」

　　石德苦笑搖頭：「殿下，平日老臣教你讀書百卷，你或未留意。你可知：為儲君者，就如坐鼎鑊，動輒得咎。君上既老，防的就是儲君啊！」

　　劉據聞言，登時面如土色：「這，這……這世間竟無天理了嗎？」

　　「他說你詛咒君上，你說沒有，你父皇難道能更疑他嗎？」

　　劉據正怔愣間，忽有小宦者躡手躡腳進入，欲端上熱葵羹。石德扭頭看見，怒拍案几，喝了一聲：「退下！無吩咐不得入！」

　　嚇退了小宦者，石德又道：「殿下此刻便是欲出城，怕也是遲了。江充是何人，白日裡搜得蠱物去，管你是真是假，必遣吏役暗伏路旁。殿下若奔甘泉宮，恰好為他所擒住，栽贓你畏罪潛逃，反倒是跳入黃河中也洗不清了。」

383

長安動盪，亂局成誡警後人

劉據忽地起身，激憤萬端道：「莫非學生只得坐以待斃？」

攘臂之間，案頭燈燭一陣明滅，室內便頓起肅殺之氣。

石德低首扶額，木僵半晌，微微嘆氣道：「江充逆賊此計若得逞，你我師生，連帶眷屬百口，哪個能逃得脫啊⋯⋯」

劉據愈加惶急：「師傅，竟然就無計可施了嗎？」

石德抬起頭來，神情忽而漸漸發狠，輕吐了兩個字：「有計⋯⋯」劉據連忙伏地，叩頭如搗蒜道：「師傅請救我！」

石德望望四周，低聲道：「殿下，你我去密室內說話。」

師生二人擎了燈，移座至密室內，關緊屋門。石德方湊近劉據，壓低聲道：「今日情勢，已是斧鉞加頸，刻不容緩。想那故丞相公孫賀父子、兩公主及衛伉，皆是你母后一系，因巫蠱之罪，陡生橫禍，你父皇可有一絲憐憫嗎？況且，臣聞主上在甘泉，病體不支，或將晏駕也未可知。江充此來，絕非善意，就是要將你滅門，藉此累及皇后。他一個繡衣使者，何來此膽？臣料定是主上病已危，不能視事，江充只怕殿下報復，故騙得主上起疑，持了節杖來，先除殿下。你此時若無為，失的絕非僅是儲君之位，前朝慄太子之鑑，殿下莫非忘記了？」

劉據被逼入絕境，此時反倒鎮定下來，思忖片刻道：「我知師傅之意了。我也疑父皇或已病危，行將駕崩。」

石德下狠心道：「今日自保之計，唯有大計！那江充，就是趙高，殿下既不能自證，就該從速。時值陛下出巡，命你監國，有璽可用。何不今夜即收捕江充，查究詭計，逼他承認栽贓，再計較來日事。」

劉據便驚愕：「師傅是說⋯⋯矯詔收捕江充？」

「唯此一途！」

「江充是奉詔而來,持有節杖,我如何能捕?」

石德面色便一變:「豎子!你不惜命,師傅尚且惜命哩!天子遠在甘泉,有奸人妄為,傾陷殿下,若不從速逮治,莫非殿下想做公子扶蘇嗎?」

這一語,激醒了劉據,拍案而起道:「正是此理!堂堂一個嗣君,豈能畏懼這無賴?」

當下,劉據便與石德出密室,至太子宮正殿,動用國璽,擬好矯詔。而後,召來太子詹事、太子率更(掌刑獄)、太子僕(掌車馬)、太子中盾(內衛)、太子衛率(衛隊主官)等一眾屬官。

眾官睡眼惺忪,忽聞緊急宣入,都茫然不知所以。只見劉據冠冕齊整,滿面怒氣,當眾宣詔道:「奉上命,水衡都尉江充奸邪罔上,欲行不軌,著監國太子,將奸逆江充及光祿少卿韓說、御史章贛、黃門蘇文等,即行拿獲,嚴刑究治,毋庸寬恕。」

眾人聞聽,震驚之餘,都激憤萬分,紛紛怒罵江充。

劉據見眾人聽命,便令中盾持矯詔,調發南軍甲士一隊,捉拿江充、韓說。又命衛率知會執金吾[66]劉敢,令街上北軍不得阻攔。

一時之間,長樂宮內外甲士群集,人馬絡繹不絕。劍戟相碰之聲,驚破靜夜。

那江充哪曉得有此事變,白日裡栽贓既成,痛飲酒後,正在床上大睡。檀何與之同飲,也正睡在江充邸中。

後半夜,只聞一聲巨響,邸門被轟然撞破。數百南軍甲士,手持刀劍,一擁而入。邸中諸僕,尚不知出了何事,便都被擒住。待問出

---

[66] 執金吾,官職名,即中尉,掌京城衛戍及治安。太初元年(西元前104年)更名,統領北軍。

長安動盪，亂局成誡警後人

江充、檀何所在，眾甲士手持火把，踢門入屋，高聲喝問道：「江充何在？」

江充初驚醒時，見滿屋全是甲士，不禁魂飛魄散。少頃方清醒過來，厲聲喝道：「哪裡來的兵卒？我有天子節杖，誰敢放肆？」

率隊的太子中盾，聞聲抖開矯詔，高聲道：「臣乃使者，奉天子詔，捕治逆賊江充、檀何，違令者斬！」

江充渾身一激，跳起來大叫道：「我奉詔尚未覆命，哪裡又來使者？」那中盾厲聲喝道：「敢違天子詔嗎？左右，綁縛押回！」

眾甲士得令，上前猛地將江充撲倒，七手八腳綁好，又往別室去擒了檀何，一併押往長樂宮。

江充、檀何蓬頭跣足，手縛於背，一路踉蹌而行，心知是太子舉事，竟未加防備，皆是後悔莫及。

再說太子衛率持矯詔，領了羽林郎一隊，前往韓說侯邸捉人。一路所遇北軍巡卒，早已得知太子有詔，都未阻攔，恭恭敬敬讓開了路。

眾甲士來至韓邸，將其圍了個水洩不通，卻不出聲響。衛率一人上前，緩緩叩門道：「按道侯可在？宮中有詔令，請開門迎候。」

閽人不知底裡，慌忙開了門。甲士便欲闖進，卻見閽人當門攔住，怒喝道：「侯邸重地，非丞相不得擅入，爾等是何人？」

衛率便上前，抖開矯詔，高聲讀了一遍。那閽人卻不肯聽令，只問道：「有詔捕捉江充、檀何，卻未提及按道侯，何故要來闖門？」

衛率喝道：「按道侯勾結江充，傾陷太子，罪不容誅。天子有詔令，韓氏坐罪大逆，與江充同。左右，速拿下！」

眾甲士一擁而上，將那閽人拿住，排闥而入。邸內衛士、家僕聞

聲，盡都驚起，持了短刀木棍，衝出來護主。

韓說驚醒後，心知事有變故，忙翻身下床，提了長劍衝出，高聲呼道：「有歹人闖入，左右聽我令，敢犯者當即格殺！」兩下裡，便都持了刀劍對峙。

火把光照中，韓說見來人是羽林郎，怒氣更盛：「光祿少卿在此，羽林郎安敢造反？」

那衛率也不畏懼，高聲答道：「臣為天子使者，奉詔：按道侯韓說背負皇恩，陰懷異圖。今太子監國，緝拿按道侯，交付廷尉問罪。眾兒郎，上前拿下！」

韓說大喝一聲：「天子近旁，豈有你這等近侍？分明有詐。諸君，只管誅殺勿論！」

話音方落，兩下裡兵卒便格鬥起來。刀劍相撞聲，乒乒砰砰，如爆竹炸裂般響起。

格鬥不多時，韓邸家僕到底是勢弱，盡被誅除，韓說也同死於亂刀之下。

天將明時，劉據端坐於太子宮，眾屬官肅立在旁，已靜待多時。忽聽殿外一陣喧譁，原是甲士上殿來覆命。

一聲暴喝中，眾兵將江充、檀何推出，強按頭頸跪於地。

劉據見此，心中甚快，以尋常語氣問道：「江都尉，你竟也有今日？」江充昂起頭來，憤恨道：「臣不服！殿下據何擒拿小臣？」

劉據便舉起手中矯詔道：「天子有急發詔令。」

江充怒極：「矯詔！亂命！主上如何能有此令？殿下偽造詔書，不怕被砍頭嗎？」

劉據也氣急，起身怒道：「趙虜江充，你擾亂趙國，陷害無辜，還想離間我父子嗎？不待你砍我頭，容我先砍去你頭！」

江充情急中，掙扎大呼：「太子造反，竟敢殘害忠良！」

劉據只一揮手，使了個眼色。眾甲士即一擁而上，亂刀齊下，誅殺了江充，取下首級。

江充斃命，血濺當場。一旁的檀何，早嚇得渾身篩糠，癱倒不起。

劉據轉頭看到，厲聲問道：「狗賊，昨日的虎威哪裡去了？來人，將他拴於馬尾，驅至上林苑，以火活焚之！」

眾郎衛一聲應諾，將那胡巫死狗樣的拖下去了。

眾佞斃命，劉據膽氣益增，立遣太子舍人無且，持節入未央宮，通報衛皇后。

衛皇后聞報，不禁大驚，然情急之下，亦別無良策，只是潸然淚下：「吾兒命太苦！」想想只得允了，發了懿旨，令未央宮所有謁者、甲士，皆須聽命於太子。

劉據這邊，聞聽母后允准，索性一不做二不休，對石德慨然道：「如今情勢，不反也是反了。奸佞在京，尚有餘黨數千，師傅可為我軍師，先擁兵自保。」

石德也覺再無退路，狠了狠心，當下就為太子詳細謀劃，以應事變。

不多時，劉據即有矯詔發出，調來中廄皇后車馬，以運載弓弩手；將武庫兵器，運往長樂宮，以供南軍衛士所用，嚴守宮禁。

劉據只顧在宮中忙碌，卻未發兵去捉江充餘黨。城內有蘇文、章贛兩人，聞風早已逃竄，疾馳了一晝夜，來至甘泉宮告變。

至次日晨，武帝尚未梳洗，便聞蘇文、章贛逃來，連忙宣進二人。

二人趨入殿，皆一身風塵僕僕，滿臉汗汗，伏地就大哭道：「太子造反，已擅捕江充、檀何，誅殺韓說！」

「竟有這等事！」武帝臉未抹完，甩下手巾，急踱數步，忽又停下問，「日前你等一干人，在太子宮可有所獲？」

蘇文回道：「有，共起獲木人百十個、悖逆帛書三卷。」

「這就是了！朕命江充入宮搜蠱，太子必遷怒於江充，故而生變。然則……太子宮中，如何能有木人上百？韓少卿忠直無比，如何能令這許多木人混入宮中？莫非太子宮涓人，全數助了太子謀逆？」

蘇文連忙道：「小臣實不知；然掘地時，臣親眼所見。」

「太子如何說？」

「太子前日並不在宮中，去了博望苑。」

「事急如火，他倒只知游獵！如此，你二人先退下，朕遣使召他來問便罷，左不過是他嫉恨江充。然矯詔發兵，雖不是造反，亦屬抗旨。想不到這懦弱豎子，吞下了豹子膽！」

言畢，便喚來宦者焦先，令其持節返京，往召太子來甘泉。

焦先領了節杖，正要返身，忽見蘇文伏於地，正朝他使眼色，當下就會意。待奔出甘泉宮百餘里，見四下無人，轉身竟鑽入山中，躲了起來。

那焦先在宮中奔走多年，公卿間爾虞我詐，全看得明白。心想長安已是太子天下，自家雖手持節杖，入了都城，還不是只抵個燒火棍用。想那江充，手持旄頭節杖，尚保不住命，自家這一趟短差，又何必賠了命去做。黃門蘇文，到底是老道，使眼色阻我入京，我稍後也報答他就是。

長安動盪，亂局成誡警後人

在山中藏匿兩日夜，再行潛出，尋得一亭長，詢問太子可曾赴甘泉宮。那亭長答道：「回官家，聞說太子在長安造反，各門緊閉，不知裡面亂成何樣？」

焦先這才放心，謝過亭長，打馬奔回了甘泉宮。武帝一見焦先，連忙問：「太子在何處？」

焦先早想好主意，脫口便亂說道：「太子初起閉門不納，後勉強宣小臣入，小臣懇請他應召，不意惹得他惱怒，竟要將臣斬首。幸而小臣識得太子僕等人，千說萬說，才逃得一條性命回來。」

「焉有此理！他果然是反了嗎？」

「長安城頭，半城插的都是太子旗。城中百姓，提刀挈棍，滿街紅綠旗，狂呼亂喊如山賊入城。小臣看了心驚，水都未飲一口，便急奔回來覆命。」

奸佞之輩說謊，眼都不眨，無中生有的這番讕言，竟說中了數日後的情景，也算是奇。

武帝聽罷，頹然坐下，喃喃道：「逆子，皇后夢紅日懷你，本當照我鴻運，便是這般報答我的嗎？」不由自主，右手便去摸國璽，卻摸了個空，才想到國璽留京中，已交太子監國用了。

如此一想，饒是處事不驚，武帝於此時也慌了起來：「國璽在他手，我這皇帝，不成了個假的嗎？」

驚慌之下，連忙站起，喚書吏前來擬詔，命丞相劉屈氂發兵拘太子。

正在草擬間，外面忽報有丞相府長史孫博，自長安奔來告變。武帝急忙宣入，問道：「丞相此時，做什麼去了？」

那長史孫博，並非劉屈氂親遣，乃是風聞太子造反，懼怕兵亂中性

命不保，便拋了家人，隻身逃至甘泉。

聞武帝發問，孫博不知如何作答，只隨口敷衍道：「丞相聞變，五內如焚。又知事關重大，一言或就成禍，他不欲長安禍起，故祕不發兵。」

武帝便怒：「這個飯袋丞相！兵亂已起，人言籍籍，如何能瞞得住？為何還不征討？讀書數十年，竟不知周公誅管、蔡嗎？」

當下命書吏寫成一道敕令，蓋上私印，將這璽書交於孫博，命其攜回。

孫博返回京中，從廚城門奔入，見市井雖然冷清，倒還不見變亂，於是直奔丞相府，見了劉屈氂交上璽書。

劉屈氂前日聞變，生怕被殺，倉皇奔出暫避，逃命間，竟丟了印綬。此時即便想發兵，也因無相印，只是徒喚奈何。

惶急間，聞長史孫博攜回璽書，不由大喜過望，展開來看，見武帝有令道：

「捕斬所有反者，必有賞罰。當用牛車為櫓，兵丁避其後放箭，勿與敵接短兵，免得士民死傷過多。另緊閉城門，不得令反者脫逃，至囑至要！」

武帝也是苦心，事到臨頭，還需教丞相用兵。劉屈氂讀罷璽書，滿臉不屑，忙問孫博道：「主上究竟有何意？」

孫博見事瞞不住，索性從實道來，說自己隨口敷衍了天子。

劉屈氂倒是不怪，哂笑道：「什麼天子地子？弄得兒子反了，倒來教我如何接戰。自古承平時，哪有指派丞相用兵的？」言畢，再看看孫博，見他仍伏地戰戰兢兢，不由就笑，「起來起來，你敷衍得哪裡有錯？事有急，也算應付了過去，到底幹練，得了璽書回來。我這裡，今日起

便是師出有名。」

當下,就遣曹掾數名,率一隊幹練吏員,人人乘馬帶刀,往九卿官府及私邸去,頒示璽書,以安人心。

一隊人馬方出門,北邊廚城門下,忽奔來一武帝使者,高擎節杖,催馬狂奔。路人見了,紛紛閃避。父老們見了,驚魂未定,相對流涕道:「生以來,便只聞秦亂,未想過漢崩。今日裡,卻是躲不過了!」

使者馳至丞相府,遠遠就高聲呼道:「臣乃侍郎[67]莽通,劉丞相接旨,主上有急令!」

相府門口,閹人、衛士一陣慌亂,忙一擁上前,將使者莽通扶下馬來。那莽通,途中換馬三次,身未下鞍,此刻腳落地時,竟不能站立,癱在地上道:「調兵詔令,兼有虎符,皆在此!速呈你家主人,我行半步力氣也無了。」

劉屈氂接了詔令,見是武帝親筆發詔:「凡三輔近縣將士,盡歸丞相節制,往捕太子,不得有誤。」

劉屈氂閱罷大喜:「有兵嘛,便無須用家僕了。」隨即遣了長史,持虎符而出,往三輔調兵。

街市上有太子宮眼線,見三輔兵卒源源開來,往未央宮東闕外丞相府匯聚,心知不妙,忙潛入相府打探,方知是調兵詔令到了,連忙奔回稟報。

劉據得報,大驚失色:「如何消息就走漏了?父皇將崩,頭也昏了,竟欲起兵誅我!」遂向石德問計。

石德頓足道:「計有何用?吾輩已至絕路,無可取巧了。你尚有國

---

[67] 侍郎,官職名,郎官之一,為宮內近侍。

璽，不用，更待何時？」

一句話點醒劉據，立時就伏案，擬好矯詔，分遣屬官，往各詔獄去，盡赦都中囚徒，匯於長樂宮北闕外。連那各藩邸、郡邸、蠻夷邸，見了矯詔，也都遣了僕役來。劉據見此大喜，命石德及門客張光，發給囚徒兵器，各領一隊，往攻兩宮之間的丞相府。

霎時間，長樂宮北闕外曠場，太子衛士、南軍甲士與囚徒相混，服色駁雜，旗幟紛亂。有市井無賴趁機加入，更扯了布店的布匹，胡亂綁成旗，吆吆喝喝，擁往相府去了。

劉據帶石德出北闕，觀望片刻，仍覺兵少。石德眼尖，拉住一個精明囚徒，問過姓名，知是喚做如侯，便命如侯持符節，去見長水校尉[68]，發長水、宣曲兩地歸降胡騎，披甲前來會合。

見大局布置妥，劉據便由衛率領兵護駕，急趨長樂宮前殿，坐上高帝時龍庭，宣召百官進宮。

城內百官，在家中聞得街上嘈雜呼喝，早已木呆，不知如何是好。此刻聞太子召見，不敢抗命，只得避開亂民，穿街繞巷，從長樂宮北闕竄進宮來。

眾官在殿上大致集齊，也有多人遲遲未至，或是家中遭了搶劫，或是途中為亂兵裹挾，不得自由。

劉據自屏風後步出，見殿上文武一派驚慌，連忙高聲道：「諸位愛卿，事發倉促，有賴百官助我。主上在甘泉宮病危，或已有變故。逆賊江充窺得時機，勾結丞相、光祿少卿，興兵作亂。江充、韓說皆伏誅，劉屈氂尚在蠢動。今召諸位來，只望爾等勿驚，請發邸中家丁奴僕，交

---

[68] 長水校尉，即著名的北軍「八校尉」之一。八校尉為中壘、屯騎、步兵、越騎、長水、胡騎、射聲、虎賁。

長安動盪，亂局成誡警後人

少傅石德統領，勠力平亂，保我社稷永固。」

劉據平素溫雅，值此非常之機，說話也是少蠻氣。百官聽了，半信半疑。或有人想，那丞相如何就敢作亂，也有人平素就恨江充。於是信太子者，留在宮中相助；不信太子者，則偷偷溜出宮去。

劉據、石德忙亂之際，顧不得百官逃散，只命人將武庫弓弩箭矢，盡行搬出，驅衛士、囚徒上覆道，居高臨下，急射丞相府。

劉屈氂平素雖懶散，當此生死關頭，也煥發神勇，聚起三輔兵丁，固守丞相府與鄰近的中尉府。

兩邊各有數萬人，刀戟對峙，箭矢飛射。北闕甲第與兩宮間官署，盡起壁壘互攻，滿長安都聞得殺聲震天。

那丞相府中，侍郎莽通聞聽殺聲漸急，漸緩過氣來，想起天子囑託，連忙掙扎爬起，與劉屈氂道：「丞相兵少，須臾或將不守，天下事必壞矣，待下官再去調兵。」言畢，喚了數名相府幹練吏員，換了布衣，乘快馬出直城門，往上林苑中建章宮去。至建章宮，以符節調建章宮郎衛一部，又率隊馳至長水衙署求援。

奔至長安西，迎頭撞見長水胡騎疾馳而來，兩方都勒住馬，莽通跳下馬，見過長水都尉，才知是太子所遣囚徒如侯，持了符節，調來長水校尉屬下胡騎，以助太子。但見數千北軍胡騎，甲冑齊全，遮道而來，各個劍拔弩張。

莽通大急，急喚長水校尉涉正：「校尉，行不得也！此人所持符節有詐，聖上親賜符節在此！」隨即從袖中取出調兵詔令，當場宣詔。

涉正見兩邊都持有符節，莫辨真偽，竟然呆住了。

急切中，莽通抖開詔書，指點字跡說道：「足下請看，這不是聖上親

書嗎？三輔及近縣將士，均不得妄動！」

涉正接過詔書，見果然是聖上親筆，且有私印，便不再疑，向莽通拱手道：「使君如何吩咐？」

莽通便喝令道：「這太子偽使，還不快拿下！」

涉正凜然一顫，朝左右擺了一下頭。眾甲士會意，衝上前來，奪下如侯手中符節，將他綁起，即欲斬首。

如侯垂死不甘，掙扎狂叫道：「江充作亂，人人當討之！況有太子授節，校尉不要為他所惑。」

莽通更向甲士們呼道：「市井狂徒，留之何用，推出署門斬了！」甲士們一聲怒喝，拖了如侯至路旁，一刀結果性命，棄屍草中。

莽通見事已遂，便按武帝所囑，與涉正同率長水、宣曲胡騎，浩蕩馳入長安，往丞相府去援救。

當日，武帝所遣另一使者，亦馳至昆明池，傳檄輯濯士[69]千餘人，盡調歸大鴻臚商丘成，伺機平亂。待劉據想起這一彪人馬，遣人去調發，眾輯濯士與越騎校尉所部，一齊抗命，只管擂鼓叫喊，誓言平亂。

劉據在長樂宮內，聞聽兩處調兵皆無果，頓足大窘，狠狠心道：「本王若不出面，哪裡調得動兵？」於是，命石德留宮內掌大局，自己披甲冑，率一眾衛士，往長安街市中，廣發檄文，勸諭百姓，召四市無賴、遊民等助戰。鼓譟多時，果然收效，計有數萬之眾，漸漸聚於東市。內中亦有商家丁壯，為大勢所感，棄了生意情願相從。

劉據見各色人眾漸多，皆持刀棍，踴躍來投，膽氣就大漲，登車高呼道：「逆賊江充，欺天子病重，上下其手，殘害忠良。長安城內，官民

---

[69] 輯濯士，光祿勳所屬宮內樓船役夫。

長安動盪，亂局成誡警後人

無不受其荼毒，全城震恐，如同末世將臨。今江充已然伏誅，光祿少卿附逆，也一併誅死。唯丞相劉屈氂，陰與其通，擅發三輔兵禍亂城內。本王奉天子急詔，聚眾討賊，不令其得逞。諸君皆知大義，當捨命跟從，勇扶社稷。本王將盡給兵器，事平後論功行賞。」

眾人聞言，激憤欲狂，一齊鼓譟起來。街市上，但見刀棍齊舉，密如叢林。

劉據見民氣已可用，便調轉車駕，率浩浩蕩蕩民眾，沿通衢南下，往長樂宮去取兵器。

另有一路，則由門客張光統領，往昆明湖去，與商丘成所率樓船兵對戰。

太子劉據所率數萬雜兵，行至長樂宮西闕外，正遇劉屈氂乘車持節，率三輔、長水人馬自相府東門源源而出，欲奪下長樂宮北闕。

兩方相見，分外眼紅，「殺賊」之聲直衝雲霄。眾兵民混戰成一團，一波湧來，一波退去，箭矢、磚石滿天亂飛。可憐兩宮之間，原是相府、中尉府肅穆之地，此刻卻是街壘處處，血流成河，竟成陰曹地府一般。

自這日起，兩方大戰三日三夜，死傷甚重，竟有數萬人橫屍街衢。血流入溝渠中，成滿渠紅水。

有那小吏、歹徒，趁亂闖入富豪家中，殺掠搶劫，更添亂象。城中貴戚大戶，或聚家丁自保，或倉皇逃出保命。然武帝與太子皆有詔至，令各門緊閉，不得出入。逃民奔至各門下，望見城門緊閉，徒喚奈何，哀聲四起。稍作遲疑，又有亂民持刀來搶，逃民一派驚恐，各個拋婦棄子，逃命去了。

數日裡，丞相劉屈氂一方不斷獲近畿添兵，原是武帝又接連發詔，令鄰近郡縣發兵討逆。劉屈氂坐鎮丞相府，眼望援兵源源而至，官軍愈戰愈勇，心中就暗喜有天助。

　　太子劉據一方，死傷不能獲補充。城中閒人無賴，再無來投，每日都要折損許多人，士氣漸漸不支。

　　戰至第三日，市中諸百姓，忽然紛傳「太子反了」，於是走避者愈多，還有反投丞相去的。

　　日暮後，劉據疲極，登上漸臺望城內，人跡稀少，黑煙處處，不禁就悲哀，回望石德嘆道：「師傅，天不助正人乎？」

　　石德亦正絕望中，強打精神道：「子曰：『吾不如老農。』今日上陣，你我棄儒習武，自是不如老將。然江充惡極，欲食其肉者，何止萬人？民心尚可用，殿下無須氣餒。今夜好好歇，明日臣與中盾、衛率，商量些戰法出來。」

　　是夜，丞相軍已迫近長樂宮西闕，宮內南軍死力放箭，方才將其逼退。兩軍遂止戰，各自安歇。

　　此時，兩宮間屋舍、溝渠，屍橫遍野，血氣沖天。劉據久不能睡，索性披甲步出北闕，與衛士眾卒坐在一起。

　　蒼涼殘月下，衛士攏起篝火，匆忙進食。有少年衛士遞與劉據一塊肉脯，勸道：「殿下勿喪氣，明日力戰，定能退敵。」

　　劉據慘笑搖頭：「不知還能撐得幾日。」那少年道：「便是一時，也是痛快！」

　　劉據見他稚氣未脫，忍不住問道：「你喚何名？多少年紀，就出來從軍？」

那少年答道：「小的鄉名喚作李阿，今年一十六，排行第二。家中長男，有田要耕，我年少便來服軍役。隨侍殿下一年，知殿下仁義，願為效死。」

劉據不禁泣下：「若得取勝，當加你為校尉。」那少年嘻嘻一笑：「官家不得說謊哦！」

次日晨，兩方鏖戰又起。七月裡略有秋意，晴日澄明，見得到牆垣處處血跡，更覺驚心可怖。

戰至正午，太子軍中，有市井雜民忽然哄傳：「天子已駕臨建章宮。」或曰：「天子已有詔，二千石以下官吏，盡歸丞相節制。」

眾人頓感疑惑，齊聲紛議道：「天子病危莫非是假？」旋即皆大悟，「原來果真是太子反！」

此言一傳開，太子軍中人眾，即散去了小半，有人徑去投了丞相軍。劉據見勢已不支，喚上門客張光，冒險率一隊衛士，前往未央宮外北軍大營求援。

北軍並無將軍常設，僅有五校尉，分掌步騎、輜重、輕車等。另有長水、胡騎、越騎三校尉，統領胡越兵，總名「八校尉」，全軍統歸護軍使節制。

大隊來至軍營南門，劉據立於車駕之上，舉節杖，高呼北軍護使任安之名。

此時北軍營壘，轅門緊閉，重兵遍布內外，皆執戟持弩，以應事變。聞太子急呼，轅門忽地就大開，只見任安一身精甲，按劍而出。見是太子率眾來，便拱手道：「護軍使任安，見過殿下。今日都中生變，殿下不宜犯險。」

劉據便招手道：「護軍使請近前來。」

任安略一遲疑，招呼身邊一軍吏跟隨，大步走近車駕，劉據將手中節杖授予他，並示以虎符，下令道：「任安聽令，聖躬有恙，罕問朝政，丞相前與江充陰通，今又擁兵作亂。本王奉天子詔，以節杖授你，率北軍與我往討。」

任安看看節杖，一竹之上端，垂下火紅旄尾，與天子節杖無異。只得伏地，拜受此杖，一面就回道：「臣下任安，謹受命。」眼望太子憔悴之態，想起舊主衛青，心有不忍，又寒暄了幾句，方與軍吏返回營中。

太子身後眾衛士，見任安持杖入營門，都雀躍歡呼，以為北軍一出，勝負即可見分曉。

豈知任安方入營門，木柵即行關閉，再無聲息。等候良久，亦不見北軍出動，劉據這才猛醒——任安並未從命。悵然良久，方回過神來，率了眾人，再去市中，逼迫市人助戰。裹挾數千人後，堪堪也可湊數，便返回長樂宮。

此後又勉強戰了兩晝夜，丞相軍氣勢愈盛。太子軍則節節敗退，連南軍與衛士也有逃走的，劉據已陷困局。

至七月十七（庚寅）日，大局崩潰，長樂宮西闕被丞相軍攻破，喊殺聲在宮內四起。

此時，石德、張光均不見蹤影，生死未卜。劉據無奈，只得返身入後宮，此處亂兵方過，不見正妃史良娣與長子劉進在何處。唯有兩幼子，為宮女所藏匿，尚在啼哭不止。劉據一狠心，顧不得嬪妃、長子了，抱起兩小兒，上馬便走。此時，身邊尚有衛士數十人，從騎護駕。

劉據從長樂宮南門竄出，沿城牆下夾道，向東狂奔，數十衛士也緊

長安動盪，亂局成誡警後人

緊跟上。方離長樂宮，便遇一隊丞相軍，呼喝奔湧，迎面殺來。

那少年衛士李阿，見太子走不脫，頓時大急，對劉據道：「殿下，你窺空速逃，今有我輩在，誓不生還，請為我收葬就好！」言畢，即招呼同袍，發一聲暴喊，「太子親衛在此！」便直衝入丞相軍中。一番廝殺之後，數十太子衛士，盡皆戰歿，死時仍呼「太子速走」，而無一人跪降。

劉據催馬疾馳，已奔出百步之遙，含淚回望一眼，悲憤填膺。厲聲嚇住兩男啼哭，便又逃命，趁亂脫了身。

來至覆盎門下，卻見城門緊閉，上下都有兵卒把守。原來各門早已接武帝詔令，不得令叛眾一人逃出。

劉據抱緊兩男，仰天長嘆。正在心如死灰之時，忽有一人在城上呼道：「殿下，欲往何處去？」原來這日，是丞相司直[70]田仁，奉劉屈氂之命，率兵在此把守。

劉據抬頭一望，竟是舅父衛青舊時舍人，心中就一動。原來這田仁，膂力過人，素善戰，曾隨衛青征匈奴。後武帝徵用衛府人才，用其為屯田督護、郎中，又擢為丞相長史。曾上書，自請刺探三河吏治，查出三河太守皆有勾結權貴、作奸犯科事，竟致三河太守下獄處死。其勇於任事，深得武帝器重，又升為丞相司直，威名震天下。

片刻過後，田仁匆匆下城樓來，向劉據施禮道：「見過殿下。」見太子神情狼狽，兩男啼痕未乾，想起舊主衛青，忽就不忍：「父子相殘，何至於此？」

劉據恨恨道：「乃江充害我。」

田仁遲疑片刻，轉身喊來門吏，低聲喝令道：「開門，放太子出城。」

---

[70] 司直，全稱「丞相司直」，官職名，武帝元狩五年初置。屬丞相府，秩比二千石，佐丞相檢舉不法之事。

那門吏驚愕，脫口回道：「司直，這如何使得？丞相有嚴令。」

田仁仰頭望一眼天，手按一按劍柄，嘆道：「管他！人，豈可無心乎？」門吏不敢違抗，轉身而去，令門卒打開城門。

劉據心中一喜，似看到生天，在馬上向田仁欠一欠身，口稱：「田公，你舊誼未忘，這裡先謝過，待來日！」言畢，便策馬狂奔，一路出城去了。

城外，正是秋野一片，林木、稼禾茂密。劉據張目望望，揀一條小路，催馬疾馳數步，竟隱身於萬綠叢中，城門諸人望不見他去向。

劉據出城，先往博望苑疾馳，不料望見苑門有亂兵聚集，便撥馬繞道，又向東狂奔十餘里，見後無追兵，便勒住馬，抱兩小兒跳下馬來找水。

路邊溪中，水流清冽。劉據為兩小兒擦好臉，又掬起溪水，餵他們飲下。見前面林深處，似有人家，便又上馬前行。

鑽過一片密密赤楊林，見並無人家，唯有一面湖水，水平如鏡。劉據逃命至此時，已有大半日，人疲馬乏，索性又下馬來，擁兩小兒坐於水邊歇息。

劉據抬眼看，遠處丘陵倒映水中，天水難以分清。密林寂寂，山鳥啁啾，天地間似再無一人，忽就悲從中來。做儲君三十年，從大儒瑕丘江公，習《穀梁春秋》，才識不遜於老儒，心懷忧惕，不敢踰矩；卻為小人江充所擺布，求生不得。奔逃至此處，覺乾坤之大，竟無所立足，世間哪裡還有公道？

正出神間，忽聞遠處有嘈雜聲，遂不敢久留，去抱小兒。兩小兒方才受了驚嚇，啼哭一路，此時玩了片刻水，竟又嬉笑起來。劉據心痛，

長安動盪，亂局成誡警後人

輕喝了一聲：「不得放肆！」便拽起小兒，又上馬狂逃。

再說城內，太子軍潰散之時，少傅石德隨潰兵逃命，為長安平民景通逮住，旋被劉屈氂下令誅殺。商丘成率樓船兵與張光力戰，捕張光於陣中，隨後即誅死。

劉屈氂親入未央宮，安撫未作亂的太子屬官，並率兵搜索太子。聞說太子已逃往覆盎門，立率兵急追而至。

問起太子去向，見司直田仁言語支吾，便知有詐，綁了門吏來問，方知太子逃出城已多時。

劉屈氂大怒：「田君，本相待你不薄，你也素來持重，如何就敢放走首逆？」

田仁辯白道：「父子生隙，終是一家。太子獨騎出奔，避一避天子盛怒，或可能活，下官實不忍逼迫。」

劉屈氂更怒：「昏話！虧你還厚臉食祿，連詔令也不聽了。來人，將他綁好！」

時有暴勝之，新任御史大夫不久，奉武帝詔，入城查問太子下落。聽到風傳「丞相放走太子」，連忙趕來覆盎門。見了劉屈氂，便質問：「丞相為何放走太子？」

劉屈氂回首答道：「足下有所不明。太子非老臣所放，乃司直田仁放走。」言畢，即喝令左右，「來人，去斬了！」

暴勝之慌忙諫止：「不可！司直秩比二千石，不宜擅殺。其罪可奏明聖上，而後處置。」

劉屈氂恨恨不止，對左右喝了一聲：「放開，容他多活幾日。」

之後，出城門望了望，見天色已暮，城外萬千田疇，道路縱橫，心

知無處去追，只得作罷，喃喃道：「逃了？逃了⋯⋯」又痴望半晌，方才轉身返回。

當日，武帝自建章宮回鑾，入未央宮安頓好，立召劉屈氂來問話。

靜聽劉屈氂奏報多時，武帝方知變亂始末。待說到太子自覆盎門遁出，武帝不禁大怒：「那田仁，不是漢臣嗎，為何不遵旨？那暴勝之，殺人無算，如何又憐起田仁來？」便下詔，收繫暴勝之、田仁入詔獄，誅死不論。

詔出，尚未發下，田仁便有風聞，怒氣上湧，欲憑武勇抗旨，發所部之兵，向天子討個公道。

時有長陵令田千秋，正在同宗田仁邸中做客，察覺有異，急令人赴闕，上書變告。

武帝得告，立發北軍甲士數百，圍住田邸，將田氏一門收捕。田仁被綁出府邸，鄰里素敬他豪勇，無不惋惜，都前來送別。

有父老憐他，責備道：「司直，怎可拿自家性命，換他人性命？」田仁了無恐懼，昂然道：「太子仁厚，我情願死於他前。」

檻車啟行，眾鄰里眼望車隊遠去，黃塵大起，都唏噓道：「惜哉田公！」

再說武帝看重暴勝之，已非止一日。此時想來，益發恨其不爭，便又遣人去詔獄，責問暴勝之：「君素掌執法，又不是衛氏舊屬，如何就要悖法，攔阻誅田仁？」

暴勝之無言以對，遲疑半晌，方道：「田仁，罪臣素所敬也，實不忍見他死於我前⋯⋯」

待來人走後，暴勝之知蒙赦無望，呆坐至夜，終不願受辱，於夜半

爬起，撕爛衣袍做繩索，懸梁自盡了。

後晌，武帝小寢過，忽就起身，召宗正劉長樂、執金吾劉敢，手書簡策一道，至後宮，收衛皇后璽綬。

劉長樂素敬衛皇后，見皇后正素服僵坐，不忍逼迫，只匆匆讀完策書，即束手而立。

劉敢雖是武人，此時也免不了心酸，只按劍望住別處。

衛皇后沉默有頃，緩緩起身，自去內室取了梓木皇后璽來，交與劉長樂。

長樂接過，望一眼衛皇后，忍不住勸了一句：「太子尚在，衛夫人，還望保重為好。」

衛皇后始終未發一語，聞此言，頓時淚如泉湧，朝兩人道個萬福，轉身回內室了。

當夜，璽綬雖收走，宮女、宦者仍按例服侍。人定時分，有宮女入寢殿，為衛皇后端來蓮子羹一碗。見衛皇后僵坐仍如白日，勸慰了兩句，便退出了。

至此，衛子夫做了三十八年皇后。此夜，所有尊貴榮華，皆不能憶起，只想到入宮那一日，平陽公主撫背叮囑，猶在昨日……

如此嘆了幾回，又哭了幾回，時過三更，獨自踏上案几，投繯自盡了。

次日晨起，宮女驚見衛皇后自盡，雖在意料中，卻也感驚慌，急奔報與宦者令。宦者令帶了黃門蘇文、姚定漢，到中宮看過，冷冷無言良久，吩咐兩人道：「奈何？你二人且收殮好，我去稟主上。」說罷，便去宣室殿了。

蘇文、姚定漢二人，命宮女將衛皇后屍身解下，以柴車載至公車令署，置於一空舍地上。蘇文默視屍身片刻，恨恨道：「皇后？能不死乎？」姚定漢忙扯住蘇文衣袖，拉他出了屋。

宦者令那邊，整日並無回音。蘇文嘆口氣，對姚定漢道：「人死如狗，能奈何？唯有你我去葬了。」二人即喚人尋來一口小棺，草草裝殮，又趁暮色無人，將小棺以柴車拉出端門，往長安城南桐柏地方，草草葬下。

衛子夫終局，可稱慘絕，為後世所嘆惋。幸得數年後宣帝劉病已登位，因血脈所出係衛皇后一系，這才起出，改葬於博望苑近旁，置陵園邑三百家，並追諡「思後」，總還算有了個正名。

越日，武帝登柏梁臺，遠眺城中尚有餘煙，東宮亦多有殘破，不禁就怒。日午時，便發下詔來，語未涉衛子夫，只將衛氏全族坐罪處死。

劉據長子劉進（又號「史皇孫」），時年二十三歲。亂兵入宮當日，見亂兵衝入，與其格鬥被害。太子妃史良娣、劉進之妻王翁須，亦未能倖免於難；太子獨女（皇女孫），已擇平輿侯之子為婿，尚未嫁，在兵亂中一同遇害。

其餘逃生諸姬妾，無一遺漏，悉數賜自盡。太子一門至此，獨有孫劉詢一人未死，卻是下落不明。

七日兵亂時，太子宮中諸門客，凡出入宮門者，一律處死；凡從太子發兵者，皆坐謀逆滅族。另有官吏、士卒趁亂劫掠者，流徙至敦煌。

詔令傳至全城，吏民父老，既驚且喜。驚的是誅殺之多，一連十日，西市法場不能封刀；喜的是，大亂終息，總算未傾社稷。

朝會上論功，莽通傳詔之際，斬反將如侯；長安男子景通隨莽通，

擒少傅石德，功為至高。兩人各封為侯。商丘成力戰反將張光，亦封侯，又升為御史大夫，補了暴勝之下獄之後的空缺。

議及北軍護使任安，劉屈氂怒道：「亂起時，任安為護軍使，坐擁北軍，不出一卒相助！」

武帝想想，擺擺手道：「丞相息怒。事起倉促，黑白莫辯。任安為人圓滑，不欲任事，算了。」

後不久，任安因帳目不清，怒笞錢糧小吏。小吏不忿，上書告密稱：「事變當日，任安受太子節杖之際，太子曾密語任安：『幸而有君送我好兵甲。』」

武帝閱過告密書，憤然擲簡牘於地，對劉屈氂道：「這個老吏！見兵事起，欲坐觀成敗，見勝者便合流，實懷兩心。他有當死之罪，昭昭分明，我教他活了。如此看來，原是懷了詐謀，有不忠之心！田仁、任安，這兩人，自衛青舊舍人所出，念主私恩，終是靠不住啊。」

於是有詔令，田仁、任安兩人於同日腰斬，田氏一門族誅。

朝臣又議及，亂起後，御賜節杖旄頭為純赤，太子節杖亦是赤紅，官吏無以辨尊卑。武帝就吩咐，今後御賜節杖，皆加黃犛一條，以示區別。又長安各門，無兵丁把守，若亂兵湧出，勢必荼毒關中，致天下動搖。自此，長安各門始置屯兵，以防變亂。

後幾日，緝捕令、誅殺令迭下，大興詔獄，郡國亦嚴搜太子黨羽，解赴長安郡邸獄。西市上，連殺得血流成河，頭顱滾滾。合朝為之震恐，百姓亦都閉戶瑟縮。

太子只因搜蠱小事，竟惹出這樣大的事端來。武帝身處未央宮，全不能安心理政，愈想愈氣，焦躁異常，只怪少傅帶壞了太子，故視博

士、儒生為仇寇，常怒喝於朝堂。群臣戰戰兢兢，唯恐得咎，無一人敢進諫。

稍後，只得移居建章宮，免得睹物傷情。

不久，上黨郡壺關縣有三老令狐茂，斗膽赴長安，直奔建章宮，上書直諫。其書詞情懇切，苦口婆心。前面一節，痛斥江充之罪，曰：

陰陽不和，則萬物夭傷；父子不和，則室家喪亡。故父不父則子不子，君不君則臣不臣……江充，布衣之人，閭閻之隸臣耳，陛下顯而用之，銜至尊之命以迫蹴皇太子，造飾奸詐，群邪錯謬，是以親戚之路隔塞而不通。太子進則不得上見，退則困於亂臣，獨冤結而亡告，不忍忿忿之心，起而殺充，恐懼逋逃，子盜父兵以救難自免耳，臣竊以為無邪心。[71]

先為太子做了開脫，又責武帝太過苛急，逼反太子，令智士痛心。後面，則直言勸諫武帝，當放寬心懷，赦免太子：

往者江充讒殺趙太子，天下莫不聞，其罪固宜。陛下不省察，深過太子，發盛怒，舉大兵而求之，三公自將，智者不敢言，辯士不敢說，臣竊痛之。[72]

上書遞入，武帝閱後，心有所動，暗自驚道：「父不父則子不子？莫非我先有過？」便問謁者，「此老相貌如何？今在何處？」

謁者答道：「壺關三老，騎驢而入京，灰塵滿面，恂恂如老農。今在館驛，備棺槨一口待罪。」

「啊？」武帝失聲一嘆，遂又仰於座，似有悔意。然數日過去，仍未有赦免詔書出。

---

[71]　見班固《漢書·武五子傳》。
[72]　見班固《漢書·武五子傳》。

長安動盪，亂局成誡警後人

　　再說太子劉據，東出覆盎門，奔至京兆尹[73]轄地湖縣（今河南省靈寶市閿鄉），逃入了泉鳩里，匿身於一戶人家。

　　此地北倚大河，南臨秦嶺，丘陵遍布，林深不知有幾許。藏身其中，萬人難以搜索。里中這人家，以為是大戶公子落難，情願收留，遂將二子也安頓好。

　　劉據自長安逃出，奔至山中，足有三百里遠。路上六七日，飢則挖薯芋充飢，渴則掬山泉而飲，避大道，擇險徑，馬幾乎要累死。

　　避居之後，見山清水秀，層林幽靜，便不想再逃，仍念父皇或能回心轉意，不如暫留泉鳩裡聽候音信。住了兩日，劉據心漸安，嘆道：「居人世三十七年，人皆羨慕，豈不知宮闕巍峨，卻無異於檻籠。布衣小人，翻手雲雨，即能逼我求生不得。何如此地幽居，人心如上古，與天地合，終有鳥獸自在之樂了！」

　　於是，晴日時分，助主人家桑農，與兩幼子嬉戲，覺民間小戶之情，方為至樂。

　　主人家名喚趙瞿，雖是貧戶，卻識大體。見劉據舉止雍容，彬彬有禮，不似尋常富戶人家，便悄聲問詢。劉據感於趙瞿至誠，將自家身分道明。

　　趙瞿大驚，慨然道：「原是太子逃亡！怪不得小人連日心跳。殿下放心，某既收留，絕無反悔，便是在我家終老，小人也將一字不吐。」

　　此處泉鳩裡往東，距函谷關僅八十里，驛道即在峽口之外，地既險，又進退皆宜。劉據打定主意，不蒙赦，即永世不出，終老田園亦不妨。

---

[73] 京兆尹，官職名，漢置。為三輔（京兆尹、左馮翊、右扶風）之一，所治為長安及近畿。

惜乎趙瞿家極貧，猛然添了三人，竟是糧穀不濟。趙瞿心善，只是督妻與自己晝夜織履，賣錢供給。日久，劉據心甚羞愧，忽想起湖縣還有一故友，家道殷實。不如邀他來見，商略日後長遠計，令他常接濟趙瞿家一二，也好過在此白食。

如此想好，便親書密信一封，囑趙瞿僱人送去。

豈料有司早就料到太子此舉，海捕文書已發下。在太子故友家左近，亦有暗探密布。八月辛亥日，信一送抵故友家，太子行蹤即被獲知。新安（今河南省新安縣）縣令李壽，如鷹捕兔，率吏役急至泉鳩裡，將趙瞿家團團圍住。

時已三更，山中夜黑不辨物，陰風過處，可聞梟鳴聲聲。李壽躡足進至門前，猛然一聲喝道：「欽犯出來！新安縣令在此，哪裡還可逃？」

頃刻間，屋內人被驚起。劉據慌忙欲尋佩劍，趙瞿一把搶過劍來，慨然道：「太子落難於我家，我當冒死護衛。」說罷，便衝出門去，與一眾吏役格鬥。

只聽李壽又喝了一聲：「舉火！」

數名吏役點燃火把，將庭院照亮。數人圍住趙瞿，刀劍亂下。趙瞿正值壯年，膂力甚強，事急更如有神勇，與諸人相鬥，呼喝連連。

這邊數名吏役見纏住趙瞿，便欲推門去捉太子。屋內趙瞿妻與劉據兩兒，死命抵住門板。趙瞿邊鬥邊呼喊道：「太子速逃，勿得遲疑！」話音方落，眾吏役發狠一陣砍殺，將趙瞿殺死。

劉據在屋內徬徨無主，見走不脫，自去內室，解下衣帶掛於房梁，大呼一聲：「吾兒……」便蹬開案几，自經而死。

門外諸人聞聲，都知不妙。有一山陽男子充作嚮導，名喚張富昌，

長安動盪，亂局成誡警後人

見事急，一腳踢開屋門。眾吏役衝入，不由分說，將兩幼子及趙瞿妻砍斃。李壽見勢，疾步衝入內室，將劉據抱住解下。

眾人擎起火把，照亮屋內。李壽以手探劉據鼻息，見已無生氣，嘆了一聲，命眾人裹好太子與兩小兒。又內外搜索一遍，方背負起屍身，返歸縣城。

可憐劉據，天生賢德，來日必是有為之君。因一事得罪閭巷之人、驟貴之吏，不僅無緣坐殿，連性命也拋在了荒郊野外。

李壽回衙，驗明正身，將太子及兩幼子草草下葬，立即飛章報長安。武帝接到劉據死訊，猶有餘恨，心中滋味難辨，仍照原詔令，緝捕諸吏役，均有封賞不提。

後有數月，武帝令嚴審後宮、太子宮涓人宮女，追問蠱物來歷。查來查去，漸漸問出，各宮巫蠱事多為不實。廷尉錢信，數月前方接任，同情太子，漸使武帝知曉，太子實為江充所迫，不得已殺江充，絕無謀反之意。

武帝至此，心竅稍開，隱隱有悔意，恨自己不該躁急，枉殺太子及孫兒。天氣漸寒之後，冬意格外冷，武帝心如寒冰，時常呆滯，只是不肯吐口悔字。

冬雪後，告發田仁的原長陵令田千秋已改任高寢郎，掌高祖寢廟事。冬祭將至，凝望高祖牌位，良心不能泯，毅然上書，訴太子之冤。

書曰：「子弄父兵，罪不過笞。皇子過失殺人，更有何罪？先帝也有此過，孝文帝未罵一句，況乎江充逼迫太甚！臣曾夢一白頭翁，教臣言此，為太子辯誣。」

武帝閱罷上書，終有所悟，怔了片刻，立召田千秋上殿來問。

田千秋為戰國田齊宗室後裔，身高堂堂八尺，相貌偉岸，步上殿來，聞武帝問太子冤情，竟是聲淚俱下，說得諸臣紛紛拭淚。

　　武帝極感震撼，惶悚驚起身，連聲道：「君可止哀，君可止哀。」說罷，頹然坐下，亦有熱淚兩行落下。

　　少頃，才緩緩對田千秋道：「父子間事，他人難言。君道出其間隱微，申明冤情，實是高廟有靈，使你來教我。朕知了。田君，快去歇息，請勿……再言。」

　　說到此，武帝忽就嚎啕大哭，不能視朝，起身急向屏風後去了。

　　滿堂文武見之，瞠目不能出一語。片刻後，有人先哭，繼之合朝痛哭，聲聞滿庭。連階下的執戟郎衛，也多不能站穩，索性棄戟蹲下，掩面大哭。

　　隔日，武帝拜田千秋為大鴻臚[74]，旋即究問誣死太子案。時江充已死，武帝恨不能平，恢復自文帝起廢除已近百年的夷族之刑，夷江充三族。又仿太子燒死胡巫之法，遣羽林衛一隊，將那宮內肇禍的蘇文綁出來，推至橫橋上，緊縛於橋柱，以火焚死。蘇文這才知小人作惡，必有報應，在烈火中放聲嘶吼，狀至慘酷。

　　其餘「平亂功臣」，時日漸長，無一有好收場。縣令李壽在泉鳩裡以兵刃逼太子，初拔為北地太守，後被族滅；商丘成與太子軍力戰而獲封侯，畏罪自盡；山陽男子張富昌帶吏役搜太子，後被「賊人」所殺。平亂最力的莽通、劉屈氂二人，連帶李廣利，皆有後報。

　　過後，武帝仍覺哀思不能解，又命在湖縣築「思子宮」一座，內有高臺，巍峨遏雲，名曰「歸來望思臺」。逢節令，武帝必驅車至臺下，不顧

---

[74] 大鴻臚，官職名，掌諸侯及藩屬國事務。秦及漢初本名典客，景帝時改名大行令，武帝太初元年改此名。

體衰，登臺長嘯：「悠悠蒼天，此何人哉！」[75]似在向天喚太子名。天下百姓聞此事，皆感同悲。

至二十年後，劉據有一僥倖未死之孫劉詢，得以被推舉即位，是為宣帝。次年頒詔，便諡祖父劉據曰「戾」，故後世又稱劉據為「戾太子」。宣帝命以湖縣閿鄉的邪裡聚，為祖父改葬陵園，號「戾園」，民心始告平復不提。

轉年，是征和三年（西元前90年）。劉據誣死事堪堪漸平，立儲又成大事。武帝年已至七十，生有六男，除長男劉據之外，另還有五子。其中，劉閎為次子，早夭無嗣，倒還清爽。三子燕王劉旦，到此時兩兄皆死，依次承嗣便大有望。

皇子豈有不做皇帝夢的，劉旦自是動了心，遂上書，求入未央宮為宿衛。

劉旦平素多有過失，武帝素不看好，接了上書，一笑置之：「豎子，急什麼！怕不是為做宿衛來的。」遂不再理會。

如此情勢，貳師將軍李廣利便起意，欲立甥兒昌邑王為太子。阿姊李夫人既已死，不能再依恃，若甥兒做得天子，自己成國舅，當可保終身顯貴。

心中盤算好，當下就去見丞相劉屈氂，說明此意。

劉屈氂之子，是娶了李廣利之女為妻的，兩人係兒女親家，哪有不允之理？劉屈氂當下應諾，暗中使起了力。

他二人以為事密，豈料武帝連日回想長安變亂，漸悟漸省，也是以一雙利眼在看文武重臣。

---

[75]　見《詩經·王風·黍離》。

誅劉據一役，到底傷了元氣，武帝衰老更甚，長恨身邊無一個是通透的。便等不及東巡，立即遣了田千秋為使，赴山陽去請東郭延。

　　田千秋略顯驚愕，並未立即受命，遲疑道：「陛下，東郭先生，微臣怕是請不動。」武帝大出意料：「如何說呢？」

　　田千秋道：「朝野都知，東郭出都，八駿也追之不及，他是去尋穆天子了呢。」

　　武帝便鬆口氣一笑：「穆天子所居地，正是你所掌，你便去尋吧，難尋也要尋。朕或將死，大鴻臚總要尋他來救命。」

　　田千秋無奈啟程，一去一千五百里，很費了些時日，方獨自歸來。入見武帝時，武帝急問：「東郭先生可來？」

　　田千秋道：「臣至山陽，鞋履走壞了兩雙，方尋到東郭延，然臣不能覆命。」「他不肯來？」

　　「臣奉密詔，知會了山陽郡太守，由該衙二吏員陪同，渡大野澤，輾轉尋蹤，於金山下一石洞中，覓得東郭先生隱居處。」

　　武帝眼睛睜大道：「果真修仙去了？」

　　「東郭延所居，乃千年巖洞，冬暖夏涼，迴環幽深。洞門前有草籬茅牖，宛若農家。有童子二人，垂髫初生，各著黑白衣，持箕帚，在門前場上灑掃餵鶴……」

　　武帝不由笑出聲來：「哦，是歸田園了。」

　　「好容易等到小童忙畢，臣央求小童，通報進去，不料東郭先生卻不肯見。臣自忖千里奔波，不可空負使命。於是三人踞坐洞前，由午至暮，忍飢挨渴，等得那二吏員竟罵將起來。不料罵罵聲方起，小童也不見了，鶴也不見了，唯有古洞寂寂，了無響動。」

長安動盪，亂局成誡警後人

「撞鬼，撞鬼！君又何如？」

「眼看天暗，正沮喪之際，忽有一白衣小童奔出，手持一幅縑帛……」「嗯？」

「臣正要伸手去取，忽見左右山坳處，湧出大群虎豹來，聚向洞口。臣等三人，嚇得魂飛魄散，奔逃下山。幸得那虎豹也不追趕，乖巧似狸貓，只蹲距洞前，百夫也不敢挨近。」

武帝聽得驚異，忙問道：「那縑帛何處去了？」

「當夜，我三人露宿山中，驚恐一夜未眠。晨起，臣欲往洞前再問。那二吏死也不肯去了。臣無奈，只得吟誦屈子〈山鬼〉壯膽，復探巖洞。『余處幽篁兮終不見天』一句，尚未吟畢，只見一幅白帛，就橫於草中！臣連忙躬身撿起，頭也不回，與吏員一道逃下山來。」

武帝急伸出手來：「拿來朕看。」

田千秋自懷中摸出縑帛，雙手呈上。武帝一把搶過，展開來看，見上有「人倫不存，寧與虎豹為伍」幾個字，筆意蒼涼，宛若古人所書。

武帝凝視良久，神情由驚而愧，放下縑帛，嘆口氣道：「東郭責我，東郭責我……」

此後數日，武帝徘徊於書房，常喃喃自語道：「何世，何世啊，竟寧與虎豹為伍？若佞人在，我身後有十子，也不夠殺的……」自此，暗下毒誓，欲盡除梟亂邪佞，只用正人。

至征和三年春，邊郡忽傳來急報，稱匈奴入寇五原、酒泉，掠殺邊民。兩地郡兵出戰，均不利，郡尉雙雙戰死。

敗報傳至，長安闔城惶然，朝臣也面有憂色。武帝卻不慌，只淡淡笑道：「是時矣。」於是三月裡，命貳師將軍李廣利，率兵七萬出五原抗

禦；御史大夫商丘成，率三萬人出西河；重合侯莽通，率四萬騎出酒泉，千里往擊。

李廣利受命，自以為再建功不難，意氣飛揚陛辭，率親兵出城，往西河掌兵。劉屈氂親送至渭橋，折柳溫酒，在長亭為李廣利餞行。

劉屈氂舉杯祝酒道：「將軍此去，戰功探囊可得。歸朝時，我文武二人，世所無敵矣！」

酒酣時，李廣利趁旁人不備，附耳與劉屈氂道：「君侯在朝，萬望早請昌邑王為太子。昌邑既立，君侯與我，今生更有何憂？」

劉屈氂連連然諾：「這有何難？」便笑執李廣利之手誓道，「榮焉辱焉，不如筋骨勾連。」

時匈奴王庭在位者，為狐鹿姑單于。單于聞報漢軍自西北分道殺出，不敢大意，將輜重盡數回撤，徙往趙信城之北，屯於郅居水[76]。

左賢王也大受驚嚇，徙部眾北渡余吾水，急往七百里外兜銜山，以避鋒芒。單于則統精兵親出，在姑且水（今蒙古國烏蘭巴托西南）列陣以待。

時漢軍三路出塞，御史大夫商丘成率三萬兵，走近路，未遇匈奴兵而返。回走將及數十里，匈奴大將偕李陵，率三萬騎急追而來，至浚稽山，與商丘成所部接戰。

兩下裡勢均力敵，漢軍初勝，胡騎即退走，然又復來。如此反覆轉戰九日，漢軍方力破敵陣，斬殺甚多。漢軍邊戰邊南行，又纏鬥至蒲奴水（今蒙古國翁金河）。這一仗，直殺得天地變色，漠北竟成漢軍屠戮場。匈奴終識得漢軍凌厲，見情勢不利，方收兵而回。

---

[76] 郅居水，今稱色楞格河，流經蒙古國與俄羅斯中東部，發源於蒙古杭愛山。

重合侯莽通領四萬騎，疾馳千里至天山。有匈奴大將偃渠與左右呼知王，率二萬騎前來對陣，驟見漢軍精甲勁騎，強盛非比往日，連忙退走。莽通追之不及，旋即還軍。

玉門、陽關守將當此際，都恐車師國出兵，橫阻莽通軍。武帝即遣闓陵侯成勉，領大軍西出圍車師，俘其王及部眾而還。

兩偏師至此皆得勝，李廣利也不遜色。此路漢軍聲勢最大，浩蕩出五原，旌旗遍地，鼓角連營。

匈奴遣右大都尉與衛律，率五千騎，在夫羊句山迎戰漢軍。李廣利遣五屬國胡騎二千，與匈奴軍戰。匈奴兵不敵，棄甲敗退，死傷者數百。廣利軍乘勝追至範夫人城，此城係漢將所築，其妻范氏完保之，故有此名。匈奴兵棄城，四散奔逃，不敢當漢軍之鋒。

時值六月，漠北正煙塵大起，漢宮內又陡起風波。有內者令[77]郭穰，密告丞相劉屈氂妻，怨恨主上屢次嚴責屈氂，令巫者祈禱神靈，詛主上早死。又密告屈氂與廣利共謀，祝禱神明，望昌邑王早承大位。

武帝怒極：「如何又來了？」命廷尉捕劉屈氂下獄，問成大逆，將劉屈氂綁縛於廚車，與豬肉、狗肉雜做一堆，赴東市腰斬。死後以車載屍，遊街示眾。劉屈氂妻子，亦在華陽街斬首。

丞相大逆案定讞之速，令人目瞪口呆。群臣驚恐之餘，都知天子此舉，無非為太子冤死報仇。為劉屈氂所牽連，廣利妻子亦遭逮繫。

那漢軍中，有使者往返南北，自長安帶回消息。廣利聞之，如五雷轟頂，一時無所措。時有掾吏胡亞夫，力勸廣利降胡。廣利難以決斷，胡亞夫便道：「將軍若得大功，或可還朝自贖。若此時返歸，無非同繫於獄，欲再來此地，當是無望。」

[77] 內者令，官職名。漢少府屬官。

廣利聽了蠱惑，冒險大進，深入漠北，軍至郅居水上。又遣護軍率領二萬騎，渡郅居水，直接向北。恰與匈奴左賢王部相遇，戰起，漢軍又大勝，斬殺匈奴左大將及部卒。

　　得勝後，眾將佐飲酒，廣利口吐大言，欲長驅直入，一搗王庭。

　　軍中有長史，熟知兵法，聞此言大驚。惰歸之時，竟要率軍深入，定是想邀功，以眾軍性命做賭。若北行，軍心思歸之際，必致大敗。長史遂與五屬國胡酋厭（一ㄢˇ）庛（ㄘˋ）私下商議，欲綁縛廣利，還朝交君上處置。

　　豈料事機不密，為廣利所察知，先下了手，立將長史處斬。

　　廣利也知軍心難違，不敢惹出譁變，於是率軍南撤至燕然山。狐鹿姑單于雖是初與漢軍戰，然他精幹有為，料定漢軍往返，定是已疲極，便親率五萬胡騎前來急襲。

　　漢軍不防胡騎報復，力疲不能敵，只得安營歇息，以備天明再戰。李廣利連日擔憂家小，心神不安，竟忘記囑咐要設夜哨。

　　那胡騎豈肯容漢軍有緩，半夜忽就來衝營，四面放起大火。漢軍驚起，連忙開營逃命，卻不料營外一匝，全為胡騎掘出深塹。縱馬奔出者，即跌落坑下；躊躇不進者，又為身後大火所逼。可憐七萬漢軍，全入羅網，一時哀聲四起。

　　李廣利匆忙披掛好，雖僥倖未跌入深坑，卻是進退不得。

　　陣陣殺聲中，胡騎愈加逼近，李廣利於馬上四顧，覺生還已無望。七萬軍卒陷沒，縱是逃歸，若論起罪來，也是難逃一死。

　　思忖片刻，咬咬牙跳下馬來，將長槊往地面一插，以示請降。

　　眾胡騎見漢軍主將求降，大喜過望，一擁而上，將廣利帶回單于穹廬中。

長安動盪，亂局成誡警後人

狐鹿姑久聞李廣利大名，見廣利進帳，笑意相迎，行漢禮道：「與漢將軍戰，一戰便成相識。」

廣利愧不能言，只是伏地叩首，謝單于不殺之恩。隨後，消息傳回，李廣利這一路兵敗，喪師七萬而降胡。朝野立時大譁，都欲爭食廣利之肉。

武帝早有料到，立下詔，將獄中廣利妻兒老小，悉數提出斬決，全家族滅。然想到折損七萬兵卒，還是不能洩憤，恨恨道：「如此將軍，不如老卒！外戚，到底不是一家人……如此，那鉤弋夫人，亦將除掉！」

單于在王庭，聞說廣利妻子盡被武帝誅，便將女兒嫁與廣利，尊崇仍如舊。

廣利不容於漢，本已倉皇，不防身邊又起禍端。那胡營中，衛律降胡已久，此時尊貴反不如廣利，便心生妒忌，陰使胡巫入告單于：「漢將李廣利，屢犯我境，殺戮無數，上蒼十分憤恨。應以之屍身祭社，方可上慰天心。」

胡人信鬼神，單于聞言，問胡巫道：「果真是上天有此意？」胡巫回道：「巫者怎可說謊？」

單于始信，教人將廣利拿下，廣利不知就裡，以為單于無情，破口罵道：「我死必滅匈奴！」

單于益怒，令左右立誅李廣利，以屍身祭祀。不幾日，匈奴地方連降雨雪，羊牛凍死無算，稼禾不收，胡眾疫病大行。單于心生畏懼，自語道：「莫非李廣利果能作祟？」於是下令，為廣利立祠，以安其魂。

李廣利因裙帶驟貴，武略平常，又不善待士卒，僥倖獲勝幾回，才幹實不足以統大軍，有如此結局，也不為怪。從此，民間都以紈袴兒為

戒，常督子弟多吃些苦頭，以諳人世。

廣利一門族誅，武帝仍不能氣平，想起悍將往日裡，多有巧言惑主的，便一齊算了帳。連帶公孫敖、趙破奴，都牽起前愆，一併族誅。

至此，朝中名將，幾近兔死狗烹。來日新太子繼位，便再不能有武人挾主了。

事做到此處，已是藤盡蔓除，然武帝仍覺巫蠱案實在蹊蹺。左思右想，只疑是因神仙未至，故有鬼怪作祟。

征和四年（西元前89年）春上，武帝到底捺不住，振起衰殘之軀，再赴東海，欲尋神仙。一行人顛簸奔行，至東萊，武帝又召海邊眾術士來問：「為何神仙不至？」

術士答道：「神山在海上，欲登舟前往，總被逆風吹掉頭，不得而至。」武帝立刻起身道：「朕可親往。」

眾臣大驚失色，力諫不可。武帝不聽，果登大船啟程，行未至數里，忽逢風暴大作，浪高如牆，奮楫而不能行半步，險些傾覆。武帝臉嚇白，棄船登岸，不復言尋仙山之事，只轉頭去泰山封禪。

一番封禪禮畢，武帝立絕頂，觀下界山河半日，不語不動。隨侍諸臣不知天子所思，也不敢亂語。至正午，豔陽當頂，武帝似神魂通竅，滿面笑意，回首對諸臣道：「朕登極以來，所謀至遠，臣民不能知，所行亦有狂悖，乃不得不耳。既執意征伐，則勞民必苦，至今思之，悔之莫及。」

諸臣連忙勸慰道：「陛下功高，雖始皇、高祖不能及。萬民不解，終有解悟日，青史定有傳。」

武帝擺手一笑：「民生自有苦樂，豈是為帝王而生？始皇帝雖酷烈，

長安動盪，亂局成誡警後人

治政卻無私念。吾不及，殺伐征戰，東巡西遊，或還顧一人之樂。而今以後，凡勞民傷財事，一概罷廢。治大國，如理小戶，一碗一缽，皆須顧惜。」

大鴻臚田千秋在側，當即進言：「陛下尋仙，積數十年之功，勞無所得，顯是世上或本無神仙。」

武帝便抬手止住：「君不必提了！凡術士巫者，靡費國帑，是我自欺了，今後也一概罷遣。仙來或不來，聽他自便。海邊各術士人眾，今日便歸家吧，無須再守望。無有之事，耐性也當不得用的。」

一眾齊地術士，聞之又喜又哀，紛紛謝恩而去。眨眼間，便似神鬼全消，只還回了一個清靜人世。

返歸長安，武帝立拜田千秋為丞相，封「富民侯」，意在與民休息。

時有搜粟都尉桑弘羊，思慮西域事久，上書道：「輪臺之東，有水田五千餘頃，無人耕種，可遣士卒屯田。就此置都尉，召流民，築城設障，不失為備兵之所。」

武帝閱畢笑道：「桑弘羊到底是心細，然則，不必了。」

隨後下詔，論及西域屯田事，自責道：「貳師將軍敗沒，軍士死逃，離散之悲，常在朕心。前日征車師，已是死病者枕藉於途，輪臺更在車師以西，遣卒屯田，民何以堪？此即勞民，而非憂民，乃惡政也，我不忍聞。今後只須禁苛暴，止濫賦，立農本，勿荒武備即可。」

此詔過後，所有征伐一概止兵；百種巧玩嗜好，也都禁絕。臣民得知詔下，如逢鼎革，都慶幸不已，稱此詔為《輪臺詔》，視若冬日雷震，絕壁路通。

百年漢家，至此，正如江河出峽，平緩日復一日。民也知爭無益，

和為貴，日子便似草木生於野，自在榮發。

兵事一平，農商勃興，長安街頭又是車馬輻輳，行人接踵，東西市哀聲已如隔世。一日裡，武帝微服，率霍光、金日磾出城踏春，見城外萬頃田疇，炊煙裊裊，有三五儒士，白衣飄飄，沐春風而行，如行仙境。

武帝就笑指白鹿原上，對二人道：「人間已無白鹿，須我輩養之。」

二人默默頷首，正欲領悟，忽而武帝又目視金日磾道：「胡兒，你歸漢多年，漢字識得如何了？」

金日磾忙稟道：「君上，小的無一日敢不用功。」

武帝便笑笑：「可知我漢家這『漢』字，是如何寫的？」

「小的會寫。」

「這名號又是何意呢？」

「江河淮漢，乃是出於龍興之地的水名。」

武帝便仰天大笑：「兒郎果然學問不深！漢水之名，固是本意，可知這『漢』字還另有一義？」

金日磾與霍光面面相覷，不能作答。

武帝以馬鞭一指：「霍光，你莫非也不知？」

霍光滿臉漲紅，連忙謝罪道：「小臣重武事，於詞章這等小技，實是不通！」

武帝驀然變色道：「這哪裡是小事？爾等可知這『漢』字，另有銀河之意？星漢，河漢，說的又是什麼？」

霍、金二人恍然大悟，慌忙下馬拜伏：「臣實未想過。」

「哼，山河遲早要交予你輩之手，如此懵懂，只怕是據之不久，屁股都坐不熱！」

「小臣有罪。」

武帝瞇眼望望原上景物，一字一頓說道：「我朝既號大漢，便是要與銀河同久遠，當世世代代，光耀蒼穹。爾等無知若此，怕是要辜負這億萬年山河呢！」

霍光、金日磾聞言，臉色慘白，渾身似在止不住戰慄。

武帝瞥了二人一眼，忽又放聲笑道：「罷了，豎子！朕既不能長生，也顧不了那許多了。兒孫之命，由兒孫自家去顧。我輩，只能顧到及身為止。」說罷，猛一甩鞭。鞭聲清脆，隨春風傳至原上，久久迴響……

＊　＊　＊

一卷青史，就此漸隱。本書所載，起於紛紜亂世，終於一統功成。當最後一頁翻過，鋤犁、鞍馬、筆硯、帷幄，皆被輕輕掩過，化為塵煙。

嗜書者讀史，是一件極靜心的事。小軒窗內，桌燈一盞，萬千事都在這數卷書中。「高岸為谷，深谷為陵。」[78] 讀之或悲，或喜，或有所思，全由個人悟道而定。書頁翻過，料不會白白消磨。終卷時，已將繁華閱盡，人間事習焉如故，朝來暮去，堪堪也就有些似曾相識了。

小子蒙學甚淺，作不得詩賦，唯借宋代無名氏之作一闋，移於書末，或與讀罷後的心境相稱，如餘音繞梁。詞曰：

曉星明滅。白露點、秋風落葉。

故址頹垣，荒煙衰草，溪前宮闕。

---

[78] 見《詩經・小雅・十月之交》。

長安道上行客,念依舊、名深利切。改變容顏,銷磨古今,壟頭殘月。

漢初百年興盛史,到此,可以終卷矣。讀者諸君,伴我多時,來月或可再會於江湖。

漢家天下──千秋霸業：

疆場鏖兵，朝堂風雨！大漢千秋終成還是崩？

作　　　者：	清秋子
發 行 人：	黃振庭
出 版 者：	複刻文化事業有限公司
發 行 者：	崧燁文化事業有限公司
E-mail：	sonbookservice@gmail.com
粉 絲 頁：	https://www.facebook.com/sonbookss/
網　　　址：	https://sonbook.net/
地　　　址：	台北市中正區重慶南路一段 61 號 8 樓 8F., No.61, Sec. 1, Chongqing S. Rd., Zhongzheng Dist., Taipei City 100, Taiwan
電　　　話：	(02)2370-3310
傳　　　真：	(02)2388-1990
印　　　刷：	京峯數位服務有限公司
律師顧問：	廣華律師事務所 張珮琦律師

-版權聲明-

本書版權為河南文藝出版社所有授權複刻文化事業有限公司獨家發行繁體字版電子書及紙本書。若有其他相關權利及授權需求請與本公司聯繫。

未經書面許可，不得複製、發行。

定　　價：580 元
發行日期：2025 年 02 月第一版
◎本書以 POD 印製
Design Assets from Freepik.com

國家圖書館出版品預行編目資料

漢家天下──千秋霸業:疆場鏖兵,朝堂風雨!大漢千秋終成還是崩? / 清秋子 著 .-- 第一版 .-- 臺北市:複刻文化事業有限公司, 2025.02
面；　公分
POD 版
ISBN 978-626-7671-30-6(平裝)
1.CST: 中國史 2.CST: 通俗史話
610.9　　　　　114001216

電子書購買

爽讀 APP　　　臉書